# 유가가 보는 평천하의 세계

## —『大學』의 이론 구조와 平天下 사상—

김 철 운 지음

철학과 현실사

# 책 머리에

동양 사상, 특히 유가가 추구했던 이상 세계란 무엇인가? 과연 그것은 우리의 현실을 벗어난 이상향의 세계인가 아닌가? 만약 그러한 세계가 아니라면 그것은 숨가쁘게 변해 가는 현시대에 어떠한 의미를 줄 수 있는가? 이러한 물음을 가지고 필자가 동양 사상이란 학문의 길에 들어선 지도 어언 10년이 넘어섰다. 그 10여 년 동안 나름대로 열심히 공부했다는 자족감(自足感)에 사로잡히곤 했지만 그 지난 세월을 돌이켜 보면 참으로 부끄러운 시간의 연속이었다. 즉 그 기간은 옛 선현들의 글과 학자들의 학설을 그대로 따르기에 급급한 나머지, 진정으로 하나의 일관된 관점을 가지는 것은 고사하고 왜 학문을 연구해야 하는가에 대한 어떠한 문제 의식도 갖지 못한 시기였다. 그리하여 필자는 실사구시(實事求是)의 학문적 방법을 멀리하고 허사구비(虛事求非)의 기변적(機變的) 기교에 푹 빠질 수밖에 없었다. 이와 같이 학문에 대한 깊은 통찰력과 문제 의식을 거의 가지지 못한 상태에서, 필자는 학문 세계에 입문하는 자격증이라고 할 수 있는 박사학위를 받기 위한 논문을 준비하게 되었다. 하지만 그 과정은 필자 자신의 무지함과 무능함으로 인하여 결코 순탄한 항해가 될 수 없었다. 그러던 중에 필자는 여러 선생님들의 크나큰 도움에 힘입어서 「『대학』의 평천하 사상에 관한 연구」라는 하나의 작은 결실을 맺을 수 있었다.

자기 자신의 학문적 입장을 세상에 표명하는 것만큼 많은 용기를 필요로 하는 것도 드물 것이다. 왜냐하면 그것에는 많은 사람들의 질책과 비판에 대한 두려움을 극복해야 하는 문제가 뒤따르기 때문이다. 만약 그러한 점을 극복해 내지 못한다면 우리는 어떠한 학문적 발전도 기대할 수 없을 것이다. 이런 점에서 우리는 학문의 공명(空名)에 집착하기보다도 학문에 대한 보다 더 신중한 태도와 엄밀한 사고를 통하여 학문의 성숙도를 높이는 데에 더 많은 노력을 기울여야 할 것이다. 이러한 이유로 필자는 선뜻 용기를 내지 못하고 단지 학위를 받았다는 것에 만족하고 그 논문을 거의 2년여 간 방치해 두었다. 그러던 차에 필자는 학문이란 사람들의 애정 어린 충고와 냉철한 비판 속에서만 발전이 있을 수 있다는, 즉 학문의 세계에 들어섰다면 자신의 결과물을 세상에서 평가받는 것이야말로 온당(穩當)한 일이라는 입장을 가지게 되었다. 그리하여 필자는 심사 과정에서 미진했거나 만족스럽지 못했던 부분을 일부 수정·보완하고, 또한 딱딱한 어투를 좀더 부드러운 어투로 바꾸며, 더 나아가 부분적으로 체계를 새롭게 구성하여(주희와 왕수인에 관한 부분을 부록으로 만든 것), 그 논문을 『유가가 보는 평천하의 세계』이라는 제목의 책으로 세상에 내놓을 수 있게 되었다.

한 권의 책이 나오기까지는 그것을 지은 사람의 노력이 가장 중요하겠지만 그에 못지 않게 주위의 많은 분들의 도움이 있어야지만 가능하다. 마치 산모가 주위의 많은 사람들의 애정 어린 격려와 보살핌 속에서 새 생명을 탄생시키듯이, 단순히 혼자만의 독단적 생각과 행위에서 하나의 결실을 맺을 수는 없다. 왜냐하면 학문이란 자기만족적 삶에서가 아니라 자신과 타인·사회의 유기적·역동적 관계에서 진정한 가치를 발휘할 수 있기 때문이다. 아무튼 학위 논문을 쓰는 과정이나 심사 과정에서 필자에게 도움을 주신 분들은 아주 많이 계신다. 먼저 필자의 공부에 획기적 전환을 맞게 해주신 김충열 선생님께 지면으로나마 감사드린다. 또한 논문의 심사 과정에서 날카로운 지적으로 논문의 완성도를 높일 수 있는 기회를 주신 고려대 윤사순 선생님, 성균관대 안병주 선생님, 서강대 정인재 선생님, 고려대 이승환 선생님께도 감사드린다. 그리고 동양 사상에 눈을 뜨게 해주시고, 지금도 여전히 학문적으로 많은 도움을 주시고 계시는 고재욱 선생님과 바쁘신 중에도 나의 논문을 꼼꼼히 읽어 주시고 많은 고견(高見)을 아끼지 않으셨던 남상호 선생님께도 감사드린다. 끝으로 출판사의 섭외 과정에서 도움을 주신 양해림 선생님과 어려운 여건에도 불구하고 출판을 허락해 주신 「철학과 현실사」에도 감사드린다. 그밖에 감사할 분들이 어디 한둘이겠는가? 지면으로나마 도움을 주신 많은 분들께(특히 지금까지도 자식들의 뒷바라지에만 여념이 없으신 아버님과 어머님께, 그리고 나의 아내 미옥과 아들 승겸(承謙)에게 감사하다는 말로 대신할까 한다.

2001년 4월 5일
춘천의 후평동에서
김 철 운

# 차 례

# 1장. 왜 평천하 사상인가?

## 1. 평천하 사상을 왜 연구하는가?

1. 이 글은 『대학』의 '평천하' 사상을 '선진 유가의 정치 이상의 실천적 전개'라는 관점에서, 『대학』이 왜 그 당시의 현실적 상황을 극복하고 하나의 원대한 정치 이상을 실현하려고 했는가에 대한 논의의 시도이다. 즉 『대학』은 안과 바깥의 유기적·역동적 관계를 고려해서 자신과 자신뿐만 아니라 자신과 타인의 관계를 어떻게 올바르게 설정하며, 더 나아가 그것을 통하여 어떻게 모든 사람이 하나 되는 세계를 건설할 수 있을까 하는 점에 그 관심을 집중시켰다.

그러한 『대학』은 처음에 『예기』(禮記)의 한 편명으로 세상의 주목을 별로 받지 못했다. 그러다가 후대의 정명도(程明道)·정이천(程伊川) 형제에 가서야 비로소 그 중요성이 인정되어, 그것의 진정한 학문적 연구가 이루어지게 되었다. 물론 그것의 본격적 연구는 주희(朱熹)에서 비롯되었다. 즉 그것은 주희가 특히 정이천이 제출한

『대학』의 기본 입장을 그대로 계승하면서도 더 나아가 『고본대학』(古本大學)의 체계를 자세히 고찰하여, 일명 『개정대학』(改定大學)이라는 새로운 『대학』 체계를 제출하면서부터 진정으로 하나의 독립된 사상 체계와 서술 체계를 가진 작품으로 세상의 주목을 받게 되었다. 그 이후로 『대학』의 연구 성과물은 많이 쏟아져 나왔지만 그 논의들은 대부분 『대학』의 본의에 대한 연구보다도 주희가 제출한 격물치지(格物致知)의 보망장(補亡章)과 『개정대학』의 체계의 문제에 대한 '옹호' 아니면 '비판'에 모아졌다. 때문에 그 연구들은 어디까지나 주희를 비롯한 연구자 자신들의 사상적 토대를 마련하기 위한 하나의 방법적 차원에서 진행된 논의였다고 할 수 있다.1) 따라서 필자는 비록 주희를 비롯한 학자들의 논의가 사상사에서 중요한 위치를 차지한다고 하더라도 그들에 대한 비판적 입장에서 『대학』의 본의를 찾는 데에 관심을 집중시킬 것이다.

그런데 『대학』은 일반적으로 육경(六經)과 사서(四書)의 요지를 총괄하여 내성외왕(內聖外王)의 체용(體用)을 두루 갖춘 작품이며, 또한 선진 유가의 정치 사상을 체계적으로 종합한 작품으로 인정받고 있다.2) 이는 바로 『대학』이 그 당시의 시대 상황에 대한 철저한 인식 속에서 선진 유가의 사상을 체계화·종합화하였고, 또한 그것이 궁극적으로 '평천하'의 정치 이상을 제시하여 모든 사람이 조화를 이루며 살아가는 사회를 실현하려고 했음을 보여준다. 물론 이러한 관점을 가지고 『대학』의 본의에 접근하기 위해서는 반드시 그것에

---

1) 『大學』이 先秦儒家의 '政治思想'과 관련되어 연구된 것은 거의 없고, 대체로 '시대 고증'이나 朱熹와 王守仁을 정점으로 한 연구가 그 주류를 이루고 있다. (한편 '時代考證'에 관한 연구서로는 胡志奎의 『學庸辨證』(臺北: 聯經出版社業公司, 民國73)이 대표적이다.)

2) 熊十力, 『讀經示要』(臺北, 洪民出版社, 民國72 5판), 110쪽. "汝曹不悟六經宗要, 讀大學, 可悟六經宗要. 不得六經體系, 讀大學, 可得其體系. 不識六經面目, 讀大學, 可識六經面目. 不會六經精神, 讀大學, 可會六經精神."

대한 '역사성'의 문제가 선결되어야 한다. 다시 말해 그 논의의 출발점은 먼저 그것의 '역사성'을 고려하여, 『대학』은 왜 선진 유가의 정치 사상을 종합하여, 그 당시의 불합리한 현실 정치의 모순을 타개하고 모든 사람들이 하나가 되는 '평천하'의 세계를 건설하려고 했는가 하는 점에 모아져야 한다. 왜냐하면 한 사상이 그 당시의 역사적 조건과 어떠한 관계도 가지지 않는다면, 즉 그것이 속해 있는 역사 문화의 배경을 이탈해 있다면 그것은 그 시대의 임무를 담당하는 의의를 잃어버릴 뿐만 아니라 오늘날 우리에게 어떠한 의의도 줄 수 없기 때문이다.

'사상'이란 그것이 태동한 당시의 상황을 반영하는 정도에서 머물지 않고 그 자체 내의 영원히 쉬지 않는 강한 생명력으로 우리의 현실을 끌어안으며, 더 나아가 미래의 지평을 열 수 있는 강한 힘의 원동력이 된다.3) 그래서 본 논의는 그 기본 방향을 『대학』의 시대사적 고찰을 통하여 그것이 등장하게 된 역사적 배경은 무엇이고, 또한 그것이 어떻게 내적으로 '도덕적 본성'에 기초한 수신(修身)에 근본하고, 외적으로 그것을 발현하여 현실과 이상의 유기적·역동적 관계를 설정했으며, 더 나아가 선진 유가의 전통을 계승하여 어떻게 '평천하'의 정치 이상을 실현하려고 했는가 하는 점에 둘 것이다. 이러한 점에 대한 논의가 좀더 충분히 전개된다면 『대학』은 단순히

---

3) 서복관은 "역사의 특수성은 즉 한 사상의 특수성이 된다. 그런데 이런 특수성이 없거나 또는 한 사상을 유발하는 동력인이 없다면, 한 사상은 그 시대의 임무를 담당하는 의의를 잃어버리게 된다. 역사에서 형성된 사상이 지금에 와서 생명이 있느냐의 여부는 모두 어떤 사상이 그 특수성에서 나타난 보편성의 과정을 통하여 어떻게든 결단날 것이다. 즉 그것은 그 배후에 머물면서 그 특수성의 보편성의 진리를 후세 사람들로 하여금 어느 정도까지 감수할 수 있게끔 한다. 따라서 특수성은 변하지만, 특수성 후면에 존재하는 보편성의 진리는 항상 변하지 않기 때문이다"라고 한다(徐復觀, 「儒家政治思想的構造及其轉集」(『學術與政治之間』, 臺北: 臺灣學生書局, 民國 74 再版), 47쪽).

선진 유가의 사상을 답습하는 차원을 넘어서서, 유가가 지향한 '정치이상'의 궁극 목표를 실현하기 위한 목적에서 등장된 작품으로 그 위치를 충분히 확보할 수 있을 것이다.

2. 인간은 사회를 떠나 살기 어려운 존재로, 현실의 제반 문제를 타개해 나가면서 하나의 조화로운 생활을 지향해 나가지 않으면 안 된다. 이 조화로운 생활은 바로 인간 자신의 외부에서가 아니라 그 내부에서, 즉 자신의 본성에 대한 철저한 자각과 확고한 통찰 속에서 표출된다. 이러한 인간의 '덕성'에 근거하여 그러한 도덕 생활을 지향하는 것은 가상 세계에 대한 맹목적 애착심에서 비롯된 것이 아니라 그것이 당면하고 있던 그 현실을 바로 직시한 데서 나온 자연스런 귀결이다. 즉 『대학』이 여러 조목(條目)들을 구체적으로 제시하여 단순히 내성(內聖)의 확립에만 머물지 않고, 그것을 통한 외왕(外王)의 실천까지도 강조한 이유도 여기에 있다. 그런데 유가는 그 자체 내에 항상 현실성을 동반하여 어떠한 외부 존재의 힘에 의지하지 않고 오직 인간 자신의 힘으로 인간 자신의 문제를 해결하려고 노력했다. 즉 유가의 수기치인(修己治人)이 그것이다. 뒤에서 보겠지만, 유가의 '수기'와 '치인'은 따로 떨어져 있는 독립적인 것이 아니라 마치 '내성'과 '외왕'의 관계처럼, '둘이면서 하나이고 하나이면서 둘'이라는 한 가지 일에 대한 표리(表裏) 관계이다. 그래서 '치인'은 반드시 '수기'에 근본하고, '수기'는 반드시 '치인'에 귀결한다. 때문에 '유가 사상은 어떤 각도에서 보면 윤리 사상이고, 어떤 각도에서 보면 정치 사상인 것처럼 보이지만 그것은 실지로 윤리와 정치가 서로 분리되지 않는 최대의 특색을 가진다.'[4] 때문에 비록 유가의 정치 사상이 역사적으로 현실 정치를 개혁하는 데에 별로 영향력을 발휘하지 못했다고 하더라도,[5] 그것이 우리의 현실 속에서 우리의 궁극

---

4) 徐復觀, 같은 책, 48쪽 참조.

적 삶의 목표를 제시해 주었다는 점은 간과될 수 없는 일일 것이다. 결국 『대학』은 오직 '개인의 덕성의 확립'에만 한정된 작품이 아니라 '현실의 굴절된 문제를 해결하고',6) 더 나아가 정치 이상의 실현 방향을 제시해 주는 작품으로도 그 의의를 충분히 가질 수 있을 것이다.

뒤에서 보겠지만, 『대학』은 진나라가 천하를 통일한 이후의 정치적 압박에서 벗어나서 '정치 질서의 구현'과 '인간의 도덕적 본성을 통한 모든 사람들의 이상을 실현하기 위한 시대적 요청'에서 탄생되

---

5) 서복관은 유가가 정치상에서 '정치의 주체'를 세우지 않았기 때문에 그 결과로 현실 정치상에서 여러 한계, 즉 그 정치적 기반이 다른 학파보다 약했을 뿐만 아니라 현실 정치에 대해 이렇다 할 영향을 발휘하지 못했다고 보고 있다. 그리하여 그는 유가 사상의 현실 정치에 대한 한계점을 네 가지로 나누어 설명하고 있다. 1. 모두 통치자의 입장에서 정치 문제를 고려하였기 때문에 비록 精順한 정치사상이 있다고 하더라도 그것을 객관화하여 진정한 정치학을 성취할 수 없었다. 2. 修身에서 平天下("君子篤敬而天下平", "恭己正南面而已")는 이론상에서 가능하지, 실제 현실 상에서 허용되지 않았다. 3. 정치상의 주체가 아직 세워지지 않았기 때문에 유가는 통치자의 도덕 자각에 근거하여 '하늘의 도리'(天道)라는 알기 어려운 것에까지 감지하면서도 역사상의 폭군과 폭리(暴吏)에 대해서는 대부분 속수무책이었다. 4. 정치의 주체가 세워지지 않았기 때문에 정치의 발동력(發動力)은 사회에 있지 않고 완전히 조정에 있었다(徐復觀, 같은 책, 54~57쪽 참조). 이렇게 본다면 유가의 '內聖外王之道'는 어떠한 '현실적 근거'도 가질 수 없는, 즉 오직 현실과 접목을 이룰 수 없는 이상적이고 추상적인 것에 불과하다고 할 수 있다. 하지만 중요한 사실은 그가 유가의 정치사상이 어떻게 현실 정치에 적용되었는가 하는 아주 실질적·실용적 측면에 한정해서 말하고 있다는 것이다. 따라서 유가의 정치 사상을 단순히 현실 정치에 한정하여 논의한다면 그것은 그 본래의 목적과 의의를 상실할 수 있다는 점을 간과해서는 안 될 것이다.

6) 이것은 『大學』에서 "所謂平天下在治其國者 ……"章이 차지하는 분량을 통하여 충분히 알 수 있다. 이러한 사실은 『大學』이 단순히 개인의 '내재적 덕성'의 확립만을 강조한 것이 아니라 현실의 제반 문제를 근본부터 해결해야 한다는 강한 개혁 의지에서 나왔음을 시사해 준다.

었다. 바로『대학』에서 왕도(王道) 정신에 입각하여 화평(和平)을 숭상하고 '도덕'을 중시하는 '평천하' 사상을 제출한 근거는 여기에 있다. 이 사상은 편협한 패도(覇道)와 다르게 그 속에 어떠한 강박(强迫)한 성질이나 '침략'의 의도도 함유하지 않는, 즉 하나의 '국가를 뛰어넘는'(超國家) 조직을 그 이상으로 하여 전 세계를 정치의 대상으로 삼고, 궁극적으로 세계의 평정(平定)과 평화(平和)에 그 궁극 목적을 두고 있다.[7] 이러한 '평천하'의 목적에 도달하기 위해서는 반드시 덕(德)으로 백성들을 교화하고 천하를 평치(平治)하는 덕치(德治)에 근본해야 한다. 이 '덕치'는 기본적으로 '사람에 대한 존중', '인간의 도덕성에 대한 신뢰'가 전제된다. 그리하여 위정자가 그러한 전제에 근본하여 현실적으로 백성들의 정치적 · 경제적 측면을 고려하고 모두가 함께 하는 '정치 이상의 세계'를 실현해 나간다면 그 과정에서 궁극적으로 백성들은 자신의 본성을 해치지 않고, 서로 간에 팽배해진 긴장감을 최대한 풀어주며, 또한 사회와 국가의 안정뿐만 아니라 천하의 평화를 달성할 수 있을 것이다. 그 결과 우리는 그러한 도덕성에 기초한 생활을 통해서 천지와 그 덕을 합하고(天人合德), 영원히 천지의 화육(化育)을 돕고 천지와 더불어 참여할 수 있을 것이다. 이것은 바로 '평천하'의 원대한 '정치 이상의 궁극적 세계' — 그 어떠한 대립이나 모순도 없는, 즉 '너는 너', '나는 나'라는 이분법적 대립과 인간의 인위적 행위가 모두 소멸하고 없는, 즉 '자연스러움' 그 자체만 남아 있는 최고의 경지 — 인 지어지선(止於至

---

7) 梁漱溟은 그러한 超國家를 '天下國'이라고 규정한다. 즉 "중국은 일면에 그 天下性이 있고, 또 일면에 그 國家性이 있기 때문에 天下國이다. 한 민족이 스스로 그 민족을 다스리는 것은 族國(民族國家)이다. 한 민족이 다른 민족을 통치하는 것은 帝國이다. 한 민족이 다른 민족을 이끌어서 共治를 구하는 것은 天下國이다. 天下國은 族國을 뛰어넘고 帝國을 반대하는데, 이것은 국가의 진보적 형식이고, 또한 가장 진보적 형식이다."(梁漱溟,『中國文化要義』, 20쪽)

善)의 세계이다. 이러한 세계는 우리의 '이성을 뛰어 넘거나 현실과 단절된 그러한 세계'가 아니다. 만약 그렇다고 한다면 유가의 정치 이상은 그 순간부터 어떠한 현실 근거도 가질 수 없는, 즉 현실에 수용할 수 없고 꿈에서나 도달할 수 있는 이상주의자들의 관념적·유희적 말 노름에 지나지 않을 것이다. 바로 유가가 '덕성'의 전개를 통하여 현실의 제반 문제까지도 논의하여, 인생의 기본 방향을 출세간(出世間)이 아닌 세간(世間)에 두고, 아주 철저하게 "현실의 문제는 반드시 현실 속에서 찾아야 한다"는 강한 의지를 드러냈던 이유도 여기에 있다. 결국 『대학』의 진정한 가치는 그러한 정치 이상의 궁극적 목적인 '지어지선'을 인류가 도달해야 할 영원한 숙제로 남겼다는 점에 있다고 할 수 있다.

## 2. 『대학』을 어떻게 연구할 것인가?

일반적으로 '경전의 연구 방법'에는 크게 두 가지가 있다. 즉 하나는 '경전에 의한 경전의 연구 방법'이고, 또 하나는 '후인들의 주석을 통한 경전의 연구 방법'이다. 하지만 『대학』에는 그러한 방법 이외에도 한 가지가 새롭게 더 추가된다. 그것은 바로 주희처럼 개인의 사상적 기초 위에서 경전의 순서를 새롭게 바꾸어 놓은 『개정본』(改定本)에 의한 경전의 연구 방법'이다. 여기서 '주석에 의한 연구'는 말할 것도 없고, '『개정본』에 의한 연구'는 어디까지나 개인의 사상 체계에 기초해서 경전의 순서를 바꾸어 놓은 것에 불과하다는 점에서, 그것은 '경전에 의한 경전의 연구 방법'과는 아주 큰 차이를 보인다.

하지만 비록 주희를 비롯한 학자들의 『대학』 연구가 그것의 본의와 합치되지 않는 면이 있다고 하더라도, 그것이 사상사에서 차지하는 위치를 고려한다면 그것에 대한 우리의 관심은 쉽게 배제될 수 없을 것이다. 왜냐하면 만약 『대학』의 사상사적 연구에서 그들의 연구가 배제된다면 앞으로의 『대학』 연구는 그 객관적 · 보편적 근거를 확보하지 못한 채, 오직 학문의 정체성만을 가중하는 쪽으로 나갈 수도 있기 때문이다. 따라서 주희와 그를 반대한 왕수인(王守仁)의 『대학』 연구는 말할 것도 없고, 그 이후의 연구가 그 연구자 자신의 이론 체계를 구성할 뿐만 아니라 한 시대의 학문 경향을 반영하는 아주 중요한 관건이라면, 그러한 연구들은 『고본대학』(古本大學)과는 별도로 합당한 평가를 받아야 할 것이다. 이것이 실현된다면 『대학』이 『예기』에 편집될 때에 일부 착간(錯簡)이 있었느냐의 논의와 관계없이, 그것들은 그 나름대로의 타당한 근거를 충분히 확보하게 될 것이다. 따라서 『대학』의 연구가 '경전으로 경전을 연구하는 방법'을 우선으로 하되, 기타의 방법이 함께 병행된다면 그것은 학문의 정체성에서 벗어나 보다 더 객관적 · 보편적인 근거를 충분히 확보하게 될 것이다.

하지만 그러한 방법은 『대학』이 각 시대에 어떻게 이해되었는가에 대한 사상사 · 주석사적 연구로써 큰 의의를 가질지는 몰라도 『대학』의 본의에 대한 연구로는 큰 의의를 가질 수 없을 것이다. 그리하여 필자는 『대학』이 '선진 유가의 정치 철학의 종합서'라는 기본 성격을 받아들여 주희와 왕수인의 주장에 비판적 입장을 취하면서, 공자 · 맹자 · 순자로 이어지는 선진 유가에 근거하여 『대학』의 '사상 연원과 특색'을 검토하고, 『대학』은 왜 선진 유가의 사상을 종합했고, 또한 '수신'에 근본하여 '평천하'를 실현하려고 했으며, 더 나아가 '평천하'의 궁극 목표인 '지어지선'에는 왜 도달하려고 했는가에 본 논의의 중점을 둘 것이다.

이제 필자는 『대학』을 '선진 유가의 학문을 하나의 체계적 · 계통적으로 종합화한 정치 철학서'라는 기본 입장에서, 다음의 네 가지

점을 전제하며, 『대학』의 '평천하' 사상에 대한 논의를 전개할 것이다.

첫째, 『대학』은 전국(戰國) 시대의 작품이 아니라 정치적 통일을 이룬 뒤인 진나라 말에서 한나라 성립 이전의 정치적 혼란기에 등장한 작품이다. 즉 그것은 처음에 '덕성'에 기반을 둔 정치를 지양하고, 오직 외적인 힘에 기반을 둔 정치를 지향하는 세력들을 견제하기 위한 정치적 목적에서 등장했다. 이는 『대학』이 단순히 선진 유가를 답습하는 차원에서 머문 것이 아니라 하나의 단계적 절차('강령'과 '조목')를 통해 그 당시 상황에 대한 철저한 문제 의식을 가지고 그 방향을 새롭게 설정해 나갔음을 보여준다. 둘째, 만약 주희의 격물치지(格物致知)의 보망장(補亡章)이 『대학』의 본의를 밝힌 것이 아니라 그 자신의 사상 체계를 서술한 것에 지나지 않는다면 그 본의는 반드시 『대학』 자체 내에서 찾아야 한다. 셋째, 『대학』은 '내성'과 '외왕'의 문제를 현실과의 유기적·역동적 관계에서 보았다. 다시 말해 그것은 개인의 덕성의 전개로 실현되는 혈구지도(絜矩之道 : 忠恕)라는 정치 이념의 실천을 통해 현실 정치에 대한 모순과 부조리를 타개해 나가는 속에서 보다 더 조화된 세계로 향해 나갔다. 넷째, 『대학』의 최종 목표는 지어지선(止於至善)이다. 즉 『대학』은 그것에 대하여 구체적 내용을 언급하고 있지 않지만 그것은 분명히 『예기』(禮記)의 「예운편」(禮運篇)에서 말하는 대동 세계(大同世界)와 동일한 내용을 가진다. 여기서 '대동 세계'가 현실적으로 과연 실현 가능한가 하는 문제도 있을 수 있지만 분명히 그 세계는 단순히 먼 이상향의 세계가 아니라 바로 우리의 현실과의 유기적·역동적 관계에서 실현된다. 왜냐하면 유가가 현실을 개혁하고, 그 개혁의 과정에서 백성을 풍족하게 하는 동시에 교육을 부르짖은 근본 의도는 바로 모든 사람들이 일탈됨이 없이 천지의 화육을 돕고 천지와 더불어 참여할 수 있는 경지에 도달하기 위함이었기 때문이다. 이 단계가 바로 가장 궁극적인 것, 즉 '지어지선'의 경지이다.

이상의 몇 가지 전제 조건하에서, 필자는 본 논의를 모두 8장의 체계와 부록으로 구성하여 논의할 것이다.

2장은 『대학』의 성립 시대·구성 체계'이다. 여기서는 『대학』의 사상 연원을 통하여 그것의 성립 연대를 알아본 다음에 그것과의 연관성 속에서 학문 성격을 규명하고자 한다. 아울러 『대학』의 구성 체계에 대한 논의로, 그것의 '원문 체계'(『古本大學』과 『改定大學』)와 '서술 체계'(綱領과 條目)를 하나하나 살펴볼 것이다.

3장은 '평천하의 형성 배경'이다. 여기서는 '천하'(天下)의 어의와 선진 시대의 유가·도가·법가의 천하관(天下觀)과 진나라의 '천하관'을 함께 논의하고, 또한 『대학』의 '천하관'의 등장 배경과 '평천하'의 함축적 의미(문화적 배경과 철학적 배경)를 살펴볼 것이다.

4장은 '평천하 사상의 철학적 토대'이다. 여기서는 『대학』의 '삼강령'인 '명명덕'·'친민'·'지어지선'의 철학적 의미를 논의할 것이다.

5장은 '평천하 사상의 실천적 근거'이다. 여기서는 『대학』의 정심(正心)·성의(誠意)·격물치지(格物致知)의 본질적 의미를 논의할 것이다. 즉 『대학』의 '정심'·'성의'·'격물치지'가 수신(修身)이라는 '덕성의 확립'에 그 목표를 두고 있음을 밝히고, 더 나아가 '수신'의 실질적 주체는 누구이며, 아울러 그 주체가 어떻게 '치인(治人)'의 영역으로 나아가게 되는가 하는 점도 살펴볼 것이다.

6장은 '평천하 사상의 정치적 성격'이다. 여기서는 『대학』이 어떻게 선진 유가의 정치·경제 사상을 계승하여 그것의 '정치적 근거'를 확립하였는가 하는 점을 논의할 것이다. 그래서 논자는 공자의 충서지도(忠恕之道)와 밀접한 관계가 있는 '혈구지도'(絜矩之道)를 알아본 다음에 그것의 기본 구도로 덕치(德治)와 법치(法治)의 문제, 민본(民本)의 문제, 양민(養民)과 교민(敎民)의 문제'까지도 살펴볼 것이다. 더 나아가 '혈구지도'의 현실적 적용의 문제로, 『대학』이 어떻게 '정치 질서'와 '경제 질서'를 확립해 나갔는가에 대해서도 살펴볼 것이다.

7장은 '평천하 사상의 궁극적 목표'이다. 여기서는 '평천하'의 궁극 목표를 '지어지선'에 두고서 논의할 것이다. 그래서 논자는 '평천하'는 어떠한 이론적 구조를 가지고 있는가의 '평천하'의 이론적 기초, '평천하'의 실현은 어떠한 근본적·내재적 원칙에 근거하여 달성될 수 있는가 하는 '평천하의 실현을 위한 근본 원칙'과 '평천하의 세계란 궁극적으로 어떠한 세계인가' 하는 '평천하의 이상적 경지'를 차례대로 살펴볼 것이다.

8장은 결론이다. 여기서는 평천하 사상의 현재적 의의와 앞으로의 연구 방향을 어떻게 설정해 나갈 것인가에 대한 논의로 끝을 맺고자 한다.

# 2장. 『대학』의 성립 시대와 구성 체계

　『대학』은 '선진 유가의 사상을 하나의 체계로 종합한 작품'이다. 이러한 『대학』의 특성을 이해하려면 먼저 그것의 '시대 문제'와 '학문 성격'에 대한 논의가 전개되어야 한다. 만약 그렇지 않는다면 그것은 진정으로 오경(五經)과 사서(四書)의 요지를 회통한 작품으로 그 위치를 확보할 수 없을 것이다. 하지만 문제는 『대학』의 분량이 다른 책에 비해서 너무나 적을 뿐만 아니라 유가 사상을 구체적이고 상세하게 언급하지 않고 강요만을 밝히고 있기 때문에 우리의 그것에 대한 이해가 제한적일 수밖에 없다는 것이다. 따라서 필자는 『대학』의 '성립 시대'를 '학문 성격'과 '사상 연원', 그것의 '구성 체계'를 '원문 체계'와 '서술 체계'에 대한 논의를 통하여 『대학』의 그러한 특성을 밝혀볼 것이다.

## 1. 저자 문제

『대학』은 어느 시대의 누구의 손에 의해서 나온 작품인가? 『대학』이 세상에서 처음으로 빛을 보게 된 것은 바로 『예기』의 한 편명(篇名)으로 편집되면서부터였다. 그런데 『예기』가 한 사람의 손이 아니라 여러 사람들의 손에 의해서 편집되었다는 사실로 미루어 볼 때, 『대학』은 분명히 『예기』가 편집되기 이전부터 하나의 독립된 형태로 존재하지 않았나 한다. 아무튼 한나라와 당나라의 학자들은 『대학』의 저자에 관해 전혀 관심을 보이지 않았을 뿐만 아니라, 또한 그것의 중요성조차도 인식하지 못하고 있었다. 단지 당나라의 한유(韓愈 : 768~824)만이 그의 「원도」(原道)에서 『대학』의 말을 인용하는 정도에서 그치고 있을 뿐이었다.[1] 여기서 우리는 그가 비록 『대학』의 말을 인용하고 있기는 하지만 격물치지(格物致知)에 대해 전혀 언급을 하지 않은 점에서 볼 때에 그가 살던 당시까지는 여전히 『고본대학』(古本大學)만이 통용되었을 뿐이고, 한편 어떠한 『대학』의 체계 연구도 거의 이루어지지 않았음을 알 수 있다. 그러다가 사마광(司馬光 : 1019~1086)이 『대학중용강의』(大學中庸講義)를 저술하면서부터, 『대학』은 처음으로 『예기』에서 분리되어 하나의 독립 체제를 갖춘 작품으로 받아들여졌으며, 또한 『중용』과 함께 묶여서 하나로 이해되는 '학용'(學庸)의 기틀이 마련되었다.(이 책은 지금 소실되었기 때문에 우리가 그것의 진정한 가치를 올바르게 평가할 수 없음은 애석한 일이 아닐 수 없다.) 한편 인종(仁宗)의 천성(天聖) 8년(1030)에는 신급제자(新及第子) 왕공진(王供辰) 등에게 『대학』편을 따로 떼어 하사하면서, 『대학』이 세상에 간행되었다. 하지만 이때까지의 『대학』 연구는 그것에 대한 본격적인 학문 연구라기보다

---

1) 韓愈, 「原道」(『韓昌黎全集』, 北京: 中國書店, 1991), 174쪽, "古之欲明明德于天下者,先治其國 …… 欲正其心者,先誠其意."

도 단지 『대학』이 하나의 독립적 체계를 갖춘 작품으로 인정되었다는 점에 그 의의가 있을 뿐이다. 그러다가 정명도(程明道 : 1032~1085)·정이천(程伊川 : 1033~1107) 형제에 가서야 비로소 『대학』의 중요성이 인정되어 그것의 진정한 학문적 연구가 이루어지게 되었다. 특히 정이천은 『대학』을 학문 방법을 제시한 책을 강조하여 처음에 배워서 덕(德)에 들어가는 문(門)이기 때문에 배우는 자들은 반드시 이것에 근거해서 학문을 해야 한다고까지 했다. 하지만 그의 그러한 『대학』에 대한 평가와는 달리, 그것의 저자에 대해서는 단지 '공씨의 유서'(孔氏遺書)라고 언급했을 뿐이고, 여전히 구체적으로 누구의 기술임을 밝히지 않았다.2) 그 뒤에 주희는 정이천의 그러한 『대학』의 기본 입장을 그대로 계승하면서도 더 나아가 『고본대학』(古本大學)의 체계를 상고하여, 일명 『개정대학』(改定大學)이라는 새로운 『대학』 체계를 구성해 냈다.3) 그의 이러한 노력의 결실은 그의 말대로, 그 자신의 아무런 근거도 없이 이루어진 것이 아니라 바로 '사상 체계'나 '서술 순서'를 감안해서 내린 결과였다.4) 이러한 그의 『대학』 저자에 대한 논의는 하나의 구체적 전거에 의한 것이기보다도 단순히 『대학』에서 한 번 언급된 증자왈(曾子曰)에 근거한 것으로 보여진다.5) 그럼 『대학』에서 한 번 언급된 '증자왈'에 근거

---

2) 朱熹, 『大學章句』(『四書章句集注』, 新編諸子集成本: 第一輯, 北京: 中華書局, 1995 4刷本), 3쪽, "大學,孔氏遺書.而初學入德之門也.於今可見古人爲學次第者,獨賴此篇之存,而論孟次之.學者必唯是而學焉,則庶乎其不差矣."『二程遺書』, 二先生語, 2上, "大學乃孔氏之遺書,須從此學則不差."『二程遺書』, 伊川語, 八上, "入德之門無如大學,今之學者賴有此一篇書存,其他莫如論孟."

3) 朱熹, 앞의 책, 4쪽, "今因程子所定,而更考經文,別爲序次."

4) 朱熹, 앞의 책, 4쪽, "凡傳文,雜引經傳,若無統紀,然文理接續,血脈貫通,深淺始終,至爲精密,熟讀詳味,久當見之,今不盡釋也."

5) 朱熹, 앞의 책, 4쪽, "蓋孔子之言而曾子述之.其傳十章則曾子之意而門人記之也."

하여 '증자'를 『대학』의 저자라고 단정했다면 『대학』의 자왈(子曰)이란 말은 어떻게 설명할 수 있는가? 과연 '자왈'이란 말 때문에 공자가 『대학』을 지었다고 단정지을 수 있는가? 물론 『대학』이 공자나 증자의 영향을 받았다는 것은 부정할 수 없는 사실일지라도 단순히 본문에서 한 번 언급된 사람을 가지고 그것의 '저자'로 단정짓는 동시에 그것의 '시대'까지도 규정짓는 일은 지양되리라고 본다. 생각건대, 주희가 『대학』을 '증자'의 작품이라고 규정한 것은 바로 그 이면에 유가의 도통론(道統論)이 깔려 있는 것이 아닌가 한다.(주희의 『대학장구』(大學章句) 서문을 참조 바람) 결국 이러한 『대학』의 저자에 관한 주희의 주장은 후대의 학자들에 의해서 그 자체에 강한 비판이 제기되었다. 즉 명나라의 진도영(陳道永)은 『대학』을 '전국 시대의 유학자의 글'이라고 했고, 또한 청나라의 대진(戴震)은 『대학보주』(大學補注)에서, 왕중(汪中)이 『대학평의』(大學平義)에서, 모두 '주희의 주장에 근거가 없다'고 지적했으며, 유정섭(兪正燮)은 『계사유고』(癸巳類稿)에서 '한나라 시대의 시서박사(詩書博士)의 잡집'(雜集)이라고까지 주장했다.[6]

이상으로 보듯이, 『대학』의 '저자 문제'는 특히 주희 이후로 중국 철학에서 상당히 오랫동안 진행된 논의 중의 하나였다. 하지만 그 논의는 현대에 들어오면서 그 저자 문제를 뒤로 한 채, 대체로 그 '사상 계통을 통한 성립 연대'의 문제에 집중된다. 왜냐하면 『대학』의 '성립 연대'에 대한 정립은 그것의 아주 복잡한 학문 성격의 문제에 종지부를 찍을 수 있고, 또한 그것의 정치 철학적 의의와 사상사적 위치를 보다 더 분명하게 할 수 있는 결정적 계기가 될 수 있기 때문이다.

---

6) 兪正燮, 『癸巳類稿』(北京: 商務印書館, 1957), 57쪽.

## 2. 성립 시대 문제

### 1) 학문 성격으로 본 시대 규정

『대학』의 '성립 시대' 문제는 아주 복잡하면서도 다양하게 제기되었다. 먼저 『대학』의 '성립 시대'에 대한 주장에는 대략 네 가지가 있다. 첫째, '『대학』은 맹자나 순자의 이전인 춘추 시대 말에서 전국시대 초기에 완성되었다.'(호적) 둘째, '그것은 진나라의 천하 통일 이후에서 한나라의 정권 성립 이전에 완성되었다.'(서복관)[7] 셋째, '그것은 진나라 초기에서 한나라 초기에 완성되었다.'(노사광)[8] 넷째, 그것은 '한나라 무제(武帝) 내지 그 이후에 완성되었다.'(무내의웅)[9] 다음으로 '사상 계통'에 대한 주장에는 대략 네 가지가 있다. 첫째, 『대학』은 '맹자의 계통'이다. 둘째, 그것은 '순자의 계통'이다. 셋째, 그것은 '맹자와 순자 모두의 영향을 받았다.' 넷째, 그것은 '유가 사

---

7) 徐復觀, 『中國人性論史; 先秦篇』(臺北: 臺灣商務印書館, 民國73 7판), 272쪽. 그는 '大學'이란 개념의 역사적 변천, '誠意' 개념의 출현, 「秦誓」라는 책에 대한 논의를 통해서 『대학』을 '진나라의 천하 통일 이후에서 한나라의 정권 성립 이전에 나온 작품'으로 규정하고 있다. 논자도 이러한 주장을 그대로 수용한다. 하지만 여기서 문제는 「진서」라는 말에 근거하여 『대학』의 시대를 진나라 시대로 규정할 수 있는가 하는 것이다. 즉 그의 주장이 전적으로 틀리지는 않지만 그 글자의 뜻만으로는 어디까지나 진나라 시대에 나온 책이라고 추측만 할 수 있을 뿐이지 단정지어 말할 수 없을 것이다. 비록 「진서」가 『尙書』의 편명(篇名)이긴 하지만 오늘날 통용되는 『상서』는 한 사람의 손에 의해서 나온 것이거나 한 시대에 완성된 것이 아니라 여러 시대를 거치면서 여러 학자들의 손에 의해 편집되어 한나라에 가서야 비로소 하나의 '책'으로 완성되었다는 주장이 정설로 받아들여지고 있다. 따라서 「진서」라는 말만을 가지고 『대학』의 시대를 규정짓는 것은 다소 문제가 있다고 할 수 있다.

8) 勞思光 著, 정인재 역, 『中國哲學史(漢唐篇)』, 62쪽.

9) 武內義雄이 대표적이다.

상뿐만 아니라 다른 사상의 영향까지도 받았다.' 이와 같이 『대학』의 '성립 시대'와 '사상 계통'에 대하여 아주 복잡한 상황이 연출되었다는 것은 그만큼 『대학』의 '시대사적 고찰'이 『대학』의 사상 체계를 이해하는 데에 반드시 선결되어야 할 문제임을 보여주는 하나의 단적인 예라고 할 수 있다.

필자는 먼저 『대학』의 '학문 성격을 통한 성립 시대'의 문제를 학자들의 주장에 근거하여 크게 세 가지 측면에서 살펴보고자 한다. 첫째는 『대학』이 '『맹자』와 『순자』에 앞서 완성되었다'는 주장이다. 이 주장의 대표적인 학자는 호적이다. 즉 그 주장의 근거는 '맹자의 성선설', '민권(民權)의 성취', '순자를 포함한 심론'(心論) 등이 나올 수 있었던 배경 속에서 『대학』이 등장했으며, '사상의 흐름'으로 볼 때에 맹자와 순자 이전에 이러한 책이 몇 권 정도 있어야 한다는 것이다.[10] 여기서 문제는 '사상의 흐름'이란 말이다. 이 '사상의 흐름'이란 마치 물이 위에서 밑으로 흘러가듯이, 앞 시대의 사상이 뒤 시대의 사상으로 보다 더 엄밀하고 조리 있게 발전되어 가는 것을 의미한다. 하지만 그가 말하는 '사상의 흐름'이란 마치 물이 아래에서 위로 거슬러 올라가듯이 '사상의 역류'(逆流)라는 느낌을 떨쳐 버릴 수가 없다.[11] 결과적으로 그의 주장은 구체적 논증을 결여하고 있는데, 즉 그 원인은 『대학』의 '역사적 배경'을 철저하게 인식하지 못한 데에 있었다고 할 수 있다.

둘째는 '『대학』이 맹자와 순자 뒤에 완성된 작품으로, 그들의 사상과 깊은 연관이 있다'는 주장이다. 여기에는 상반된 두 주장이 있다. 즉 『대학』이 '맹자를 계승한 작품'이라는 곽말약의 주장과 '순자의 계통'이라는 풍우란의 주장이 그것이다. 먼저 풍우란은 '『대학』의

---

10) 胡適, 『中國古代哲學史(3)』(臺北: 臺灣商務印書館, 民國71 5판), 1~2쪽.
11) 이는 뒤의 '修身과 壹의 문제'를 참조 바람.

대학지도(大學之道)는 순자학(荀子學)의 관점에서 해석해야 함을 강조하고 『순자』와 『대학』의 학문적 유사성을 밝히고 있는 반면에', 12) 곽말약은 '『대학』은 맹자학(孟子學)의 입장에서 해석해야 함을 강조하고, 풍우란의 판단이 형을 아버지로 삼는 것과 비슷하다'고 비판하고 있다.13) 이러한 그들의 주장이 전적으로 잘못된 것은 아닐지라도 문제는 그들의 주장처럼 『대학』이 단순히 어느 한 사상만을 계승한 작품이라고 단정지어 말할 수는 없다는 것이다. 왜냐하면 그들은 한결같이 누가 누구의 사상을 계승했는가 하는 '학문의 계보적' 측면에 대한 설명에 급급한 나머지, 『대학』 당시의 '학문 경향'을 그 문제에 전혀 고려해 넣지 않았기 때문이다.

셋째는 『대학』이 '맹자나 순자 어느 한쪽만을 계승한 것이 아니라 맹자 계통과 순자 계통을 체계적·종합적으로 수용한 작품이다'는 주장이다. 이 주장은 상당히 설득력을 지니는 것으로 보여진다. 왜냐하면 뒤에서 보겠지만, 『대학』의 전개 방식은 분명히 '안에서 바깥까지', '작은 것에서 큰 것까지', '개인에서 사회까지' 점차 확대되어 가는 '내외 합일'(內外合一)의 과정이기 때문이다. 다시 말해 『대학』은 내성 외왕(內聖外王)의 도리를 종술하여 시종(始終)·본말(本末) 개념으로 관통하는14) 체계를 갖추고 있다는 것이다. 이와 같이 『대학』이 '내성'과 '외왕'의 통일적 관계를 도모했다고 본다면 그것은 결국 서복관의 주장처럼 '맹자의 사상과 순자의 사상을 체계적·종

---

12) 馮友蘭, 『中國哲學史』(서울: 민족문화 영인본), 439쪽.

13) 郭沫若, 『十批判書』(『郭沫若全集: 歷史篇(二)』, 北京: 人民出版社, 1982), 138~139쪽 참조. 여기서 그는 "知止는 실제로 공자의 '多聞闕疑, …… 多見闕殆' 및 노자의 '知足不辱,知止不殆'에 근본한다. '正心'은 맹자의 '養心莫善於寡欲', 및 宋子의 '情欲寡淺'에 근본한다. 誠意는 『중용』과 『맹자』의 중심 사상에서 나온 것이다"라고 한다.

14) 唐君毅, 『中國哲學原論(原道篇: 2)』(『唐君毅全集』(15), 臺北: 臺灣學生書局, 民國75, 校訂本), 69쪽 참조.

합적으로 수용한 선진 유가 철학(정치)의 종합서'라는 평가가 보다 더 정확하다고 할 수 있다.[15]

그런데 위의 세 번째의 입장은 그 당시의 '학문적 분위기'와 관련지어 볼 때에 더욱 분명해진다. 즉 역사적으로 중국의 학술 사상은 대체로 정치의 변천에 따라서 바뀌었다. 예컨대, 전국 시대와 같이 정치적으로 각 나라가 병립하면 학술적으로 각 학파가 병립했고, 또한 진나라처럼 한 명의 군주로 통일을 이루면 학계도 또한 통일을 이루었다. 이는 바로 한 시대의 학문 경향이 반드시 그 당시의 정치 상황과 긴밀한 관계를 가짐을 의미한다. 예컨대, 진나라는 '법가 사상에 의해서 천하를 통일했으나, 성공한 뒤의 진나라는 사상 이론상에서 완전히 법가를 채용하지 않고, 의식적으로 법가 사상의 기초 위에서 각 학파의 사상을 흡수했다. 이때의 합류는 법가를 기초로 하고 음양 오행(陰陽五行)과 유가 학설을 흡수하여 진행되었는데, 이는 바로 통일된 국가에 통일된 사상만이 국가의 권위를 강화시킬 수 있다는 신념의 결과였다. 아무튼 그러한 진나라의 그러한 추세는 결코 변하지 않고 후대로까지 계속 이어져 내려갔다.'[16]

그럼 그러한 일련의 종합화 경향에서 유독 '유가 사상으로 유가 사상을 종합한 작품'은 없는 것일까? 만약 그러한 작품이 없다고 한다면 한나라 무제武帝)에 가서 유학이 부흥될 수 있었던 배경은 어떻게 설명될 수 있겠는가?[17] 앞서 보았듯이, 『대학』이 '맹자와 순자

---

15) 徐復觀, 『中國人性論史: 先秦篇』, 263~272쪽 참조. 그는 『대학』과 순자의 상호 관련성을 인정하면서도 결국 그는 '『대학』을 맹자의 배경 아래에서 해석해야 한다'는 입장을 취한다(같은 책, 276쪽 참조 바람).

16) 林劍鳴, 『秦漢史(下)』(北京: 上海人民出版社, 1993 3판), 501~504쪽. 儒家에 관한 부분은 『睡虎地秦墓竹簡』 중의 「爲吏之道」의 내용으로 알 수 있다. "父玆(慈),政之本民殳也", "玆(慈)愛萬姓", "惠以聚之,寬以治之", "寬裕忠信,和平毋怨", "慈下勿凌.", "恭敬多讓,寬以治之.", "有嚴不治."(같은 책, 503쪽, 재인용)

의 사상을 종합한 작품'이라면, 또한 '대학'이란 말이 '박대(博大)한 학문'18)으로써, 즉 모든 학문을 그 안에 두루 감싼다는 의미를 포함한다면 『대학』은 그것의 성립 전후의 학문 경향, 즉 '학문의 종합화 경향'과 전혀 무관하지 않을 것이다. 아무튼 그러한 '종합화 경향'은 바로 진나라 시황제(始皇帝)에서 한나라 무제(武帝)에 이르는 기간에 아주 활발하게 진행되었던 하나의 거대한 흐름이었다. 예컨대, '유가·도가·묵가 등 제가(諸家) 위에 초연하게 서서 그것을 조화 통일하고자 했던 『여씨춘추』(呂氏春秋)를 필두로 도가를 종주로 하여 기타 각파를 조화 통일하고자 했던 『회남자』(淮南子)와 유가로 법가·도가·음양 오행을 하나의 계통으로 조화 통일하고자 했던 『춘추번로』(春秋繁露)가 그것이다.'19) 여기서 만약 『대학』의 성립 시대를 진나라 말기에서 한나라 성립 이전이라고 본다면 『대학』은 그 당시의 학문의 종합화 경향을 그대로 반영하는 동시에 그것은 자연히 '맹자와 순자의 뒤에 나온 것', 즉 '유가의 정치 사상을 체계적·종합적으로 서술한 작품'의 범주를 벗어나지 않을 것이다. 따라서 『대학』은 '그 당시 일련의 혼란한 상황을 타개하고 새로운 정치 질서를 구축하여 유가 사상으로 보다 더 원대한 정치 이상을 실현하기 위해 만들어진 작품'이라고 할 수 있다.

이상으로 보듯이, 논자는 『대학』을 맹자와 순자를 체계적으로 종

---

17) 한나라 초기에 유학의 영향을 받은 인사인 가의(賈誼)와 조착(趙錯)이 등용되어 대외적으로 흉노(匈奴)에 대하여 화친책(和親策)을 유지했고, 대내적으로 잠시 동안의 반란 이외에는 대체로 안정되었다. 이후로 유학은 서서히 자신들의 입지를 확보해 나가다가 무제(武帝) 때에 가서야 비로소 문화의 전통적 위치를 차지하게 되었다.

18) 楊家駱 主編, 『禮記注疏及補正(下)』(中國學術名著 第6輯, 十三經注疏補正本 第8冊, 臺北: 世界書局, 民國60 再版), 「大學編」, 孔穎達 疏, "名曰大學者, 以其記博學可以爲政也."

19) 錢穆 著, 차주환 역, 『中國文化史導論』(서울: 乙酉文化社, 1984), 111~113쪽.

합화한 작품으로 규정지었다. 그렇다면『대학』은 그들의 어떠한 주장들을 계승하고 철학적으로 발전·확충시켰는가? 이 문제는 학자들의 주장을 토대로 하나의 도표로 그려보고(<표 1> 참조), 또한 필자가 본문에 인용한 내용들을 토대로 하나의 도표를 그려보았다(<표 2> 참조).

## 2) 사상 연원으로 본 시대 규정

앞의『대학』의 '학문 성격'은『대학』의 '시대 문제'를 이해하는 아주 중요한 관건이지만 그것만으로는 '성립 시대'를 정확하게 규정지을 수 없고, 반드시 그 '사상 연원'과 연결하여 논의를 전개할 때에 보다 더 분명해질 것이다. 그리하여 필자는『대학』원문에 근거하여 그 '사상 연원'을 크게 세 부분으로 나누어 고찰할 것이다. 즉 첫째는 '수신(修身)과 일(壹)의 문제'이고, 둘째는 '효(孝)의 문제'이고, 셋째는 '사이(四夷)와 중국(中國)의 문제'이다.

### (1) 수신(修身)과 일(壹)

옛날에 밝은 덕(明德)을 천하에 밝히고자 하는 자는 먼저 그 나라를 다스리고, 그 나라를 다스리고자 하는 자는 먼저 그 가족을 가지런히 하고, 그 가족을 가지런히 하고자 하는 자는 먼저 **그 몸을 닦고(修身), 그 몸을 닦고자 하는 자(修身)**는 먼저 그 마음을 바르게 하고, 그 마음을 바르게 하고자 하는 자는 먼저 그 뜻을 진실 되게 하고, 그 뜻을 진실 되게 하고자 하는 자는 먼저 그 앎에 이르러야 한다.[20]

---

20)『大學』, "古之欲明明德於天下者,先治其國.欲治其國者,先齊其家.欲齊其家者,先修其身.欲修其身者,先正其心.欲正其心者,先誠其意.欲誠其意者,先致其知."

# <표 1> 풍우란(馮友蘭), 곽말약(郭沫若), 서복관(徐復觀)의 비교

| 『大學』 \ 學者 | 馮友蘭(荀子學) | 郭沫若(孟子學) | 徐復觀(孟荀學) |
|---|---|---|---|
| 大學 | | | 謹庠序之敎(梁惠王上) |
| 明德 | | | 今人主有能明其德,則天下歸之,若蟬之歸明火也.(致士)<br>書曰,克論明明德(正論) |
| 止於至善 | 止諸知足.曷謂知足.曰,聖也.(解蔽) | | 『大學』의 止와 荀子의 止-人倫의 準則. 전자-각 사람들이 직접적으로 이치(仁.敬孝慈信)를 담당함 후자-각 사람들이 이치를 담당하지 않음, 때문에 '止諸知足'을 '止於聖人'으로 삼음. |
| 爲人君止於仁,爲人臣止於敬,爲人子止於孝,爲人父止於慈,與國人交止於信. | 聖也者,盡倫也.(解蔽) | | |
| 知止而后有定,定而后能靜 | | 多聞闕疑,愼言其餘,則寡尤,多見闕殆,愼行其餘,則寡悔.言寡尤,行寡悔,祿在其中矣.(爲政)<br>知足不辱,知止不殆(老子,44) | 古之所謂處士者,德盛者也,能靜者也.(非十二子)<br>心何以知,曰虛一而靜.(解蔽) |
| 古之欲明明德於天下者,先治其國,欲治其國者,先齊其家,欲齊其家者,先修其身,…自天子以至於庶人,壹是皆以修身爲本. | 請問爲國,曰,聞修身,未嘗聞爲國也.君者儀也,民者景也,儀正而景正.君者槃也,民者水也,槃圓而水圓.……曰,問修身,未嘗聞爲國也.(君道) | 人恒有言曰,天下國家.天下之本在國.國國之本,在家.家之本在身.(離婁上) | 人恒有言曰,天下國家.天下之本在國.國之本,在家.家之本在身.(離婁上) 老吾老,以及人之老.幼吾幼,以及人之幼.天下可運於掌上.詩云,刑于寡妻,至於兄弟,以迓於家邦,言擧斯心加諸彼而已(梁惠王上) 夫天未欲平治天下也(公孫丑上) |
| 致知在格物 | 凡觀物有疑,中心不定,則外物不淸.吾慮不淸則未可定然後否也.(解蔽) | 舍己從人,樂取於人以爲善.(盡心上) | 故君子壹於道而以贊稽物.……以贊稽物則察,…則萬物官矣.(解蔽) |
| 物格而後知至 | | 萬物皆備於我.(公孫丑上) 反身而誠能樂莫大.(盡心上) 盡其性者,則能盡物之性.(中庸) | |

| | | | |
|---|---|---|---|
| 中形於外, 愼獨 | 君子養心莫善於誠,致誠則無他事矣,唯仁之爲守,唯義之爲行.誠心守仁則形,形則神,神則能化矣,誠心行義則理,理則明,明則能變矣.變化代興,謂之天德.天不言而人推其高焉,地不言而人推其厚焉,四時不言而百姓期焉,夫此有常,以至其誠者也.君子至德,默然而喩,未施而親,不怒而威.夫此順命,以愼其獨者也.(不苟) | | |
| 正心 | | 養心莫善於寡欲(盡心上)<br>情欲寡淺(宋子) | 修己以敬.(憲問) 君子所以異於人者,以其存心也.君子以仁存心,以禮存心.(離婁下) 養心莫善於寡欲.(盡心下) |
| 所謂修身在正其心者,身有所忿懥,則不得其正,有所恐懼,則不得其正,有所好樂,則不得其正, 有所憂患,則不得其正.. | 故人心譬如槃水,正錯而勿動,則湛濁水在下,而淸明在上.則足以見鬚眉而察理矣.微風過之,湛濁動乎下,淸明亂於上,則不可以得大形之正也.心亦如是矣.故導之以理,養之以淸,物莫之傾,則足以定是非決嫌疑矣.(解蔽) | | 惟大人能格君心之非.(離婁上) |
| 心不在焉,視而不見,聽而不聞 | 小物引之,則其正外易,其心內傾則不足以決理矣.故好書者衆矣,而倉頡獨傳者,壹也.好稼者衆矣,而后稷獨傳者,壹也.好樂者衆矣,而夔獨傳貯,壹也.好義者衆矣,而舜獨傳者,壹也…自古及今,未嘗有兩而能精者也.(解蔽). | | 荀子의 心-人心의 知性방면. 正心 방법-'知道'.(道:객관적인 것) '知道'하여 心이 "虛壹而靜"하는 것-知性의 '無記'적 心理狀態 『大學』의 正心-人心의 德性방면. 正心 방법-'誠意'. 意는 主觀的, 誠意는 主觀 자체에 대한 노력. |
| 修身 | | | 荀子-由禮·得師·一好를 修身의 요체로 삼음. 『大學』-正心·誠意로 修身의 요체를 삼음. 修己以安人…修己以安百姓.(憲問) |
| 如保赤子 | | | 如保赤子(王覇) 若保赤子(臣道) |
| 有諸己,而後求諸人,無諸己,而後非諸人. 此之謂絜矩之道也. | 聖人者,以己度者也.故以度人以己度情.(非相)操五寸之矩,盡天下之方.(不苟) | | 忠恕之道-儒家의 通義 순자사상의 특색으로 삼기에는 부족함. |
| 不以利爲利,以義爲利也. | | | 王何必曰利,亦有仁義而已矣. 未有義而後其君者也.(梁惠王上) |

<表 2> 『대학』과 『논어』·『중용』·『맹자』·『순자』의 관계

| 『大學』 | 『論語』 | 『中庸』 | 『孟子』 | 『荀子』 |
|---|---|---|---|---|
| 明明德 | | 天命之謂性,率性之謂道. | | 今人主有能明其德,則天下歸之,若蟬之歸明火也.(致士) |
| 親民 | 修己以安人…修己以安百姓.(憲問) | 凡爲天下國家有九經……(20) | 君子之於物也,……親親而仁民仁民而愛物(盡心上) | |
| 止於至善 | | 惟天下至誠,……則可以贊天地之化育.可以贊天地之化育則可以與天地參矣.(22) | | |
| 古之欲明明德於天下者,先治其國,欲治其國者,先齊其家,欲齊其家者,先修其身. | | | 人恒有言曰,天下國家.天下之本,在國.國之本,在家.家之本在身.(離婁上) | |
| 身修而后家齊,…國治而后,天下平. | | | 君子之守,脩其身而天下平.(盡心下) | |
| 致知(知至) | 多聞闕疑,愼言其餘,則寡尤,多見闕殆,愼行其餘,則寡悔.言寡尤,行寡悔,祿在其中矣.(爲政) | | | |
| 格物致知 | | | | 見物然後知其是非之所在.(堯問)故君子壹於道而以贊稽物……以贊稽物則察,…則萬物官矣.(解蔽) |
| 誠意 | | | 曰敢問夫子之不動心…夫志,氣之帥也.氣體之充也.夫志至焉,氣次焉.故曰,持其志…曰志壹則動氣,氣壹則動志也.(公孫丑上) | |
| 富潤屋,德潤身,心廣體胖, 故君子必誠其意. | | | 君子所性,仁義禮智,根於心,其生色也,睟然見於面,盎於背,施於四體,四體不言而喩.(盡心上) | |
| 正心 | 修己以敬(憲問) | | 君子所以異於人者,以其存心也.君子以仁存心,以禮存心.(離婁下)養心莫善於寡欲.(盡心下) | |

| | | | | |
|---|---|---|---|---|
| 所惡於上,毋以使下,所惡於下,毋以事上,所惡於前,毋以先後,所惡於後,毋以從前,所惡於右,毋以交於左,所惡於左,毋以交於右,此之謂絜矩之道也. | 夫仁者,己欲立而立人,己欲達而達人.能近取譬,可謂仁之方也已(雍也) | 君子之道四,…所求乎子,以事父,…所求乎臣,以事君,…所求乎弟,以事兄,…所求乎朋友,先施之….(13장) 忠恕違道不遠.施諸己而不願,勿施於人.(1장) | | |
| 唯仁人,爲能愛人,能惡人 | 惟仁者,能好人,能惡人.(里仁) | | | |
| 生財有大道.生之者衆,食之者寡,爲之者疾,用之者舒,則財恒足矣. | 節用而愛人.(學而) | | | 足國之道,節用裕民,而善臧其餘(富國) |
| 民之所好,好之,民之所惡,惡之.此之謂之父母. 是故君子有大道,必忠信以得之,驕泰以失之 | | | ……國人皆曰賢,然後察之見賢焉然後用之…國人皆曰可殺,然後察之,見可殺焉,然後殺之.故曰國人殺之也,如此然後可以爲民父母.(梁惠王下) | 桀紂者善爲人所惡也,而湯武者善爲人所好也.人之所惡何也,曰,汚漫爭奪貪利是也.人之所好者何也,曰,禮義辭讓忠信是也.(富國) |
| 財聚則民散,財散則民聚 | | | | 取民者安,聚斂者亡,(王制) |
| 國不以利爲利,以義爲利也. | 見利思義(憲問) | | 苟爲後義而先利不奪不饜(梁惠王上) | 先義而後利者榮,先利而後義者辱.(榮辱篇) 君子苟能無以利害義(法行) |
| 所謂平天下在治其國者,上老老而,民興孝,上長長而,民興弟,上恤孤而,民不倍,. | 四海之內,皆兄弟也.(顏淵) | | 老吾老以及人之老,幼吾幼以及人之幼,天下可運於掌…故推恩,足以保四海,不推恩,無以保妻子.(梁惠王上) 道在爾而求諸遠,事在易而求諸難.人人親其親長其長而天下平."(滕文公上) | |
| 大學之道(內聖外王) | | | 困則獨善其身,達則兼善天下.(盡心上) | 聖也者,盡倫者也,王也者,盡制者也.兩盡者,足以爲天下極矣.(解蔽) |

(※ 이 표는 본문에서 인용한 것을 토대로 작성한 것임)

천자에서 서인에 이르기까지 한결같이(壹) 모두는 몸을 닦음(修身)을 근본으로 한다.[21)]

### (2) 효(孝)

효도는 임금을 섬기는 방법이다.

사람의 아들이 되어서는 효도에 머문다.

윗사람이 노인을 노인으로 대접하면 백성에게 효도의 기풍이 일어난다.[22)]

### (3) 사이(四夷)와 중국(中國)

오직 어진 사람만이 악한 사람을 추방하여 유배하되 사이의 땅에 물리쳐서, 더불어 중국에서 함께 하지 않는다. 이것은 오직 어진 사람만이 사람을 사랑하며 사람을 미워한다고 하는 것이다.[23)]

### (1) 수신(修身)과 일(壹)

『대학』의 이 내용과 『맹자』의 "사람들이 말하는 것이 있다. 모두는 천하 국가라고 말한다. 천하의 근본은 나라에 있고, 나라의 근본은 가족에 있고, 가족의 근본은 몸에 있다"[24)]를 비교해 보면, 『대학』이 『맹자』보다 훨씬 뒤에 나왔음을 알 수 있다. 왜냐하면 비록 간헐적이지만 『대학』은 '수신'에 대해 아주 세밀하고 조리 있게 논의하고 있는 반면에 『맹자』는 그것에 대한 좀더 구체적인 설명이 없기 때문이다. 따라서 '『대학』이 『맹자』보다 먼저 나왔다'는 주장은 거의 설득력을 가질 수 없으며, 또한 『맹자』의 "사람들이 말하는

---

21) 같은 책, "自天子以至於庶人,壹是皆以修身爲本."

22) 같은 책, "孝者,所以事君也." "爲人子,止於孝." "上老老而民興孝."

23) 같은 책, "唯仁人,放流之. 迸諸四夷,不與同中國.此謂唯仁人,爲能愛人,能惡人."

24) 『孟子』, 「離婁上篇」, "人恒有言曰,天下國家.天下之本,在國.國之本,在家.家之本,在身."

것이 있다"(人恒有言曰)가 『대학』의 말을 가리키지 않음은 더더욱 분명하다. 또한 맹자의 "군자의 지키는 것은 자기 몸을 닦아서 천하가 태평하게 하는 것이다"25)에서 보듯이, 그는 '수신'을 『대학』에서처럼 천자에서 서인까지의 모든 사람에게 적용하지 않고 오직 군자 자신의 입장에서 말하고 있는 반면에 『대학』은 일(壹) 개념을 들어 '수신'의 대상을 모든 사람에게 적용시키고 있다. 여기서 '일'이 비록 문장 구조상 단순히 '부사적' 의미에 불과하다고 하더라도 문장 내용상 그것은 아주 중요한 의미를 함축하고 있다. 즉 그것은 천자에서 서인까지를 보다 더 밀접하게 연결해 주는 하나의 가교 역할을 한다는 것이다. 예컨대, 그것은 "천자에서 서인까지 **한결같이 몸을 닦음(修身)을 근본으로 한다**"가 어느 상황에서도 누구나 예외 없이 반드시 그렇게 해야 한다는 '당위성' 내지 '필연성'을 강조하는 말이라면, "천자에서 서인까지 몸을 닦음(修身)을 근본으로 한다"는 상황에 따라서 누구나 그렇게 할 수도 있고 하지 않을 수도 있다는 가능성을 내포하는 말이라고 할 수 있다. 따라서 『대학』의 '수신'에 대한 '일'의 강조로 볼 때에 그것은 '맹자나 순자 이후', 특히 '진나라가 육국(六國)을 통일한 이후에 등장한 작품'이라고 할 수 있다.26)

---

25) 같은 책, 「盡心下篇」, "君子之守, 修其身而天下平."

26) 여기서 우리는 '壹' 개념이 『순자』의 핵심 개념이라는 점에서, 그것을 『대학』의 '壹' 개념과 연관지어 볼 수도 있다. 하지만 그것에 나오는 '壹' 개념은 대부분 '천하의 통일'과 관련된 '壹天下'(『荀子集解』, 「非十二子篇」, "不知壹天下建國家之權稱, 上功用大僊約 ……"), 調壹上下(「君道篇」, "欲治國馭民, 調壹上下, ……"), 調一天下(「王覇篇」, "欲得調壹天下, 制秦楚, ……"), "功壹天下"(「王覇篇」, "如是, 則舜, 禹還至, 王業還起, 功壹天下, ……"), 禮義에 관련된 '壹'(「富國篇」, "故先王明禮義以壹之 ……"), 단순히 '전일하다' 또는 '정미하다'는 동사적 의미의 '壹'(「王制篇」, "分均則不偏, 勢齊則不壹, 衆堤則不使." 「王覇篇」, "…… 道足以壹人而已矣. 彼其人苟壹, 則其土地且奚去我而適它!", 「議兵篇」, "…… 凡用兵攻戰之本在乎壹民." 「解蔽篇」, "故君子壹於道而以贊稽物. 壹於道則正,

## (2) 효(孝)

전통적 견해에서, 특히 공자・맹자・순자에서 '효'는 일반적으로 부모에 대한 '효'[27]와 '효'의 외부로의 확충을 전제하지만 기본적으로 그것은 『대학』에서 제출된 '효'의 관점과는 다른 면이 있다. 즉 『대학』은 '효'의 대상을 부모 이외에[28] '임금에까지 확충하여 사용하고 있다는 점이다.'(孝者, 所以事君也.) 이는 그 당시가 '효'와 '충'에 대한 명확한 구분이 적용되지 않는 상황임을 보여준다. 다시 말해 그것은 바로 『대학』 당시에 '임금을 존중하는 사상'(尊君思想)이 행해졌음을 반영하는 동시에 『대학』의 '효'가 그 당시의 '효' 사상에 어느 정도 영향을 받았음을 보여준다. 즉 뒤에서 보겠지만, 비록 '효'와 '충'의 충돌이 '선진 시대'에 그 뿌리를 두고 있다고 하더라도[29]

---

以贊稽物則察,以正志行察論,則萬物官矣."「正名篇」, "…… 故壹於道法而謹於循令矣.",「大略篇」, "君子壹教,弟子壹學,亟成.", 心과 관련된 虛壹精의 '壹' 등이다. 여기서 비록 "壹於道 ……"가 '수신'(修身)과 깊은 관련이 있다고 하더라도 그것은 어디까지나 '도심'(道心)에 들어간 '지인'(至人)의 경지에서 말하는 것이지 일반인에게까지 '수신'의 당위성을 설명한 것이 아닌 것으로 보여진다. 따라서 『순자』에서 일반인에 대한 '수신'과 관련지어 말한 '壹' 개념이 등장하지 않는다는 점에서, 결국 『대학』의 '壹' 개념을 『순자』와 직접적 관련을 짓는 것은 다소 문제가 있다고 할 수 있다.

27) 『論語』,「學而篇」, "子曰,弟子入則孝,出則弟,謹而信.汎愛衆而親仁.行有餘力,則以學文."「學而篇」, "子曰,父在觀其志,父沒觀其行.三年無改於父之道,可謂孝矣."「爲政篇」, "孟懿子問孝.子曰無違.",
『孟子』,「滕文公下篇」, "入則孝,出則悌.",「離婁上篇」, "不孝有三,無後爲大.",「離婁下篇」, "世俗所謂不孝者五.惰其四肢,不顧父母之養,一不孝也.博奕,好飮酒,不顧父母之養,二不孝也.好貨財,私妻子,不顧父母之養,三不孝也.從耳目之欲,以爲父母戮,四不孝也.好勇鬪狠,以危父母,五不孝也.",「萬章上篇」, "孝子之至,莫大乎尊親.
『荀子』,「王制篇」, "能以事親謂之孝 …… 能以事下謂之君.",「大略篇」, "老者孝焉."
28) 『大學』, "爲人子,止於孝.", "上老老,而民興孝."
29) 『논어』(論語)의 「자로편」(子路篇)에는 '효'(孝)와 '충'(忠)의 충돌이 나오고

38

그것의 구체적 발전은『대학』의 시대를 전후로 한다고 할 수 있다. 이런 점에서『대학』은 전통적으로 내려오던 '효' 사상과 당시의 새로운 '효' 사상이 상당히 혼재되어 있던 시기에 완성된 작품으로, 그 등장은 '전제 천하(專制天下)가 형성됨으로 해서 가능해졌다고 할 수 있다.'30) 그런데 혹자에 의하면 역사상 '효'로 천하를 다스리던 때는 서한(西漢) 초기였다고 한다.31) 특히 '효' 자체가 철저하게 임금에까지 확충되어 '전제 제도'로 조장되던 때는『효경』(孝經)이 등장하던 무렵인 한나라 무제(武帝) 이후라는 것이다.32) 이렇게 본다면『대학』은 한나라 무제 당시 내지 그 이후에 나온 작품이라고도 할 수 있다. 하지만『대학』의 '효'가 여전히 부모 관계에서 임금과 신하 관

---

있고("葉公語孔子曰,吾黨有直躬者,其父攘羊,而子證之.孔子曰,吾黨之直者異於是,父爲子隱,子爲父隱,直在其中矣."), 또『한비자』(韓非子)의 「오두편」(五蠹篇)에도 '효'와 '충'의 충돌이 다루어지며("楚之有直躬,其父竊羊,而謁之吏.令尹曰,殺之.以爲直于君而曲于父,扱而罪之.以是觀之,夫君之直臣,父之暴子也.魯人從君戰,三戰三北.仲尼問其故,對曰吾有老父,身死莫之養也.仲尼以爲孝,擧而上之.以是觀之,夫父之孝子,君之背信也.") 또한 「충효편」(忠孝篇)이 있지만, 아직까지는 '효'를 '사군'(事君)으로 규정한 것이 없다. 단지『한비자』의 「충효편」에서는 "臣事君,子事父,妻事夫"를 "天下之常道"로 보고서 "上法而不上賢"을 제출했으며, 또한 "人生必事君養親"을 주장하는 정도이다. 이렇게 본다면 그에게서 '충'과 '효'가 동시에 사용된 감은 없진 않지만 단지 선진 유가와 마찬가지로『대학』의 '효'와 '충'을 이해하는 데 하나의 단서만을 제공할 뿐이지 직접적인 관계를 가진다고 볼 수 없다.

30) 偉政通 編著,『中國哲學辭典』(臺北: 大林學術叢刊9, 民國72), 「忠孝條」, 416~418 참조.

31) 張其昀 著, 中國文化研究所 譯,『中國思想의 源流』(서울: 文潮社, 1984), 98쪽. 즉『後漢書』의 "漢은 제도로써 천하 만민이『孝經』을 암송토록 하였다"(『後漢書』(北京: 中華書局, 1993 6刷本), 62卷, 「荀韓鍾陳列傳 52」, 2051쪽, "漢制使天下誦孝經.")가 그 근거이다.

32) 徐復觀, 「中國孝道思想的形成,演變,及其在歷史中的諸問題」(『中國思想史論集』, 臺北: 臺灣學生書局, 民國72, 7판(臺五版)), 176~182쪽.

계까지 아주 철저하게 확대 해석되어 통치자와 백성간의 상호 관계에서 '효'를 말하는(上老老而民興孝) 동시에 전통적 '효'(孝) 사상을 함께 통용되고 있다는 사실로 미루어 볼 때, 그것은 정치적으로 상당히 혼란했던 시기인 '진나라 말기에서 한나라 성립 이전에 완성된 작품'이라고 할 수 있다.

### (3) 중국(中國)과 사이(四夷)

『대학』에서 '중국'과 '사이'를 명확하게 구분하여 사용한 사실은 바로 '사이'가 '중국'과 별개의 독립적 위치에 서 있던 당시의 정치 상황을 반영한다. 그런데 문제는 『맹자』에서도 『대학』과 마찬가지로 '중국'과 '사이'를 대립 개념으로 사용하고 있다는 점이다. 즉 "토지를 넓히고 진나라와 초나라를 조공하게 하여 중국에 자리잡고 있어서 사이를 어루만지고자 하는 것이다"[33])가 그것이다. 뒤에서 보겠지만, 맹자의 그러한 경향은 그 당시의 일반적 흐름이었는데, 즉 '전국(戰國) 시대에 중국은 사해의 안(四海之內 : 海內)이라는 말로 불려지곤 하였다'[34])는 것이다. 이와 같이 전국 시대의 세계가 실질적으로 '해내'(海內)에 국한되었다는 것은 바로 '사이'가 세계의 바깥, 즉 '사해의 바깥'(四海之外)에 머물게 되며, 또한 전국 시대 사람들의 세계 의식(특히 유가와 묵가 계열)이 '중국' 이외의 공간까지 미치지 못했음을 보여준다.[35]) 그렇다면 『대학』은 『맹자』 이후, 『여씨춘추』(呂氏春秋) 이전에 나온 작품일 가능성이 크다. 하지만 중요한 사실은 『대학』이 '중국'과 '사이'를 대립 개념으로 사용하고 있으면서도, 한편으로 보편적 의미로서의 '천하' 개념을 사용하고 있다는 점이다.

---

33) 『孟子』「梁惠王上篇」, "…… 欲辟土地,朝秦楚,莅中國而撫四夷也."
34) 金翰奎, 『古代中國的世界秩序研究』(서울: 一潮閣, 1982), 31쪽.
35) 金翰奎에 의하면, '戰國의 儒墨 계열의 문헌 가운데서는 단 1회도 '四海之外'가 발견되지 않는다.'(같은 책, 31쪽)

따라서 이것도 '효'의 문제와 마찬가지로 그 당시의 혼란한 정치 상황을 반영한다는 점에서,[36] 『대학』은 정치적으로 아주 혼란했던 '진나라 말기에서 한나라 성립 이전에 완성된 작품'이라고 할 수 있다.


## 3. 구성 체계 문제

### 1) 원문 체계 ―『고본』(古本)과『개정본』(改定本)

『대학』의 '체계 문제'는 앞의 '시대 문제'와 마찬가지로 아주 복잡한 양상을 띠고 있는데, 즉 그것을 주장하는 학자가 무려 20여 가에 이르고 있기 때문이다. 여기서 논자는 그들의 주장을 일일이 서술하기보다도 대신에 간추려 정리하는 정도에서 마칠 것이다. 그 주장들은 크게 세 부분으로 요약·정리된다.

첫째는 '이정(二程)과 주희 계통의『대학』체계'이다.(新本系) 즉 '경(經)과 전(傳)은 분리해야 하는데, 즉 그것에 착간이 있기 때문에 장(章)과 절(節)을 바꾸어야 하고, 연문(衍文)이 있기 때문에 문자를 개정해야 하며, 더 나아가 궐문(闕文)이 있기 때문에 보전(補傳)을 만들어야 한다'는 것이다.

둘째는 '왕수인 계통의『대학』체계'이다.(古本系) 즉 『고본대학』(古本大學)에는 편차가 전혀 없기 때문에 경(經)과 전(傳)을 나누거나 옮길 필요가 없으며, 또한 구문을 그대로 두어도 해석에 무리가 없기 때문에 글자를 고칠 필요가 전혀 없다'는 것이다.

---

36) 김한규에 의하면 역사적으로 '四夷'와 대립되는 '中國'이란 개념과 진나라 시대의 '천하'와 같은 보편적 '세계' 개념이 혼재되었던 시기는 한나라 초기였는데, 이때에 '중국은 四海之內이고, 四海는 四夷를 의미한다'는 논리가 성립되었다는 것이다(金翰奎, 같은 책, 26쪽, 100~108쪽 참조).

셋째는 '중편장구(重編章句)의 『대학』 체계이다.'(重編系)[37) 즉 '『고본대학』(古本大學) 자체로는 해석상 일관성을 결여하며, 또한 주희와 같이 분리하여 연문(衍文)・궐문(闕文)・보전(補傳)・개자(改字)를 인정하면 체계가 분란(紛雜)하고 지리해져, 마침내 성학(聖學)의 본지에서 멀어지기 때문에 그것을 지양하고, 약간의 장(章)과 절(節)만을 바꿈으로서『대학』의 본지를 일관성 있게 정리하고 체계화하는데 아무런 불편이 없다'는 것이다.

이상에서 본다면, 두 번째를 제외하고는 모두『고본대학』이 그 자체 내에 논리의 전개상 어떠한 문제점을 가지고 있음을 인정하고 있다. 그리하여 그들은 '삼강령을 해석한 문단이 누락된 것이 아니라 다른 장에 들어 있고', '격물치지(格物致知)는 성의장(誠意章)이나 정심장(正心章) 등과 같이 그 자체의 장을 가지고 있었지만 여러 사람들의 손을 거치면서 빠져 버렸기 때문에 새롭게 보충해야 하며', 그리고 '『예기』(禮記)에 편집되는 과정에서 편집자의 실수로 순서가 뒤바뀌어 버렸기 때문에『대학』 자체 내에서 찾아야 한다' 등에 관심을 집중시켰다.

『고본대학』은 과연 그들의 말대로 그 자체 내에 논리적 모순을

---

37) 그밖에도 '글자를 바꾸는 것과 몇 절을 옮겨야 한다'는 주장과 '經文에는 착간이 없으나 傳에 착간이 있다'라고 하여 改訂重編을 주장하는『대학』 체계 등이 있다.

&lt;大學系統圖&gt;

```
─新本系(二程, 朱熹)
        ┌1. 經文中心派 : 眞德秀, 丘濬, 李石亨, 李珥.
        ├2. 古本有錯亂, 要改本派 : 王柏, 季本, 崔銑, 高攀龍,
        ├3. 傳無缺簡, 編錯亂派 : 葉夢鼎, 顧炎武, 毛奇齡.
        └4. 經典中心波 : 權楊村, 李晦齋, 李退溪, 熊公哲.
─古本系(王守仁) : 李拱--宋翔鳳
─重編系(胡 渭) : 李光地, 丁若鏞, 唐君毅.
```

(이 도표는 梁大淵의「大學體系의 硏究(下)」(成大論文集 12집, 1967), 23쪽을 참조.)

가지고 있는가? 즉 그것이 『예기』에 편집될 때, 편집자의 의도에 따라서 생략되고 변형된 형태가 오늘날 통용되는 『예기』의 「대학」이란 말인가? 필자는 『대학』의 체계를 처음으로 새롭게 구성해 낸 주희의 『개정대학』(改定大學)이 안고 있는 문제점을 몇 가지 지적하면서 논의를 전개할 것이다.[38] 여기서 주희를 논의의 출발점으로 삼음은 바로 그가 본격적으로 '『대학』 체계에 대해 이의를 제기했다는 점'도 있지만[39] 오늘날 우리들이 대부분 처음으로 대면하는 『대학』체계가 그의 『개정대학』이라는 사실 때문이다. 이 때문에 우리의 『대학』의 이해가 자신도 모르게 그의 영향권 내에서 쉽게 벗어나지 못하는 한계에 다다르지만, 그런 만큼 그의 『개정대학』이 안고 있는 문제점을 이해한다면 우리는 『대학』의 체계를 보다 더 쉽게 파악해낼 수 있을 것이다.

그런데 학자들은 주희가 『고본대학』에서 세 군데나 순서를 이동하고, 한 글자를 바꾸고(親을 新), 네 글자를 개정(改正)하고, (此謂知本) 134자(格物補傳)를 새롭게 첨가하여 만든 『개정대학』그 자체에 많은 의문을 제기했다. 그럼 주희의 『개정대학』은 그 자체 내에 어떠한 문제점을 가지고 있는가? 이 문제는 크게 세 부분으로 나누어 볼 수 있다.

---

38) 『大學』의 체계에 대한 연구로는 梁大淵의 「大學體系의 硏究」와 蔡仁厚의 「大學分章之硏究」(吳康 編著, 『學庸硏究論集』, 臺北: 黎明文化事業公司, 民國70), 그리고 唐君毅의 「大學章句辨證及格物致知思想之發展」(『中國哲學原論(導論篇)』: 『唐君毅全集(12)』, 臺北: 臺灣學生書局, 民國75 校訂本) 등이 대표적이다(朱熹의 『改定本』에 대한 비판은 주로 위의 글들을 참고했음을 밝힌다).
39) 채인후는 『대학』에 대한 주희의 공헌으로, '『대학』의 의의를 천발(闡發)하여 밖으로 드러낸 점', '경(經)과 전(傳)을 나누어 문장의 조리를 분명히 해서 『대학』의 사상 체계를 분명하게 밝힌 점', '『대학』과 『논어』, 『맹자』, 『중용』을 「四書」로 합하여 그 사상을 천하에 보급하여 후세에 전한 점' 등을 들고 있다(蔡仁厚, 앞의 논문, 60쪽).

첫째, 그는 『고본대학』의 성의장(誠意章)에 인용되어 있는 "『시경』에 이르기를, 저 기수가를 보라 …… 백성이 잊지 못한다"(詩云, 瞻彼淇奧 …… 民之不能忘也.)와 "『시경』에 이르기를, 아 …… 세상을 떠나더라도 잊지 못할 것이다"(詩云, 於戲 …… 沒世不忘也.)를 "나라 사람들과 함께 사귀는 데는 믿음에 머문다"(與國人交止於信)의 뒤에 옮기고, 동시에 '지어지선'(止於至善)의 문장을 해석했는데, 그것은 그대로 두어도 문제될 것이 없을 것이다. 즉 성의장(誠意章)의 내용을 살펴보면 "스스로 속이지 말라"(勿自欺), 신독(愼獨)의 공부로 말미암아 '안에서 성실하면(誠於中) 밖으로 드러나고'('形於外), 끝에 가서는 "덕이 몸을 윤택하게 하고, 마음이 넓으면 몸이 편안할 것이다."(德潤身, 心廣體胖) 이것에 의하면 "『시경』에 이르기를 저 기수가를 보라"(詩云, 瞻彼淇澳) 문단에서 말하는 "배움을 말한다"(道學)와 "스스로 닦는다"(自修)는 "그 홀로 있음을 삼가라"(愼其獨) 아래에서 '그 덕을 닦는 것이고'(修其德), "두려움"(恂慄)과 "엄숙함"(威儀)은 "덕은 몸을 윤택하게 하고 마음이 넓으면 몸이 편안할 것이다"이고, 그리고 "『시경』에 이르기를 아!"(詩云, 於戲)의 단락에서 말하는 "군자는 그 어진 사람을 어질게 여기고, 자기의 어버이를 어버이로 받들며, 소인은 자기를 즐겁게 하는 것을 즐겁게 여기며, 자기를 이롭게 하는 것을 이롭게 여긴다"(君子賢其賢, 而親其親, 小人樂其樂, 而利其利)도 군자의 성의(誠意)의 절실함이 안으로 충실하고 바깥으로 드러나서 충분히 사람을 감동하여 백성으로 하여금 죽어서까지 잊지 않게 함을 말한다. 따라서 이 2장은 원래 성의장(誠意章)에 속한 것으로, 즉 앞 문장의 뜻과 상호 발동한다고 할 수 있다.

　　둘째, 그는 『고본대학』의 성의장(誠意章)에 속했던 "공자가 말하기를, 송사를 들어서 처리하는 것은 …… 이것은 근본을 안다고 하는 것이다"(子曰, 聽訟 …… 此謂知本)를 표출하여 본말(本末)을 해석한 문장으로 보았으나, 이는 의리에 합당하지 못하며, 또한『대학』 전문은 '삼강령'과 '팔조목'을 중심으로 해석해 나가야 함에도 본말(本末)을 해석한 장을 따로 '전'(傳)으로 만들어 '전'의 4장으로 표출한 것은『대학』의 강목(綱目) 체계와 구조에 있어서 맞지 않는다고 할 수 있다. 주희가 이미 "크게 백성의 뜻을 두려워하는 자는 크게 두려움으로써 그 백성에 복종하는 것이 있다면 이는 스스로 속이는 뜻이다"(大畏民志者, 大有以畏服斯民 自欺之志[40])라고 했는데, 즉 '사람이 능히 성의(誠意)로 해서 성대한 덕과 지극한 선에(盛德至善)에 나아감으로써 화민(化民)하게 되면 실정이 없어(無實) 송사를 흥하게 하는 자가 드디어 헛된 말을 못하게 되어 감히 뜻을 성실하게 하지 않을 수 없다'는 뜻으로 보아 성의장(誠意章)에 속하는 것이 더 바람직하다는 것이다.

셋째, 그는 "이것은 근본을 안다라고 하고, 이것은 앎의 지극함이라고 하고"(此謂知本, 此謂知之至也)에서 "이것은 근본을 안다라고 하고"(此謂知本)를 쓸데없이 끼인 글로 인정했고, 또한 "이것은 앎의 지극함이라고 한다"(此謂知之至也) 위에 따로 빠진 글이 있다고 했다. 그런데 본래 그 구절의 바로 위 구절에 보면 "천자에서 서인에 이르기까지, 한결같이 모두 수신을 근본으로 한다"(自天子以至於庶人, 壹是皆以修身爲本)가 있는데, "이것은 근본을 안다라고 하고"(此謂知本)는 바로 "수신을 근본으로 한다"(修身爲本)를 가리켜 말한 것이고, 더 나아가서는 "사물에는 근본과 말단이 있고, 일에는 시작과 끝이 있고, 먼저 하고 뒤에 할 바를 알면"(物有本末, 事有終始, 知所先後) 및 "천하의 근본은 나라에 있고, 나라의 근본은 가족에 있고, 가족의 근본은 나 자신에 있다"(天下之本在國, 國之本在家, 家之本在身)의 뜻에서 나온 것이다. 이와 같이 2구를 분할하고 "이것은 근본을 안다라고 한다"(此謂知本)를 쓸데없이 끼인 글로 처리함

---

40)『朱子語類(2)』, 16卷, 「大學3」, 「傳四章釋本末」, 323쪽.

이 부당하다고 한다면 결과적으로 주희가 지은 격물치지(格物致知)의 보망장(補亡章)은 『대학』의 본의와 차이가 있다고 할 수 있다.[41]

그럼 주희는 '왜 『대학』을 전면적으로 수정하고 나섰는가?' 단순히 『대학』의 원문에 착간이 있어서인가? 아니면 공자나 증자가 남긴 작품이기 때문인가? 또는 서복관의 지적처럼 그것에 의해서 도통(道統)의 전승적 관계가 완성되었기 때문인가?[42] 물론 그런 것만은 아닐 것이다. 즉 일체의 사물은 시대가 진보함과 동시에 그 규모에 있어서도 증대하고 조직에 있어서도 복잡해진다. 그리하여 완전히 변화하는 사물 일체에 어떻게 대처할까 하는 것에서 비롯하여 도덕을 완성하는 것은 하나의 본질적 문제이다. 바로 그는 『대학』에서 그러한 도덕 문제에 대한 하나의 보편 의의를 발견함으로써, 그것을 단순히 '박실(博實)한 훈고학적 해석'에서가 아니라 그 자신의 철학적 관점 아래에서 철저하게 이해해 나갔던 것이다. 이런 점에서 비

---

41) 당군의는 주희의 『개정대학』이 안고 있는 문제점을 자신의 사상적 관점에 근거해서 비판하고, 그와는 다른 『대학』 체계를 구성했다. 그러면서도 한편 그는 주희가 바로 『고본대학』의 誠意章 1:9:'康誥曰,「克明德.」…… 與國人交止於信'의 문단을 '경문'의 뒤인 3장에다 배열하고 '삼강령'의 문장을 새롭게 해석한 점을 그의 최대의 공적으로 평가하기도 한다(唐君毅,「大學章句辨證及格物致知思想之發展」(『中國哲學原論(導論篇)』), 315쪽). 그런데 그는 주희처럼 그것의 장(章)이 본래 있었음을 인정하지만 그것은 본래 있었던 것이 없어진 것이 아니라, 편집자의 실수로 순서가 뒤죽박죽 되었다는 기본 입장을 견지한다. 예컨대, 그는 『고본대학』 첫 단락의 총론 부분의 3소절(『大學』, 2: (經1章) "知止而后有定,定而后能靜,靜而后能安,安而后能慮,慮而后能得.物有本末,事有終始,知所先後,則近道矣." 4: (經1章) "自天子以至於庶人,壹是皆以修身爲本.其本亂而末治者否矣.其所厚者薄,而其所薄者厚,未之有也." 5: (傳5章) "此謂知本.此謂知之至也.")이 바로 '格物致知'를 설명하는 말이라고 보았다. 결국 그가 주희의 『개정대학』을 비판하고 『고본대학』에 근거하여 '격물치지'를 새롭게 구성했다는 사실은 어느 정도 '경전으로 경전을 연구하는 방법'의 기본적 자세를 보여준다고 할 수 있다.

42) 徐復觀, 『中國人性論史』, 266쪽.

록 그의『대학』연구가 비록『대학』의 본의와는 관계없이 그 자신의 철학 체계에 근거한 것이라고 하더라도 그러한 시도는 다름 아닌 그 내용을 보다 더 명확하게 이해하려고 한 의도에서 나온 것이라고 할 수 있다. 따라서 주희를 비롯한 학자들의『대학』연구가 그 자체 내에 다소 문제점을 가지고 있다고 하더라도 그것은『고본대학』과는 다른 방향에서 그 가치를 평가받아야 할 것이다. 따라서 그들의『대학』연구가 '『대학』본의와 합치하는가'의 문제와는 별도로 그들 자신들의 '사상 체계'를 구성하는 한 단면을 보여준다고 한다면 '『대학』이『예기』에 편집될 때에 일부 착간이 있었느냐' 하는 논의에 관계없이, 그들의 연구는 그 나름대로의 타당한 근거를 확보할 수 있을 것이다.

이상으로 본다면 주희의『대학』체계의 연구가 자신들의 철학적 토대 하에서 내린 것으로 그 가치를 인정받는다면, 마찬가지로『고본대학』이 설령 본래 하나의 완전한 체계가 아니었다고 하더라도 그것은 일단 그대로 받아들여져야 할 것이다. 과연 우리는 몇 백 년간 내려오던『대학』을 단순히 문맥의 흐름만으로 본래의 의미를 되찾을 수 있겠는가? 그것은『대학』의 비교 자료가 있을 때에만 가능하다. 만약 그것의 비교 자료가 없다면 우리는 그 원문을 고스란히 받아들여 그것의 회통을 구하지 않으면 안 될 것이다. 따라서 고대 문장의 표현이 간결하고 그 논술에 비약이 많았음이 인정된다고 하더라도『대학』의 문장이 고대의 일반 표현법에 크게 위반되지 않고, 또한 별 무리 없이 그 사상의 일관성이 유지되고 회통된다면『고본대학』을 일단 '하나의 완전한 원문 체계를 갖춘 글'로 받아들이는 것은 무엇보다도 중요하다고 할 수 있다.

## 2) 서술 체계 — 강령(綱領)과 조목(條目)

『대학』은 왜 '강령'과 '조목'의 형식을 빌어 그 철학 체계를 서술하려고 했는가?『대학』을 '삼강령'과 '팔조목'의 체계로 나누어 설명한 최초의 사람은 바로 주희이다. 그 이후로『대학』은 '삼강령'과 '팔조목'의 '서술 체계'의 형식을 갖춘 작품으로 인정받았다. 한편 '삼강령'을 이강령(二綱領),[43] '팔조목'을 육조목(六條目)[44]으로 주장하여 주희의 주장에 이의를 제기한 경우도 없진 않지만『대학』의 서술 체계가 기본적으로 '강령'과 '조목'의 체계로 이루어졌다는 점에 대해서는 크게 이의가 없는 것으로 보여진다.

그럼『대학』이 비록 '강령'과 '조목'이란 용어를 사용하지 않았지만 그것이 그러한 '강령'과 '조목'의 형식을 빌어 그 '사상 체계'를 표출하려고 한 이유는 무엇인가? 왕중(汪中)은 "주나라와 진나라의 고서(古書)에서는 대개 하나의 편명에 수사를 서술할 때에 반드시 먼

---

43) 朴世堂, 『思辨錄』, 「大學」(『西溪全書(下)』, 서울: 太學社, 영인본, 1979), 3쪽, "今明德新民旣各自爲一事矣,至善又可得以自爲一事乎." "若夫止至善,乃所以致明德新民之功,則其不可離之使別爲一綱領明矣." 즉 止於至善은 明明德과 新民의 功效라는 것이다.

44) '육조목(六條目)'이란 '격물치지'를 제외한 나머지 '조목'을 말한다. '六條目'의 주장은 한유(韓愈)가『대학』문장을 인용하면서 '격물치지'에 대한 언급이 없었다는 데서 출발한다. 실제로 傳 10장 중 뒤의 8장이 '격물치지' 장으로 시작되지 않고, 5장만으로 되어 있는 것만 보아도 '육조목'의 주장은 상당히 타당한 근거를 가진다고 할 수 있다. 특히 정약용은『대학공의』에서 '격물'과 '치지'는 '명명덕'이나 '신민'의 조목이 아니라고 보고 '팔조목'에 넣지 않기도 한다. 왜냐하면 그것은 '여섯 가지 사물(六物) 각각의 근본과 말단(本末), 여섯 가지 일(六事)의 시작과 끝(終始)을 헤아리는 것'이기 때문이다(丁若鏞, 『大學公議』(『與猶堂全書(2)』, 景仁文化社 영인본), 9쪽, "此節非明德新民之條目也,然且文雖八轉,事惟六條,格物致知不當幷數之爲八名之曰,格致六條庶名實允也."). 반면에 서복관은 '칠조목'(七條目)을 주장하기도 한다(徐復觀, 『中國人性論史』, 290쪽 참조 바람).

저 그 조목을 상세히 하고 최후의 방비책으로 강령을 말한다"[45]라고 한다. 이것에 근거하면 그러한 '서술 체계'는 아마도 자신의 주장을 남에게 피력하는 데 강한 설득력을 가질 수 있다는 생각에 기초하는 것으로 보여진다. 예컨대, 역사적으로, 특히 전국 시대처럼 여러 학파의 세력이 결집되고, 상호 논쟁이 심해지면 자파의 주의·주장을 요약해서 나타내고, 또한 그것에 대해 해설하는 것은 일반적이었다. 예컨대, 그러한 서술 체계는『대학』만의 독특한 서술 체계가 아니라 그것의 성립 전후로 많은 작품에서 쉽게 보여진다. 특히『묵자』에서는「경편」(經篇)으로 묵가의 논리 사상의 강령을 나타내고「설편」(說篇)으로 그것에 좀더 분명한 해설을 첨가한 것이라든지,『순자』의 문장에서는 편(篇)의 앞에 주제를 싣고, 이어서 순서에 따라 논의를 전개하는 경향이 눈에 띠며, 전국 시대 말기의『한비자』(韓非子)에서는「이병편」(二柄篇)과「설잡편」(說難篇)같이 편(篇)의 머리에 주제를 실은 것, 또「팔간편」(八姦篇)과「십과편」(十過篇)같이 '강령'을 나타내는 것 이외에,「내저설편」(內儲說篇)과「외저설편」(外儲說篇)같이 전반에 논지를 싣고, 또는 이것을 추연한 논의를 겸해서 경(經)이라고 하고, 후반에는 그 사례를 들어 전(傳)이라고 하고 있다. 또한 진나라 초기의『여씨춘추』(呂氏春秋)에서도, 이것이 거의 통례가 되어 '편'마다 주제를 싣고, 이것을 미루어 넓히거나 또는 그것에 관련한 사례를 곁들이고 있다. 더 내려가『여씨춘추』의 편집 의도를 발전시킨 한나라 전기의『회남자』(淮南子)도 주론(主論)을 실은 후에 자세한 논의를 마치는 형식으로 되어 있다. 따라서 비록 간접적이긴 하지만 '강령'과 '조목'의 형식 체계에 준해서 자신

---

45) 汪中,『述學』, 補遺「大學平義」(赤塚忠,『大學·中庸』(『新釋漢文大系
   (2)』, 日本: 明治書院)의 24쪽에서 재인용) 왕중의 주장은 '經'과 '傳'의 관
   계에 관한 것뿐만 아니라,『대학』의 성립 연대를 추정하는 이상으로도 시사
   하는 바가 아주 크다고 할 수 있다.

의 사상을 내세우는 것은 『대학』 성립 전후로 일반적인 유행이었다고 할 수 있다. 다시 말해 『대학』이 그 성립 전후로 통용되던 '강령'과 '조목'의 형식을 차용하여 그 이전의 유가보다 더 강한 체계로 현실 정치의 문제에 호소한 것은 바로 그 당시의 시대가 얼마만큼 심각한 문제를 안고 있었던가를 보여주는 단적인 예라고 하겠다.

그런데 『대학』 당시의 유자들은 우선적으로 국가 질서의 확립을 위해서 덕성(德性)을 바탕으로 정치를 통섭해 나가는 하나의 일관된 체계를 분명히 해두는 것이 무엇보다도 필요했다. 즉 그들은 먼저 그 시대의 현실적 제반 문제의 해결을 위해서, 앞 시대의 사상 중에서 무엇을 계승했고, 또 무엇을 새롭게 주장했는가를 분명히 해둘 필요가 있었다. 만약 인간의 근본 문제에 부딪쳐 그 '시대 문제'를 해결하려는 것이 다음 시대의 '사상적 진보'를 위한 근본 토대가 된다고 한다면, 『대학』의 근본 의의는 바로 선진 유가의 사상에 근거하여 혼란한 현실을 종식시키고 그것에 새로운 생명을 부여했다는 데에 있다고 할 수 있다. 이러한 생명은 바로 '사람들의 덕성을 발양하여 천하 사람들을 교화하며, 자신에게 있던 옛날의 잘못된 습관을 버리고, 백성을 새롭게 하며, 사람들이 끊임없이 몸을 닦고(修身) 생을 기르도록(養生) 고취해 줌으로써 선(善)의 최고 경계에 도달하게 하는 '삼강령'[46]과 '하나의 도덕 실천을 통하여 만물의 규율을 파악하고 자기의 심지를 단정하게 해서, 자신을 숭고한 도덕 경계에 도달하게 하고 치국(治國)·평천하(平天下)의 여정에 나가는' '팔조목'[47]이라는 '개인에서 천하까지의 일관된 체계', 즉 그러한 단계를

---

46) 나광은 "삼강령은 유가의 인생철학의 총강이다. 유가의 인생철학에서 말하는 인생관의 의의(明明德), 인생관의 방법(親民), 인생관의 목적(止於至善)이 모두 여기에 있다"고 주장한다(羅光, 『中國哲學大綱: 上』(臺北: 臺灣商務印書館, 民國68 4판), 153쪽).

47) 정원민은 "『대학』의 팔조목은 지식론과 도덕론을 하나로 했고, 인생 철학과 정치 철학을 하나의 용광로에다 녹임으로써 선진 유가의 '덕치'(德治)의 주

따라서 확대해 나가는 도덕 실천 속에서 새롭게 부여받는 것이다. 결국 이러한 '안에서 바깥까지, 작은 것에 큰 것까지 조리 있고 정연하며, 개인에서 사회로 점차 확대되어 가는 과정'을 일목요연하게 잘 나타낸 '강령'과 '조목'의 체계야말로 가장 설득력 있는 최대의 서술 체계라고 할 수 있다.

<hr />

장을 발휘했다. 이러한 일관되고 부단한 진취적 전개의 이론은 진실로 우리 정치 철학의 지식 중에 홀로 있는 보배이다"라고 한다(程元敏, 「大學改本述評」(吳康 編著, 『學庸硏究論集』, 臺北: 黎明文化事業公司, 民國70), 59쪽).

# 3장. 평천하 사상의 형성 배경

## 1. 천하(天下)의 어의

옛날 중국에서의 '천하'는 일반적으로 중국(中國)·사해(四海)를 가리키던 것으로 이해된다.[1] 그런데 혹자에 의하면 '천하' 개념의 출현은 서주(西周) 시대였는데, 즉 그것은 주나라 민족의 수호신이며 당시의 최고신인 하늘(天)의 섭리 아래 있는 모든 지역과 모든 것을 뜻하는 것으로, 원칙적으로 지상의 모든 자연 및 인간을 포함하고 우주 공간에 존재하는 모든 것을 포괄하는 보편 개념이었다는 것이다.[2] 그 근거는 『시경』에서 찾아볼 수 있다.

---

1) 『辭海』, 「天下條」, 774쪽, 曲禮禮, "君天下曰天子." 注, "天下, 謂外及四海也."(鄭玄注) 『呂氏春秋』, 「不苟篇」, "天下有不勝千乘者." 注, "天下, 海內也, 千乘一國也."(高誘注) 按, 故謂中國卽世界, 四境皆環以海, 故謂天下外及四海, 又謂中國爲海內.

2) 尹乃鉉, 「天下思想의 始原」(全海宗 외, 『中國의 天下思想』, 서울: 民音

하늘이 두루 덮고 있는 아래에 임금의 땅이 아닌 것이 없고, 육지가 연속해 있는 한(限)의 바닷가에 왕의 신하가 아닌 자가 없도다.3)

빛나도다. 오, 우리 주나라여! 그 높은 산에 올라 낮은 산과 높은 멧부리와 하해(河海)에 모두 제사 드리시고 하늘이 두루 퍼진 아래를 함께 대하여 찬양하시니, 이것이 바로 주나라의 명(命)이시다.4)

그런데 문제는 '천하'가 "하늘이 두루 덮고 있는 아래"라는 보천지하(普天之下)와 "하늘이 두루 퍼진 아래"라는 부천지하(敷天之下)에서 보듯이 '하늘 아래 모든 것'을 의미하는 보편 개념일지라도 그것은 처음부터 그러한 개념이 아니라 현실적으로 지리적 한계를 뛰어넘지 못한 단순 개념이었다는 점이다. 즉 오늘날처럼 교통이 발달하여 세계를 내 집같이 드나드는 상황이라면 몰라도 교통이 발달하지 않아 멀리까지 갈 수 없었던 상황에서 처음부터 '천하'를 보편적 개념으로 사용할 수는 없었을 것이다.5) 그럼에도 불구하고, '천하'를 '인간'과의 관계로 국한시켜 파악할 경우에 그것은 인간 자체와 그들의 생활 영역을 뜻하는 세계(世界) 개념이라고 할 수 있다.6) 이렇게

---

社, 1988), 47쪽 참조.
3) 『詩經』, 「小雅」, 「谷風之什」, 「北山」, "普天之下,莫非王土,率土之濱, 莫非王臣."
4) 『詩經』, 「周頌」, 「閔子小子之什」, 「般」, "於皇時周,陟其高山,墮山喬嶽,允猶翕河,敷天之下,裒時之對,時周之命."
5) 『辭源』, 「天下條」, 376쪽, "天下,爲世界也,舊說謂地在天之下,故稱世界爲天下.又,古來交通不便,不能及遠,故恒稱中國爲天下,如言統一天下,卽統一中國也."
6) 양계초는 "천하는 중국이란 협의적 의미와 그 당시 사람들의 의식이 미치는 전 인류 혹은 전 세계라는 광의적 의미를 겸유한다." 이렇게 본다면 중국에서 말하는 '천하의 통일'은 실제 정치에서 '중국의 통일'과 정치 이상의 측면에서 '그 당시의 의식이 미치는 전 인류나 전 세계의 통일'을 의미한다고 할 수 있다. 따라서 그는 "중국의 선철들이 정치를 말할 때 모두가 天下를 대

본다면 각 시대에서 통용된 '천하'는 바로 '그들의 통치 아래 들어와야 할 세계 질서관인 동시에 현실적으로는 그들의 통치력이 미치고 있던 국가 질서관'7)을 의미한다고 할 수 있다. 여기서 우리는 그 말이 '철학적 의미와 아울러 국제 정치 질서가 통용하고 또는 통용되어야 한다고 보는 그러한 국제성을 깔고 있는 정치 영역을 가리키는 것'8)임을 우선 염두에 두어야 할 것이다.

그런데 그러한 '정치 영역'을 강조한다면 분명히 한 학파의 '천하 개념', 또는 한 시대의 '천하 개념'은 '중국의 모든 시대에 관통되는 보편 개념'이라고 할 수 없다. 즉 우리는 풍우란(馮友蘭)의 지적처럼 "천하라는 말의 내포와 어느 시대인들이 사용하던 그 말의 외연을 혼동해서는 안 될 것이다."9) 왜냐하면 전자는 어디까지나 정의의 문제이지, '천하'라는 말이 가지고 있는 시대성을 반영하는 것은 아니기 때문이다. 따라서 '천하'는 그것의 보편적 의미 이외에 그것이 각 시대의 정치 상황과 상당 부분 맞물리면서 변천되어 갔다는 점에서, 필자는 다음으로 선진 시대의 각 학파가 표방한 '천하관'과 『대학』의 '천하관'이 구체적으로 무엇을 의미하는지를 차례대로 살펴볼 것이다.

---

상으로 삼은 것은 그것이 바로 世界主義의 진실한 정신이라고 보았기 때문이다"라고 지적하고 있다(梁啓超, 『先秦政治思想史』(臺北: 東大出版社, 民國57), 179쪽).

7) 尹乃鉉, 앞의 책, 11~12쪽.

8) 金忠烈, 「中國<天下思想>의 哲學的 基調와 歷史傳統의 形成」(全海宗 외, 『中國의 天下思想』, 서울: 민음사), 107쪽.

9) 馮友蘭 著, 정인재 譯, 『中國哲學史』(서울: 螢雪出版社, 1987 10刷本), 241쪽.

## 2. 천하관(天下觀)의 역사적 전통

### 1) 선진 시대의 천하관 ― 유가·도가·법가

#### (1) 유가의 천하관

##### 공자

공자의 '천하'는 그 당시의 시대 상황과 긴밀한 관계를 가진다. 그 때는 그가 찬미했던 주나라의 질서 체계가 붕괴되어 가던, 즉 천하에 도리가 없던(天下無道) 시대였다.[10] 이러한 굴절된 시대를 벗어나 천자에서 예악정벌(禮樂征伐)이 나오는, 즉 천하에 도리가 있는 (天下有道)[11] 세상을 실현하기 위해서, 그는 주나라의 질서 체계를 회복하기를 누구보다도 갈망했다. 즉 그가 꿈에서조차 주공(周公)을 만나기를 원했고,[12] 또한 주나라의 문물 제도를 따르고자 했던 것[13] 이 그것이다. 그렇다면 그에게서 '천하'는 먼저 주나라의 질서 체계를 회복하는 동시에 그것이 반드시 세워져야 하는 장소였다. 즉 주나라를 천자국(天子國)으로 하여 모든 제후국들이 그 통치 아래에 있어야 할 장소, 바로 주나라를 종주로 하는 모든 제후국들의 집합체라는 것이다. 이러한 사실은 다음의 말로 충분히 알 수 있다.

---

10) 『論語』,「八佾篇」, "儀封人請見,曰,君子之至於斯也,吾未嘗不得見也.從者見之.出曰,二三子,何患於喪乎.天下之無道也久矣,天將以夫子爲木鐸." 이하 '四書'의 해석은 주로 『新譯四書讀本』(謝冰瑩 등, 臺北: 三民書局, 民國77), 『論語譯注』(楊伯峻, 香港: 中華書局, 1993), 『孟子譯注』(楊伯峻, 北京: 中華書局, 1992 9쇄본), 『四書譯註』(成百曉, 서울: 傳統文化研究會, 1995 재판) 등을 참조하였다.

11) 같은 책,「季氏篇」, "孔子曰,天下有道則禮樂征伐自天子出.天下無道則禮樂征伐自諸侯出."

12) 같은 책,「述而篇」, "子曰,甚矣吾衰也.久矣,吾不復夢見周公."

13) 같은 책,「八佾篇」, "子曰,周監於二代,郁郁乎文哉.吾從周."

문왕 때는 천하를 세 개로 나누어 그 둘을 가지고 있으면서도 복종하여 은나라를 섬겼다. 주나라의 (문왕의) 덕은 지극한 덕이라고 이를 수 있다.[14]

여기서 '천하'는 분명히 주나라와 은나라의 경계를 벗어나지 않으며, 또한 주나라가 은나라를 정복하였다는 사실은 주나라와 '천하'가 동일한 의미를 가짐을 보여준다. 즉 그것은 천자(天子)의 나라인 주나라에 의해 정치가 실현되는 장소의 의미를 크게 벗어나지 않는다는 것이다.[15] 이는 바로 '천하'야말로 한 '천자'에 의해 통치되는 곳으로, 어떠한 경우에도 '천하'가 정치적으로 분열되는 일이 있어서는 안 된다는 생각의 결과였다. 이 때문에 그는 '천하'가 주나라의 질서체제의 회복을 위한 실현장이 되기 위해서는 반드시 '천하'의 통일이 실현되어야 함을 강조했다. 이것은 그가 그 자신의 정명(正名)사상에 위배되는 행위를 한 관중(管仲)에 대해 "천하의 질서를 바로잡았다"(一匡天下)라고 평가한 점으로도 충분히 알 수 있다.[16]

공자가 말했다. "관중이 제나라의 환공(桓公)을 도와 제후의 패자가 되어 천하의 질서를 바로잡았다."[17]

그런데 "천하의 질서를 바로잡았다"(一匡天下)의 '천하'가 비록 국

---

14) 같은 책, 「泰伯篇」, "三分天下有其二,以服事殷,周之德,其可謂至德也已矣."
15) 같은 책, 「泰伯篇」, "巍巍乎,舜禹之有天下也,而不與焉." 156쪽, "舜有臣五人而天下治."
    같은 책, 「顏淵篇」, "舜有天下,選於衆,擧皐陶,不仁者遠矣.湯有天下,選於衆,擧伊尹,不仁者遠矣."
16) 이 점은 '7장, 평천하 사상의 궁극적 목표'의 '正名의 실현'에서 자세히 다룰 것이다.
17) 『論語』, 「憲問篇」, "子曰,管仲相桓公覇諸侯,一匡天下."

가와 국가의 관계, 즉 정치 체제에서 말하는 대일통(大一統)에 그 초점이 맞추어졌다고 하더라도 그것은 단순히 그것에만 한정되지 않는다. 왜냐하면 그것은 그 자신이 추구하던 정치 이상의 구현장, 즉 인간이 하늘로부터 받은 덕성을 끊임없이 자각하여 그 도덕 이상을 실현하는 최고의 목적을 의미하기 때문이다.

> 안연이 인(仁)을 물었다. 공자가 말했다. "극기복례(克己復禮)하면 인(仁)을 하는 것이다. 하루 동안이라도 극기복례하면 천하가 인(仁)에 돌아갈 것이다. 인(仁)을 하는 것은 자기로 말미암는 것이지 남으로 말미암는 것이겠는가?"[18]

> 자장이 공자에게 인(仁)을 물었다. 공자가 말했다. "다섯 가지를 천하에 행할 수 있으면 인(仁)이 된다." (자장이) 청하여 (그 다섯 가지를) 물었다. (공자가) 말했다. "공(恭)·관(寬)·신(信)·민(敏)·혜(惠)이다. 공경하면 업신여김을 받지 않고, 너그러우면 뭇 사람들을 얻게 되고, 믿음이 있으면 남들이 의지하게 되고, 민첩하면 공이 있게 되고, 은혜로우면 남들을 부리기에 충분하다."[19]

결국 공자에서 '천하'가 붕괴되던 '주나라의 질서 회복을 위한 실현장'이었다고 하더라도 그것은 모든 사람들이 내적으로 자신들의 '덕성'을 닦고, 외적으로 그것을 남김없이 펼쳐 나아가 그 정치 이상을 실현하는 보편적 의미로서의 장을 가리킨다. 다시 말해 그것은 '인간의 도덕적 자각에 의한 결실인 인(仁)을 실천하고 실현하는 장'으로서의 보편적 의미를 크게 벗어나지 않는다.

---

18) 『論語』,「顔淵篇」, "顔淵問仁.子曰,克己復禮爲仁.一日克己復禮,天下歸仁焉.爲仁由己,而由人乎哉."
19) 같은 책,「陽貨篇」, "子張問仁於孔子.孔子曰,能行五者於天下,爲仁矣.請問之.曰恭寬信敏惠.恭則不侮,寬則得衆,信則人任焉,敏則有功,惠則足以使人."

맹자

맹자의 '천하'는 먼저 모든 정치 질서의 원천인 '하늘'의 의지가 마땅히 실현되어야 할 장소를 의미한다. 이러한 그의 생각은 바로 '하늘'을 천하 질서의 최고 근거로 설정하고 그로부터 '천하'를 다스리는 정당성을 유도하는 논리이다.[20] 따라서 그는 천자가 '천하'를 다스리는 것은 하늘에 의한 것이지 천자 자신의 의지에 의한 것이 아님을 주장했다.

> 맹자가 말했다. "아니다. 천자가 천하를 남에게 줄 수 없는 것이다."
> "그렇다면 순임금이 천하를 소유하게 한 것은 누가 준 것입니까?" 맹자가 말했다. "하늘이 (그에게) 준 것이다." …… 맹자가 말했다. "천자가 사람을 하늘에 천거할 수는 있어도, 하늘로 하여금 (그에게) 천하를 주게 할 수는 없다. 제후가 사람을 천자에게 천거할 수는 있어도 천자로 하여금 (그에게) 제후를 주게 할 수는 없다."[21]

그러면 맹자에서 '천하'란 구체적으로 무엇을 가리키는가? 혹자에 의하면 "맹자의 천하는 동주(東周) 이후 붕괴되기 시작한 주나라의 질서를 보수 혹은 수정하기 위하여 출현했다. 따라서 그의 천하는 주나라의 지배 질서로부터 이탈하여 분해된 구질서의 성분들, 즉 춘

---

20) 이러한 사실은 그가 "하늘의 (도리)를 즐거워하는 자는 천하를 보존할 수 있다. 하늘을 두려워하는 자는 그 국가를 보존할 수 있다"(『孟子』, 「梁惠王下篇」, "樂天者,保天下.畏天者,保其國."), 천자를 "天吏"(같은 책, 「公孫丑上篇」, "如此,則無敵於天下,無敵於天下者,天吏也.然而不王者,未之有也."), 천자가 지배할 천하의 백성을 "天民"(같은 책, 「盡心上篇」, "有天民者,達可行於天下而後,行之者也.")이라고 규정한 점에서 충분히 알 수 있다.

21) 『孟子』, 「萬章上篇」, "孟子曰,否,天子不能以天下與人.然則舜有天下也,孰與之.曰,天與之, …… 曰天子能薦人於天,不能使天與之天下,諸侯能薦人於天子,不能使天子與之諸侯."

58

추전국 시대의 제후국들이었다. 다시 말해 맹자의 천하는 그 당시의 제후국들이 존재한 공간적 범주를 말한다"22)는 것이다. 이렇게 본다면 그의 '천하'는 '몸'(身)·'가정'(家)·'나라'(國)를 포괄하는 최고 최대의 정치적 단위였다고 할 수 있다. 즉 "사람들이 말하는 것이 있다. 모두는 천하 국가라고 말한다. 천하의 근본은 나라에 있고, 나라의 근본은 가정에 있고, 가정의 근본은 몸에 있다"23)가 그것이다. 이와 같이 '천하'는 '나라'와 독립해 있는 정치적 단위가 아니라 각각의 '나라'가 그 자체로서 '천하'를 균형 있게 구성할 때의 최상급의 단위를 가리킨다. 따라서 그에게서 '천하' 안에 포함되는 '나라'들은 천자가 지배하는 '천하'의 하급 단위가 아니라 그 자체로서 '천하'를 구성하는 최고의 단위인 것이다.24)

그러면 맹자에서 '천하'의 통일은 어떻게 실현될 수 있는가? 먼저 그것은 "사람을 죽이기를 좋아하지 않는 자"에 의해서 가능하다.

> "천하가 어찌 안정되겠는가?" 나는 대답하여 말했다. "그것은 하나로 통일될 것입니다." "누가 하나로 통일시킬 수 있는가?" 나는 대답하여 말했다. "사람을 죽이기를 좋아하지 않는 자가 하나로 통일시킬 수 있습니다." "누가 여기에 동참할 수 있겠는가?" 나는 대답하여 말했다. "천하에 능히 함께 하지 않는 사람이 없을 것입니다."25)

여기서 "하나로 통일될 것입니다"의 '하나로 통일'(一)이란 어떤

---

22) 金翰奎, 『中國的世界秩序研究』, 46쪽.

23) 『孟子』, 「離婁上篇」, "人有恒言,皆曰,天下國家.天下之本在國.國之本在家.家之本,在身."

24) 같은 책, 「梁惠王下篇」, "天下固畏齊之彊也." 「梁惠王上篇」, "晋國,天下莫强焉."

25) 같은 책, 「梁惠王上篇」, "曰,天下惡乎定.吾對曰,定于一.孰能一之.對曰,不嗜殺人者能一之.孰能與之.對曰,天下莫不與也."

힘의 논리가 아니라 '수신'에 근본하여 외부로 뻗어 나갈 때에 '천하'의 통일을 실현시킬 수 있음을 의미한다. 즉 "군자가 지킴은 그 몸을 닦아서 천하를 태평하게 함이다"[26]와 "사람마다 그 어버이를 친애하고, 그 어른을 어른으로 모시면 천하가 태평해진다"[27]가 그것이다. 이런 점에서 "사람 죽이기를 좋아하지 않는 자"란 바로 인(仁)에 근본한 왕도(王道) 정치를 시행하는 사람을 가리킨다. 왜냐하면 '천하를 얻음'(得天下)은 인(仁)에 의해 결정되고, '천하를 잃음'(失天下)은 불인(不仁)에 의해 결정되기 때문이다.[28] 따라서 그의 '천하'란 '어진 정치'(仁政)[29], 즉 '왕도 정치가 실현되고, 반드시 실현되어야만 하는 당위적 성격을 띠고 있는 장'의 의미를 벗어나지 않는다.

## 순 자

순자의 '천하'는 맹자와 같이 모든 정치 질서의 원천인 '하늘'의 의지가 마땅히 실현되어야 할 당위의 장소가 아니라 주나라의 지배 질서로부터 분해되어 나와 독자적인 국가 체제를 형성하고 있던 전국 제후국의 존재 장소였다.[30] 즉 순자의 눈앞에 전개되고 있던 현실적

26) 같은 책, 「盡心下篇」, "君子之守,脩其身而天下平." 「盡心上篇」, "古之人,得志,澤加於民,不得志,修身見於世.窮則獨善其身,達則兼善天下."
27) 같은 책, 「離婁上篇」, "孟子曰,道在爾而求諸遠.事在易,而求諸難.人人親其親,長其長而天下平."
28) 같은 책, 「盡心下篇」, "孟子曰,不仁而得國者有之矣.不仁而得天下未之有也." 「離婁上篇」, "孟子曰,三代之得天下也,以仁.其失天下也,以不仁.國之所以廢興存亡者亦然.天子不仁,不保四海.諸侯不仁,不保社稷. …… 皆反求諸己,其身正,而天下歸之." 「離婁上篇」, "孟子曰,桀紂之失天下也,失其民也.失其民者失其心也.得天下有道.得其民,斯得天下矣.得其民有道,得其心,斯得民矣.得其心有道.所欲與之聚之,所惡勿施爾也."
29) 같은 책, 「公孫丑上篇」, "先王有不忍人之心,斯有不忍人之政矣.以不忍人之心,行不忍人之政,治天下可運於掌上." 「離婁上篇」, "孟子曰,堯舜之道,不以仁政,不能平治天下."
30) 荀子의 '天下'는 맹자와 달리 '國'보다 상위에 있는 개념이었다(같은 책, 「王

상황은 '북극성'과 같은 '중심력'을 완전히 상실한 정치 권력이 흩어져 있는 것과 같았다. 이때에는 '천자'의 존재 의미가 철저하게 소멸되고, 각 국가가 독립적으로 최상급의 지배 단위로 위치하고 있었다. 따라서 그의 '천하'는 분산된 제후국들의 집합으로, 그 이상적 당위론을 철저하게 배제한 현실의 영역이었다고 할 수 있다.31) 이러한 이유로 해서 그가 지향한 이상적 정치 질서는 정치 권력이 분산된 상황을 극복하고 '강력한 중심력'으로 여러 나라를 하나의 국가로 통일시켜서 진정한 의미의 '천하'를 출현시키는 것이었다. 다음의 말은 그러한 사실을 충분히 보여준다.

······ 천하를 (하나로) 합해서 군림하고 ······(合天下而君之)32)

······ 천하를 (하나로) 통일해서 제후를 신하로 삼고 ······(天下爲一, 諸侯爲臣)33)

······ 제후를 신하로 부리고 천하를 (하나로) 통일하고 ······(臣使諸侯,一天下)34)

---

制篇」, "故古之人有以一國取天下者,非往行之也." 「王霸篇」, "是綦定也.綦定而國定,國定而天下定." 「禮論篇」, "此五行者,足以正身安國矣. 彼國安而天下安." 「王霸篇」, "大有天下,小有一國,必自爲之然後可,則勞苦耗領莫甚焉,如是,則雖臧獲不肯與天子易勢業.以是縣天下,一四海.").

31) 『荀子集解』, 「王霸篇」, "欲得善馭,及速致遠,則莫若王良造父矣,欲得調壹天下,制秦楚."

32) 같은 책,「富國篇」, "······ 合天下而君之 ······." 「儒效篇」, "······ 合天下,立聲樂 ······." 「正論篇」, "······ 以天下之合爲君, ······."

33) 같은 책,「王霸篇」,「正論篇」, "······ 天下爲一,諸侯爲臣 ······."
같은 책, 「成相篇」, "曷謂賢.明君臣,上能尊主愛下民.主誠聽之,天下爲一海內賓."

34) 같은 책, 「王霸篇」, "······ 臣使諸侯,一天下 ······."(이 '一天下'는 「儒效篇」, 「王制篇」, 「王霸篇」 등에서 보이고, 또한 '天下一'도 「仲尼篇」에서

······ 천하를 (하나로) 통일하고 ······(壹天下)35)

  하지만 순자의 '천하'가 흩어져 있던 제후국들의 존재 장소였다고
하더라도 그에게서 '천하'의 통일은 그리 간단한 일이 아니었다. 왜
냐하면 '천하'는 '큰 그릇'(大具)이기 때문에 소인이 점유할 수 없고
작은 도리(小道)로 얻을 수 없으며,36) 또한 '(천하를 다스리는 것은)
지극히 중대하고'(至重), '(천하의 일은) 지극히 광대하며'(至大), '(천
하의 사람은) 지극히 많기'(至衆) 때문에 성인이 아니면 그것은 존재
할 수 없다.

  천하(를 다스리는 것은) 지극히 중대하여 지극히 강한 자가 아니면
  그 임무를 담당할 수 없고, (천하의 일은) 지극히 커서 지극히 변론을
  잘하는 자가 아니면 분별할 수 없으며, (천하의 사람은) 지극히 많아
  서 지극히 명철한 자가 아니면 조화할 수 없다. 이 세 가지를 지극히
  하는 자는 성인이 아니면 왕 노릇할 수 없다. ······ 천하는 지극히 커
  서 성인이 아니면 점유할 수 없다.37)

  그런데 순자의 '천하' 개념이 후대의 법가에 많은 영향을 주었다고
하더라도 그가 원한 '천하'의 통일은 '힘'의 논리가 아니라 끊임없는

---

  보이고 있다.)
35) 같은 책, 「非十二子篇」, "不知壹天下建國家之權稱, ······." 「王霸篇」,
  "······, 欲得調壹天下,制秦楚." 「王霸篇」, "······ 王業還起.功壹天下,
  ······."
36) 같은 책, 「正論篇」, "······ 國,小具也,可以小人有也,可以小道得也,可以
  小力持也.天下者,大具也,不可以小人有也,不可以小道得也,不可以小力
  持也.國者,小人可以有之,然而未必不亡也,天下者,至大也,非聖人莫之能
  有也."
37) 같은 책, 「正論篇」, "天下者,至重也,非至彊莫之能任,至大也,非至辨莫之
  能分,至衆也,非至明莫之能和.此三至者,非聖人莫之能盡.故非聖人莫之
  能王. ······ 天下者,至大也.非聖人莫之能有也."

자각을 통한 '실천 의지'에 의한 것이었다. 즉 "무릇 하늘이 백성을 낳음에는 모두 (각각 그 지위를 따라) 취하는 까닭이 있다. 지의(志意)가 닦음에 이르고 덕행이 후함에 이르고 지려(智慮)가 밝음에 이르는 것은 천자가 천하를 취하는 까닭이고, 정령(政令)이 법에 맞고 동작은 시기에 적합하며 판단이 공평하여, 위로는 천자의 명령에 따르고 아래로는 백성을 편안하게 하는 것은 제후가 국가를 취하는 까닭이다"38)와 "(백성을) 이롭게 하고 (그것을) 자기의 이로움으로 삼지 않으며, (백성을) 사랑하고 (그것을) 이용하지 않는 자는 천하를 취한다"39)가 그것이다. 이와 같이 '천하'는 어떠한 외적 의지에 의해서 통일될 수 없고, 반드시 자신의 자각과 또한 백성들이 나아갈 지표를 제시해 주는 성인에 의해서 통일될 수 있다. 결국 그에게서 '천하'는 '성인의 의지가 실현되는 장소'를 벗어나지 않는다.

이상으로 보듯이, 유가에서 '천하'는 그들의 현실적 상황과 긴밀한 관계를 가진다. 즉 천하에 도가 없는(天下無道) 춘추전국 시대라는 상황에서 그들은 자신들의 이상을 실현할 수 있는 최대의 장으로 '천하'를 상정하지 않을 수가 없었다. 이 '천하'는 바로 단순히 '힘'의 논리에 의해서 지배받고 지배당하는 곳이 아니라 '인간의 도덕적 자각을 통하여 도덕적 이상세계'를 실현하는 곳이었다. 결국 "유가는 그 위대한 천지 자연의 운전 질서에 도덕적 의미를 부여해서 천지를 자연적인 존재이기보다도 도덕적인 존재로 파악하고 그를 다시 인간 자기 실현의 대원으로 삼아 인간세를 도덕적 이상 세계로 창진할 것을 도모했으며, 그 이상의 실현 가능성을 굳게 믿었던 것이다."40)

---

38) 같은 책, 「榮辱篇」, "夫天生蒸民,有所以取之.志意致修,德行致厚,智慮致明,是天子之所以取天下也.政令法,舉措時,聽斷公,上則能順天子之命,下則能保百姓,是諸候之所以取國家也."
39) 같은 책, 「富國篇」, "利而不利也,愛而不用也者,取天下矣."
40) 金忠烈, 「天下思想의 哲學的基調」, 117쪽.

## (2) 도가의 천하관

### 노 자

노자의 '천하'는 도(道)가 천하의 어머니'41)라는 점에서, 그것은 단지 '도'로부터 생성된 만물(萬物)·만사(萬事), 즉 모든 존재의 총합을 의미한다. 즉 "천하의 사물은 유(有)에서 생겨나고, 유는 무(無)에서 생겨난다"42)가 그것이다. 따라서 '천하'는 유가처럼 '인간의 덕성에 기초한 도덕 이상이 실현되는 장'이 아니라 가장 궁극적이고 근원적인 무위자연(無爲自然)의 도(道)가 실현되는 장소'에 지나지 않는다.

> 도(道)는 항상 행함이 없지만 행하지 않음이 없다. 후왕이 만약 그것을 지킬 수 있다면 만물이 장차 저절로 될 것이다.(생성 화육) 저절로 생성 화육하다가 욕심이 일어나면 나는 '이름 없는 통나무'(無名之樸(素樸) : 道)로 욕심을 누를 것이다. '이름 없는 통나무'로 누르면 장차 욕심이 없어질 것이다. 욕심을 일으키지 않음으로써 고요하니, 천하가 저절로 안정될 것이다.43)

> 도(道)는 항상 이름이 없으니, 통나무(樸)의 소박 그대로이다. (도는) 비록 은미하지만 천하가 (도를) 신하로 부릴 수 없다. 만약 후왕이 (도를) 지킬 수 있다면 만물이 저절로 귀순(歸順)하게 될 것이다. 천지가 서로 합해서 단 이슬이 내리듯이, 백성들은 명령하지 않아도 저절로 고르게 된다. (인위적 일들을) 만들기 시작하면 이름이 생기고, 이름이 이미 있으면 장차 머물 줄 알아야 한다. 머물 줄 알아야 위태

---

41) 『老子』, 25장, "有物混成,先天地生,寂兮寥兮,獨立不改,周行而不殆,可以爲天下母.吾不知其名,字之曰道."

42) 같은 책, 40장, "天下萬物生於有,有生於無."

43) 같은 책, 37장, "道常無爲而無不爲.侯王若能守之,萬物將自化.化而欲作,吾將鎭之以無名之樸.無名之樸,夫亦將無欲.不欲以靜,天下將自定."

롭지 않다. 비유컨대, 도가 천하에 있는 것은 마치 골짜기의 물이 강과 바다에 흐르는 것과 같다.[44]

그러면 '천하'는 어떠한 사람에게 기탁할 수 있는가? 즉 '자기 몸을 귀중히 여기고 사랑하는 태도로 천하를 다스리는 사람에게 비로소 천하를 기탁할 수 있으며',[45] 이러한 사람이어야만 '천하'로 '천하'를 볼 수 있는 혜안이 생길 수 있다.[46] 때문에 노자에서 '천하'는 어떠한 인간의 의지나 강압에 의해서 다스리거나 안정시킬 수 있는 것이 아니다. 만약 그것을 억지로 다스리려고 한다면 그것은 벌써 그 자신을 떠나고 말 것이다. 그래서 노자는 "천하를 취해서 억지로 다루려고 한다면 나는 (그것이) 불가능하다고 본다. 천하는 신기한 그릇이니, 억지로 다룰 수 없고 억지로 다루려면 실패하고 움켜쥐려면 없어진다"[47]고 경고하면서, '천하'는 반드시 유위(有爲)가 아닌 무위(無爲)로 다스려야 함을 강조했다.

> 항상 일 없음으로써(無事) 천하를 취하니, 일 있음으로써(有事) 대하면 천하를 취하기에 부족하다.[48]

> 일 없음으로써(無爲) 천하를 취한다. …… 천하에 꺼리고 가리는 것이 많으면 백성들은 더욱 가난해지고, ……[49]

---

44) 같은 책, 32장, "道常無名, 樸, 雖小, 天下莫能臣也. 侯王若能守之, 萬物將自賓. 天地相合, 以降甘露, 民莫之令而自均. 始制有名, 名亦旣有, 夫亦將知止, 知止可以不殆. 譬道之在天下, 猶川谷之於江海."

45) 같은 책, 13장, "故貴以身, 爲天下若可寄天下. 愛以身, 爲天下若可託天下."

46) 같은 책, 54장, "故以身觀身, 以家觀家, 以鄕觀鄕, 以國觀國, 以天下觀天下."

47) 같은 책, 29장, "將欲取天下而爲之, 吾見其不得已. 天下神器, 不可爲也. 不可執也. 爲者敗之, 執者失之."

48) 같은 책, 48장, "…… 取天下, 常以無事. 及其有事, 不足以取天下."

따라서 노자에서 '천하'는 '인간의 의지가 실현되는 장소'가 아니라 '무위자연(無爲自然)의 도(道)가 실현되는 이상적 장소'를 벗어나지 않는다. 즉 '성인'이 '천하의 규범'이 되는 것도 그러한 '도'를 잘 지켰기에 가능하기 때문에[50] '천하'의 질서는 그러한 '도'에 순종하기만 하면 확립되는 것이고, 그 속에는 어떠한 도덕적 자각이나 각성이 요구되지 않는다.[51] 결국 그에게서 '천하'는 '중국이란 범위를 넘어선 보편적·포괄적 개념'이라고 할 수 있다.

## 장 자

장자의 '천하'는 노자의 "(인위적) 행함이 없으나 행하지 않음이 없다"(無爲而治天下)의 경우와 같이 단순히 지배 대상 그 자체를 의미한다.[52] 즉 그것은 '만물'·'만사'를 포괄하는 의미로써,[53] 인간의 인위성이 철저하게 배제된 자연적 존재 그 자체이다.[54] 다시 말해 그의 '천하'는 인간들의 현실 정치적 대상이거나 인간이 자신들의 가치 체계를 만들거나,[55] 그들의 이상을 실현하는 장소가 아니라, 노자와 같이 '무위자연'의 '도'에 따라 흘러가면 되는 그러한 장소일 뿐

---

49) 같은 책, 57장, "…… 以無事取天下, …… 天下多忌諱,而民彌貧, ……."

50) 같은 책, 22장, "…… 是以聖人抱一爲天下式."

51) 같은 책, 35장, "執大象,天下往,往而不害,安平太."

52) 『莊子』,「雜篇」,「天下篇」, "其數散於天下而設於中國者,百家之學時或稱而道之.天下大亂,賢聖不明,道德不一,天下多得一察焉以自好."

53) 같은 책,「外篇」,「田子方篇」, "夫天下也者,萬物之所一也."(그런데 그가 '천하'와 '만물'을 구분하여 쓰는 경우도 없지는 않다.「天下篇」, "古之人其備乎! 配神明,醇天地,育萬物,和天下,澤及百姓,明於本數,係於末度,六通四辟,小大精粗,其運无乎不在.")

54) 같은 책,「外篇」,「知北遊篇」, "通天下一氣耳.聖人故貴一."

55) 같은 책, 같은 곳,「在宥篇」, "故曰,絶聖棄知而天下大治. …… 聞在宥天下,不聞治天下也.在之也者,恐天下之淫其性也.,宥之也者,恐天下之遷其德也.天下不淫其性,不遷其德,有治天下者哉!"

이다.

> 군자가 부득이 **천하**에 군림하게 되면 (인위적) 행함이 없는 것(無爲)
> 만한 것이 없다. (인위적) 행함이 없은 연후에야 그 성명(性命)의 정
> (情)을 편안히 할 수 있다. 그러므로 자기 몸을 **천하**보다 더 귀하게
> 여기면 **천하**를 부탁할 수가 있고, 자기 몸을 **천하**보다도 더 사랑하면
> **천하**를 기탁할 수가 있다.[56]

> 옛날에 **천하**를 다스리던 사람은 욕심이 없어서 **천하**가 풍족해졌고,
> 행함이 없어서 만물이 조화되었으며, 연못같이 고요하므로 백성들은
> 안정되었다.[57]

여기서 보듯이, '천하'는 우리 자신의 몸보다 더 귀하거나 더 사랑
할 수 있는 것이 아니다. 즉 '천하'는 '인간이 자신의 의지를 실현하
는 그러한 장소'가 아니라 단지 '무위자연'의 '도'에 따라서 흘러가는
사물과도 같은 것이다. 따라서 그에게서 '천하'는 머물러 있을 곳이
아니라 궁극적으로 잊어버리고 벗어나야 할 단순한 대상에 불과할
뿐이었다.

> 무릇 **천하**를 천하에 숨겨서 달아날 수 없는 것은 항물(恒物)의 큰 정
> 이다.[58]

---

56) 같은 책, 같은 곳, 「在宥篇」, "故君子不得已而臨莅天下,莫若無爲.無爲
　　也而後安其性命之情.故貴以身爲天下,則可以託天下.愛以身於爲天下,
　　則可以寄天下."
57) 같은 책, 같은 곳, 「天地篇」, "古之畜天下者,無欲而天下足,無爲而萬物
　　化,淵靜而百姓定."
58) 같은 책, 「內篇」, 「大宗師篇」, "若夫藏天下於天下而不得所遯,是恒物之
　　大情也."

나는 신중히 하다가 그에게 가르쳐주었다. 삼일이 지나자 **천하를 잊**
**을 수 있었다. 천하를 잊게 되었으므로** 나는 다시 신중히 하였는데,
칠일이 지나자 사물을 잊을 수 있었다. 이미 사물을 잊게 되었으므로
나는 또 신중히 하였는데, 구일이 지나자 삶을 잊을 수 있었다. 이미
삶을 잊은 이후에 비로소 깨달음을 얻게 되었다. 깨달음을 얻은 이후
에 절대적인 경지를 볼 수 있었고, 절대적인 경지를 본 이후에 고금
(古今)을 초월할 수 있었으며, 고금을 초월한 이후에 죽음도 삶도 없
는 경지에 들어갈 수 있었다. 삶을 죽이는 자에게 죽음은 없고, 삶을
살려는 자에게 삶은 없다.[59]

이상으로 보듯이, 노자와 장자의 '천하'는 '만물이 귀일 하는 곳'을
가리킨다. 요컨대, 그들의 '천하' 개념에는 구체성이 철저하게 배제되
어 있기 때문에 어떤 형태의 제한도 가해질 수 없다. 즉 그것은 특
정한 지리적 · 공간적 범주를 가리키는 것도 아니며, 특정한 문화
적 · 종족적 범주를 의미하는 것도 아니다. 결국 도가의 '천하'는 만
물이 존재하는 곳이고, 그들의 정신이 소요(逍遙)할 수 있는 가장 적
절한 세계의 하나였다.[60]

## (3) 법가의 천하관 ― 한비자

한비자에 오면, '천하'는 최고의 지배 단위가 아니며, '천하'와 '국
가'의 차등적 위계가 철저하게 소멸되었다. 그리하여 복수의 국가가

---

59) 같은 책, 같은 곳, 「大宗師篇」, "吾猶守而告之,參日而後能外天下.已外
天下矣,吾又守之,七日而後能外物.已外物矣,吾又守之,九日而後能外生.
已外生矣,而後能朝徹.朝徹而後能見獨.見獨而後能無古今.無古今,而後
能入於不死不生.殺生者不死,生生者不生."

60) 김충열 교수는 도가의 천하관을 "만물과 同位로 보는 '천하'는 그저 자연에
따라 변화하면 족할 뿐 따로이 창진되어야 할만큼의 가치나 의의를 관주(貫
珠)할 대상이 아니었기 때문이다. 이 점으로부터 도가의 우주관은 주로 자연
관 중심으로 되어 있다"고 한다(金忠烈, 「中國<天下思想>의 哲學的 基
調와 歷史傳統의 形成」, 118쪽).

최고의 지배 단위가 됨에 따라 '천하'는 '국가'의 단순한 묶음에 지나지 않게 되었다. 즉 특정한 일국(一國)의 입장에서 볼 때, '천하'는 자국 이외의 모든 국가들(외국의 집합)을 가리키고, 또한 진나라를 제외한 연(燕)·위(魏)·초(楚)·제(齊) 등의 제국들, 이른바 전국 육국(戰國六國)을 가리키기도 하며, 더 나아가 한(韓)·진(秦)을 제외한 전국 오국(戰國五國)을 가리킨다는 것이다.

국가의 힘이 강하면 천하가 침략할 수 없다.[61]

신이 듣기로, 천하(天下)가 조나라(趙)를 중심으로 하고, 북쪽으로 연나라(燕)를 결합하고, 남쪽으로 위나라(魏)를 결합하고, 또 초나라(楚)를 연결하고 제나라(齊)를 견고히 하고 …… 진나라(秦)의 호령상벌(號令賞罰), 지형이해(地形利害)는 천하에 이와 같은 것이 없습니다. …… 천하를 이끌고 서쪽으로 진나라(秦)에게 난리를 일으키게 하였습니다. …… 천하가 이미 진나라의 모신(謨臣)을 헤아려 본 것이 첫 번째의 일입니다. …… 천하가 진나라의 역량을 헤아려 본 것이 두 번째 일입니다. …… 천하가 이미 진나라의 역량을 헤아려 본 것이 세 번째 일입니다.[62]

한나라(韓)는 그로 인하여 천하와 원수가 되었고, 강한 진나라(秦)에 공을 돌리고 …… 진나라와 형제가 되어 함께 천하를 괴롭혔다. …… 천하는 한나라의 토지와 열 개의 성을 빼앗아 취함으로써 진나라에게 사죄하였다.[63]

---

61) 『韓非子』, 「勤令篇」, "國多力而天下莫之能侵也."
62) 같은 책, 「初見秦篇」, "臣聞天下, 陰燕陽魏, 連荊固齊. …… 秦之號令賞罰, 地形利害, 天下莫若也. …… 令率天下西面以與秦爲難. …… 天下固以量秦之謨臣, 一矣. …… 天下固已量秦力二矣. …… 天下固已量秦力二矣."
63) 같은 책, 「存韓篇」, "韓隨之怨懸於天下, 功歸於强秦 …… 而與秦兄弟, 共苦天下 …… 天下共割韓上地十城以謝秦, 解其兵."

이러한 '천하관'의 등장은 바로 과거로의 복귀를 지양하고 시대 변천의 요청을 파악하여 현실적으로 대처하기 위함이었다. 그래서 한비자에서 '천하'는 '국가간의 힘의 논리가 지배하는 곳'으로, 바로 '그 힘의 논리가 철저하게 실현되는 장소'에 불과하다. 이와 같이 국가의 존망은 그 국가의 힘이 강하냐 약하냐의 여부에 달려 있기 때문에 군주가 자신의 권력 의지를 천하에 실현하기 위해서는 반드시 강력한 힘을 길러야 하는 것이다. 즉 "힘이 강하면 다른 사람이 알현하려 올 것이고, 힘이 약하면 다른 사람에게 알현하게 될 것이다. 그러므로 현명한 군주는 힘써 자신의 역량을 드러내야 한다"[64]가 그것이다.

그럼 그 '힘'의 원천은 어디에 있는가? 그것은 '인격화된 군주'와 동일한 의미를 가지는 도(道)에 있다.

> 국가를 보유하고 자신을 보호할 수 있는 사람은 장차 반드시 도를 체현해야 한다. 도를 체현하면 그의 지혜는 반드시 매우 깊게 되고, 그의 지혜가 깊게 되면 그의 계략도 반드시 매우 심원하게 되며, 계략이 심원하게 되면 사람들은 그의 종극을 볼 수 없을 것이다.[65]

> 도(道)는 만물의 근본이며 옳고 그름의 준칙이다. 따라서 현명한 군주는 이러한 근본을 지켜서 만물의 유래를 이해하고, 이러한 준칙을 연구하여 일의 성패 원인을 이해한다.[66]

즉 한비자의 '도'가 노자의 '도'를 차용한 것이라고 하더라도 그것

---

64) 같은 책, 「顯學篇」, "力多則入朝,力寡則朝於人,故明君務力."
65) 같은 책, 「解老篇」, "夫能有其國保其身者必且體道,體道則其智深,其智深則其會遠,其會遠衆莫能見其所極."
66) 같은 책, 「主道篇」, "道者,萬物之始,是非之紀也.是以明君守始以知萬物之源,治紀以知善敗之端."

은 단지 노자처럼 인간의 인위적 가치를 떠난 우주의 보편적 법칙으로서의 '도'가 아니라 군주 자신의 권력의지를 실현시키는 힘의 원천에 불과할 뿐이다. 즉 군주가 '도'를 체현한 것의 구체적 표현은 '정치 강령'·'법술' 및 '각종 규정'을 파악하는 것이다. 이와 같이 군주 자신은 '사람이 설립한 인위적인 세력'[67]으로 '천하'의 통일을 도모해 나간다. 이 '인위적인 세력'이란 바로 군주 자신이 처한 세력에 만족하지 않고 능동적으로 권세의 작용을 발휘한다는 것, 즉 천하에 군주의 절대적 통치술을 실현하는 법치(法治)를 의미한다. 그래서 그는 그러한 '법치'로써 천하에 강력한 절대 군주의 의지를 실현하려면 권력의 계층 구조 속에서 각 계층의 최고 권력은 오직 한 사람에 의해서만 독점되어야 한다고 강조했다. 즉 우리 안에 수탉이 두 마리가 있으면 끊임없이 싸우듯이, 집안에 두 주인이 있어 부부가 각자의 주장대로 집안 일을 맡아서 처리해 나간다면 이것이야말로 '재앙의 근원'이라는 그의 지적이 그것이다.

> 하나의 우리 안에 두 마리의 수탉이 있으면 싸우게 마련이다. 만약 승냥이와 이리가 양의 우리 안에 들어가게 되면 양은 결코 번식할 수가 없다. 한 집에 (두 주인이 있어) 부부의 의견이 함께 행해지게 되면 아이들은 어느 쪽의 말을 따라야 할지 모를 것이다.[68]

> 일(구체적 사무)이 사방에 분산되어 있지만 (주요한) 대권은 중앙에 집중되어 있는 것이다. 성인이 대권을 장악하면 사방의 신하들은 모두 자신의 역량을 바치러 오는 것이다.[69]

---

67) 같은 책, 「難世篇」, "勢必於自然,則無爲言勢矣 …… 吾所言,謂人所得勢也而已矣."
68) 같은 책, 「揚權篇」, "一栖兩雄,其鬪日䶎 日䶎.豺狼在牢,其羊不繁.一家二貴,事乃無功.夫妻待政,子無適從."
69) 같은 책, 「兩權篇」, "事在四方,要在中央.聖人執要,四方來效."

여기서 보듯이 한비자에서 군주는 반드시 "독자적으로 온 천하의 모든 것을 제압하여"70) 권력을 중앙 집중화해야 한다. 이러한 권세를 혼자 독점하고 홀로 일을 결단하는 것은 바로 '천하'의 통일을 실현하는 아주 중요한 내용이다. 이렇게 본다면 그에게서 '천하'란 유가처럼 백성들의 이상을 실현하는 장이 아니라 단순히 군주의 도구이자 사유물에 불과한 '국가'71)의 힘, 즉 '그의 권력 의지를 실현하는 장'을 가리킨다. 다시 말해 법가의 '법치'가 인간의 내재적 심성보다도 인간의 외적 관계만을 중시하는 것이라고 한다면 그러한 '법치'의 실현장인 법가의 '천하'는 유가처럼 '인간의 보편적 심성에 근거한 성인이라는 보편적·이상적 인물의 의지가 실현되는 장소'가 아니라 '외재적 도(道)의 인격화인 군주의 의지가 실현되는 장소'에 불과하다고 할 수 있다.72)

## 2) 진나라의 천하관

앞의 도가 이외의 전국 시대의 '천하' 개념은 현실적으로 '분산된 국가는 하나로 통일되어야 한다'는 정치적 과제와의 밀접한 관계에서 그 의미가 변천되었다. 하지만 이때의 '천하' 개념은 정치적으로 '중국'의 범주에 국한된 공간을 의미하고 있었다는 점에서, 중국(中

---

70) 같은 책, 「有度篇」, "獨制四海之內."
71) 같은 책, 「外儲說右上」, "國者,君之車也.勢者,君之馬也."
72) 결국 법가는 '법치'(法治)의 정치를 수단으로 해서 획일화한 세계를 실현하는 것으로 전체로서의 사회 국가를 개인보다 우위에 두고 있다고 할 수 있다. 이런 점에서 김충열 교수는 "법가는 이 세계를 객관적이고 중립적이고 물리적인 자연으로 보고, 그 객관적 자연의 질서와 공능은 대공무사(大公無私)하나, 반대로 인간성은 선천적으로 자사자리해서 오히려 공리의 보편화를 방해함으로써 외재적 법력(法力)으로 인성을 교정(矯正)하여 규격에 맞추어 감으로써 사회 국가라는 전체의 질서와 전체의 의지를 유지 실현한다고 보았다"고 한다(金忠烈, 앞의 논문, 119쪽).

國)과 사이(四夷)를 통합하는 보편적 세계(世界) 개념으로는 아직 발
전하지 못하였다. 왜냐하면 그것은 혼란한 정치 상황을 하루 빨리
종결지어서, 강력한 통일 국가를 출현시켜야 한다는 그 당시 사람들
의 현실적 요구 때문이었다. 즉 하나로 통일되지 않은 상황에서, '천
하' 개념은 '세계' 또는 '우주'라는 포괄적·보편적 의미보다 먼저 분
열되어 있던 여러 국가들의 통일이라는 다소 제한된 의미로 인식될
수밖에 없었다. 하지만 모든 상황은 진나라에 들어오면서부터 달라
졌다. 즉 진나라는 모든 사람들의 희망인 '천하의 통일'을 이루면서
부터 강력한 통일 국가의 체제를 유지하기 위한 대안을 찾기 시작했
다. 그 결과 진나라는 그 통일 정책을 법가의 이념에 의존하는 한편,
세계 정책의 논리적 배경을 도가의 정신에 의존해 나갔다.

그런데 진나라는 통일 후에 법가의 정책을 표면에 내세우면서 정
치적 압박뿐만 아니라 사상적 압박까지도 단행해 나갔다. 그것의 결
과는 '순우월(淳于越)이 봉건제도의 회복을 주장하자 이사(李斯)가
반대하고 나서면서 빚어진' '분서'(焚書) 사건과 '이 사건 2년 후에
사소한 문제로 터진' '갱유'(坑儒) 사건이었다.[73] 물론 진나라가 통일
이후에 유가 사상까지도 끌어들여 그들의 정책에 이용하는 노력을
보였다는 점에서[74], 그 사건이 비록 유가에 대한 전면적 압박이 아
니었다고 하더라도[75] 그 이후로 유가는 그들의 정치적 입지를 확보

73) 이 焚書·坑儒의 자세한 내용은 『史記(1)』, 6권, 「秦始皇本記」의 33년
(254~255쪽)과 35년(258쪽)을 참조 바람.
74) 『史記(1)』, 6권, 「秦始皇本記」, 第6, 28년, 242쪽, "…… 與魯諸儒生議,
……."
75) 양계초와 전목은 모두 '분서'(焚書)·'갱유'(坑儒) 사건은 유가를 탄압하려는
의도에서 나온 것이 아니었다고 주장한다. 즉 양계초는 진시황이 개인적으로
유가를 존중하였다는 기본 입장에서 '분서'를 명령한 것은 학자가 있기를 바
람이고, 관리로써 스승을 삼으라는 것이며, 백성의 배움을 금지하려는 것이
아니었다고 하여 진시황을 유교의 제 2공신으로 보고 있다(梁啓超 著, 李
民樹 譯, 『中國文化思想史』(서울: 正音社, 1983 2판), 108~109쪽). 또

하기 매우 어려웠다. 왜냐하면 진나라의 그러한 노력은 어디까지나 자신들의 통치 이념을 강화하기 위한 목적에서 실행된 것에 지나지 않기 때문이다. 그래서 진나라는 법가의 이념으로, 맹자가 말하는 '인간의 내재적 심성의 측면'보다 순자가 말하는 '스승과 후왕(後王)의 외재적 측면'을 변형시켜서 적극적으로 자신들의 정치적 역량을 강화해 나갔다. 즉 진나라의 그러한 이념은 인간들 개개인이 가지고 있는 내재적 덕성이 아니라 인간과 인간의 관계를 중시하는 외재적 토대 위에서 진행되었다는 것이다. 이는 바로 인간의 심성이 외재적 정치 제도에 의해서 바뀔 수 있다는 그들 나름대로의 신념 속에서 나온 결과로 보인다. 따라서 진나라는 외왕적 측면을 통해서 사회 질서의 확립, 즉 국가의 통치 기반의 확립을 지상의 최대 목표로 삼아서 백성을 통제해 나가기 시작했다.

그러한 통제 속에서 진나라는 그 이전의 '천하관'과 다른 '천하관'을 전개해 나갔다. 그것은 바로 '천하' 개념에 새로 등장된 군현(郡

---

한 전목은 '분서' 사건은 순전히 정치 사상상의 충돌을 표현한 것으로서(즉 반전(反戰) 사상을 실현시키려면, 정치적 입장에서 세계에는 두 국가나 두 정부가 동시에 존재해서는 안 되며, 사회적 입장에서 인류는 또 귀천이나 빈부를 따질 것 없이 두 계급으로 갈라져서는 안 된다는 기본 입장에서 발생하였다는 것이다), 진시황 개인의 야심과 사욕에서 나왔다고 말할 수 없고, 또 결코 그들이 학술을 파괴하려는 마음을 가졌던 것도 아니라고 한다(錢穆 著, 차주환 역, 『中國文化史導論』(서울: 乙酉文化社, 1984), 113~114쪽). 하지만 여기서 간과할 수 없는 사실은 '분서'·'갱유'의 사건이 그 이후에 진나라의 유가 억제 정책에 하나의 빌미를 제공했다는 것이다. 즉 이사(李斯)가 '분서'를 천명하는 말 중의 "今諸生不師今而學古,以非當世,惑亂黔首."[『史記(1)』, 6권, 「秦始皇本記」, 第6, 255쪽. 여기서 諸生은 유자(儒者)를 가리킴(같은 책, 같은 곳, 258쪽, "諸生皆誦法孔子.")]에서 보듯이, 진나라는 기본적으로 그러한 사건이 일어나기 이전부터 유가가 진나라의 통일 정책을 실행하는 데 걸림이 된다는 입장에서, 유가에 대한 전면적인 탄압 정책을 실시하려는 기본 생각을 가졌던 것으로 보인다. 따라서 진나라와 유가의 관계를 긍정적 입장에서 보는 것은 지양되어야 할 것이다.

縣)의 설치 지역이다. 즉 진나라는 그것으로 인해 다소 중국에 제한된 '천하' 개념을 포괄적인 '세계' 개념으로 변모시키는 계기를 마련하게 된다.

> …… 천하를 평정하여 해내(海內)를 군현으로 삼으니 ……. 지금 해내는(海內)는 폐하의 신령에 의뢰하여 하나로 통일(一統)되어 모두 군현이 되었으니 …….76)

> 지금 황제가 해내(海內)를 합하여 하나로 하여(幷一) 군현으로 삼으니, 천하가 화평합니다.77)

그런데 그들의 '천하' 개념이 보편적 의미를 지닌다고 하더라도 그것은 오직 '힘'의 상징인 '황제'라는 '하나의 통치 권력에 의해 지배되는 통일적 공간'을 의미하며, 또한 그 하나에게만 집중하는 형태로서의 '세계 질서'(World Order)의 확립이었다.78) 따라서 진나라의 '천하' 개념은 겉으로 '세계'를 의미하는 것 같지만 그 이면에는 그들

---

76) 『史記(1)』, 6권, 「秦始皇本記」, 第6, 26년, 236쪽, "…… 平定天下,海內爲郡縣, ……", 239쪽, "今海內賴陛下神靈一統,皆爲郡縣, ……."

77) 같은 책, 같은 곳, 28년, 247쪽, "今皇帝幷一海內,以爲郡縣,天下和平." 즉 진나라 사람들의 '천하'(天下) 개념은 당시의 '사해'(四海) 개념과 마찬가지로 군현(郡縣)이 설치된 지역을 의미하기는 했지만 진나라 시대에 '군현'이 설치된 곳은 이미 전국 칠국(戰國 七國)으로 판도를 초월하는 공간으로서, 진나라 사람들이 상정할 수 있는 최대한의 범주였다. 따라서 진나라 사람들의 '천하'는 '중국'(中國)뿐만 아니라 '사이'(四夷)의 구거주지까지 포함하는 (같은 책, 같은 곳, 33년, 253쪽 참조) 포괄적 세계 개념이었다(金翰圭, 같은 책, 105~106쪽 참조).

78) 이 '황제'(皇帝) 개념에 대한 자세한 내용은 鄭夏賢의 「皇帝支配體制의 成立과 展開」(『講座中國史Ⅰ』, 서울: 지식산업사, 1989)를 참조 바람. 여기서는 진나라의 '천하'(天下) 개념에 영향을 준 것으로 도가의 '천하' 개념을 들고 있다.

의 정치 역량을 만방에 표방하여 거대하고 강력한 통일 국가를 계속 지탱해 나가고자 하는 저의가 깔려 있었다고 할 수 있다. 결국 그러한 강력한 '천하관'은 진시황 사후에 진나라의 멸망을 가속화시킨 원인 중의 하나였던 것이다.[79]

---

79) 진시황(秦始皇)의 사후에 벌어진 권력 쟁탈 내지 4년 동안의 초나라(楚)와 한나라(漢)의 '천하' 쟁탈전은 진나라 당시의 모든 상황을 바꾸어 놓기에 충분했다. 그런데 한나라 초기에 오면 진나라의 '천하' 개념은 많이 변모된다. 이때에는 '전국 칠국'(戰國七國 : 中國)의 의미와 중국(中國)과 사이(四夷)를 포괄하는 보편적 '세계' 개념으로서의 '천하' 개념이 상당히 혼재되었다(金翰奎, 앞의 책, 83~106쪽 참조). 이것은 그 당시의 정치 상황과 깊은 관계가 있었다. 즉 정치 기반이 없던 한나라 고조(高祖)는 통일 이후에 공신 집단에게 권력을 나누어주었다. 이것은 바로 처음부터 진나라와 같은 강력한 통치 기반을 지향했으나 현실은 분열된 '전국'적 세계에 머무를 수밖에 없었음을 의미한다. 이 과정에서 '고조'는 대외적 문제는 뒤로 돌리고 오직 자국만의 정치적 안정을 꾀하는 일이 우선적이라고 생각했다. 그 결과 그들의 실제적인 지배 영역은 중국(中國)의 범주에 국한될 수밖에 없었다. 이와 같이 한나라 초기의 '천하' 개념이 보편적 의미를 가지지 못한 그 이면에는 진나라와 마찬가지로 정치적 계산이 깔려 있었다. 즉 통일은 되었지만 통치 기반이 약한 상태에서 '천하' 개념을 더 보편적인 의미로 사용하다가는 진나라처럼 멸망할지도 모른다는 계산에서였다. 따라서 한나라 초기에 '천하' 개념은 오직 황실의 정치 역량을 강화하는 데 그 목적이 있었다고 할 수 있다. 한편 그들의 '천하' 개념이 하나로 통일되어 있지 않은 것처럼, 정치·사상적으로도 하나로 통일되지 않았다. 이러한 사상의 혼란기에도 불구하고 한나라 초기에는 새로운 정치 이념이 전면적으로 부각되는데, 그것은 바로 도가의 '무위 정치사상(無爲政治思想)이었다.[일반적으로 한나라 초기의 정치 사상을 도가의 '무위 정치사상' 또는 '황노(黃老) 정치사상'이라고 한다. 이 문제는 논란의 여지가 많을 줄 아는데, 즉 그것은 '황노학'에 대한 인식과 연구가 미비한 관계로 아직까지 '황노학'의 기본 정의조차도 제대로 정립되지 않아 사상사에서 '황노학'의 위치를 제대로 설정시키지 못하였기 때문인 것으로 보인다('황노학'의 본격적 주석서로는 余明光의 『黃帝四經今注今譯』(湖南省: 岳麓書社, 1993)이 대표적이고, 논문으로는 『道家文化硏究』(陳鼓應 主編, 上海: 上海古籍出版社, 1992~1994)의 1집에서 4집 사이에 몇 편이 산재되어 있다).] 그때에 그러한 사상을 채택한 이유가 '진나라의 천하 통일이래 한나라 초기에 이르는 20년 동안 백성이 일찍이 폭정과 전란에 시달

## 3. 『대학』의 천하관

### 1) 보편적 천하관의 등장

앞서 보았듯이, 진나라는 '중국'이란 범위를 넘어서 '무위자연의 도가 실현되는 이상적 장소'를 의미하는 도가의 보편적 '천하' 개념과 오직 '외재적 도의 인격화된 군주의 의지(힘)에 의한 통일이 실현되는 현실적 장소'만을 의미하는 법가의 절대적 '천하' 개념을 차용하여, '세계 질서'의 이념을 표방해 나갔다. 하지만 그것의 근본 목적은 오직 '절대적 힘'의 상징인 '황제'의 정치 역량을 넓히는 것뿐이었다. 이러한 현실 상황에 대한 끊임없는 자각과 철저한 인식에서 출현한 것이 바로 『대학』의 '천하관'이었다.

『대학』은 그러한 그 당시의 정치 상황을 직시하여, 오직 현실의 '실제 정치'에만 근거한 '정치 제도'를 지양하고, 백성과 함께 하는 '정치 이상'을 실현하려고 했다. 다시 말해 그것은 사회 관계만을 중시하는 현실 지향적 정치에 의해 인간의 '덕성'이 지배당하는 사회를 지양하고, '덕성'의 실천을 통해서 모두가 함께 할 수 있는 '대화합의 무대'에서 정치 이상을 달성하고자 하는 분위기로의 전환을 꾀했다. 그래서 그것은 '실제 정치'의 측면에서 진나라와 같이 강력한 권력을 가진 한 사람에 의해 호령되고, 또한 자국만의 정치 입지를 강화하

---

려 재산과 정력을 거의 다 소모하여 상하 모두가 쉴 수 있는 기회를 갖고자 희망한 데서 출발했다고 하지만(傅樂成 著, 辛勝夏 譯, 『中國通史』(서울: 宇鍾社, 1981), 145쪽) 그것의 근본 의도는 바로 진나라 말기에 백성의 봉기로 강력한 진나라가 너무나 빨리 망했다고 생각한 끝에 그것의 무마책으로 그 사상을 채택한 것으로 보인다. 결국 그것은 백성에게 조금 쉽게 하여 국가가 점차 번영하게 되었다는 긍정적 측면도 있었지만, 분에 넘치는 방임을 가져와서 내정·외교상에 심각한 위험을 초래하게 된 부정적 측면이 더 많았다고 볼 수 있다.

기 위해 전개된 다소 편중된 '천하' 개념을 폐기하고, 임금으로부터 백성에 이르기까지 모두 동참하여[80] 각자의 '덕성'을 드러내는 이상 실현의 장으로서 '천하' 개념을 제시했다. 이것은 바로『대학』의 '천하'가 진나라처럼 '특수적 개념'으로서 오직 '특정한 개인이나 자국만의 외적인 정치 역량을 실현하는 장소'가 아니라, '보편적 개념'으로서 '인간들 모두가 참여하여 각자의 덕성을 실현하는 공동의 장소'였음을 보여준다. 즉『대학』의 "명덕을 천하에 밝힌다"(明明德於天下)의 '천하'가 그것이다.

그런데 여기서『대학』의 '천하'가 '중국'의 범위에 한정되지 않고, 그것을 넘어서서 그 속에 있는 모든 사람을 포괄하는 보편적 개념이라면 그것은 바로 도가의 '천하'와 깊은 관계를 가진다고도 할 수 있다. 만약 이것이 사실이라면, 앞서 보았듯이『대학』은 선진 유가만이 아니라 그 밖의 제자백가의 사상을 종합한 잡서(雜書)의 성격을 벗어날 수 없을 것이다. 그렇다면 우리는 과연 그러한 사실을 그대로 받아들일 수 있는가? 즉『대학』의 '천하관'과 도가의 '천하관'은 상호 관계가 있는 것인가? 앞서 보았듯이, 도가의 '천하'는 중국적 범주를 뛰어넘어, '세계' 내지 '우주'를 통칭하는 보편적·포괄적 개념이다. 즉 도가의 '천하'는 오직 인간의 모든 행위가 배제된, 즉 어떠한 형태의 제한도 가할 수 없는 '구체성'이 철저하게 배제된 세계를 가리킨다. 그래서 그것은 특정한 지리적·공간적 범주나, 또는 특정한 문화적·종족적 범주가 아니라 오직 만물이 존재하고 귀일하는 곳일 뿐이다. 하지만『대학』의 '천하'가 도가의 '천하'처럼 비록 '중국'적 범주에 한정되지 않는 보편적 개념일지라도 전자는 그 출발에서부터 후자와 큰 차이를 드러낸다. 왜냐하면 전자는 인간의 도덕적 자각이나 각성이 요구되는 그러한 개념이기 때문이다.

『대학』의 '천하'는 공자로 이어지는 유가의 '천하'를 계승·확충·

---

80)『大學』, "自天子以至於庶人,壹是皆以修身爲本."

발전시킨 결과였다. 앞서 보았듯이, 비록 선진 유가의 '천하'가 춘추 전국 시대라는 하나로 통일되지 않은 정치적 상황에서 현실적으로 다소 제한된 의미를 가지고 있었다고 하더라도 그들의 '천하'는 '인간의 도덕적 자각에 의한 결실인 인(仁)을 실천하고 실현하는 장', '도덕적 왕도 정치가 실현되고, 반드시 실현되어야 하는 당위적 성격을 띠고 있는 장', 즉 '자신의 자각과 또한 백성들이 나아갈 지표를 제시해 주는 성인의 교화가 실현되는 장'의 성격을 벗어나지 않는다. 이러한 유가의 전통에서 나온 『대학』의 '천하'가 도가의 '천하'와 근본적인 차이를 가짐은 당연하다. 따라서 『대학』의 '천하' 개념이 비록 시대적 분위기로 인해 도가의 '천하' 개념에 간접적 영향을 받았음을 배제할 수 없다고 하더라도, 그 근본적 차이는 그 궁극 목표가 '무위자연'의 '도'의 세계에서 소요(逍遙)하느냐, 아니면 '인간의 도덕적 각성에 의한 자기 실현', 즉 '도덕적 이상 세계'의 건설이냐에 있다고 할 수 있다.

이상으로 보듯이, 『대학』의 '천하관'은 진나라의 천하 통일 이후에 야기된 현실의 혼란한 정치 상황을 타개하여, 새로운 세계로의 지평의 장을 여는 데에 그 궁극 목적을 두고 있다. 다시 말해 그것은 단순히 한 개인이 자신을 위해서 터득해 나가는 정신 수양에만 그 궁극 목표를 맞추어 등장된 것이 아니라 궁극적으로 인간의 도덕성에 근거한 '세계 질서'와 '세계 평화'의 실현이라는 기본 구도 속에서 등장되었던 것이다. 결국 『대학』의 '천하관'은 '천하'는 반드시 '모든 사람들에 의해서 함께 공유되는 정치 이상의 실현장'이어야 하고, 그 속에서 '모두가 평화롭고 안락한 생활을 영위해야 한다'는 '평천하' (平天下)에 집결된다.

## 2) '평천하'의 함축적 의미

양계초(梁啓超)는 "중국인은 문화가 있은 후부터 시종일관 국가가 인류의 최고 단체라고 생각하지 않았고, 그 정치는 항상 모든 인류를 그 대상으로 삼아서 논의했다. 따라서 그 목적은 평천하에 있다"[81]고 말했다. 즉 '평천하'의 궁극적 이상은 국가를 뛰어넘는 것으로, 어떤 지역, 어떤 일부의 사람의 이익에 전일하는 것이 아니라 전 인류의 행복을 증진하는 데 있다는 것이다. 이제 필자는 그러한 '평천하'를 크게 두 가지 배경 하에서 그것의 함축적 의미를 논의할 것이다. 즉 첫째는 문화적 배경으로, '제하(諸夏)의 법을 이용하여 오랑캐의 도를 변화시킨다'는 '용하변이'(用夏變夷)이다. 둘째는 철학적 배경으로, '인간의 보편적 덕성에 근거하여 도덕적 세계화를 이룬다'는 '천인화해'(天人和諧)이다.

(1) 문화적 배경 ─ "중국의 문화를 제하(諸夏)의 법을 이용하여 오랑캐의 도를 변화시킨다."(用夏變夷)

'평천하'의 기본 정신은 '평화' 사상이다. 이러한 사상이 중국에서 가능한 것은 바로 그들의 '농업 생활 환경'과 밀접한 관계를 가진다. 즉 고대 중국에서는 '농업 생활'을 통하여 '자연의 정복'이 아니라 자연과 하나로 융합하고자 하는 강렬한 희망을 표방했다. 그래서 혹자는 "유목 생활에는 전투 정신이 있고, 상업 생활에는 경쟁 정신이 있으나, 농업 생활에는 평탄·온화하여 전투나 경쟁이 있을 필요가 없고, 단지 '인사를 다하고 하늘의 명을 들을 뿐이다.'"[82]라고 말했다. 그런데 처음에 '농업 생활'을 위주로 하는 부족들은 '유목 민족'의 침략에 대항하기 위해 서로 화평(和平)의 동맹을 맺어, 유목 민족

---

81) 梁啓超, 같은 책, 2쪽.
82) 金耀基, 『從傳統到現代』(臺北: 時報出版社, 民國73), 57쪽.

에게 멸망당하지 않고 그들의 문화를 보호할 수 있었다. 즉 전목(錢穆)에 의하면, "그러한 대세는 문화 선진 제국을 점차적으로 결합하게 되었고, 문화 후진 제국을 점차적으로 정복하게 되었다. 동시에 문화 후진 제국이 비록 점차적으로 선진 제국을 정복한다고 하더라도, 또한 그들은 점차적으로 선진 문화 제국에 동화되었다. 문화가 낙오된 모든 부족은 점차적으로 소멸되었고, 혹은 점차적으로 배척되었다. 이러한 진전 중에 제하(諸夏) 결합의 단체들은 드디어 점차적으로 확대되어, 중국은 점차적으로 중앙 대일통의 군현 국가를 형성하는 온양(醞釀)이 되었다."[83) 여기서 우리는 고대 중국인들이 '농경 생활'이 아닌 다른 생활을 하는 집단, 즉 생활 방식의 차이와 평화 동맹에 참가하지 않는 침략국을 사이(四夷)로 규정하고 있음을 알 수 있다.[84) 결국 고대 중국에서 중국(中國)과 사이(四夷)를 구분하는 실질적인 구분은 어떠한 '문화적 토대'를 가지고 있는가에 달려 있었던 것이다.

그런데 여기서 중요한 사실은 공자나 맹자의 '사이'에 대한 기본 입장은 '사이'를 단순히 '힘'에 의한 '문화의 정복' 내지 '중국 문화의 확장 대상'으로 보지 않았다는 점이다. 즉 그들은 '문화적 교화주의'[85)에 입각하여 자신들의 주장을 전개해 나갔다. 다음의 말은 그러한 사실을 단적으로 보여준다.

> 번지가 인(仁)을 물었다. 공자가 말했다. "거처할 적에 항상 공손히 하며, 일을 맡아 처리할 적에 공경하며, 사람을 대할 적에 충성되게 해야 한다. 이것은 비록 이적(夷狄) 땅에 가더라도 버려서는 안 된다.[86)

---

83) 錢穆, 『國史大綱』, 46쪽.

84) 錢穆 著, 李民樹 譯, 『中國文化史導論』, 60쪽 참조.

85) 五來欣造, 『儒教の獨逸政治思想に及ばせぬ影響』(日本: 早稻田大學校 出版部, 昭和4년 재판), 74쪽.

공자가 **구이**(九夷)에 (가서) 살려고 하니, 혹자가 말했다. "거기는 누추하니, 어떻게 하시렵니까?" 공자가 말했다. "군자가 머문다면 무슨 누추함이 있겠는가?87)

자장이 행함(行 : 실행 성취)을 물었다. 공자가 말했다. "말이 충성과 신의롭고, 행동이 돈후하고 공경스러우면, **만맥**(蠻貊)의 나라라고 하더라도 행해질 수 있다. 말이 충성과 신의롭지 못하고, 행동이 돈후하고 공경스럽지 못하면 향리하고 하더라도 행해질 수 있겠는가? 일어서면 (그것이) 앞에 참여함을 볼 수 있고, 수레에 있으면 그것이 멍에에 기댐을 볼 수 있어야 한다. 그러한 뒤에야 행해질 수 있다.88)

즉 공자는 이적(夷狄)을 경시하지 않았으며, 또한 아직 만맥(蠻貊)의 나라라고 하더라도 중국의 예의 도덕이 통행할 수 있는 곳이라고 보았다. 다시 말해 오랑캐가 사는 누추한 곳에 도덕과 문화 수준이 아주 높은 사람이 거주하여, 예의 교화를 펼쳐 나간다면 그곳은 다시는 낙후한 곳으로 남지 않게 된다는 것이다. 따라서 만맥(蠻貊)의 나라는 반드시 예의 도덕을 숭상할 때에만 중국과 동일한 문화를 사용할 수 있는 공간적 범주에 들어갈 수 있었던 것이다.89)

---

86) 같은 책, 「子路篇」, "樊遲問仁.子曰,居處恭,執事敬,與人忠,雖之夷狄,不可棄也."

87) 같은 책, 「子罕篇」, "子欲居九夷.或曰陋,如之何.子曰,君子居之,何陋之有."

88) 『論語』, 「衛靈公篇」, "子張問行.子曰,言忠信,行篤敬,雖蠻貊之邦,行矣.言不忠信,行不篤敬,雖州里,行乎哉.立則見其參於前也.在輿則見其倚於衡也.夫然後行."

89) 그런데 공자와 맹자의 '화이관'(華夷觀)에도 다소 '편애한 민족관'이 없지는 않다. 즉 "문화가 낙후된 사이(四夷)의 국가에 임금이 있다고 하더라도 여전히 '중국'에 군주가 없는 것만 못하다는 것이다."(「八佾篇」, "孔子曰,夷狄之有君,不如諸夏之亡也.") 이러한 공자의 주장은 후에 위정자들에게 이용되기도 했다. 그 결과로 '용하변이'(用夏變夷) 사상은 '대한족주의'(大漢族

82

그러한 공자의 사이(四夷)에 대한 기본 관점은 맹자에 오면 "나는 제하(諸夏)의 (법을) 이용하여 오랑캐의 (도를) 변화시켰다는 말은 들었고, 아직 오랑캐에게 변화되었다는 말은 듣지 못했다"[90])는 '용하변이'(用夏變夷)에 집결된다. 이러한 맹자의 영향하에서, 그 당시는 점차적으로 '중국 문화로 사이(四夷) 문화를 교화한다'는 관념을 형성하기에 이른다. 그래서 제후가 '사이'의 '예'를 사용하면 '사이'라고 하였고 '사이'가 '중국'에 들어오면 중국인으로 다루었다. 다시 말해 '사이' 출신이라고 하더라도 중국의 선진 문화를 받아들인다면 바로 중국에 나갈 수 있고, 또한 중국의 주인이 될 수도 있다는 것이다. 이렇듯이 공자와 맹자에서 '중국'과 '사이'를 구분하는 실질적인 표준은 '혈통'이 아니라 '문화'였다.[91]) 그러한 그들의 노력은 '중국'의 '선진 문화'를 이용하여 이적(夷狄)의 '후진 문화'에 영향을 주고 끌어올리고, 교화하는 사명감의 표출이었다. 따라서 '용하변이'의 최대 관건은 '선진 문화'와 '후진 문화'의 문제, 즉 '선진 문화'를 보호하고 발전시키고, 또한 그것으로 '후진 문화'를 교화하는 문제라고 할 수 있다. 즉 공자의 관중(管仲)에 대한 "백성들이 지금까지 그 혜택을 받고 있으니, 만약 관중이 없었다면 우리들은 머리를 풀고 옷깃을 왼편으로 하는 오랑캐가 되었을 것이다"[92])라는 평가는 그러한 문제를 아주 진솔하게 보여주는 고백으로 보여진다.

이상으로 보듯이, 유가의 그러한 '용하변이' 사상은 '가까운 곳에서 먼 곳으로 서서히 나아가 일통(一統)해 가는',[93]) 즉 '천하(大)가

---

主義)의 이론으로 해석되었고, 마침내 '한족의 통치 집단이 소수 민족 백성을 압박하는 공구'로 변질되기도 했다.

90) 『孟子』, 「滕文公上篇」, "孟子 "吾聞用夏變夷者,未聞變于夷者.""

91) 錢穆 著, 李民樹 譯, 『中國文化史導論』, 59쪽.

92) 『論語』, 「憲問篇」, "子曰,管仲相桓公霸諸侯,一匡天下,民到于今,受其賜,微管仲,吾其被髮左衽矣.""

93) 『春秋公羊傳』, 「成公」, 15년, "春秋內其國而外諸夏,內諸夏而外夷狄.王

하나의 질서 아래(一) 행동을 통일해 간다(統)'는 대일통(大一統)[94] 사상으로 발전하게 된다. 따라서 '평천하'의 실현을 위한 일차적 관건은 '중국의 선진 문화를 보호 발전시켜 문화상의 후진 민족을 흡인하여, 각 민족의 대융합을 촉진시켜서, 결국 문화상의 '대일통'을 이루는 데 있었다고 할 수 있다.

(2) 철학적 의미 ― "인간의 보편적 덕성에 근거하여 도덕적 세계화를 이룬다."(天人和諧)

그럼 '선진 문화로 후진 문화를 교화한다', 즉 '용하변이'라는 문화적 교화를 가능케 해주는 근본 토대는 무엇인가? 그것은 바로 유가가 지향하는 인간의 도덕적 자각에 의한 정치인 덕치(德治)이다. 여기서 '덕'은 '사람이 사람되는 공동 근거'인데, 즉 '덕치의 출발점은 바로 사람에 대한 존중, 인성에 대한 신뢰이기 때문에 다스리는 자와 다스림을 받는 자는 서로 덕을 주는 관계이지 권력으로 서로를 압박하는 관계가 아니다.'[95] 그래서 공자와 맹자는 '사이'를 포함한 '먼 지방 사람'(遠人)이나 '천하의 백성'(天下之民) 모두를 '문화적 덕'(文德)으로 감화·교화시킬 수 있음을 강조했다.

먼 지방 사람이 복종하지 않으면 문덕(文德)을 닦아서 그들을 오게 하고, 이미 오게 했으면 그들을 편안하게 하는 것이다.[96]

---

者欲一乎天下,曷爲以外內之辭言之,自近者始也."

94) 『春秋公羊傳』,「隱公元年」, "春王正月,元年者何.君之始年也.春者何.歲 之始也.王者孰謂.謂文王也.曷爲先言王而後言正月.王正月也.何言乎王 正月.大一統也." '大一統'에 관한 자세한 것은 金忠烈 교수의 논문(「中國 <天下思想>의 哲學的 基調와 歷史傳統의 形成」, 128~131쪽)을 참조 바람.
95) 徐復觀, 「儒家政治思想的構造及其轉進」(『學術與政治之間』), 49쪽 참 조.
96) 같은 책,「季氏篇」, "遠人不服,則修文德以來也,旣來之則安之."

만일 사람 죽이기를 좋아하지 않는 자가 있으면 천하의 백성들이 모두 목을 늘리고 바라볼 것이다. 진실로 이와 같다면 백성들이 (그에게) 돌아감은 물이 아래로 내려가는 것과 같을 것이니, 성대함을 누가 막을 수 있겠습니까?[97]

이와 같이 인간의 도덕적 자각의 결실인 '덕'에 의한 교화를 통할 때에만 모든 사람들은 자신의 본성을 해치지 않고, 서로 간에 팽배해진 긴장감을 최대한 풀며, 또한 사회와 국가의 안정뿐만 아니라 천하를 평화롭게 하기에 충분한 하나의 경지에 도달할 수 있다. 이 경지는 바로 '힘에 의한 정복'이 아니라 '인간들 각각의 끊임없는 자각에 의해 획득된 도덕성을 천하에 실현하여 그 속에 있는 모든 사람들이 평화롭게 살아가는 원대한 정치 이상의 세계', 즉 '평천하'의 세계이다. 따라서 "평천하의 평은 바로 평화(to harmonize)와 평정(to pacify)을 말하며, 정복(to conquer)이나 통제(to control)의 뜻은 전혀 없다. 결국 평천하란 천하가 태평하다는 뜻이며, 천하의 정치가 맑고 공평하며 백성이 안락함을 나타내는 것을 의미한다고 할 수 있다."[98]

이상으로 보듯이, '평천하'를 철학적으로 말해 보면 그것은 바로 "천지 만물을 일체로 삼는" 화해(和諧) 관념이다. 이러한 '화해'는 기본적으로 '인간(中國)과 인간'(四夷) 사이에 존재할 뿐만 아니라 '인

---

97) 『孟子』, 「梁惠王上篇」, "如有不嗜殺人者,則天下之民,皆引領而望之矣. 誠如是也,民歸之,由水之就下.沛然孰能禦之."

98) 周道濟, 「我國傳統的平天下思想之研究」(「中華學術與現代文化」 叢書 7, 『政治學論集』, 臺北: 華江出版社, 民國67), 63쪽. 그리하여 주도제는 '대일통'(大一統)과 '평천하'(平天下)를 다음과 같이 분류한다. 즉 '대일통'은 주로 정치 체제에서 말하는데, 그 체제에서 천하는 마땅히 일통(一統)해야 한다는 것이다. 한편 '평천하'는 주로 사회 상황에서 말하는데, 그 상황에서 천하는 태평해야 한다는 것이다. 이와 같이 '대일통'과 '평천하'는 미묘한 차이를 가지고 있지만 두 개는 서로 표리 관계로써, 평행적으로 발전하는 상보상성(相補相成)의 묘미가 있다(周道濟, 같은 논문, 60~61쪽 참조).

간과 자연' 및 '인간과 하늘' 사이에 그대로 존재한다. 그리하여 인간들의 도덕 생활은 바로 이 간격이 없는 화해(和諧) 중에서 천지와 그 '덕'을 합하고 있으며, 그러한 세계에서 '치중화(致中和)하여 천지 만물의 본성을 극진히 발휘하여 내외(內外)의 성도(誠道)를 합하고, 천지의 화육을 도와주며, 천지와 더불어 참여하여 충분히 도덕 자아의 최고 경계를 완성할 수 있다.'[99] 결국 '평천하'의 진정한 세계란 바로 '인간의 보편적 덕성에 근거하여 도덕적 세계화를 이루는'(天人和諧) 중에서 '인간이 천지와 그 덕을 합하는'(天人合德),[100] 즉 그 어떠한 대립이나 모순이 사라진, 즉 너는 너, 나는 나라는 이분법적 대립과 인간의 인위적 행위가 모두 소멸된 '자연스러움' 그 자체만 남아 있는 최고의 경지인 지어지선(止於至善)의 세계이다.

---

99) 『中庸』, 1장, "致中和,天地位焉,萬物育焉."
100) 『周易』,「乾卦」, 文言, "夫大人者,與天地合其德."

# 4장.  평천하 사상의 철학적 토대

앞서 보았듯이, 『대학』은 그 당시의 불합리하고 극단적인 현실 정치의 문제를 해결하기 위한 대안으로 '평천하'를 출현시켰다. 그래서 『대학』은 '평천하'의 실현을 위한 철학적 토대로써, 명명덕(明明德), 친민(親民), 지어지선(止於至善)이라는 삼강령(三綱領)을 제출하기에 이른다. 즉 이것은 바로 '사람들의 덕성을 발양하여 천하 사람들을 교화하며, 자신에게 있던 옛날의 잘못된 습관을 버리고, 백성을 새롭게 하며, 끊임없이 몸을 닦도록(修身) 고쳐해 줌으로써 선(善)의 최고 경지에 도달하게 하는 것을 말한다.'

그럼 『대학』의 '삼강령'은 구체적으로 어떠한 내용을 담고 있는가?

## 1. 명명덕(明明德)의 전개

'명덕을 밝히는 일'과 '평천하를 실현하는 일'은 어떠한 함축적 관

계를 가지는가? 과연 '명덕'을 밝히기만 한다면 우리는 자연히 '평천
하'를 실현할 수 있는가? 이 문제의 해결은 '명덕'에 대한 정확한 이
해 속에서 가능하지만 그것의 함축적 의미를 밝히는 데에는 여전히
많은 어려움이 따른다. 왜냐하면 『대학』에서 『서경』(書經)의 말을
인용하는 것 이외에 그것의 구체적 내용을 제시하고 있지 않기 때문
이다. 이제 논자는 『대학』의 명명덕(明明德)과 『중용』의 솔성(率性)
의 비교를 통하여, '명명덕'의 진정한 의미를 살펴볼 것이다.

## 1) 명덕과 성(性)

『대학』의 '명덕'은 과연 무엇을 의미하는가? 먼저 그것은 『서경』
의 말을 인용하여 '명덕'을 다음과 같이 말하고 있다.

> 「강고」에서 말했다. "능히 덕을 밝힌다." 「태갑」에서 말했다. "이 하
> 늘의 명명(明命)을 돌아 보라." 「제전」에서 말했다. "능히 큰 덕을
> 밝힌다." 모두 스스로 밝히는 것이다.[1]

여기서 말하는 '명덕'은 구체적으로 무엇을 말하는가? 과연 우리는
정현(鄭玄)의 '지극한 덕'(至德)[2]이나 공영달(孔穎達)의 '자기의 광명
한 덕'(光明之德)[3]에 근거하여 '명덕'을 덕행(德行)[4]으로 해석할 수

---

1) 『大學』, "康誥曰,克明德.太甲曰,顧諟天之明命.帝典曰,克明峻德.皆自明
也." '명덕'은 학자들에 따라서 다양하게 해석되고 있다. 즉 그것은 '天命의
本然'(黎立武, 『大學本旨』(『大學彙函』, 臺北: 中國子學名著集成: 012),
85쪽, "明德者,天命之本然."), '本心'(熊十力, 『讀經示要』, 70쪽, "明德
謂本心."), '人心의 天理'(羅光, 『中國哲學大綱(上)』, 153쪽) 등이다.
2) 楊家駱 主編, 『禮記注疏及補正(下)』, 鄭玄 注, 「大學篇」, 4쪽, "明明德
謂顯明其至德也."
3) 같은 책, 孔穎達 疏, 「大學篇」, 5쪽, "在明明德者,言大學之道,在於章明
己之光明之德,謂身有明德,而更章顯之.此其一也." 한편 이러한 정현(鄭

있는가? 그런데 서복관에 의하면 '명덕의 덕(德)은 주나라 초기에 본래 행위를 가리켜서 한 말로써, 명덕은 바로 밝고 지혜로운 행위를 가리키며',[5] 또한 모종삼(牟宗三)에 의하면 '『대학』의 명덕은 광명정대(光明正大)한 덕행을 말한 것이지, 본래 있는 심성(心性)을 의식한 것이 아니라는 것이다.'[6] 이와 같이 '명덕'을 오직 '덕행'으로만 본다면 여기에는 한 가지 문제가 남게 된다. 즉 '명덕'을 '덕행'으로 보는 것은 『대학』의 이론 구조를 보다 더 조리 있고 분명하게 파악할 수 있다는 장점을 가지지만 '공자와 맹자의 생명 지혜의 정신을 계승하지 않았다는 비판'[7]과 '광명정대한 행위가 구체적으로 무엇을 가리키는가에 대한 심층적 논의를 전개하지 않았다'는 비판을 면하기 어렵다는 것이다. 이것을 보완하기 위해서 모종삼은 '명덕을 덕성(德性)으로 해석하는 것이 원인 상에서 말하는 것이고, 덕행(德行)으로 해석하는 것이 결과상에서 말하는 것'이라고 주장한다.[8] 이것에 근

玄)과 공영달의 주장에 대한 비판이 있다. 즉 조택후는 정현이 그 말 이외에 그것에 대한 보다 더 구체적인 설명을 하고 있지 않는 점을 들어, 그것은 그 개인의 추측의 말이지 결코 '명덕'의 본의가 아니며, 또한 공영달도 글자를 증보한 것일 뿐이지 그것에는 의의가 없다고 비판을 하고 있다(趙澤厚, 앞의 책, 125쪽). 마찬가지로 웅십력도 정현에 주장에 대해서 강도 높은 비판을 전개하고 있다(자세한 것은 熊十力의 『讀經示要』, 68쪽을 참조 바람).

4) 戴震, 「答彭進士允初書」(『戴東原先生全集』, 臺北: 大化書局, 民國67), 1090쪽, "大學之明明德,以明德對民而言,皆德行行事.人咸仰見.如日月之懸象著明.故稱之曰明德,倘一事差失則有一事之掩虧.其由近而遠,積盛所被,顯明不已.故曰明明德.曰明明德於天下." 즉 '明德'을 '德行'으로 보는 것은 바로 '德' 자가 본래 '行' 자를 의미하고, 또한 『大學』 이전의 저작에서 '德' 자를 '行爲'의 의미로 사용되었다는 데에 있다. 특히 趙澤厚는 '德'이 '行'으로 쓰인 용례, 즉 『書經』, 『詩經』, 『易傳』, 『禮記』, 『論語』 등에서 '德'이 '行爲'로 쓰이고 있는 사례들을 자세하게 설명하고 있다(趙澤厚, 앞의 책, 127~132쪽 참조 바람).

5) 徐復觀, 『中國人性論史』, 281~282쪽.

6) 牟宗三, 『心體與性體(3)』, 368~369쪽 참조.

7) 같은 책, 369쪽.

거하면 ‘명덕’은 ‘덕성’과 ‘덕행’ 둘 중에서 어느 하나만을 가리킬 수 없고 그 둘을 동시에 함유하고 있으며, 결국 ‘덕성’과 ‘덕행’은 상호 대립적이 아니라 상호 보완적인 것이라고 할 수 있다.

　　그러면 ‘덕성’의 근거는 어디에서 찾을 수 있는가? 그것은 바로 『중용』의 “천명지위성”(天命之謂性)의 ‘성’(性)이다. 여기서 ‘성’이 ‘하늘’에 의해 인간에게 내재된 것이라는 점에서, 그것은 그 자체로 완전한 것을 의미한다고 볼 수 있다. 하지만 인간의 측면에서 본다면 그것은 완전한 형태로 우리에게 주어진 것이 아니라 하나의 가능성만으로 주어진 것에 지나지 않는다. 만약 그것이 하나의 완전한 형태로 주어졌다고 한다면 『대학』은 ‘명명덕’을, 『중용』은 ‘솔성’을 말하지 않았을 것이다. 즉 ‘명덕’을 왜 반드시 밝혀야 하는가에 대한 구체적 물음을 배제하고, 단순히 그것을 그저 ‘하늘’에서 주어진 정도에서 자신의 이해의 폭을 한정시켜 버릴 수 없다는 것이다. 『대학』에서 바로 “모두 스스로 밝힌다”(皆自明也)[9]라고 하여, 남들에게 의지하지 않고, 오직 자신의 노력과 실천만으로 ‘명덕’을 스스로 밝혀야 함을 강조한 근거가 여기에 있다.[10] 때문에 인간은 그것에 안

---

8) 같은 책, 368쪽.

9) 유악생은 “皆自明也”에서 ‘自’ 자를 가장 중요한 것으로 보고, 그것의 근거로 『易傳』, 「晉卦」, “象曰, 君子以自昭明德.”을 제시하면서, “명덕에는 자각자증의 공효가 있다. 그러므로 自昭라고 하였다. 晉卦는 進步興盛, 光明進展의 형상이기 때문에 군자는 마땅히 있어야 할 光明淡白한 태도로 도덕을 숭상하고 스스로 발전해 나가야 한다”(柳嶽生, 『大學闡微』, 臺北: 臺灣學生書局, 民國68 3판 再版, 14쪽)라고 했다.

10) 『대학』의 그러한 의식은 어느 날 갑자기 나타난 것이 아니라 하나의 역사적 연원, 즉 앞 사상과의 유기적·역동적 관계에서 나왔다. 예컨대, 주나라(周) 시대에는 그러한 의식이 비록 정치적 측면에서 진행되긴 했지만 먼저 자신의 덕(德)을 닦아야지만 ‘천명’(天命)을 받을 수 있다는 “天命非常”의 천명관, 공자 ‘그 자신의 ‘본성’과 자신의 ‘마음’에 대한 도덕성으로, 철저한 자각자증(自覺自證)을 통하여 얻어진 결과’(徐復觀, 『中國人性論史』, 88쪽)인 “知天命”, 즉 “하늘의 명을 알지 못하면 군자가 될 수 없다”(『論語』, 「堯

주해서는 안 되고 반드시 그 가능성을 키워 나가야 하는 것이다. 즉 인간의 성(性)을 의미하는 '명덕'이 비록 하늘에 의해서 우리 모두에게 내재되기는 했지만 그것은 단순히 외부 존재에 의해 그냥 주어진 것이 아니라 우주의 끊임없는 작용과 변화 속에서 우리의 자각자증(自覺自證), 즉 우리의 끊임없는 반성과 실천을 통하여 획득되어야 하는 것이다. 따라서 이 획득된 '명덕'은 우리의 내면에 가만히 두어서는 안 되고 항상 실천 공부를 통하여 밖으로 드러낼 때에 그것의 가능성은 실현될 것이다. 결국 우리의 '자각자증'으로 획득된 '명덕'을 하나의 고정된 형태가 아닌 끊임없는 실천 공부를 통해서 새롭게 발현해 나갈 때에 '명명덕'은 단순히 우리의 관념적 이성에 의해서가 아니라 우리의 현실 속에서 실질적이고 철저한 자각과 실천을 통해서 충분히 도달할 수 있을 것이다.

## 2) 명명덕(明明德)과 솔성(率性)

그러면 그러한 '자각자증된 명덕'은 어떻게 밝혀 나갈 수 있는가? 즉 그것은 『중용』의 "솔성지위도"(率性之謂道)의 '솔성'으로 충분히 알 수 있다. 여기서 '솔성'의 솔(率)자는 그 해석에 있어 두 가지 주장이 있다. 첫째는 왕충(王充)의 주장으로, 즉 '솔성'의 '솔'자를 '힘쓴다'(勉)로 풀이한다.[11] 둘째는 주희(朱熹)의 주장으로, 즉 '솔성'의 '솔'자를 '따른다'(循·順)로 풀이한다.[12] 그런데 노사광의 주장에 근

---

曰篇」, "子曰, 不知命, 無以爲君子也.")는 '그 자신의 생명 과정, 학문을 이루는 과정 또는 사람이 군자가 되는 과정에서 만나게 되는 천명'(唐君毅, 『中國哲學原論(原道篇1)』, 114쪽), 또한 그러한 공자 사상에 대한 철저한 인식과 실천의 전환에서 그것을 체계적으로 발전시킨 『중용』의 "天命之謂性,率性之謂道,修道之謂敎" 등이 바로 그것이다.

11) 王充, 『論衡』(新編諸子集成本, 第一輯, 北京: 中華書局, 1990), 「率性篇」, 68쪽, "…… 故可敎告率勉,使之爲善."

거하면 '왕충의 경우는 외재적 개조를 가리켜서 하는 말로 가치 표준의 외재성을 승인하는 것이다. 따라서 솔면(率勉)은 순자의 성(性) 개념에 속한다. 반면에 주희의 경우는 가치 표준의 내재성을 승인하는 것으로 맹자의 성(性) 개념에 속한다고 정의하고 있다.'[13] 여기서 노사광이 위의 두 가지 해석을 '순자 계열'과 '맹자 계열'로 나누어 보는 근본 이유는 『중용』이 맹자·순자 이후에 나온 저서라는 주장에 근거하는 것으로 보인다. 하지만 『중용』은 맹자보다 앞서 나온 것, 즉 공자의 사상에 대한 새로운 인식과 실천의 전환에서 등장한 것으로 볼 수 있기 때문에,[14] 위의 두 해석을 굳이 '맹자 계열'과 '순자 계열'로 나누지 말고 둘의 주장을 함께 받아들이는 것이 보다 더 정확할 것이다.

그렇게 본다면 '솔성'은 단순히 '성을 따른다', 또는 '성에 힘쓴다'는 의미로 한정될 수 없고, 두 가지가 모두 포함된다고 할 수 있다. 그래서 그것은 생명 과정 속에서의 '덕성의 확충', 즉 하늘에 의해 품부된 덕성을 우리가 자각적·능동적 실천을 통하여 외부로 드러냄을 의미한다. 다시 말해 그것은 하늘에 의해서 품부된 선한 본성을 따르고 실천하여 '인문 역사'의 도리를 완성해 나가는 것이다. 이와 같이 '솔성'이 '명명덕'과 서로 동일한 의미를 가진다면 '명명덕'은 우리가 단순히 현실에 안주하여 자신의 개발에 힘쓰지 않는 것을 지양하고, '정치 이상'에 도달하기 위해 현실을 발판으로 자신의 '명덕'을 보다 더 철두철미하게 밝혀야 한다는 강한 의미를 그 이면에 내포하게 된다. 바로 여기에 '공부'를 의미하는 '명명덕'의 '명'의 의의

---

12) 朱熹, 『中庸章句』(『四書章句集注』, 新編諸子集成本: 第一輯, 北京: 中華書局, 1995 4刷本), 17쪽, "率,循也."
13) 勞思光 著, 鄭仁在 譯, 『中國哲學史(漢唐篇)』, 69~70쪽 참조.
14) 졸저, 「『中庸』의 道德實踐의 意義」(고려대학교 철학연구소, 『哲學硏究』 23집)를 참조 바람.

가 있다고 할 수 있다.[15)

이상으로 보듯이, 『대학』은 단순히 개인의 수양적 차원에서 '명명덕'을 설정하지 않고, 모든 사람의 도덕적 자각을 외부로 드러내어 도달해야 하는 '정치 이상'의 차원에서 그것을 제출했다. 이러한 '명덕'을 정치적으로까지 확대하여 본다면 그것은 바로 '임금의 백성에 대한 의무와 책임'을 가리킨다고 할 수 있다.[16) 따라서 천자가 자신의 '덕'에 근본하여 그 자신의 '백성에 대한 의무와 책임'을 회피하지 않고 '천하'에서 올바르게 드러낼 수 있다면, 즉 천자가 그 '명덕' 이면에 그러한 '의무와 책임'이 잠재되어 있음을 자각하여 '천하'에 밝힐 수 있다면 백성들이 그에게 돌아감은 당연하다고 할 수 있다.[17) 이것이야말로 정치상에서 '명명덕'의 의의를 드러내는 것이다.[18)

---

15) 高拱, 『大學直講』, 226쪽, "'明'是用工夫去明也." 또한 웅십력은 '명덕'을 '본심'(本心)으로 파악하면서, 그것에 바로 '自知自證의 用'이 있다고 하고, 또한 '明명덕'의 '明'을 '공부'로 규정하고 있다(熊十力, 앞의 책, 67~70쪽 참조).

16) 조택후에 의하면 "고대에는 천자(天子)에게 명(明) 자를 사용한 곳이 아주 많이 있는데, 즉 천자를 명왕(明王), 명주(明主), 명후(明侯)라고 불렀다. 천자와 제후가 정치를 논하는 곳은 명당(明堂), 천자의 명령을 명명(明命), 천자의 교화를 명교(明敎)라고 한다. 천자의 법을 명법(明法), 천자의 덕을 명덕(明德)이라고 한다. 따라서 '명덕'은 천자를 가리킨다."(趙澤厚, 앞의 책, 137쪽.) 하지만 이러한 주장은 다음의 두 가지 점을 간과하고 있다고 볼 수 있다. 첫째는 비록 '천자'가 '하늘의 명령'(天命)을 대행해서 천하를 다스린다고 하더라도 유가에서 '천자'의 권한이란 실질적으로 백성에 의해 부여되었기 때문에 '천자의 덕'은 항상 '백성'들과의 유기적 관계에서 그 의의를 가질 수 있다는 것이다. 둘째는 '명덕'을 '천자의 덕'에 한정해서 본다면 '천자'의 '행위'가 자신만의 이익을 위한 것인지 아니면 백성들의 이익을 위한 것인지에 대한 심층적·다각적 검증 방법을 강구해 낼 수 없다는 것이다.

17) 荀子, 「正論篇」, "『書』曰,克明明德. 『詩』曰,明明在下.故先王明之,豈特宣之耳哉!"「致士篇」, "今人主有能明其德,則天下歸之,若蟬之歸明火也."

18) 이 "在明明德"의 문제는 다음의 비유로 충분히 알 수 있다. 예컨대, '사람들이 많이 다니는 길에 玉이 원석인 채로 떨어져 있다'고 할 때에, 그것을 하

## 2. 친민(親民)의 전개

이제 필자는 『대학』의 '정치 철학적 성격'을 고려하여, 즉 사람들에 대한 '교육'에 앞서 먼저 백성의 '정치적 안정과 경제적 안락'이 전제되어야 한다는 점을 밝히면서, '친민'에 근거하여 논의를 전개할 것이다.

### 1) 친민과 '아홉 가지 상도'(常道 : 九經)

『대학』은 '친민'에 대한 좀더 구체적인 설명을 제출하고 있지 않지만 그것은 바로 선진 유가에 대한 깊은 통찰 속에서 나왔다고 할 수 있다. 즉 그것은 유가가 주장하는 '백성을 근본으로 하고 정치의 주체로 삼는' 민본(民本)이나 민의(民意)와 깊은 관계를 가진다는 것이다. 뒤에서 보겠지만, 그것들은 바로 '임금 자신의 백성에 대한 친함'(親)과 '어짊'(仁)에 기초한다. 즉 그것은 임금 자신의 입장에서 백성들을 이해하는 것이 아니라 백성의 입장에서 그들에게 자신의 믿음을 심어준다는 것이다. 따라서 '친민'의 친(親)자는 인(仁)자와 같다고 볼 수 있다.

　군자가 만물에 대해서는 사랑하기만 하고 어질지 않으며, 백성에 대

---

　찮은 돌덩어리로 생각하고 그냥 지나쳐 버리는 사람이 있고, 그것이 옥(玉)임을 알고 얼른 주워서 집으로 가지고 가는 사람이 있고, 주워 온 것을 그냥 창고 한쪽 귀퉁이에 처박아 두지 않고 오랫동안 갈고 닦아 값진 보석으로 만들어 내는 사람이 있고, 그것을 혼자 독식하지 않고 모든 사람들이 함께 감상할 수 있도록 전시하는 사람이 있다고 가정해 보자. 바로 여기서 첫 번째는 어떠한 경우에도 그 의의를 가질 수 없고, 두 번째는 '明德'의 일이고, 세 번째는 '明명덕'의 '明'의 일이며, 네 번째는 '在明明德'의 '在'의 상태에 있는 것이라고 할 수 있다.

해서는 어질기만 하고 친애하지 않는다. 친할 만한 사람을 친애하고서 백성들을 어질게 하고, 백성들은 어질게 하고서 만물을 사랑하는 것이다.[19]

여기서 백성을 "어질게 대한다"는 것은 무엇을 의미하는가? 앞서 보았듯이 '몸을 닦는 것'(修身)은 개인 자신의 '덕성'을 닦는 것에만 그쳐서는 안 되고 반드시 외부로까지 밝혀 나가야 한다. 만약 '몸을 닦는 것'이 자신의 내부에서만 머물러 있다면 유가의 정치 이상은 그 현실적 근거를 가질 수 없을 것이다. 이 때문에 공자는 "몸을 닦아서 사람들을 편안하게 한다"(修己以安人), "몸을 닦아서 백성들을 편안하게 한다"(修己以安百姓) 등을 주장하여, 그것의 실현을 그의 이상적 목표로 삼았다

> 자로가 공자에게 군자에 대하여 물었다. 공자가 말했다. "경(敬)으로써 몸을 닦는 것이다." 자로가 말했다. "그와 같이 하면 그만입니까?" 공자가 말했다. "몸을 닦아서 사람들을 편안하게 하는 것이다." 자로가 말했다. "그와 같이 하면 그만입니까?" 공자가 말했다. "몸을 닦아서 백성들을 편안하게 하는 것이다. 몸을 닦아서 백성을 편안하게 함은 요 임금과 순 임금이라도 오히려 힘들게 여겼을 것이다."[20]

여기서 "사람들을 편안하게 한다"와 "백성들을 편안하게 한다"는 바로 '친민'으로, 위정자가 반드시 자신의 몸으로 법칙을 삼고서 수행해 나가야 할 아주 중요한 일이다. 왜냐하면 '편안하다'(安)는 글자에는 백성들의 정치적 안정과 경제적 안락과 동시에 유가의 이상을

---

19) 『孟子』, 「盡心上篇」, "孟子曰,君子之於物也,愛之而弗仁.於民也,仁之而弗親.親親而仁民,仁民而愛物."

20) 『論語』, 「憲問篇」, "子路問君子.子曰,修己以敬.曰如斯而已乎.曰修己以安人.曰如斯而已乎.曰修己以安百姓.修己以安百姓,堯舜其猶病諸."

실현하기 위한 '교육' 등의 의미를 포함하고 있기 때문이다. 이러한 '친민'의 실질적 실천은 바로 "수고로운 자를 위로하며, 오는 자를 오게 하며, 간사한 자를 바르게 하며, 굽은 자를 곧게 하며, 도와서 세우며, 협조하여 행하게 하며, 스스로 알게 하고 또 따라 나아가서 덕이 있게 하는 데서 이루어진다."21) 이와 같이 임금이 백성들을 사랑하고 보호하는 마음으로 정치를 해나간다면 천하에 어느 누구도 그를 막아내지 못할 것이다.22) 이것이 바로 맹자의 "사람에게 차마 못하는 마음으로써 사람에게 차마 못하는 정치"(不忍人之政)이다.

> 맹자가 말했다. "사람들이 모두 사람을 차마 해치지 못하는 마음을 가지고 있다. 선왕이 사람을 차마 해치지 못하는 마음을 두어, 사람을 차마 해치지 못하는 정사를 시행하였으니, 사람을 차마 해치지 못하는 마음으로 사람을 차마 해치지 못하는 정치를 행한다면 천하를 다스리는 것은 손바닥 위에 놓고 움직이는 것같이 쉬울 것이다."23)

그러한 정치를 실행하는 임금은 자신이 사랑하는 것을 자신이 사랑하지 않는 것에까지 확대해 나갈 수 있다. 즉 "어진 자는 그가 사랑하는 것으로써 사랑하지 않는 것에 미치고, 어질지 않는 자는 그가 사랑하지 않는 것으로 그가 사랑하는 것에 미친다"24)가 그것이다. 이 '친민'의 방법이 "나의 노인을 노인으로 대함으로써 남의 노인에게 미치고, 나의 어린이를 어린이로 대함으로써 남의 어린이에

---

21) 『孟子』, 「滕文公上篇」, "放勳, 曰, 勞之, 來之, 匡之, 直之, 輔之, 翼之, 使自得之, 又從而振德之."
22) 같은 책, 「梁惠王上篇」, "曰, 德何如, 則可以王矣. 曰, 保民而王, 莫之能禦也."
23) 같은 책, 「公孫丑上篇」, "孟子曰, 人皆有不忍人之心. 先王有不忍人之心, 斯有不忍人之政矣. 以不忍人之心, 行不忍人之政, 治天下可運於掌上."
24) 같은 책, 「盡心下篇」, "仁者, 以其所愛, 及其所不愛. 不仁者, 以其所不愛, 及其所愛."

게 미치는 것"[25]처럼, 먼저 자기에게 가장 가까운 가정으로부터 시작하여 차츰 범위를 넓히어 국가·천하로 확대해 나가는 것이다.

그러면 '친민'의 구체적 내용, 즉 그 대상은 구체적으로 누구를 가리키는가? 이 점은 『중용』에서 좀더 분명하게 밝히고 있다. 그것은 바로 천하와 국가를 다스리는 '아홉 가지 상도'(九經)로, 즉 "몸을 닦음"(修身), "어진 이를 존경함"(尊賢), "친족을 친애함"(親親), "대신을 공경함"(敬大臣), "모든 신하를 보살핌"(體群臣), "백성을 자식처럼 사랑함"(子庶民), "백공을 오게 함"(來百工), "먼 지방의 사람을 부드럽게 대함"(柔遠人), "제후들을 포용함"(懷諸侯) 등이다. 여기서 "자신의 덕을 닦음"을 제외한 나머지 8개는 모두 '친민'에 대한 구체적인 내용들이다.

무릇 천하와 국가를 다스림에는 구경(九經)이 있다. 말하기를, 몸을 닦음(修身)과 어진 이를 존경함(尊賢)과 친족을 친애함(親親)과 대신을 공경함(敬大臣)과 모든 신하를 보살핌(體群臣)과 백성을 자식처럼 사랑함(子庶民)과 백공을 오게 함(來百工)과 먼 지방의 사람을 부드럽게 대함(柔遠人)과 제후들을 포용함(懷諸侯)이다. 몸을 닦으면 도(道)가 확립되고, 어진 이를 존경하면 의혹되지 않고, 친족을 친애하면 숙부와 형제들이 원망하지 않고, 대신을 공경하면 혼란하지 않고, 모든 신하들을 보살피면 선비들의 보답하는 예(禮)가 중하고, 여러 백성들을 사랑하면 백성들이 근면하고 백공을 오게 하면 재용(財用)이 풍족하고 먼 지방의 사람을 부드럽게 대하면 사방이 돌아오고, 제후들을 포용하면 천하가 두려워한다.[26]

---

25) 같은 책, "老吾老以及人之老,幼吾幼以及人之幼."

26) 『中庸』, 20장, "凡爲天下國家有九經曰,修身也.尊賢也.親親也.敬大臣也.體群臣也.子庶民也.來百工也.柔遠人也.懷諸侯也.修身則道立,尊賢則不惑,親親則諸父昆弟,不怨敬大臣則不眩,體群臣則士之報禮重,子庶民則百姓勸,來百工則財用足,柔遠人則四方歸之,懷諸侯則天下畏之."

여기서 보듯이 '정치'란 사람이 근본이 되어야 하고, 인격을 수양하고, 자신의 입장을 미루어 남을 헤아리는 마음으로 행동의 근본을 삼아야 한다. 이러한 천하에 통용되는 세 가지의 '덕'(知・仁・勇)을 힘써 실행한다면 우리는 바로 치국(治國)・평천하(平天下)의 목적을 달성할 수 있다. 분명히 '정치'의 도리는 안에서 밖으로 시행하는 데에 있다. 즉 친근한 사람이나 소원한 사람을 막론하고 천하의 모든 사람이 모두 소망을 이룰 수 있는 평화롭고 안락한 정치를 이루어야 하고, 모든 일은 시작하기 전에 반드시 준비를 갖추어야 하고, 원리 원칙을 무엇보다 행동의 전제로 삼아야 한다. 따라서 '아홉 가지 상도'(九經)는 "끊어진 대를 이어주고, 폐기된 나라를 일으켜주고, 혼란에 빠진 것을 정리해 주고, 위태로워진 것을 잡아주고, 가져가는 것을 후하게 하여주고, 가져오는 것을 적게 하여준다"[27]는 이상을 이룩하는 것이라고 할 수 있다.

## 2) 정치 제도의 기초 — '가족'(家)

앞서 보았듯이 '친민'의 실질적 전개는 그것의 근본 토대인 '가족'(家)의 올바른 확립이 이루어질 때에 가능하다. 그래서 혹자에 의하면 '전통 중국은 가족 이외에 어떠한 사회 생활도 없고',[28] 또한 '중국 문화는 전부 가족 관념에서 축조되어 일어났다'는 것이다.[29] 이러한 생각들은 가족(家)이 중국 전통 사회 문화 중에서 얼마나 중요한 위치를 차지하고 있는가 하는 점을 보여준다. 이제 우리는 『서경』의 내용을 통해서 그 의미를 살펴보기로 하자.

---

27) 『中庸』, 20장, "繼絶世, 擧廢國, 治亂持危, 朝聘以時, 厚往而薄來."
28) 梁漱溟, 『中國文化要義』, '第二章. 從中國人的家庭說起'를 참조 바람.
29) 錢穆 著, 李民樹 譯, 『中國文化史導論』, 47쪽.

큰 덕을 밝힘으로써 구족(九族)을 친애했다. 구족이 이미 화목해지자 백성들을 교화했고, 백성들이 밝은 덕을 알자, 여러 나라를 합하여 하나로 했다.[30]

그 몸을 닦고, 생각을 길게 하고, 구족(九族)을 도타이 펴고, 서명(庶明)이 여익(勵翼)하면, 가까이로 가히 멀리 함이 이에 있다.[31]

여기서 구족(九族)은 제가(齊家)의 가족(家)과 동일한 의미로써,[32] 즉 나라(國)가 가족(家)의 확대 및 기초임을 보여준다. 즉 "가까이로 가히 멀리함이 이에 있다"가 그것이다. 이러한 '가족'(家)과 '나라'(國)의 긴밀한 관계는 특히 유가에서 보다 더 큰 의미를 가지는데, 즉 유가의 윤리는 '가족 윤리'로써, '가족'의 화목 없이는 그 어떠한 이상도 달성할 수 없다. 따라서 '수신'의 기초가 되는 '가족'을 어떻게 잘 가지런히 하느냐가 '나라'의 운명을 결정짓는 최대의 관건인 것이다. 즉 맹자가 '가족'을 '나라'의 근본, 즉 '가족'은 '나라'의 구성 단위이고, '나라'는 '가족'의 확대라고 규정지었던 근거는 바로 여기에 있다.[33]

『대학』은 그러한 맹자의 기본 입장을 계승하여, '가족'(家)의 화목이 어떻게 나라(國)의 근본이 되는지를 더욱 간결하면서도 분명하게 밝혔다.

---

30) 『書經』, 「堯典篇」, "克明俊德,以親九族.九族旣睦,平章百姓,百姓昭明,協合萬邦."
31) 같은 책, 「皐陶謨篇」, "愼厥身,修思永,惇敍九族,庶明勵翼,邇可遠,在茲."
32) 馬融과 鄭玄은 九族을 高祖, 曾祖, 祖, 父, 自身, 子, 孫, 曾孫, 玄孫이라고 하고, 夏侯와 歐陽은 九族을 '父族 4', '母族 3', '妻族 2'라고 한다. 이것에 근거하면 九族은 모든 親族으로 거대한 家의 집단이라고 할 수 있다(吳璵, 『尙書讀本』(臺北: 三民書局, 민국69 再版), 14쪽 참조 바람).
33) 『孟子』, 「離婁上篇」, "天下之本在國.國之本在家.家之本在身."

옛날에 명덕을 천하에 밝히고자 하는 자는 먼저 그 나라를 다스리고, 그 나라를 다스리고자 하는 자는 먼저 그 가족을 가지런히 하고, 그 가족을 가지런히 하고자 하는 자는 먼저 그 몸을 닦고, …… 몸이 닦여진 뒤에 가족이 가지런해지고, 가족이 가지런한 뒤에 나라가 다스려지고, …… 34)

이와 같이 '가족'(家)을 얼마만큼 잘 가지런히 했는가는 '나라'(國)의 운명을 결정짓는 아주 중요한 관건이라는 점에서, '치국'(治國)의 기본 정신은 '가족'의 올바른 정립에 있는 것이다. 왜냐하면 "한 가족이 어질면 한 나라에 어진 기풍이 일어나고, 한 가족이 겸양하면 한 나라에 겸양함의 기풍이 일어나기 때문이다."35) 따라서 가족 구성원들에 대한 교화야말로 '나라'의 안정과 번영을 가져오는 최대의 지름길이 아닐 수 없다. 그리하여 『대학』은 『시경』을 인용하여 '가족'의 중요성을 다음과 같이 말했다.

『시경』에서 말했다. "복숭아꽃이 예쁘고 예쁨이여, 그 잎이 무성하구나! 이 아가씨의 시집감이여, 그 가족(의 구성원들)을 화육하라." 그 가인(家人)을 화육한 이후에 나라 사람들을 가르칠 수 있다. 『시경』에서 말했다. "형제를 화육하라." 형제를 화육한 뒤에야 나라 사람들을 가르칠 수 있다. 『시경』에서 말했다. "그 위의가 어그러지지 않는지라, 이 사방 나라를 바꾼다." 그 부자와 형제된 자가 충분히 본받을 만한 뒤에야 백성이 본받는 것이다. 이것을 "나라를 다스림이 그 가족을 가지런히 함에 있다"는 것이다.36)

---

34) 『大學』, "古之欲明明德於天下者,先治其國.欲治其國者,先齊其家.欲齊其家者,先修其身, …… 身修而後家齊,家齊而後國治."

35) 같은 책, "一家仁,一國興仁.一家讓,一國興讓."

36) 『大學』, "詩云,桃之夭夭,其葉蓁蓁,之子于歸,宜其家人,宜其家人而後可以教國人.詩云,宜兄宜弟,宜兄宜弟而後可以教國人.詩云,其儀不忒,正是四國.其爲父子兄弟足法而後,民法之也.此謂之國在齊其家."

이와 같이 『대학』은 ‘가족’(家)의 구성원들의 화목을 통할 때에만 ‘나라’(國)의 구성원들을 가르치고 화목하게 할 수 있음을 강조했다. 따라서 ‘가족’의 올바른 정립 없이는 ‘나라’의 평화를 전혀 기대할 수 없다는 점에서, 실지로 유가에서 ‘나라’의 정치는 하나의 ‘가족’을 중심으로 삼아 모든 ‘가족’을 통치하는 형태에 지나지 않는다고 할 수 있다. 결국 ‘가족’은 사회 구조의 기본 단위이고, 정치 제도의 기초인 것이다.

## 3) 제가(齊家)의 실천 덕목 — ‘효’(孝) · ‘제’(弟) · ‘자’(慈)

그럼 가족(家)의 올바른 정립, 즉 제가(齊家)는 어떻게 가능한가? 그것은 바로 효(孝) · 제(弟) · 자(慈)에 있는데, 특히 맹자는 ‘어버이를 섬기는 것’(事親) · ‘어버이를 존경하는 것’(尊親) · ‘어버이를 친애하는 것’(親親)을 인생 최고의 도덕적 표현으로 삼았다.[37]

> 섬기는 것은 무엇이 중대한 것이 되는가? 어버이를 섬기는 것(事親)이 중대한 것이 된다. …… 어버이를 섬기는 것은 섬김(事)의 근본이다.[38]

> 효자의 지극함은 어버이를 존경하는 것보다 큰 것이 없다.[39]

---

37) 이런 점에서 孟子는 자식이 없는 것을 최대의 不孝로 보고, 또한 부모에 대한 不孝로 다섯 가지를 제시했다(『孟子』, 「離婁上篇」, “不孝有三, 無後爲大.” 「離婁下篇」, “世俗所謂不孝者五, 惰其四肢, 不顧父母之養, 不孝也. 博奕好飮酒, 不顧父母之養, 二不孝也. 好貨財私妻子, 不顧父母之養, 三不孝也. 從耳目之欲, 以爲父母戮, 四不孝也. 好勇鬪很, 以危父母, 五不孝也.”).

38) 『孟子』, 「離婁上篇」, “事孰爲大. 事親爲大. …… 事親, 事之本也.”(『荀子』, 「王制篇」, “能以事親謂之孝 …… 能以事下謂之君.”)

39) 같은 책, 「萬章上篇」, “孝子之至, 莫大乎尊親.”

어려서 손을 잡고 가는 아이가 그 어버이를 사랑할 줄 모르는 이가 없다. 그 장성함에 미쳐서는 그 형을 공경할 줄 모르는 이가 없다. 어버이를 친애함(親親)은 인(仁)이고, 어른을 공경함(敬長)은 의(義)이다. 이것은 다름이 아니라 천하에 공통되기 때문이다.40)

이러한 '어버이를 존경하는'(尊親) 기본 덕목인 효제(孝弟)의 도리는 '인(仁)을 행하는 근본'이기 때문에 '효제'의 도리를 행하지 않는다면 우리는 인간으로서 그 가치를 전혀 가질 수 없다. 즉 '효제'는 인생을 긍정하는 것이고, 더 나아가 사회를 긍정하는 것이고, 또한 사회 단결의 필요 요소라는 것이다. 따라서 '효자'는 생명의 근원을 중시하고, 또한 자신의 생명을 중시하여 부모의 이름을 욕되게 하지 않고, 연속적 생명을 창조해 나가야 할 것이다. 이와 같이 '효'는 생명 가치에 대해 모두 긍정하는 것이다.41) 따라서 유가가 '가족'으로 그 중심을 삼고 '효제'의 방법으로 그 정신을 외부로 확충해 나간 근거도 바로 여기에 있다. 다음의 글은 '효'의 외부로의 확충을 잘 보여준다.

유자가 말했다. "그 사람됨이 효제(孝弟)하여 윗사람을 범하기를 좋아하는 자는 드물다. 윗사람을 범하기를 좋아하지 않고서 난리를 일으키기를 좋아하는 자는 아직 있지 않다. 군자는 근본을 힘쓰고, 근본이 세워지면 도리가 나타난다. 효제라는 것은 인(仁)을 행하는 근본이구나!"42)

---

40) 같은 책, 「盡心上篇」, "孩提之童,無不知愛其親也.及其長也,無不知敬其兄也.親親,仁也.敬長,義也.無他,達之天下也."

41) 謝幼偉, 「新亞學報」 4권, 孝의 기초는 生命에 있다. 즉 孝의 원칙은 바로 生命이다(『中庸』, 19장, "事死如事生").

42) 『論語』, 「學而篇」, "有子曰,其爲人也孝弟,而好犯上者鮮矣.不好犯上,而好作亂者,未之有也.君子務本,本立而道生.孝弟也者,其爲仁之本與."

계강자가 물었다 "백성들로 하여금 (윗사람을) 경건 충성스럽게 하고, 이것을 권면하게 하려는데 어찌하면 되겠습니까?" 공자가 말했다. "백성들 앞에 임할 때 장중하게 하면 (백성들이) 경건해지고, 효도와 자비로 일하면 (백성들이) 충성스러워지고, 능력 있는 자를 등용하고 부족한 자를 가르치면 권면될 것이다."[43]

상서(庠序)의 교육을 철저히 실시하여 효제(孝弟)의 의의로써 거듭 한다면 머리가 하얀 노인이 길에서 짐을 (머리에) 지거나 이지 않을 것이다.[44]

현명하고 선량한 사람을 천거하고, 독실하고 공경한 사람을 추천하고, 효제(孝弟)한 사람을 흥하게 하고, 고아나 과부를 구휼하고, 가난하고 궁핍한 사람을 도운다면 백성들은 정치에 편안해 할 것이다.[45]

위 글은 모두 효제(孝弟)의 사회적 의의를 가리킨다. 즉 유가는 '효제'를 단순히 가족의 범위에 한정하지 않고 외부로까지 그 효과를 드러냈다는 것이다. 그리하여 『맹자』는 그 효과로 "사람마다 그 어버이를 어버이로 여기고, 그 어른을 어른으로 여기면 천하가 태평해진다"[46]와 "나의 노인을 노인으로 섬겨서 남의 노인에까지 미치며, 나의 아이를 아이로 사랑해서 남의 아이에게까지 미친다면 천하를 손바닥에 놓고 움직일 수 있는 것처럼 쉬운 것이니 …… 그러므로 은혜를 미루어 나가면 사해를 보존하기 충분하고, 은혜를 미루어 나

---

43) 같은 책, 「爲政篇」, "季康子問, 使民敬忠以勸, 如之何. 子曰, 臨之以壯, 則敬, 孝慈則忠, 擧善而敎不能則勸."
44) 『孟子』, 「梁惠王上篇」, "謹庠序之敎, 申之以孝悌之義, 頒白者不負戴於道路矣."
45) 『荀子』, 「王制篇」, "選賢良, 擧篤敬, 興孝弟, 收孤寡, 補貧窮, 如是, 則庶人安政矣."
46) 『孟子』, 「離婁上篇」, "人人親其親, 長其長, 而天下平."

가지 않으면 처자라도 보존할 수 없다",47) "요 임금과 순 임금의 도리는 효제일 뿐이다"48)라고 했다. 여기서 요 임금과 순 임금의 도리가 유가 정신의 최고 상징이라는 점에서, '효제'를 다하게 되면 우리는 그것으로 일체의 가치를 포괄할 수 있다. 이는 바로 혹자의 주장처럼 '도덕주의'를 펴 나가는 것으로, 이 기초 상에서는 객관적 원칙이 쉽게 발전될 수 없고, 윤리 이외의 가치도 쉽게 존중될 수 없다.49) 따라서 이러한 '효'의 사회적 확대는 유한한 원칙을 보편적으로 응용해 나가는 것인데, 이것이 바로 '효'로써 '천하'를 다스려 나가는 효치(孝治)이다.50)

그런데 『대학』에 오면, 그러한 선진 유가의 효(孝) 사상은 보다 더 분명한 모습을 띠게 된다. 그것은 바로 효(孝)를 충(忠)과 동일한 선상에 놓고서 그 둘을 거의 구분 없이 사용하고 있다는 점이다. 즉 "효는 군주를 섬기는 방법이다"(孝者所以事君也.)가 그것이다. 여기서 중요한 사실은 비록 『대학』 이전에 '효'와 '충'이 함께 사용되었다고 하더라도 그것은 주로 '효'와 '충'의 충돌51) 내지 임금이 '효제' 하면 백성들이 '충'한다는 정도에 그치고 있었다는 것이다. 그래서 혹자는 『대학』의 그러한 경향을 '효' 사상의 가장 중요한 발전으로

---

47) 같은 책, 「梁惠王上篇」, "老吾老,以及人之老.幼吾幼,以及人之幼.天下可運於掌 …… 故推恩,足以保四海,不推恩,無以保妻子."

48) 같은 책, 「告子下篇」, "堯舜之道,孝弟而已矣."

49) 偉政通, 『中國哲學辭典大全』(臺北: 民國72, 水牛圖書出版社), 319쪽.

50) 위정통은 "효(孝)는 중국 문화의 기본 특징 중의 하나이다. 전통 시대에 모든 도덕 규범 중에는 그것에 비하여 더 큰 영향력을 가진 것은 없다. 그것의 영향력은 사회 방면에서뿐만 아니라 정치 법률 방면에서도 받았던 영향력은 매우 크다. 전자는 이른바 효치(孝治)이고, 후자는 예치(禮治)를 위주로 하고 형치(刑治)를 보조로 삼는 법률관이다. 효(孝)는 인류의 기본적 정감으로, 즉 어떠한 방식으로 제창하지 않더라도 그것은 분명히 존재한다"(偉政通, 『中國哲學辭典』, 325~326쪽)고 한다.

51) 2장의 註 29)를 참조 바람.

보고, "그러한 하나의 발전 경향의 주요 원인은 전제 천하(專制天下)의 형성으로 말미암아 도통(道統)과 정통(政統)의 타협을 혼동하여 표시한 것이다"[52]라고 평가하기도 있다. 아무튼 전통적 '효' 사상은 『대학』에 와서 새롭게 변모되었다. 즉 사람과 사람의 관계는 종적 상하 관계(임금과 신하・아버지와 아들의 관계) 및 횡적 평등 관계(형제・부부・친구의 관계)를 벗어나지 않는데, 바로 『대학』에서 '가족'(家)・'나라'(國)・'천하'(天下)는 모두 그러한 종적 관계의 연장과 확대에 지나지 않는다. 그리하여 그것은 그러한 종적 관계의 유지를 위해 '효'・'제'・'자'를 그것의 기본 정신으로 삼고서, 그것을 "군자가 나라에 가르침(敎化)을 이루는" 아주 중요한 관건으로 보았다.

---

52) 偉政通, 앞의 책, 319쪽. 그래서 그는 '효'(孝)와 '충'(忠)이 섞이어 함께 사용된 형성 원인을 세 가지로 들고 있다. 첫째, 충효의 혼합은 임금 지위의 세습 제도(世襲制度)와 관련이 있다. 세습제에서 세자와 임금의 관계를 보면 혈통 면에서 임금은 세자의 아버지이니 당연히 효도를 다해야 하고, 신분 면에서 아버지고 또 임금이니 '충'을 다해야 한다. 세자에서 보면 '효'를 다함은 '충'을 다함이다. 따라서 이것은 심리 상에서 하나의 경계로 분명히 하기 힘들다. 둘째, 유가는 '덕치'를 주장했다. 즉 공자는 '克己復禮'로 천하를 인(仁)에 돌아갈 수 있고, 맹자는 사람마다 그 어버이를 친애하고 그 어른을 공경하여 '천하'가 화평하기를 바랐다. 이런 사상은 『대학』의 팔조목에서 더욱 하나의 계통으로 발전하였다. 즉 '제가'(齊家)의 도리는 '치국'(治國)에 통하며, 부모를 섬기는 도리는 자연히 임금을 섬기는 데에 통한다. 셋째, '효도' 사상은 맹자에서 이미 높게 일체 가치를 대신 취하는 지위에 올랐다. 전제(專制) 정치의 구조 중에서 충군(忠君)의 가치도 또한 반드시 최고의 가치로 받아들여졌고, 이에 전제 천하에서 이 두 가지 가치 세력은 충돌을 드러냈다. 유생들은 그런 상황에 적응하기 위해서 충돌을 해결할 수 있는 방법을 제출했으니, 바로 '충효'를 혼합시키는 것이었다. 이와 같이 비록 두 가지 모두가 그 아름다움을 다할 수 없더라도 그 혼합의 결과는 전제 제왕으로 하여금 심리 상에서 신하와 백성에 대한 무조건적 지지를 얻기에 충분하였다. 이런 충돌의 해결 방법은 분명히 임금에게 유리하고 아버지에게 불리하여, 후세에 자식되는 자로 하여금 종종 진퇴 유곡(進退維谷)의 곤경에 빠지게끔 했다.

이른바 나라를 다스림이 반드시 먼저 그 가족을 가지런함에 있다는 것은 그 가족을 가르치지 못하고 남을 가르칠 수 있는 자는 없다. 그러므로 군자는 집을 나가지 않고도 나라에 가르침(教化)을 이룰 수 있다. 효(孝)는 군주를 섬기는 방법이고, 제(弟)는 어른을 섬기는 방법이고, 자(慈)는 여러 백성들을 부리는 방법이다.53)

여기서 중요한 것은 "군자는 집을 나가지 않고도 나라에 가르침(教化)을 이룰 수 있다"는 말이다. 『대학』에서 '효'·'제'·'자'의 도리를 중시한 것은 바로 가정의 유년 생활 중에서 '효'·'제'의 도리를 계발하여 인성 중의 정의를 함양하고, 또한 그것을 확충하여 그 성인에 이른 연후에 사회에 진입하고, 공동 생활에 참가하여 그 자신이 하고자 하는 바를 행하기 위함이었다. 이러한 교육의 일을 담당하는 군자는 바로 사회에 접촉하지 않고서도 감화 작용을 발생할 수 있으며, 정치 분위기나 백성들의 풍속에 영향을 줄 수 있는 것이다. 이것이 바로 "군자는 집을 나가지 않고도 나라에 가르침(教化)을 이룰 수 있다"의 의미이다. 결국 이 말은 유가의 윤리가 '가족 윤리'이며, 또한 '가족을 가지런히 함'이 바로 '나라를 다스림' 그 자체임을 보여주는 관건이라고 할 수 있다.

## 3. 지어지선(止於至善)의 전개

### 1) 지어지선과 강령(綱領)의 관계

'지어지선'은 명명덕(明明德)과 친민(親民)처럼 하나의 독립적 내

---

53) 『大學』, "所謂治國,必先齊其家者,其家不可敎而能敎人者無之.故君子不出家而成敎於國.孝者所以事君也,弟者所以事長也,慈者所以使衆也."

용을 가진 강령으로 그 위치를 확보할 수 있는가? 즉 그것들은 각각의 '조목'들과 어떠한 관계를 가지는가? 그런데 호적(胡適)은 "수신을 근본으로 한다"(修身爲本)에 근거하여 '수신' 이하의 조목을 '수신의 공부'로, '수신' 이상의 '조목'을 '수신의 효과'로 보고 있다.[54] 이 주장은 『대학』의 논리 구조상 충분한 근거를 가지지만 한 가지 분명한 사실은, 여기에는 반드시 '조목'들 중에서 어느 것이 어느 '강령'에 포함되는가에 대한 좀더 구체적인 논의가 있어야 한다는 것이다. 왜냐하면 '명명덕', '친민', '지어지선'이 비록 형식상 세 개의 '강령'이라고 하더라도 그것들이 각각 그 자체 내에 어떠한 조목을 가지느냐에 따라서 내용상 '두 개의 강령'이 되거나 혹은 '세 개의 강령'이 될 수도 있기 때문이다.

그런데 필자의 기본 입장은 '지어지선'이 하나의 독립된 내용과 의미를 가진 '강령'이라는 점이다. 그러면 그렇게 볼 수 있는 근거는 어디에 있는가? 혹자에 의하면, '『대학』에서 세 가지로 나누어 말한 것은 그 뜻에 홀로 중요한 것이 있어서, 명명덕(明明德) 중에서 별도로 그것을 말하지 않으면 안 되었기 때문이라는 것이다.'[55] 그럼 그 근거는 무엇인가? 그것은 바로 "대학의 도리는 명명덕에 있고, 친민에 있고, 지어지선에 있다"(大學之道,在明明德,在親民,在止於至善)에서 보듯이, 모두 '재'(在)자를 사용하고 있다는 데에 있다. 즉 이 세 개의 '재'(在)자는 '명명덕'·'친민'·'지어지선'이 각각 독립적이고 상이한 의의를 가진 강령임을 보여준다. 왜냐하면 그 세 개의 '재'(在)자는 모두 '실천 행위의 결과로 도달되는 궁극적인 것', 즉 '명명덕'·'친민'·'지어지선' 각각의 '목표의 소재'를 의미하기 때문이다. 이렇게 본다면 『대학』에서 세 개의 '재'(在)자를 사용하여 그것들의 의의를 드러내려고 한 것은 각각에 독립적 내용이 있음을 강조함과

---

54) 胡適, 『中國古代哲學史(3)』, 10장 荀子以前的儒家, 3쪽.

55) 熊十力, 『讀經示要』, 68쪽 참조 바람.

동시에 더 나아가 '삼강령'의 총체로써의 '대학의 도리'(大學之道)라는 거대한 이상을 실현함에 있는 것이다. 결국 재지어지선(在止於至善)은 재명명덕(在明明德)이나 재친민(在親民)과 마찬가지로 하나의 독립적 내용을 가진 '강령'으로 보는 것이 보다 더 적절하다고 할 수 있다.56)

## 2) '그 머물 곳을 안다'(知其所止)와 지지(知止)·정(定)·정(靜)·안(安)·려(慮)·득(得)

지지(知止)·정(定)·정(靜)·안(安)·려(慮)·득(得)에 대한 이해는 바로 '지어지선'의 의미를 밝히는 데에 아주 중요한 관건이지만 그것은 그리 간단한 일이 아니다. 왜냐하면 『대학』은 위의 여섯 가지에 대한 구체적 설명을 제출함이 없이, "대학의 도리는 명명덕에 있고, 친민에 있고, 지어지선에 있다"(大學之道,在明明德,在親民,在止於至善)의 문장을 이어서 다음과 같이 말하고 있을 뿐이기 때문이다.

> 머물 곳을 안 뒤에 (방향이) 정해지고, (방향이) 정해진 뒤에 고요하고, 고요한 뒤에 편안하고, 편안한 뒤에 사려가 있고, 사려가 있은 뒤에 얻는다.57)

이제 논자는 다음의 몇 가지 물음을 통하여, 지지(知止)·정(定)·정(靜)·안(安)·려(慮)·득(得)의 함축적 의미를 살펴볼 것이다.

---

56) 楊家駱 主編, 『禮記注疏及補正(下)』, 「大學篇」, 孔穎達 疏, "在明明德者,言大學之道,在於章明己光明之德,謂身有明德,而更章顯之,此其一也. 在親民者,言大學之道,在於親愛於民,是其二也.在止於至善者,言大學之道,在止處於至善之行,此其三也.言大學之道,在於此三事矣."
57) 『大學』, "知止而后有定,定而后能靜,靜而后能安,安而后能慮,慮而后能得."

(1) '머물 곳을 안다'(知止)의 '안다'(知)는 '대학의 도리'(大學之道)를 아는 것인가?

혹자에 의하면 '『대학』은 이미 '지어지선'의 '머문다'(止)를 말했기 때문에 그것에는 반드시 하나의 목적과 범위가 있어야 한다는 것이다. 즉 '머물 곳을 안다'(知止)란 말이 "대학의 도리는 명명덕에 있고, 친민에 있고, 지어지선에 있다"(大學之道, 在明明德, 在親民, 在止於至善)를 이어서 나왔기 때문에 그것은 '지어지선'이 아니라 반드시 '대학의 도리'(大學之道)이고, 따라서 "머물 곳을 안다"(知止)의 '안다'(知)는 '대학의 도리'를 아는 것이고, 그 '머물 곳'(止)은 '대학의 도리'에 머무는 것을 의미한다는 것이다.'[58] 이와 같이 "대학의 도리는 …… 지어지선에 있다"의 다음에 "머물 곳을 안다"(知止)의 문단이 있다는 점을 고려한다면 그러한 주장은 문장 구조상 타당하고, 또한 '지어지선'이 하나의 완성된 단계로써 더 이상의 실천 공부가 필요 없다는 점을 고려한다면 그러한 주장은 충분한 근거를 가질 수 있다. 하지만 문제는 앞의 우리들 모두가 '지어지선'에 도달할 수 없고 단지 그것에 접근해 나갈 수 있을 뿐이라는 점을 고려한다면 일차적으로 "머물 곳을 안다"(知止)에서 '얻는다'(得)까지는 '지어지선'의 범위를 벗어날 수 없다는 것이다. 다시 말해 비록 "머물 곳을 안다"(知止)가 "대학의 도리"를 아는 것이라고 하더라도, 또한 "머물 곳을 안다"(知止)가 "교육 목적을 아는 것"[59]이라고 하더라도 그것은 궁극적으로 '지어지선'의 또 다른 표현에 불과하다는 것이다. 따라서 그것이 "대학의 도리"를 가리킨다는 것은 논리상 타당하지 않다고 할 수 있다.

---

58) 趙澤厚, 『大學研究』, 188쪽.
59) 같은 책, 188쪽.

(2) '머물 곳을 안다'(知止)의 '머물 곳'(止)은 지어지선(止於至善)의 '머문다'(止)이며, 그 '안다'(知)는 격물치지(格物致知)를 아는 것인가?

이 문제는 먼저 주희의 다음의 말을 통하여 살펴보고자 한다.

> 머무름(止)란 마땅히 머물러야 할 곳이니, 즉 지선(至善)이 있는 곳이다. 이를 알면 뜻(志)에 정함이 있으며, 고요함(靜)이란 마음이 헛되이 움직이지 않음을 말하며, 편안함(安)이란 처한 바에 편안함을 말하며, 사려(慮)란 일을 정밀하고 자상히 처리함을 말하며, 얻음(得)이란 그 머물 바를 얻음이다.[60]

> "머물 곳을 안다"(知止)란 하나의 가야 할 곳을 아는 것일 뿐이다.[61]

이와 같이 '머물 곳'(止)을 "마땅히 머물러야 할 곳"으로 본다면 "머물 곳을 안다"(知止)의 '머물 곳'(止)은 분명히 '지어지선'의 '머문다'(止)이고, 그 '안다'(知)는 '지어지선'을 아는 것이라고 할 수 있다. 즉 고공(高拱)의 " '머물 곳'(止)은 바로 '지어지선에 있다'의 '머문다'(止)이다",[62] "지지(知止)·정(定)·정(靜)·안(安)·려(慮)·득(得)은 지어지선의 일이다[63]와 공영달(孔穎達)의 "머무름을 안다(知止) 이후에 정(定)이 있다는 것은 지어지선의 일을 다시 말한 것이다"[64]

---

60) 朱熹, 『大學章句』, 3쪽, "止者,所當止之地,卽至善之所在也.知之,則志有定向.靜,謂心不妄動.安,謂所處而安.慮,謂處事精詳.得,謂得其所止."

61) 같은 책, 같은 곳, "知止只是識得一箇去處."

62) 高拱, 『大學直講』(『高拱論著四種』), 227쪽, "止者,便是在止於至善的止者."

63) 高拱, 『大學改本』(『高拱論著四種』), 95쪽, "知止定靜安慮能得, 止至善之事也."

64) 楊家駱 主編, 『禮記注疏及補正(下)』, 「大學篇」, 孔穎達 疏, "知止以後有定者,更覆說止於至善之事."

가 그것이다. 이렇게 본다면 여립무(黎立武)의 "'머물 곳'(止)이라는 것은 이른바 그 앎(知)에 이르는 것이고 앎(知)의 지극함이다. 이 지선을 아는 것은 세 가지 요체 중의 기본이다. 그 대법(大法)은 '머물 곳'(止)에 있다"[65]에서처럼, '머물 곳'은 그 '앎'(知)에 이르는 것이고, '앎(知)의 지극함'을 의미한다. 따라서 '지선'에 머물고자 한다면 반드시 수양 공부로 '앎'(知)의 방향을 구하고 나의 마음을 향하여 의리를 구해야 하는데, 바로 이러한 '앎'의 방법이야말로 지지(知止)·정(定)·정(靜)·안(安)·려(慮)·득(得)의 마음을 기르는 공부이고 격물치지(格物致知)의 공부이다. 바로 "머물 곳을 안다"(知止)에서 '얻는다'(得)까지는 '격물치지'로 학문을 하고 일을 다스리는 공부의 가장 중요한 일단으로, '지어지선의 공용(功用)이자 효과'인 것이다.[66] 이와 같이 "머물 곳을 안다"(知止) 이후의 다섯 단계를 '격물치지'의 공부로 본다면 앞의 '지선이 하나만 있는 것이 아니라 모든 사물에 다 있다'는 주희의 주장은 충분한 근거를 가질 수 있다.[67] 하지만

---

65) 黎立武, 『大學發微』, 69쪽, "止者所謂致其知,知之至也.是知止善爲三要之基.其大法存乎止."

66) 엄영봉은 "지지(知止)는 이상적 목표에서 말하면 '止於至善', '明明德於天下'·'平天下'이다. '목표'가 이미 세워졌으면 '안정'(定)이다. 이른바 '얻음'(得)은 '明明德', '明明德於天下'를 얻는 것으로, 바로 '수신'·'제가'·'치국'·'평천하'의 도리를 얻는 까닭이다. 실천의 공효에서 말하면 '自天子以至於庶人,壹是皆以修身爲本'하면 상하가 모두 알아서 도덕의 궤범을 준수하게 된다"고 한다(嚴靈峯, 「大學與大學之道」, 21쪽).

67) 주희의 주장에 근거하면 다음과 같은 주장이 가능하다. 예컨대, '意誠'이 '知止'라면 '誠意'에서 그 '의념'(意)를 통해서 '성실함'(誠)으로 나아갈 방향을 알고 그 방향을 잡고서 외부 사물에 유혹되지 않고, 숙독 사려해서 '의성'을 얻는 것이다.(다른 조목도 마찬가지로 해석된다.) 즉 만약 '知止'의 '知'가 '眞知'라고 한다면 그것은 '止於至善'의 경지를 가리키는 것이 아니라 바로 '格物致知'의 '知'를 가리킨다는 것이다. 그렇다면 그것은 '격물치지'라는 '知'의 완성을 통한 정(定)·정(靜)·안(安)·려(慮)·득(得)'이라는 '행'(行)의 실천을 의미한다는 점에서 '知止'의 '止'는 바로 '意'·'心'·'身'·'家'·

여기서의 문제는 주희의 "머물 곳을 안다(知止)는 모든 사물에 각각 그 이치가 있음을 아는 것이다"[68]에서 보듯이, 각각의 조목에 모두 '지선'이 있다고 한다면 '지선'은 최고의 경계로써 그 의의를 가질 수 없게 된다는 것이다.

(3) '머물 곳을 안다'(知止)의 '머물 곳'(止)은 '그 머물 곳을 안다' (知其所止)의 '머물 곳'(止)이다.

'지어지선'이 하나의 독립적 내용을 가진 강령이라면 "머물 곳을 안다"(知止)는 '지어지선'과 연결하여 설명할 수도 있다. 이 '지어지선'은 유가가 창출한 최고의 경계, 즉 더 이상의 실천 공부가 필요

---

'國'·'天下'가 '誠'·'正'·'修'·'齊'·'治'·'平'의 각각에 '止'하는 것이라고 할 수 있다. 즉 '知止'란 '意誠'이라는 목표를 세우고 '意'라는 '物'에 '格'해서 '誠'이라는 '知'에 '致'하는 '格物致知'의 '知'라는 이론 활동에 머무는 것을 말하고, '定'에서 '得'까지는 '誠意'에서 '意誠'까지의 실천 활동을 말한다. 또한 조목과 조목간의 관계로 본다면 '知止'란 '意誠'으로부터 '正心'이란 '物'에 '格'해서 '心正'이라는 '知'에 '致'하는 '格物致知'라는 '知'의 인식 활동에 머무는 것을 말하고, '定'에서 '得'까지는 '意誠'에서 '心正'까지의 실천 활동을 말한다.(사람에 따라서 '定'에서 '靜'까지를 인식 작용, '安'에서 '得'까지를 실천 작용으로 보기도 한다.) 이상으로 '意誠'하였다고 해서 바로 '心正'에 머무는 것이 아니라 그것에는 반드시 '定' 이후의 실천 행위가 전제되어야 한다는 점에서 '誠意' 이후에 얼마만큼 실천하였느냐에 따라서 '心正'으로의 전환이 결정된다고 할 수 있다.('正心'에서 '修身', '修身'에서 '齊家', '齊家'에서 '治國', '治國'에서 '平天下'까지의 과정에서도 그것과 마찬가지로 볼 수 있다.) 결국 '格物致知'의 공부로 말미암아 '意'·'心'·'身'·'家'·'國'·'天下'가 마땅히 머무는 '至善'을 알게 된다는 점에서, '誠'·'正'·'修'·'齊'·'治'·'平'은 바로 '意'·'心'·'身'·'家'·'國'·'天下'가 마땅히 머무는 '至善'의 영역이다.'(程元敏, 『大學改本述評』(吳康 編著, 『學庸研究論著』, 臺北: 餘命文化事業公司, 民國70), 57쪽) 즉 '意誠'·'心正'·'身修'·'家齊'·'國治'·'天下平'은 '止於至善'의 영역에 속한다는 것이다.

68) 『朱子語類(1)』, 14권, 「大學1」經上, "知止,是知事事物物各有其理."

없는 인생의 최고의 경계 상태를 말한다. 왜냐하면 '지어지선'의 최후 목적이 "명덕을 천하에 밝힌다"(明明德於天下)는 정치상의 공용(功用)에 있더라도 결국에 우리가 그러한 경계에 도달할 수 있다면 '그러한 정치상의 공용은 자연히 그 위대한 인격의 영향의 범위 내에 있게 되고, 또한 그러한 인격체가 위에서 이끈다면 위와 아래가 하나로 균형을 이루고 또한 마음과 덕을 함께 하는 결과에 도달할 수 있기 때문이다.'[69] 그렇다면 우리는 모두 그러한 '지어지선'이라는 절대적·보편적 세계의 경지에 머물 수 있는가? 즉 그러한 경지는 완전한 선(善)에 도달하여 인도(仁道)를 충분히 체현해야지만 도달할 수 있다. 하지만 개별적 세계에 살고 있는 우리는 직접적으로 그러한 '지선'에 머물 수 없고, 단지 그것에 접근해 나갈 수 있을 뿐이다. 여기서는 그러한 접근을 위한 '공부'적 측면이 강조된다. 이 '공부'적 측면은 결코 머물 곳에 도달하여 앞으로 계속해 나가는 것이 아니라 그 속에서 끊임없이 실천하는 '역동성'의 의미를 가진 "그 머물 곳을 안다"(知其所止)를 가리킨다. 이 "그 머물 곳을 안다"(知其所止)와 "머물 것을 안다"(知止)를 연결시킨다면 후자는 바로 '지선'의 소재를 아는 것을 의미한다. 그리하여 '머물다'(止)란 글자는 바로 고요함 중에 움직임이 있는 것, 즉 '머물 곳을 안다'(知止)·'안정'(定)·'고요함'(靜)은 '움직임으로 말미암아 고요해지는 것', '편안함'(安)·'사려'(慮)·'얻음'(得)은 '고요함으로 말미암아 움직이는 것'[70]으로, "머물 곳을 안다"의 '안다'(知)는 단순히 아는 것만이 아니라 그 속에 '실천'(行)의 의미까지도 동반한다. 즉 "머물 곳을 안다"는 '인식 활동'이고, 그 다음 '안정'(定)에서 '얻음'(得)까지는 '실천 활동'을 가리킨다는 것이다. 따라서 우리는 그러한 인식 활동과 실천 활동의 점진적인 전개를 통하여 하나의 '목적'인 '지어지선'의 경지에

---

69) 柳嶽生, 『大學發微』, 27쪽.
70) 같은 책, 29쪽.

도달할 수 있다고 할 수 있다.

이상으로 보듯이, 『대학』의 기본 목적이 개인의 덕성의 회복만이 아니라 모든 사람들의 덕성의 회복에도 있다는 점을 고려한다면 "머물 곳을 안다"(知止)의 문단은 일단 "그 머물 곳을 안다"(知其所止)와 연결해 보아야 한다. 즉 "머물 곳을 안다"(知止)의 '머물 곳'(止)은 "그 머물 곳을 안다"(知其所止)의 '머물 곳'(止)과 동일한 의미라는 것이다. 따라서 "머물 곳을 안다"(知止)의 문단은 개인 방면의 명덕(明德)을 밝히는 행위에서만이 아니라 모든 사람들의 '덕성'을 천하에 어떻게 밝혀 나갈 것인가 하는 문제에까지 강론해 나갈 때에 그 타당한 근거를 가질 수 있다. 결국 그 "머물 곳을 안다"(知止)의 공부를 전개해 나갈 때에 도달하는 것이 바로 인간 세계에서의 '지선'의 경지인 인(仁)·경(敬)·효(孝)·자(慈)·신(信)이다.

### 3) 지어지선(止於至善)과 '지기소지'(知其所止 : '仁'·'敬'·'孝'·'慈'·'信')

앞서 보았듯이 '지어지선'이 하나의 궁극적 '목적' 방면에서 말한 것이라면, "그 머물 곳을 안다"(知其所止)는 하나의 '공부' 방면에서 말한 것이다.[71] 이는 바로 '지어지선'이 우리의 가장 궁극적 도달 목표이기는 하지만 우리가 단번에 그것에 도달할 수 없고, 반드시 우리 자신의 끊임없는 '실천 행위' 속에서 도달될 수 있음을 의미한다. 여기에 바로 "그 머물 곳을 안다"(知其所止)의 근본 의의가 있다. 그래서 『대학』은 그러한 "그 머물 곳을 안다"(知其所止)의 공부로 도달되는 '지선'의 경지인 인(仁)·경(敬)·효(孝)·자(慈)·신(信)을 제출했다.

---

71) 그 목적은 '極高明'이고, 그 공부는 '道中庸'이다(『中庸』, 27장, 53쪽, "極高明而道中庸.").

『시경』에서 말했다. "나라의 경기 안 천리여, 백성들이 살 만한 곳이구나!"『시경』에서 말했다. "꾀꼴 꾀꼴 우는 꾀꼴새는 산이 높고 울창한 곳에 앉는구나!" 공자가 말했다. "(새는) 머무를 만한 곳에서 머물 줄을 아는데, 사람으로서 새만 같지 못해서야!"『시경』에서 말했다. "아름답고 위엄 있는 덕을 가지신 문왕이여, 아아! 끊임없이 그 덕을 빛내시어 공경하는 마음으로 그 머무를 곳에 머물러 계시도다." 사람의 임금이 되어서는 인자함(仁)에 머물고, 사람의 신하가 되어서는 공경함(敬)에 머물고, 사람의 자식이 되어서는 효도(孝)에 머물고, 사람의 부모가 되어서는 자애로움(慈)에 머물고, 나라 사람들과 사귀는 데는 믿음(信)에 머문다.72)

여기서 보듯이 '지어지선'은 '백성들이 기내 천리에서 편안히 살고', '꾀꼴새가 울창한 숲 속에 앉고', '문왕이 자신의 덕(德)을 드러내고 빛내어 머무를 곳에 머무는' 것처럼, 즉 '가장 편하게 앉을 자리에 앉은 상태'를 의미한다. 마찬가지로 인간 세상에서도 우리가 반드시 '머물러야 할 곳'이 있는데, 이것이 바로 인(仁)·경(敬)·효(孝)·자(慈)·신(信)이다. 여기서 인(仁)은 '임금의 정신', 경(敬)은 '신하의 정신', 효(孝)는 '자식의 정신', 자(慈)는 '아버지의 정신', 신(信)은 '백성들에 대한 임금의 정신'이 마땅히 의탁하고 머무는 곳을 가리킨다.

그런데 『대학』의 인(仁)·경(敬)·효(孝)·자(慈)·신(信)이 각각 '머물러야 할 곳에서 마땅히 다해 할 의무와 책임'을 의미한다는 점에서, 그것은 공자의 "임금은 임금답고(君君)·신하는 신하답고(臣臣)·아버지는 아버지답고(父父)·아들은 아들답고"(子子)라는 정명

---

72) 『大學』, "詩云,邦畿千里,惟民所止.詩云,緡蠻黃鳥,止于丘隅.子曰,於止,知其所止,可以人而不如鳥乎.詩云,穆穆文王,於緝熙敬止.爲人君,止於仁.爲人臣,止於敬.爲人子,止於孝.爲人父,止於慈.與國人交,止於信."(여기서 "止於仁 ……"의 '止'는 분명히 '止於至善'의 '止'가 아니라, 바로 '知其所止'의 '止'와 깊은 관계가 있다.)

(正名) 사상의 계승이자 확충·발전이라고 볼 수 있다. 여기서 중요한 사실은, 공자는 임금·신하·아버지·아들이 도달해야 할 덕목을 일목요연하게 제출하지 않은 반면에 『대학』은 보다 더 분명하게 그들이 도달해야 할 덕목을 제출했고, 더 나아가 그 네 가지에다 믿음(信)을 하나의 덕목으로 새롭게 첨가했다는 점이다. 이때의 '믿음'은 뒤에서 보겠지만 『논어』의 '임금이 백성들에게 자신의 몸을 법칙으로 삼아 믿음을 보여준다'는 "민신지"(民信之)의 '믿음'과 동일한 의미를 가진다. 그래서 『대학』의 '믿음'은 '백성에 대한 임금의 의무와 책임'을 표시하는 덕목으로, 즉 정명(正名)의 세 번째 의미인 '백성의 마음을 바르게 한다'(正民心)에 해당한다. 그래서 '정치'의 실현은 임금 자신만이 '임금다움'을 유지한다고 해서 실현되지 않고 그 '임금다움'을 외부로 확충하여 백성의 마음과 상호 일치되는 경지에 도달될 때에 가능하다. 이것을 사회적으로 확대해 나간다면 그것은 '임금과 백성의 관계'뿐만 아니라 더 나아가 '백성과 백성의 관계'에도 그대로 적용할 수 있다. 즉 공자의 "임금은 임금답고·신하는 신하답고·아버지는 아버지답고·자식은 자식답고"에 『대학』의 '백성은 백성답고'(民民)가 새롭게 첨가된다는 것이다. 이 '백성은 백성답고'는 앞의 해석에 근거하면 다음과 같다. 즉 우리는 사회 활동 중에 항상 타인과의 관계를 벗어날 수 없는데, 그러한 때에 '사람됨'의 본분을 잊지 말고 반드시 유지하여 서로의 합일된 경지인 '믿음'(信)의 덕목에 머물러야 한다는 것이다.[73]

이상으로 본다면, "상호 발생적 인간관계에서 서로 다른 지위에 처하는 각 주체에는 모두 서로 다른 완전한 선의 행위 표준이 있다. 다시 말해 내성(內聖)의 경계와 요구에 머무는 각 개인은 그 위치에 따라 약간의 차이를 보이지만 분명히 각각의 주체에는 모두 원만하고

---

73) 『中庸』, 14장, "君子,素其位而行,不願乎其外.素富貴,行乎富貴.素貧賤,行乎貧賤.素夷狄,行乎夷狄.素患難,行乎患難.君子,無入而不自得焉."

완미한 경지가 있다."[74] 이것이 바로 앞에서 말한 인(仁)·경(敬)·효(孝)·자(慈)·신(信)이라는 "지선의 성덕(性德)의 전화(轉化)"[75]이다. 이러한 경지는 한 개인이 어떠한 일상에서 반드시 지켜야 할 도리로써, 즉 각자의 단편적 권리나 의무보다도 모두가 평등한 상태에서 그 의의를 가진다. 따라서 '지선'은 어느 한 사람만의 노력으로 도달할 수 없고, 우리 각각의 철저한 자각과 실천을 통해 하나로 모아질 때 도달될 수 있는 것이다. 결국 "그 머물 곳을 안다"(知其所止)로 말미암아 "지선에 머문다"(止於至善)의 경계에 도달해 나가는 것이야말로 현실 인격을 완성함으로써 이상 인격에 접근해 나가는 최고의 실천 의의라고 할 수 있다.[76]

---

74) 朱義綠, 『儒家理想人格與中國文化』(遼寧: 遼寧教育出版社, 1991), 34쪽.

75) 柳嶽生, 『大學發微』, 30쪽.

76) 유악생은 '지선'(至善)을 '절대적 지선'과 '상대적 지선'으로 나누어, '절대적 지선은 반드시 상대적 지선을 포함하고 있다고 주장한다(柳嶽生, 『大學發微』, 34~35쪽 참조 바람).

# 5장.  평천하 사상의 실천적 근거

앞에서 우리는 '평천하 사상의 철학적 토대'로 『대학』의 '삼강령'을 살펴보았다. 그런데 그러한 토대를 구성하여 올바르게 세우려면 그것에는 반드시 그것의 보다 더 구체적인 실천 방안들이 마련되어야 한다. 그리하여 『대학』은 '평천하'의 실현을 위한 하나의 실질적인 '이론적 근거' 내지 '실천적 근거'를 제출했다. 그것은 바로 격물(格物) · 치지(致知) · 성의(誠意) · 정심(正心) · 수신(修身)을  통해서 도달되는, 즉 '안에서 바깥까지', '작은 것에서 큰 것까지' 조리 있고 정연하며, 개인에서 사회로 점차 확대되어 가는 일련의 전개 과정에서 없어서는 안 될 아주 중요한 명명덕(明明德)이었다. 따라서 그러한 '명명덕'의 실천 없이 밖으로만 현실 문제를 해결하지 않고('근본'(本)을 상실하고 '말단'(末)만을 다스림1)), 그것을 통하여 외부로

---

1) 『좌전』에서도 '본말'(本末)의 개념이 나타난다. 즉 "자기의 지위를 견고히 할 수 있는 자는 반드시 그의 本과 末을 헤아린 뒤에(그의 각 방면을 헤아림) 가장 적당한 방법과 적당한 시기를 선택하여 행해야 한다. 그의 근본을 이해

자기 자신과 타인을 보다 더 유기적·역동적 관계로 이끌어내는 것은('근본'과 '말단'의 올바른 유지) '평천하'의 실현에 있어 아주 중요하다고 할 수 있다.


## 1. 덕성 주체의 확립을 위한 실천 공부 — 정심(正心)·성의(誠意) 2)

앞서 보았듯이, '명덕'이 비록 '하늘'에서 품부된 우리의 본질을 이루는 근본 요소이지만 그것은 반드시 우리의 끊임없는 자각과 실천

---

하지 못한다면 (그를 위하여) 도모할 수 없고, (비록) 뿌리가 있다라도 지엽이 없음을 안다면 억지로 하지 않을 것이다. 『시경』에서는 말했다. "뿌리가 있고 지엽이 있으면 백대 동안 지속되리라."(楊伯峻 編著, 『春秋左傳注』(北京: 中華書局, 1993, 2판 4刷本), 「莊公 6年」, 168~169쪽, "夫能固位者,必度於本末,以後立衷焉.不知其本,不謀.知本之不枝,弗强.詩云,本枝百世.")

2) '修身'·'正心'·'誠意'는 결코 선후(先後) 순서로 나눌 수 없는 유기적·역동적 관계에 있다. 왜냐하면 우리의 관점은 "…… 以後 ……"에 둘 것이 아니라 "欲 …… 其 …… 者,先 …… 其 ……"에 따라 "所謂 …… 在 …… 其 …… 者"에 두어야 하기 때문이다. 뒤의 '격물치지'의 논의에서 보겠지만 이 '在'자의 함축적 의미를 간과해서는 안 된다. '在'자는 단순히 "무엇이 어디에 있다"는 한정적 의미를 나타내는 것이 아니라 둘 사이의 상호작용을 의미하는 동시에 '목표의 소재'를 가리킨다. 만약 그 '목표의 소재'가 외부에 있는 것이라고 한다면 그 둘의 관계는 분명히 논리적으로 설명되어야 한다. 하지만 『대학』에서는 우리의 '덕성'의 발현은 논리적으로 설명될 성질의 것이 아니라 둘이면서 하나이고 하나이면서 둘이라는 보다 더 포괄적이고 적극적인 입장에서 문제의 핵심을 파고들었다. 따라서 '팔조목'은 '격물'에서 '평천하'까지 단계적으로 이해할 것이 아니라 '성의'·'정심'에 대한 이해 속에서 그것을 '치지'·'격물'과의 유기적 결합을 시도한 다음에 '수신'·'제가'·'치국'·'평천하'의 순서로 논의를 전개하는 것이 보다 더 타당하다고 할 수 있다.

을 통하여 우리의 외부로 발현되어야 한다. 이러한 발현은 바로 올바른 '덕성 주체'를 확립하여 보다 더 견고한 정치 이상을 펼치는 데 있어서 반드시 실천 행위로써 이끌고 나갈 그것의 구체적 실천 공부가 전제될 때에 가능하게 된다. 그 실천 공부는 바로 정심(正心)과 성의(誠意)이다. 그렇다면 '정심'과 '성의'의 진정한 의미와 그것의 근본 목적은 무엇인가?

## 1) 정심 공부

### (1) 마음(心)의 전통 ─ 공자·맹자·순자

#### 공 자

공자에서 '마음'은 주로 행위의 가치적 측면에 한정되어 있는데, 즉 그것은 '사람이 선하게 되고 악하게 되는 것의 중심'이다. 그래서 그의 일생 동안의 목적은 그러한 '마음'이 어디에도 구속을 받지 않는 자유로운 경지에 나가는 것이었다. 즉 "칠십에 마음이 하고자 하는 바를 따라 해도 법도에 어긋남이 없었다"[3]에서 보듯이, 그에게서 '마음'은 어떠한 이목의 욕망이나 외부 사물에 구속되거나 제한을 받지 않아야 한다. 하지만 문제는 우리가 외부 사물에 구속을 받지 않는 '마음'의 본래 능력을 쉽게 발휘할 수 없다는 것이다. 그래서 공자는 그러한 '마음'의 본래 능력을 유지하여 '인'(仁)을 실행하는 것이 일반인들에게 너무나 힘든 일임을 다음과 같이 토로했다.

> 공자가 말했다. "안회(顔回)는 그 마음이 3개월 동안 인(仁)을 떠나지 않았다. 그 나머지 사람들은 하루나 한 달에 한 번 인(仁)에 (어쩌다) 이를 뿐이었다."[4]

---

3) 『論語』, 「爲政篇」, "七十而從心所欲不踰矩."

공자가 말했다. "배부르게 먹고 하루해를 마치면서 마음을 쓰는 곳이 없다면 어렵다. 장기나 바둑이라도 있지 않은가? 그것을 하는 것도 오히려 그만 두는 것보다는 나을 것이다."5)

'마음'은 어떻게 '선'과 '악'의 중심이 되는가? 먼저 공자에서 '마음'은 '하고자 함'(欲)을 가지고 있다. 이 '하고자 함'은 어떠한 근거도 가지지 못하는 '인심'(人心)에 천연적으로 있는 것을 의미한다.

공자가 말했다. "부유함과 귀함은 사람들이 하고자 하는 것(欲)이나 (바른) 도리로써 얻지 않으면 (그것에) 머물지 않아야 한다. 가난과 천함은 사람들이 싫어하는 것이나 (바른) 도리로써 얻지 않았다고 하더라도 (그것은) 버리지 않아야 한다.6)

그래서 그것이 사람의 생리적 욕망과 관련지어 움직이게 되면 인간의 본질적 모습은 사라지게 되는 것이다. 이 때문에 그것은 반드시 바른 도리로써 얻을 때에만 우리는 인간의 본질적 모습을 유지할 수 있다. 그리하여 공자는 '하고자 함'(欲)에 의해 드러나는 생리적 욕망에 대해 다음과 같이 경계할 것을 주장했다.

공자가 말했다. "군자는 세 가지 경계할 것이 있다. 어렸을 때는 혈기가 아직 정해지지 않으므로 경계함이 여색에 있고, 장성해서는 혈기가 한창 강하므로 경계함이 싸움에 있고, 늙어서는 혈기가 이미 쇠하므로 경계함이 얻음(탐욕)에 있다."7)

---

4) 같은 책, 「雍也篇」, "子曰,回也,其心三月不違仁,其餘,則日月至焉而已."
5) 같은 책, 「陽貨篇」, "子曰,飽食終日,無所用心,難矣哉.不有博奕者乎.爲之,猶賢乎已."
6) 같은 책, 「里仁篇」, "子曰,富與貴,是人之所欲也.不以其道得之,不處也.貧與賤,是人之所惡也,不以其道得之,不去也."
7) 같은 책, 「季氏篇」, "孔子曰,君子有三戒.少之時,血氣未定,戒之在色.及

그래서 공자는 그러한 '하고자 함'(欲)을 극복하기 위한 방법으로 '충서'(忠恕)를 제출했다. 즉 "무릇 인(仁)이란 자기가 서고자 하면 (欲) 남도 세워주고, 자기가 도달하고자 하면(欲) 남도 도달하게 하 는 것이다"8)가 그것이다. 이와 같이 '하고자 함'(欲)은 '충서'를 통하 여 그 '하고자 함'(欲)을 '선'으로 나아가게 된다. 여기에 바로 '마음' 이 그 '하고자 함'(欲)에 대해 하나의 목표를 규정하여 그 '선'으로 나아가게 하는 근거가 있다. 이는 바로 '마음'이 향하는 '의지'(志)이 다.9) 따라서 공자의 '마음'은 '충서'의 적극적 방법을 통하여 자기의 '의지'를 완성해 나가는 것으로서, 즉 '선'을 행하는 원동력이라는 점 에서, '마음'이 '의지'의 대상과 조건을 선택할 수 있다면 '마음'은 좀 더 명확하게 그 대상을 추구해 나갈 수 있을 것이다.

## 맹 자 10)

맹자에서 '마음'은 '하늘'에서 부여한 '선한 본성의 소재로써',11) 그 자체 내에 '사유 능력'을 가지고 있다. 이것은 바로 그가 말하는 대

---

其壯也,血氣方剛,戒之在鬪.及其老也,血氣旣衰,戒之在得."

8) 같은 책, 「雍也篇」, "夫仁者,己欲立而立人,己欲達而達人."
9) 같은 책, 「爲政篇」, "吾十有五而志於學."「述而篇」, 135쪽, "志於道" 「里仁篇」, 100쪽, "士志於道,而恥惡衣惡食者 ……"「公冶長篇」, "顔淵 季路待.盍各言爾志."('의향'(志)은 '마음'(心)으로 말미암아 '정'(定)으로 나 가고, '마음'으로 말미암아 유지해 나가야 하는 것이다.)
10) 위정통은 "철학사에서 '마음'의 함의가 비록 복잡하다고 하더라도 가장 중요 한 것은 두 가지이다. 첫째, '마음'은 인생의 주재이다. 둘째, '마음'은 우주의 본체이다. 맹자는 '마음'의 '선'(善)에 나아가서 '성선'(性善)을 말하여 전자 에 대하여 이미 그 뜻을 창달했다. 그는 다시 '盡心'・'知性'・'知天'을 말 하여 '마음'과 '하늘'의 관계를 이미 구통(溝通)하여 '천인합일'론(天人合一 論)의 단서를 열었다"고 한다(偉政通, 『中國哲學辭典』, 142쪽).
11) 『孟子』, 「盡心上篇」, "君子所性,仁義禮智,根於心,其生色也,睟然見於 面,盎於背,施於四體,四體不言而喩."「告子上篇」, "乃若其情,則可以爲 善矣,乃所謂善也."

체(大體)로써의 '마음'을 가리킨다.

> 공도자가 물었다. "다 같은 사람인데, 어떤 사람은 대인이 되고, 어떤
> 사람은 소인이 되는 것은 어째서입니까?" 맹자가 말했다. "대체(大體
> : 心)를 따르는 사람은 대인이 되고, 소체(小體 : 耳目)를 따르는 사
> 람은 소인이 된다." 공도자가 물었다. "다 같은 사람인데, 어떤 사람
> 은 대체를 따르고, 어떤 사람은 그 소체를 따름은 어째서입니까?" 맹
> 자가 말했다. "귀와 눈의 기능은 생각하지 못하고 사물에 가려진다.
> 사물(外物)이 사물(耳目)과 교섭하면 거기에 이끌려 갈 뿐이다. 마음
> 의 기능은 생각할 수 있다. 생각하면 얻고 생각하지 않으면 얻지 못
> 한다. 이것은 하늘이 나에게 준 것이다. 먼저 큰 것을 세워 놓으면 작
> 은 것이 빼앗을 수 없다. 이것은 대인이 되는 이유일 뿐이다."[12]

즉 사람에게는 두 가지 기관이 있다. 첫째는 소체(小體)이다. 이는
'귀와 눈의 기능'으로, 사람과 동물 모두에게 있는데, 즉 지각할 수
있지만 사유할 수 없고, 외부 사물에 가려지기 쉬우며, 또한 외부 사
물과 서로 접촉하여 미혹된 길로 향하기 쉬운 것이다. 즉 "사물과
사물이 교섭하면 거기에 이끌려 갈 뿐이다." 따라서 '귀와 눈의 기
관'은 감관과 대상을 서로 교섭하고, 각각에 각각의 대상을 가진다.
둘째는 대체(大體)이다. 이는 '마음의 사유 기능'으로, 동물에는 없고
사람에만 있는 것이다. 이와 같이 '마음'의 기관은 사유할 수 있는데,
이러한 사유 능력은 바로 하늘에서 부여받은 '선한 본성'을 인식해
나가는 것이다. 이러한 인식이 이루어지면 우리는 '선한 마음'(善心)
을 보존할 수 있고, '귀와 눈의 욕망'에 빼앗기지 않을 것이다. 그런

---

12) 같은 책, 「告子上篇」, "公都子問, 鈞是人也, 或大人, 或爲小人, 何也. 孟子
曰, 從其大體, 爲大人, 從其小體, 爲小人. 曰, 鈞是人也, 或從其大體, 或從其
小體, 何也. 曰, 耳目之官不思, 而蔽於物. 物交物則引之而已矣. 心之官則思
, 思則得之, 不思則不得也. 此天之所與我者, 先立乎其大者, 則其小者不能
奪也. 此爲大人而已矣."

데 이러한 '마음'의 '사유 능력'이 발휘될 수 있느냐는 바로 '마음' 자체의 자각이 어떠한가에 따라서 결정된다는 것이다. 즉 '마음'이 사물에 빠져 있으면 그것은 '귀와 눈의 욕망'으로 향할 것이고, 반면에 '마음'이 사물에 빠지지 않으면 그것은 그 본래의 기능(사유 능력)으로 향할 것이다. 다시 말해 '마음'이 스스로 내리는 결정에 의해서 그 방향이 결정된다는 것이다. 즉 "생각하면 얻고 생각하지 않으면 얻지 못한다"가 그것이다. 따라서 인간이 '마음'을 먼저 세워 놓을 수 있다면 '귀와 눈의 욕망'이 그 자리를 뺏어서 그것을 대신 할 수가 없기 때문에 "먼저 큰 것을 세워 놓는 일"은 아주 중요한 일이다.

그러면 맹자에서 '마음을 보존하고'(存心) '마음을 길러서'(養心) 어떻게 '마음'의 능동 작용을 발휘할 수 있는가? 먼저 그가 제출한 '마음을 보존하는 것'은 하늘에서 부여한 사단(四端)을 보존하는 것인데, 이는 군자와 일반인을 구별하는 표준이 된다.

맹자가 말했다. "군자가 일반인과 다른 것은 그 마음을 보존하고 있기 때문이다. 군자는 인(仁)으로써 마음을 보존하고 예(禮)로써 마음을 보존한다."13)

하지만 '마음을 보존하는 일'(存心)은 그리 간단하지 않다. 왜냐하면 마음은 "잡으면 보존되고, 놓으면 잃어서, 나오고 들어옴이 (일정한) 때가 없으며, 그 방향을 알 수 없기 때문에",14) 즉 마음은 우리가 "생각하면 얻고, 생각하지 않으면 얻지 못하는 것"이기 때문에 한시라도 경계를 늦추어 마음을 놓아 버리는 일이 없어야 할 것이

---

13) 같은 책,「離婁下篇」, "孟子曰,君子所以異於人者,以其存心也.君子以仁存心,以禮存心."
14) 같은 책,「告子上篇」, "孔子曰,操則存,舍則亡,出入無時,莫知其鄉.唯心之謂與."

다. 여기에 바로 맹자의 "잃어버린 마음을 구하는"(求放心) 근거가 있다.

> 맹자가 말했다. "인(仁)은 사람의 마음이고, 의(義)는 사람의 길이다. 그 길을 버리고 따르지 않으며, 그 마음을 잃어버리고 찾을 줄을 모르니, 슬프다. 사람이 닭과 개가 도망가면 곧 찾을 줄 알지만, 마음을 잃고서는 찾을 줄을 알지 못하니, 학문하는 방법은 다른 것이 없다. 그 잃어버린 마음을 찾는 것일 뿐이다."[15]

즉 인(仁)은 사람이 사람되는 근본일 뿐만 아니라 마음이 마음 되는 근본이며, 또한 의(義)는 심신(心身) 활동이 따라 나아가는 길을 의미한다. 따라서 우리들이 사물에 응접하는 것은 그러한 의(義)로 말미암아 나아가서 이치에 합하는 것이기 때문에 본심(本心)을 잃어버리고 가면 사람이 사람되는 내재적 본질을 잃어버리게 된다.[16] 여기서 우리는 한 가지 중요한 점을 발견하게 된다. 즉 닭과 개가 도망가면 그것은 밖에서 찾을 수 있지만 우리의 '잃어버린 마음'은 밖에서 찾을 수 없다는 것이다. 왜냐하면 '잃어버림'(放)이란 '귀와 눈의 욕망'이 '마음'을 밖으로 나가게 해서 빠뜨린 것이기 때문에 그것은 돌이켜서 그 자체에서 찾아야 하는 것이다. 다시 말해 맹자에서 '잃어버린 마음'은 외부 사물의 이욕(利欲)의 유혹을 받아서 마음 중에 있는 '인'·'의'·'예'·'지'(仁·義·禮·智)가 없어진 것을 말한다. 이렇게 본다면 '구한다'(求)란 밖으로 나아가 구하는 것이 아니라 바로 그러한 외부에 빠져 버린 것을 그 자체에서 스스로 찾고 돌이켜 찾는 것을 의미하게 된다. 따라서 맹자의 "잃어버린 마음을 구한

---

15) 같은 책, 「告子上篇」, "孟子曰, 仁, 人心也. 義, 人路也. 舍其路而不由, 放其心而不知求, 哀哉. 人有鷄犬放, 則知求之. 有放心而不知求. 學問之道無他, 求其放心而已矣."

16) 蔡仁厚, 『孔孟荀哲學』, 249쪽 참조.

다"란 사람들을 이끌어서 외부의 객관 세계를 인식해 나가는 것이 아니라 내심(內心)의 세계에서 행하는 내적 공부인 것이다.[17)

그러한 "잃어버린 마음을 구함"으로 인하여 '마음'을 보존했다면 (存心) 우리는 '마음을 다하여'(盡心)[18) '마음' 중의 사단(四端)을 확충해 나가야 할 것이다. 즉 '사단'은 하늘이 부여한 것으로, 사람에게 모두 있는 것이기 때문에 인간이라면 누구나 그러한 '도덕 본능'을 넓혀서 충실하게 해야 한다.

> 불쌍히 여기는 마음(惻隱之心)이 없으면 사람이 아니며, 부끄러워하고 미워하는 마음(羞惡之心)이 없으면 사람이 아니며, 공경하는 마음(辭讓之心)이 없으면 사람이 아니며, 옳고 그름을 아는 마음(是非之心)이 없으면 사람이 아니다. 불쌍히 여기는 마음은 인(仁)의 단서이고, 부끄러워하고 미워하는 마음은 의(義)의 단서이고, 공경하는 마음은 예(禮)의 단서이고, 옳고 그름을 아는 마음은 지(智)의 단서이다. 사람에게 네 가지 단서(四端)가 있는 것은 그 사지(四肢)가 있는 것과 같으니, 이 네 가지 단서를 가지고 있으면서도 스스로 (인의를) 행할 수 없다고 말하는 자는 자신을 해치는 자이고, 자기 임금이 (인의를) 행할 수 없다고 말하는 자는 임금을 해치는 자이다.[19)

> 불쌍히 여기는 마음은 사람들에게 모두 있고, 부끄러워하고 미워하는 마음은 사람들에게 모두 있고, 공경하는 마음은 사람들에게 모두 있고, 옳고 그름을 아는 마음은 사람들에게 모두 있다. 불쌍히 여기는 마음은 인(仁)이고, 부끄러워하고 미워하는 마음은 의(義)이고, 공경

---

17) 이러한 인식과 도덕의 통일은 맹자 '心學'의 중요한 특징이라고 할 수 있다.
18) 『孟子』, 「盡心上篇」, "孟子曰,盡其心者,知其性也.知其性,則知天矣.存其心,養其性,所以事天也."
19) 같은 책, 「公孫丑上篇」, "無惻隱之心,非人也.無羞惡之心,非人也.無辭讓之心,非人也.無是非之心,非人也.惻隱之心,仁之端也.羞惡之心,義之端也.辭讓之心,禮之端也.是非之心,智之端也.人之有是四端也,猶其有四體也.有是四端而自謂不能者,自賊者也,謂其君不能者,賊其君者也."

하는 마음은 예(禮)이고, 옳고 그름을 아는 마음은 지(智)이다. 인·의·예·지(仁·義·禮·智)는 밖으로부터 나에게 밀고 들어온 것이 아니라 내가 본래 가지고 있는 것이지만 생각하지 않을 뿐이다. 그러므로 말하기를, 구하면 얻고 놓으면 잃는다 하니 혹 서로 배를 하며 다섯 배를 하여 계산하기 어렵게 되는 것은 그 재질을 다하지 못하는 것이다.[20]

그러면 맹자에서 '마음'은 어떻게 넓혀서 충실하게 되는가? 그것은 바로 '선한 마음'을 보존하기 위한 '마음을 기르는'(養心) 방법이다. 맹자가 이것을 제출한 이유는 '마음을 기르는 것'이 어떠한가에 따라서 그것은 올라가기도 하고 내려가기도 하며, 사물에 빠지기도 하고 빠지지 않기도 한다는 것이다. 즉 "참으로 그 기름을 얻으면 사물마다 자라지 못함이 없고, 만일 그 기름을 잃으면 사물마다 사라지지 않음이 없는 것이다"[21]가 그것이다. 그래서 그는 '마음을 기르기' 위한 적극적 방면과 소극적 방면을 제시했다.

첫째, 맹자는 적극적 방면에서 '호연지기'(浩然之氣)를 기를 것을 강조했다. 즉 기(氣)의 '지극히 크고 지극히 강건함'(至大至剛)은 정확한 방법, 즉 '정직함'(直)으로 그것을 길러서 그것에 해를 가하지 않는다면 그것은 천지 사이에 가득 채울 수 있다는 것이다. 그럼 우리는 '정직함'으로 어떻게 '호연지기'를 기를 수 있는가? 그것은 다름 아닌 '의(義)와 도(道)에 짝할" 때에 가능하다. 즉 한 방면에서 유가의 인도(人道)에 의해 명확한 자각적 인식이 있어야 하고, 다른 방면에서 부단하게 인의(仁義)의 실행이 있어야만 '호연지기'를 기를 수

---

20) 같은 책, 「告子上篇」, "惻隱之心, 人皆有之. 羞惡之心, 人皆有之. 恭敬之心, 人皆有之. 是非之心, 人皆有之. 惻隱之心, 仁也. 羞惡之心, 義也. 恭敬之心, 禮也. 是非之心, 智也. 仁義禮智, 非由外鑠我也, 我固有之也, 弗思耳矣. 故曰求則得之, 舍則失之. 或相倍蓰而無算者, 不能盡其才者也."

21) 같은 책, 「告子上篇」, "故苟得其養, 無物不長, 苟失其養, 無物不消."

있다는 것이다. 따라서 '호연지기'의 기(氣)는 물질적인 기(氣)가 아니라 하나의 '도덕 정신'을 가리킨다고 할 수 있다.

감히 묻건대, "그대는 어느 것을 잘 하십니까?" 맹자가 말했다. "나는 말을 알며, 나는 나의 호연지기(浩然之氣)를 잘 기른다." 감히 묻건대, "무엇을 호연지기라고 합니까?" 맹자가 말했다. "말하기 어렵다. (그 기름이) 기(氣)가 되는 것은 지극히 크고 지극히 강건하니(至大至剛), 정직함(直)으로 잘 기르고 해침이 없으면 (호연지기가) 천지 사이에 가득 차게 된다. 그 기(氣) 됨이 의(義)와 도(道)에 짝하니, 이것이 없으면 굶주리게 된다. 이것은 의(義)를 (많이) 축적해서 생겨나는 것이지, 의(義)가 (갑자기) 엄습하여 취해지는 것은 아니다. 행하고서 마음에 부족하게 여기는 바가 있으면 굶주리게 된다."22)

둘째, 맹자는 소극적 방면에서 "그 하지 않아야 할 것을 하지 말며, 그 하고자 하지 말아야 할 것을 하고자 하지 말아야 한다"23)는 입장을 강조하여, '욕심을 적게 함'(寡欲)을 '마음을 기르는' 최고 방법으로 제출했다. 즉 사람의 욕심이 적다면 비록 '선한 마음'에 잃어버리는 것이 있다고 하더라도 그 잃어버리는 것은 아주 적으며, 사람의 욕심이 많다면 비록 '선한 마음'에 보존되는 것이 있다고 하더라도 그 보존되는 것은 매우 적다는 것이다.

맹자가 말했다. "마음을 기름은 욕심을 적게 하는 것보다 더 좋은 것이 없다. 그 사람됨이 욕심을 적게 하면 보존되지 못함이 있다고 하더라도 적을 것이며, 그 사람됨이 욕심이 많으면 비록 보존됨이 있다

---

22) 같은 책, 「公孫丑上篇」, "敢問夫子惡乎長.曰我知言,我善養吾浩然之氣. 敢問何爲浩然之氣.曰難言也.其爲氣也,至大至剛,以直養而無害,則塞於 天地之間.其爲氣也,配義與道.無是,餒也.是集義所生者,非義襲而取之也. 行有不慊於心則餒矣."

23) 같은 책, 「盡心上篇」, "無爲其所不爲,無欲其所不欲."

고 하더라도 적을 것이다."24)

이러한 '마음을 기를 수 있느냐'는 맹자에서 '소인'과 '대인'을 구분하는 표준이 된다. 즉 맹자에 의하면 '마음을 기르는 자'는 대인이고, '물질적 욕구를 추구하는 자'는 소인으로, 바로 '마음을 기르는 것'은 '인·의·예·지' 등의 도덕을 기르는 아주 중요한 '큰 일'이며, '물질적 욕구를 추구하는 것'은 그리 중요하지 않는 '작은 일'을 가리킨다. 때문에 그는 사람들에게 '마음을 기르는 것'을 귀한 것으로 삼고, 도덕을 실천하며, 물질적 욕구의 추구를 도덕상에 배열할 수 없다고 보았다. 즉 "몸에는 귀함과 천함이 있고 큰 것과 작은 것이 있다. 작은 것으로써 큰 것을 해치지 말며, 천한 것으로써 귀한 것을 해치지 말아야 한다. 그 작은 것을 기르는 자는 소인이 되고, 그 큰 것을 기르는 자는 대인이 된다"25)가 그것이다.

## 순 자

순자에서 '마음'은 인간이 자연적으로 태어나면서부터 가지고 있는 성(性)과 같은 의미이다. 즉 귀·눈·입·코·형체·마음 등은 모두 천관(天官 : 태어나면서부터 가지고 있는 감각 기관)이라는 것이다.26) 여기서 '마음'을 '천관'이라고 보는 것은 그것이 사람의 태어

---

24) 같은 책, 「盡心下篇」, "孟子曰,養心莫善於寡欲.其爲人也寡欲,雖有不存焉者,寡矣.其爲人也多欲,雖有存焉者,寡矣."

25) 같은 책, 「告子上篇」, "體有貴賤,有大小.無以小害大,無以賤害貴.養其小者爲小人,養其大者爲大人."

26) 『荀子』, 「正名篇」, "然則何緣而以同異?曰,緣天官.凡同類同情者,其天官之意物也同,故比方之疑似而通,是所以共其約名以相期也.形體·色·理以目異.聲音淸濁·調竽奇聲以耳異.甘·苦·鹹·淡·辛·酸·奇味以口異.香·臭·芬·鬱·腥·臊·洒·酸,奇臭以鼻異.疾養·凔·熱·滑·鈹·輕·重以形體異.說·故·喜·怒·哀·樂·愛·惡·欲以心異." 같은 책, 「天論篇」, "各有接,而不相能也.夫是之謂天官."(天官

나면서 가지고 있는 다섯 가지 감각 기관 중의 하나이고, 또한 "자연스런 경향"(天之就)인 동시에 "생의 소이연"(生之所以然)인 '성'(性)과 같음을 보여준다. 그런데 순자에 의하면 그러한 마음은 태어나면서 항상 "될 수 있는 데까지 안일한 것을 욕망하고",27) "이로움을 좋아하는"28) 속성을 가진다는 것이다. 따라서 이 '마음'은 본래 그 속에 어떤 의의도 가지고 있지 않는 성(性)과 같은 '자연 본성'의 의미를 크게 벗어나지 않는다.

그런데 외부 사물에 대한 우리의 인식은 보통 귀·눈·입·코·형체와 같은 감각 기관에서 비롯되지만 그것은 외부 사물을 있는 그대로 반영하는 감각 기관에서 그치지 않는다. 그것은 바로 사유 기관인 '마음'29)에 의하여 판별되고 실증되어 명석화된다. 이러한 '판별과 실증을 통과한 인식'이야말로 '마음'의 징지(徵知)이다.

---

은 태어나면서부터 본래 사람의 몸에 갖추어진 감각 기관이다. 이 감각 기관들은 각각 외부 사물과의 접촉을 통해 그 기능을 발휘하지만 상호간에는 통용되지 않는다.)

27) 같은 책, 「王霸篇」, "心欲綦佚."

28) 같은 책, 「性惡篇」, "心好利.", 「性惡篇」, 434쪽, 今人之性,生而有好利焉.(여기서 그가 '마음'을 '性'과 같은 의미로 쓰고 있음을 알 수 있다.)

29) '마음'은 그 자체 내에 '인식 능력(知)'을 가지고 있다. 즉 "知가 사람에게 있는 것은 知"(「正名篇」, "所以知之在人者謂之知.")이고, 또한 "무릇 인식하려 하는 것은 사람의 性이고,"(『荀子』, 「解蔽篇」, "凡以知,人之性也.") 사람은 "태어나면서 知가 있고 …… 마음에는 태어나면서 知가 있다"(같은 책, 「解蔽篇」, "人生而有知 …… 心生而有知.")는 것이다. 즉 '知'는 위에서 말하는 "生의 所以然"의 '性'과 마찬가지로 태어나면서 가지고 있는 '본능적 知'[(梁啓雄, 『荀子柬釋』(臺北: 臺灣商務印書館), 313쪽. 한편 왕선겸은 "明藏於心"이라고 한다(王先謙, 『荀子集解』, 423쪽 참조).]를 의미하는 동시에 어느 사람이든지 태어나면서 항상 가지고 있는 '心'의 인식 능력을 의미한다. 이런 점에서 순자의 '마음'은 그 자체 내에 어떠한 내용도 가지고 있는 않고 오직 형식의 틀, 즉 인식 능력을 통해서 지식을 형성하는 '인식심'(認識心)을 가리킨다고 할 수 있다.

마음에는 징지가 있다. 징지하면 귀에 의거하여 소리를 아는 것이 가능하고 눈에 의거하여 형체를 아는 것이 가능하다. 그러나 징지는 반드시 천관(天觀)이 새로 감득한 것을 그 전에 감득했던 것과 같은 부류와 대조해 맞춰 보는 조작을 거친 후에야 비로소 가능하다. 오관이 감각 표상을 분별 기록하고서도 그것이 무엇인지를 자각하지 못하고 마음이 그것에 응하고서도 그것이 무엇인지를 설명함이 없으면, 사람들은 누구나 그를 알지 못하는 자라고 할 것이다.[30]

즉 '징지'가 여러 감각 기관의 판별과 실증을 통한 인식을 가리킨다는 점에서, '마음'은 반드시 감각 기관을 통해서 얻은 재료를 바탕으로 사물을 인식하고 지식을 성취해 나간다. 즉 "인식이 합하는 것이 있는 것이 지식(智)이다"[31]가 그것이다. 이와 같이 지식의 획득은 우리의 인식 능력이 인식 대상을 정확하게 인식하였을 때에 가능하다. 그런데 문제는 그러한 '마음'이 '선'으로 향할 수도 있고, '악'으로 향할 수도 있는 가치 중립적 성격을 가진다는 것이다. 왜냐하면 '마음'은 그 자체 내에 사려·판단·조절의 능력을 가지고 있지만, 선과 악을 결정할 수 있는 능력을 가지고 있지 않기 때문이다. 순자

---

30) 『荀子』,「正名篇」, "心有徵知.徵知, 則緣耳而知聲可也, 緣目而知形可也, 然而徵知必將待天官之當簿其類然後可也.五官簿之而不知, 心徵之而無說, 則人莫不然謂之不知." '징지'(徵知)의 '징'(徵)은 '응(應)으로, 외부 사물이 마침내 일어나면 '마음'이 그것에 응하여 인식하는 것"(梁啓雄, 『荀子柬釋』, 315쪽, "徵應也.徵知謂外物卒起, 心應而知之, 卽感覺也.")이다. 양경(楊倞)은 "징(徵)은 불러일으킴이다. '마음'이 능히 만물을 불러모아 아는 것을 말한다."(徵召也.言心能召萬物而知之)이라고 한다. 근대의 학자 중에서 호적은 '징지'(徵知)를 증명(證明)(胡適, 『中國哲學史』, 360쪽), 풍우란은 증명(證明)(『中國哲學史』, 374쪽), 진대제는 회식(意識)(『荀子學説』, 40쪽), 노사광은 자각(自覺)(『中國哲學史』(1), 262쪽), 모종삼은 지용, 지성(智用,卽知性)(『荀子與名家』, 262쪽)으로 보고 있다.

31) 같은 책,「正名篇」, "知有所合謂之智." ('知有所合'은 지식 생산의 과정) 양계웅은 이 '智'를 '공을 이루는 知'라고 한다(梁啓雄, 같은 책, 312쪽). 따라서 이것은 '知'의 결과물로써 '지식'을 말한다.

에서 '마음'의 그것에 대한 결정은 도(道)를 표준으로 삼을 때만 가능하다. 그래서 '마음'은 도(道)에 대한 인식을 가능케 하는 하나의 공부를 단행해 나가는데, 그것은 바로 '마음'을 텅 비우고(虛) · 하나로 하고(壹) · 고요하게 하는(靜) 공부이다.

사람은 어떻게 도(道)를 아는가? 그것은 마음이다. 마음은 어떻게 도(道)를 아는가? 그것은 텅 비우고 · 하나로 하고 · 고요하게 하는 것이다. 마음은 일찍이 간직하지(藏) 않을 수 없으나 이른바 텅 비우는(虛) 것이 있다. 마음은 일찍이 가득 차지 않을 수 없으나 이른바 하나로 하는(一) 것이 있다. 마음은 일찍이 움직이지(動) 않을 수 없으나 이른바 고요하게 하는 것(靜)이 있다. 사람은 태어나면서 인식 능력을 가지고 있고 인식 능력은 기억을 하게 된다. 기억이란 간직하는 것(藏)이다. 그러나 이른바 텅 비우는 것(虛)이 있다. 이미 간직한 것을 가지고 장차 받아들일 것을 방해하지 않는 것을 텅 비우는 것(虛)이라고 한다. 마음은 태어나면서 인식 능력이 있고, 인식 능력은 구별을 하게 된다. 구별이란 많은 것을 동시에 두루 아는 것이고, 동시에 두루 아는 것은 두 가지로 하는 것(兩)이다. 그러나 이른바 하나로 하는 것(一)이 있다. 이 하나로 저 하나를 해치지 않는 것을 하나로 하는 것(壹)이라고 한다. 마음이 잠자면 꿈을 꾸고, 한가하면 방종하고 마음을 쓰면 여러 가지 일을 모의하게 된다. 그러므로 마음은 항상 움직이는 것(動)이다. 그러나 이른바 고요하게 하는 것(靜)이 있다. 몽상이나 복잡 빈번한 생각으로써 인식 능력을 흐리게 하지 못하게 하는 것을 고요하게 하는 것(靜)이라고 한다.[32]

---

32) 같은 책, 「解蔽篇」, "人何以知道.曰,心.心何以知.曰,虛壹而靜.心未嘗不藏也,然而有所謂虛.心未嘗不滿也,然而有所謂一,心未嘗不動也,然而有所謂靜.人生而有知,知而有志.志也者,藏也,然而有所謂虛,不以所已藏害所將受謂之虛.心生而有知,知而有異,異也者,同時兼知之.同時兼知之,兩也,然而有所謂一,不以夫一害此一謂之壹.心,臥則夢,偸則自行,使之則謀.故心未嘗不動也,然而有所謂靜,不以夢劇亂知謂之靜."

여기서 간직하고(藏)·두 개로 하고(兩)·움직이게 하는(動) 것은 마음이 감각 기관의 영향을 받아서 일어난 작용이라면 텅 비우고 (虛)·하나로 하고(壹)·고요하게 하는(靜) 것은 그것의 영향으로 일어난 작용을 잘 조절하고 규정하는 마음의 인식 작용이다. 이 두 개의 작용은 비록 감각 기관의 영향력 내에 있느냐에 따라서 차이를 가지지만, 태어나면서 쌓이게 되는 '간직하고'·'두 개로 하고'·'움직이게 하는' 지식과 '텅 비우고'·'하나로 하고'·'고요하게 하는' 공부를 통한 지식은 동일선상에서 서로 대립하거나 배척하는 관계가 아니라 위와 아래 두 개의 상이한 층 사이에서 서로에 작용하는 관계라고 할 수 있다. 왜냐하면 '텅 비우고'·'하나로 하고'·'고요하게 하는' 것은 '간직하고'·'두 개로 하고'·'움직이게 하는' 것이 발동하지 않으면 그 의의를 드러낼 수 없는 '후천적인 경험'을 의미하기 때문이다. 따라서 도(道)의 인식은 그러한 '텅 비우고'·'하나로 하고'·'고요하게 하는' 공부를 통해서 '간직하고'·'두 개로 하고'·'움직이게 하는' 것을 잘 조절할 때에 가능하다. 즉 '마음'을 텅 비우게 하면 그것은 외부 사물을 받아들여 끊임없이 전체적인 인식 작용을 할 수 있다. '마음'을 하나로 하면 그것은 그 하나로 하는 것으로 그 앞에 드러나는 여러 가지 사물을 모두 알게 되고, 또한 마음은 그것을 관통하여 지식을 조리 있게 하고 이것과 저것으로 하여금 서로 방해하지 않게 할 수 있다. '마음'이 고요하면 그것은 외부 사물에 이끌리지 않고 이치를 분명히 알 수 있으며, 그것의 정미함까지도 관찰할 수 있다. 이와 같이 '지식'의 획득이나 도(道)의 체득은 마음을 '텅 비우고'·'하나로 하고'·'고요하게 하는' 공부를 통해서 가능하다.

즉 '마음'은 '텅 비우고'·'하나로 하고'·'고요하게 하는' 공부를 통하여 다섯 가지 기관을 다스릴 수 있는 능력과 자기 자신을 다스릴 수 있는, 즉 "마음이 한 가운데 텅 빈 데 있으면서 다섯 가지 기관을 다스리는"[33] 천군(天君)의 능력을 통해서 '성'(性)을 다스려 나간다. 즉 '천군'의 마음이 자신을 다스리고 그 이외의 것을 다스리는 내외 합일(內外合一)의 통류(統類)를 이루기 위해서는 도(道)라는 객관적·외재적 표준에 근거해야 한다. 이러할 때에 마음은 참다운 인식을 하게 된다. 따라서 '마음'은 반드시 '텅 비우고'·'하나로 하고'·'고요하게 하는' 공부를 거친 이후에야 비로소 자신을 바르게 하고, 더 나아가서 마음 자체와 그것 이외의 것을 다스리는 '천군'의 직분을 보다 더 올바르게 발휘하여 하나의 청명(淸明)한 '천군'이 되는 것이다.

아직 도(道)를 얻지 못하여 도를 구하는 자에게는 '텅 비우고'(虛)·'하나로 하고'(壹)·'고요하게 하는'(靜) 것을 (그에게) 가르쳐 주라. (謂之) 그것을 실천하려면(作之) 장차 도를 따르는 자가 텅 비워야 (道에) 들어갈 수 있고, 도를 실천하는 자가 하나로 해야 (이치를) 다 할 수 있고, 도를 생각하는 자가 고요하게 해야 분명하게 관찰할 수 있다. 도를 인식하여 분명하게 통찰할 수 있고, 도를 인식하여 힘써 실천할 수 있어야 비로소 (진정으로) 도를 체득할 수 있다. (이런) '텅 비우고'·'하나로 하고'·'고요하게 하는' 것을 대청명(大淸明)이라고 한다. (여기서) 만물은 형상을 드러내어 보이지 않는 것이 없고, 보이

---

33) 『荀子』, 「天論篇」, "心居中虛,以治五官,夫是之謂天君." 여기서 '天'자는 '마음은 태어나면서 우리에게 본래 있었던 것'임을 의미하고, '君'자는 '다섯 가지 감각 기관을 다스릴 수 있음'을 의미한다. 이것을 임금과 신하로 비유하면, '마음'은 임금(같은 책, 「解蔽篇」, "心者,形之君也而神明之主也.")이고, '다섯 가지 감각 기관'은 사역하는 신하로써, '마음'은 인식주체이고, 다섯 가지 감각 기관은 '마음'의 인식 대상(여기서 '다섯 가지 감각 기관'을 인식 대상으로 보는 것은 오직 '마음'과의 관계에서 말한다. 즉 '마음'은 오관에 의해서 모여진 것을 대상으로 다스리고 인식하기 때문이다.)이라는 말이다. 여기서 보듯이, '마음'과 '다섯 가지 감각 기관'의 임금과 신하의 관계는 자연적으로 본래 정해진 이치로써 그런 이치를 뒤바꿀 어떠한 근거가 없다고 할 수 있다.

면 논설하지 못할 것이 없고, 논설하면 그 마땅함을 얻지 않음이 없다. 방안에 앉아서 사해의 안에 있는 사물을 볼 수 있고, 오늘에 앉아서 아주 오래된 사물을 들을 수 있고, 만물을 통관하여 그 도리를 알수 있고, 치와 난의 자취를 더듬어 그것의 제도를 통달하고, 천지를 경영하고 만물을 다스리며, 대리(大理)를 제재(制裁)하고 우주를 포괄한다.[34]

이러한 '대청명한 마음'은 '텅 비우고'·'하나로 하고'·'고요하게 하는' 공부를 통과하여 도달된 최고 경계를 의미한다.[35] 이 경계에 있는 '마음'이야말로 '도'에 근거하여 '욕구'를 다스리는 '천군의 마음'인 것이다. 결국 그러한 마음은 외부 사물에 대한 인식 작용을 통해서 우리에게 참다운 인식의 근거를 마련해 주며, 더 나아가서 스스로 명령을 내리기만 하고 외부에 명령을 받지 않는 자주적·주재적인 성격을 드러낸다.

### 맹자와 순자가 제출한 '마음'의 간략한 비교

앞서 보았듯이 맹자와 순자의 '마음'의 논의는 기본적으로 그 출발에서부터 다르지만 두 사람이 제출한 '마음'의 공통점은 둘 다 '자주적' 성격을 드러낸다는 점이다. 그럼 맹자와 순자에서 '마음의 자주

---

34) 같은 책, 「解蔽篇」, "未得道而求道者, 謂之虛壹而靜. 作之, 則將須道者之虛則入, 將事道者之壹則盡, 將思道者靜則察. 知道察, 知道行, 體道者也. 虛壹而靜, 謂之大淸明. 萬物莫形而不見, 莫見而不論, 莫論而失位. 坐於室而見四海, 處於今而論久遠, 疏觀萬物而知其情, 參稽治亂而通其度, 經緯天地, 而材官萬物, 制割大理, 而宇宙裏矣."

35) 蔡仁厚, 『孔孟荀哲學』, 414쪽. 한편 당군의는 '대청명'(大淸明)을 다음과 같이 해석한다. "마음은 '텅 비움으로써(虛) 무진장 저장할 수 있기 때문에 '대'(大)이고, 이 하나로 저 하나를 해치지 않기 때문에 '청'(淸)이며, 고요하면서(靜) 통찰(察)할 수 있기 때문에 '명'(明)이다."(唐君毅, 『中國哲學原論(原道篇一)』, 453쪽)

성'이란 무엇을 말하는가? 즉 맹자의 마음은 성선(性善)의 방면에서 말한 것으로, '마음'이 '선'을 향한 '마음'임을 보여준다. 그래서 그러한 '마음'은 외부에서 주어지는 것이 아니라 태어나면서 본래 가지고 있는 것이다. "인·의·예·지는 밖으로부터 나에게 밀고 들어온 것이 아니라 내가 본래 가지고 있는 것이다"가 그것이다. 이 때문에 마음이 사물에 빠져 '귀와 눈의 욕망'을 향해 있다면 우리가 '잃어버린 마음을 구하여'(求放心) '마음을 보존하고'(存心), '욕심을 적게 하여'(寡欲) '마음을 기르는'(養心) 등 '넓혀서 충실해 나갈 때에'(擴而充之) 그 본래의 마음을 회복할 수 있는 것이다. 이러한 맹자의 '마음'에 대한 공부는 내심의 세계에서 행하는 '내적 공부'라고 할 수 있다. 따라서 맹자에서 '마음'은 스스로 법칙을 세워서, 즉 '자주적'으로 그 세워진 법칙에 근거하여 행위 활동을 일으키는 것을 가리킨다.

반면에 순자의 '마음'에 대한 공부는 외부의 객관 사물을 인식해 나가는 것이다. 즉 그에게서 '마음'은 감각 기관을 통해서 얻은 재료를 바탕으로 사물을 인식하고 판단하는 작용을 한다. 이러한 마음은 "옳다고 여기면 그것을 받아들이고 그르다고 여기면 그것을 사양하기도 한다." 이러는 중에 '마음'은 '선'으로 향할 수도 있고, '악'으로 향할 수도 있는 가치 중립적 성격을 드러낸다. 이와 같이 '마음'은 그 자체 내에 사려·판단·조절의 능력을 가지고 있지만, '선'과 '악'을 결정할 수 있는 능력을 가지고 있지 않다. 하지만 '텅 비우고'·'하나로 하고'·'고요하게 하는' 공부를 통과한 '천군'의 '마음'은 '스스로 명령을 내리기만 하고 외부의 명령을 받지 않는' 자주적·주재적 성격을 드러낸다. 이와 같이 순자에서 '마음'은 '자유적인 선택', 즉 '이것을 선택할 수 있고 저것을 선택할 수 있어서 어떤 것에 의해서도 금지나 제한을 받지 않는 것'을 가리킨다.

명령을 내리기만 하고 명령을 받는 데가 없다. 스스로 금지하고, 스스로 시키고, 스스로 빼앗고, 스스로 취하고, 스스로 가고, 스스로 멈춘다. 그러므로 입은 겁을 주어 아무 말도 못하게 할 수 있고, 형체는 겁을 주어 오그렸다 펴게 할 수는 있지만, 마음은 겁을 주어 뜻을 바꾸게 할 수는 없다. 옳다고 여기면 그것을 받아들이고, 그르다고 여기면 그것을 사양한다.[36]

이상으로 맹자에서 '마음의 자주성'이란 '도덕심(道德心)[37]의 자주·자율과 스스로 결정하고 스스로 바르게 하는 창조적인 자유의지를 구유한다.'[38] 이와 같이 마음이 그 자체 내에 서서 그러한 역량을 발휘한다는 점에서, 그것은 그 자체 내에서 법칙을 세울 수 있을 뿐만 아니라 스스로 도덕 행위를 일으킬 수 있는 '실천 주체'라고 할 수 있다. 반면에 순자에서 '마음의 자주성'이란 인식심(認識心)에서 말하는 것으로, 즉 그 자체 내에서 법칙을 세울 수 없을 뿐만 아니라 스스로 도덕 행위를 일으킬 수도 없는 '인식 주체'라고 할 수 있다.

---

36) 『荀子』, 「解蔽篇」, "出令而無所受令.自禁也,自使也,自奪也,自取也,自行也,自止也.故口可劫,而使墨云,形可劫而使詘申,心不可劫而使易意,是之則受,非之則辭."

37) 한편 오강은 '마음'을 세 가지로 나누어 맹자의 '마음'을 '천심'(天心)으로, 순자의 '마음'을 '도심'(道心)으로 규정한다. 즉 첫째는 지식심(知識心)이고, 둘째는 도덕심(道德心)이고, 셋째는 형상심(形相心)이다. "첫째, '지식심'은 생리와 심리상, 즉 지각 의욕과 인식 작용의 주체로써 인심(人心)이다. 둘째, '도덕심'은 인생 행위를 표준의 규칙으로 취하는 것으로써 도심(道心)이다. 셋째, '형상심'은 우주 만물의 중심 정신으로써 '천심'(天心)이다. 그리고 순자에서 마음의 기능은 '지식심' 및 '도덕심'을 위주로 하고 '형상심'에는 나아가지 않는다. 말하자면 순자가 말한 마음은 인심(人心)과 도심(道心)이지 천심(天心)은 아니다."(吳康, 『諸子學槪要』, 72쪽) 여기서의 '도덕'이란 인간에 내재된 덕성의 발현이 아니라 객관적·외재적 도(道)에 근거해서 성취된 것을 말한다.

38) 蔡仁厚, 『孔孟荀哲學』, 411쪽.

## (2)『대학』의 정심(正心)

『대학』에서 '정심'은 '수신'의 구체적인 실천 방법이다.[39] 그럼 '정심'의 '마음'(心)은 과연 '인심'(人心)인가, 아니면 '도심'(道心)인가?[40] 그 마음은 '몸'(身)과 어떠한 관계를 가지는가?

### '정심'의 '마음'은 '인심'인가, '도심'인가?

'정심'의 '마음'은 '인심'인가? 순자에서 '인심'은 모든 이치를 결정할 수 없는 한쪽으로 기울어진 것으로써, 한 가지 일에 정미하지만 다른 일에 정미하지 못하는 마음이다. 즉 이것은 마음이 인식해 나갈 때에 그것의 인식 능력이 다른 외부 사물의 간섭을 받아서 그것의 정확성에 문제가 생긴 것이다. 이것이 바로 "인심지위"(人心之危) '위'(危)의 상태이다.

> 작은 사물에 한번 이끌리면 그 바름은 외부에서 바뀌고, 마음이 안에서 기울어지면 모든 도리를 판단할 수 없다.[41]

> 귀와 눈의 욕망에 접하면 그 생각을 잃어버리고, …… 모기나 등에의 소리가 들려 그 정미함이 꺾이는 것은 위(危)라고 하지 미(微)라고 하지 않는다.[42]

여기서 보듯이 '인심'은 인식의 표준이 없기 때문에 그것은 정확성

---

39)『大學』, "欲修其身者,先正其心."

40)『尙書』,「大禹謨篇」, "人心惟危,道心惟微." 荀子에도 동일한 내용이 있다.(『荀子』,「解蔽篇」, "『道經』曰,人心之危,道心之微.危微之幾,唯明君子而後能知之.")

41) 같은 책,「解蔽篇」, "小物引之,則其正外易,其心內傾,則不足以決庶理矣."

42) 같은 책,「解蔽篇」, "耳目之欲接,則敗其思. …… 蚊虻之聲,聞則挫其精,可謂危矣,未可謂微也."

을 보증할 수 없다. 즉 이러한 '인심'이 '정심'의 '마음'이라고 한다면 그 '정'(正)자에는 '그 바르지 않은 것을 바르게 한다'는 공부적 측면이 강화된다. 그렇다면 '정심' 그 자체에서 실천 공부가 가능하기 때문에 성의(誠意)를 '정심'과 연결해서 볼 필요가 없고, 또한 '정심'의 '마음'이 가지는 본체의 의미를 전혀 고려할 필요가 없을 것이다. 그리하여 혹자는 "정심의 정(正)은 결코 따로 해석한 것이 아니다. 즉 『대학』은 결코 심성이나 가치 근원 문제의 이론을 탐구하지 않았으므로 단지 실천 과정의 설법만 있을 뿐이다"[43]라고 주장한다. 과연 이 주장은 타당한가?

그런데 문제는 '정심'에는 반드시 '도덕 실천이 어떻게 가능한가' 하는 본질적 근거, 즉 마음의 본체에 대한 확립이 전제되어야 한다는 것이다. 이것을 받아들인다면 '정심'의 '마음'은 도심(道心)을 의미하게 된다. 그럼 '도심'은 무엇인가? 순자에 의하면 '도심'은 다른 사람들의 정미한 일을 두루 알며, 또한 더 나아가서 '도에 정미한 마음'이다. 이것이 미(微)의 경계로써, 이 '미'는 '도'에 정미하여 전체적인 인식을 할 수 있음을 의미한다.[44] 따라서 그에게서 '도심'은 인식의 표준으로써, 마음의 인식 능력의 정확성을 보증하는 것이라고 할 수 있다. 하지만 이러한 순자의 '도심'에 근거하여 『대학』의 '정심'의 '마음'을 해석할 수는 없고, 반드시 맹자의 '도심'에 근거하여 이해해

---

43) 勞思光 著, 鄭仁在 譯, 『中國哲學史(漢唐篇)』, 59쪽.

44) 이 때문에 서복관은 '도심(道心)은 미(微)에 도달하는 공부이고, 미(微)는 바로 도심(道心)의 효과'로 규정짓는다(徐復觀, 『中國人性論史』, 245쪽). 즉 이 '도심지미'(道心之微)의 의미에는 두 가지가 있다. 첫째는 '마음'이 도리를 안 이후에 마음의 인식 능력은 그 정미함을 다할 수 있고, 둘째는 인식이 그 정미함을 다함으로 인하여 '지행명일'(知行冥一)할 수 있고, '지'(知)의 정미함으로 말미암아 동시에 행(行)의 효과를 볼 수 있다. 결국 맹자는 도덕심의 확충 상에서 이런 경계를 건립했고, 순자는 인식의 정통함에서 이런 경계를 건립했다(같은 책, 243~244쪽).

야 한다. 이러한 맹자에 근거하면 '도심'은 바로 '마음'이 본래 '선'하
거나 '바르다'(正)는 것을 의미한다. 이는 바로 '정심'의 '마음'이 우리
의 본심(本心)을 의미하는 '도심'이며, 또한 '정심'의 '바름'(正)이 '정
위(正位)의 바름(正)'[45]임을 가리킨다. 이런 점에서 '정심'은 '바름(正)
에서 마음을 말한 것'이 아니라 '마음에서 바름(正)을 말한 것'으로,
즉 '바름'(正)으로 그 마음을 다스리는 것이 아니라 마음의 본래 면
목을 올바르게 유지하여 정욕에 그 지위를 빼앗기지 않게끔 하는 것
이다.[46] 따라서 우리는 그 자체로 '선'하고 '바른'(正) '마음의 본체'
를 올바르게 세워야 하고, 즉 '본심의 자기 발로인 마음이 생명 중에
서 지녀야 할 지위를 반드시 유지해 나가야 할 것이다.'[47] 결국 맹
자의 '도심'에 근거하여 마음을 규정한다면 그 마음은 자연히 맹자의
도덕심(道德心)을 가리키는 것으로, 즉 '정심'은 '인식심(認識心) 통
한 이성주의 특징'을 표현한 것이 아니라 '도덕심'의 확충 상에서 하
나의 궁극 경지를 건립하려는데 있다고 할 수 있다.[48]

### '마음'과 '몸'(身)의 문제

그런데 '마음'은 우리 내부에서 항상 살아 숨쉬는 역동적 주체로

---

45) 이 '正位의 正'은 『周易』의 "君子以正位凝命"(鼎卦, 「象傳」)에 근거하고
    있다.
46) 熊十力, 앞의 책, 88쪽.
47) 徐復觀, 『中國人性論史』, 283쪽.
48) 몽배원에 의하면 '정심'(正心)의 "마음은 인식심(認識心)이고, 또한 정감 심
    리(情感心理)이며, 지(知)와 정(情) 두 방면을 포괄한다. '정심'은 자기의 정
    감 태도(情感態度)를 단정하게 하고 그 이성 작용을 발휘하여 정감으로 마
    음의 이성 활동에 영향을 주거나 간섭하지 못하도록 하는 것이다. …… 여
    기서 감성 요소(感性 要所)와 인식 이성(認識理性)을 구분하였고, 아울러
    '감성 활동'에 대한 심지(心知)의 참여와 지도 작용을 제출하여 『대학』의 이
    성주의(理性主義) 특징을 표현했다"라고 한다(蒙培元, 『中國心性論』(臺
    北: 臺灣學生書局, 民國79), 109쪽).

써, 즉 그 본래의 지위에만 영원히 머무는 것이 아니라 외부의 자극해 오는 사물에 대해 반응하는 가운데에서 여러 가지 정감들을 느낀 바에 따라 응해 나간다. 여기에 바로 『대학』의 "몸에 …… 한 바가 있다면(身有所 ……) 그 바름을 얻을 수 없다"의 근본 의의가 있다. 즉 '몸'이 '바름'을 얻지 못하는 것은 '마음의 움직임'인 '정감' 때문이 아니라 그러한 '정감'이 외부 사물에 부림을 당한 이후에 드러나는 '인욕'(人欲) 때문이다. 즉 그 '정감'이 외부 사물에 도리어 얽매이게 되면 그 가운데에는 반드시 동요가 있게 되어, 거기서 싹트는 '인욕의 사사로움'은 주체가 되고 '공정한 이치'는 객체가 되며, '사물'은 안이 되고 '마음'은 바깥이 되게 된다. 이와 같이 '마음'이 '사물'과 접촉하는 중에 그 '정감'이 '인욕'에 치우쳐 그것으로 흘러가서 그 내부에 편중되거나 정체되는 잘못을 범하게 되면 '성내고 노여워하고'·'두려워하고'·'좋아하고 싫어하고'·'근심하고 걱정하는' 본체인 '마음'은 결국에 그 '바름'을 유지할 수 없을 것이다.

> 이른바 몸을 닦음이 마음을 바르게 함에 있다고 하는 것은 '몸'에 성내고 노여워하는 바가 있으면 그 바른 것을 얻을 수 없고, 두려워하는 바가 있으면 그 바른 것을 얻을 수 없고, 좋아하고 즐거하는 바가 있으면 그 바른 것을 얻을 수 없고, 근심과 걱정하는 바가 있으면 그 바른 것을 얻을 수 없다.[49]

여기서 "몸에 …… 한 바가 있다면"("身有所 ……")은 바로 마음이 "몸에 …… 바가 있다면"에 의해서 부림을 당한다면 그것의 '바름'(正)을 얻을 수 없음을 의미한다. 즉 그 네 가지의 '정감'이 내면의 주인이 된다면 '마음'은 도리어 그것들에 의해 동요될 수밖에 없

---

49) 『大學』, "所謂修身在正其心者,身有所忿懥,則不得其正.有所恐懼,則不得其正.有所好樂,則不得其正.有所憂患,則不得其正."

을 것이다. 따라서 위 글의 요지는 그 네 가지의 '정감'을 없앨 것이
아니라 그러한 '정감'으로써 '마음'을 동요시키지 말고 안정시킬 것에
대한 강조였다고 할 수 있다.

그런데 문제는 '마음'이 그 본래의 지위에 있지 않아서 그 바름
(正)이 유지되지 않는다면 결국에 그것의 영향으로 '몸'(身)에 이상이
생기게 된다는 것이다. 그리하여 『대학』은 그 결과를 다음과 같이
말했다.

> 마음이 (항상 그 지위에) 있지 않으면 보아도 보이지 않으며, 들어도
> 들리지 않으며, 먹어도 그 맛을 알지 못한다. 이것은 '몸을 닦음이 그
> 마음을 바르게 함에 있다'고 하는 것이다.[50]

여기서 "마음이 (항상 그 지위에) 있지 않으면"이란 바로 마음이
그 본래 지위를 상실한 것을 의미한다. 이와 같이 '몸'의 주재인 '마
음'이 바깥으로 항상 나아가 그 주재력을 상실한다면 마찬가지로 우
리의 '몸'도 그 주체를 상실하여 어떠한 근거도 가질 수 없게 된다.
예컨대, 그 '몸'은 눈으로 본다고 하더라도 '마음'으로 보지 못하여
한낱 눈으로 보는 데 그친다면 천하의 색을 잘 볼 수 없고, 귀로 듣
는다 하더라도 '마음'으로 듣지 못하여 한낱 귀로 듣는 데 그친다면
장차 천하의 소리를 잘 들을 수 없고, 입으로 음식을 먹는다 할지라
도 '마음'으로 먹지 못하여 한낱 입으로 씹는 데 그친다면 장차 천하
의 맛을 잘 알지 못하는 상태에 놓이게 될 것이다. 따라서 기쁨·노
여움·슬픔·즐거움을 바르게 하지 못함은 '마음'의 누가 되지만 그
폐단은 '몸'에 미치게 되고, 보고·듣고·마시고·먹고 하는 것을
살피지 못함은 '몸'의 폐단이 되지만 그 폐단의 근원은 '마음'에서 일

---

50) 같은 책, "心不在焉,視而不見,聽而不聞,食而不知其味.此謂修身,在正其
   心."

142

어나게 될 것이다.

그런데 '성내며 노여워하고'·'두려워하고'·'좋아하고 싫어하고'·'근심하고 걱정하는' 것이 모두 '심리 현상'을 가리킨다는 점에서 보면, "몸에 …… 한 바가 있다면 ……"의 '몸(身)'자를 정이천(程伊川)의 주장처럼 '마음'(心)으로 바꾸어도 무방할 것이다.[51] 하지만 문제는 인간의 기본 형질이 바로 '마음'과 '몸'의 결합을 통해서 이루어졌다는 점에서 '마음'과 '몸'은 항상 유기적 관계를 맺지 않을 수 없다는 것이다. 이렇게 본다면 "마음이 (항상 그 지위에) 있지 않으면 ……"은 '마음'이 '몸'의 견제를 받았다는 것이고, "몸에 …… 한 바가 있다면 ……"도 '몸'이 '마음'의 견제로 인하여 그러한 상태에 이르렀음을 의미한다고 할 수 있다. 즉 만약 '마음'이 그 '몸'에 있어서 그 영명함을 잃어버린다면 '몸'에서는 보아도 보지 못하고, 들어도 듣지 못하고, 먹어도 그 맛을 알지 못하는 상황에 치닫게 된다는 것이다. 이렇듯이 '정감'에는 외부 사물과 접촉하는 바가 있어 그 과오가 '몸'에 있으면 '마음'은 반드시 병을 얻게 되며, 또한 '보고'·'듣고'·'말하고'·'움직이는' 것은 원래 '몸'의 일에 속하는 일이지만, '마음'이 그 본래 지위에 있지 않는다면 '몸'도 그 작용을 잃어버리게 된다는 것이다. 이와 같이 '보이지 않고'·'들리지 않는' 것은 바로 '몸'이 그 정상 작용을 잃어버린 결과이기 때문에 '몸'과 '마음'을 일치시켜 서로 떨어뜨리지 않아야 비로소 그것들은 그 정상 작용을 모두 발휘할 수 있다. 따라서 '마음'은 '몸의 주재'이고, '몸'은 '마음이 발현하는 장소'라는 점에서, "몸에 …… 바가 있으면"(身有所 ……)의 '몸'(身)을 '마음'으로 바꾸는 것은 타당하지 않다고 할 수 있다.[52]

---

51) 한편 조택후는 "달리 그 아래의 '心不在焉 ……'의 문의에서 보면, 또한 모두 '마음'을 강론했으니, 어떻게 갑자기 중간에 하나의 '신'(身) 자가 나올 수 있겠는가? 그러므로 '身'은 '心' 자의 오류이다"라고 한다(趙澤厚, 앞의 책, 338쪽).

이상으로 본다면 '마음'의 본래 지위를 유지시켜 그것으로 '몸과 조화'를 이루는 정심(正心)의 실질적 공부는 무엇인가? 즉 본래 '선'하고 바른(正) '마음'은 쉽게 파악할 수 없기 때문에 그 자체에서는 공부를 진행해 나갈 수 없다. 만약 그 자체에서 공부가 진행된다면 앞서 보았듯이 '정심'의 '마음'은 '인심'을 의미하게 되어 논의에 대한 전반적 수정이 불가피하게 된다. 이러한 문제를 해결할 수 있는 근거는 무엇인가? 즉 '마음'이 그 '바름'(正)을 유지할 수 있는 근거는 뒤에서 논의하게 될 '행위의 동기'인 '의념'(意)이다. 즉 그것은 성의(誠意) 공부의 관건인 신독(愼獨)을 통하여 생리의 인욕이 '의념'을 가로막아 폐할 수 없게 하여 스스로 속임을 면할 수 있다면 '마음'은 그 본래의 지위에 있을 수 있다는 것이다. 이것이 바로 '정심'이다.53) 결국 '정심'의 실천 공부는 그 편승된 감정을 제약하여 중도(中道)에 부합하도록 노력하고, 그 치우친 것을 바로잡아 정도(正道)로 돌아가게 하는 데 있다고 할 수 있다.

## 2) 성의(誠意) 공부

'성의'라는 말은 『대학』에서 처음으로 등장하는데, 즉 그것은 '선진 유가의 수양 공부 발전의 정점'54)이자, '『대학』 정신의 중심 소재

---

52) 양수명에 의하면 "身有所 …… 其正"의 '正'자는 『논어』의 "不能正其身, 如正人何"의 '正'자인데, 이 "不能正"의 '正'도 또한 '마음'의 '正位의 正'을 의미한다. 분명히 "身有所 ……"는 '마음의 動'인 '情'이 외부 사물의 사사로움에 빠져서 그것의 본체를 잃어버려 '몸'에 이상이 생긴 것을 말한다. 따라서 일신(一身)의 주재이어야 할 '마음'은 '몸'과 조화를 이루지 못하여 그 본래 지위를 상실할 수 있기 때문에 그 문장은 단순히 '마음' 자체에서가 아니라 '몸'과 '마음'의 관계성에서도 설명되어야 한다는 것이다(梁漱溟, 『禮記大學篇伍嚴兩家解說』(『梁漱溟全集(4)』, 北京: 山東人民出版社, 1991), 42쪽 참조).

53) 柳嶽生, 앞의 책, 82쪽.

이자 기초 공부'라고 할 수 있다. 그렇다면 '성의'는 구체적으로 무엇을 의미하는가?

### (1) 의념(意)[55]의 의미

앞에서 보듯이 '의념'(意)은 "마음의 발현" 또는 "마음의 발동처"로 명명된다. 그런데 문제는 그러한 '의념'은 '마음'이 전적으로 그 본래 지위에 머문 상태에서 발현되는 것이 아니라 항상 우리의 '몸'과 결합하여 통하는 그 순간에 발현된다는 것이다. 이런 점에서 비록 『대학』의 '성의' 공부가 본질적으로 '마음'의 본래 지위를 유지하는 것이라고 하더라도 결국 그것은 '덕성 주체의 확립'을 위한 외부로의 전개와 실현에 그 공부의 방향을 맞추어야 할 것이다. 즉 우리는 생명을 가지고 태어나는 순간부터 주위의 환경이나 외부의 많은 사물과 항상 유기적·역동적 관계를 가지는데, 그런 중에 우리의 활동은 외부에 영향을 받거나('몸'으로부터 '마음'에 통하고) 또는 주거나 하는('마음'으로부터 '몸'에 통하는) 등의 범위를 벗어나지 않는다. 이런 속에서 발현하는 것이 '의념'이라면 그것은 우리의 '생명의 발현처'로써, 어느 한 곳에 고정되지 않고 끊임없이 약동해 나가는 '행위의 동기'를 의미한다고 할 수 있다.

---

54) 徐復觀, 『中國人性論史』, 284쪽. 『논어』에서는 '志'를 말하면서 '意'를 말하지 않고, 『중용』에서는 '誠身'을 말하면서 '誠意'를 말하지 않고, 『맹자』에서는 '志'를 말하면서 '意'를 말하지 않고 있는 점에서 본다면 우리는 '志'와 '意'의 관계를 제대로 규명할 수 없을 것이다. 그런데 『순자』에서 '志'와 '意'를 모두 말하는 동시에 그 둘을 합하여 '志意'라고 하고, 또한 『설문해자』에서 '志'와 '意'를 동일한 의미로 나타내고 있는 점에 근거하면(『說文解字』(北京: 中華書局, 1992 12刷本), 217쪽, "意,志也." "志,意也.") 비록 '志'가 '意'에서 나온다는 선후의 구분은 있을 수 있다고 하더라도 결국 '持志'와 '誠意' 공부는 모두 동일한 층차의 공부를 말한다고 할 수 있다.

55) '意'는 일반적으로 '意念'·'知覺'·'意志'·'意向' 등을 의미하는데(蒙培元, 앞의 책, 18쪽), 여기서는 '의념'이란 말로 사용할 것이다.

그러면 '의념'(意)은 '마음'과 동일한 성격을 가지는가? 즉 '마음의 발현으로 말미암아 드러나는 것'은 '의념으로 말미암아 드러나는 것'과 동일하다고 할 수 있다. 즉 우리가 태어나는 순간에 '마음'과 '의념'은 동시에 우리의 내부에서 그 지위를 가지게 된다. 왜냐하면 '마음'은 그 자체로 보여질 수 없고 '의념'을 통해서 그 존재 근거를 드러낼 수 있으며, 또한 '의념'도 '마음'과 떨어져 그 자체로 존립할 수 없고, 오직 그 '선'하고 '바름' 그 자체인 '마음'에 근거하여 그 의의를 드러낼 수 있기 때문이다. 따라서 '의념'은 '마음'과 동일한 내용을 가지는 것으로 그 본질은 '선하고 바르다'고 할 수 있다.

그렇다면 "나쁜 냄새를 싫어하고 좋은 색을 좋아하듯이"를 '의념'(意)의 두 개의 발동이라고 볼 수 있는가? 만약 그렇다고 한다면 '정심'의 마음은 '도심'이 아니라 '인심'을 의미하게 되어, 앞의 노사광의 주장56)은 상당한 설득력을 가지게 된다. 하지만 '의념'에는 두 가지 '의념'이 있을 수 없는데, 즉 '의념'과 '마음'이 동일한 의미를 가진다는 점에서, '의념에 선하지 않음이 있다'는 것은 바로 '마음에도 선하지 않음이 있다'는 것 의미하기 때문이다. 즉 만약 '의념'이 발현될 때에 반드시 바르지 않는 것이 있게 된다면, 또한 '의념'이 '마음'에 근거를 두지 않게 된다면 '의념'은 바로 '마음의 발현'이 아닌 것이 되어, 결국에 '의념'은 믿을 수 없게 되고, 또한 더 나아가 '성의'도 믿을 수 없게 된다는 것이다.57) 따라서 앞서 보았듯이 '정심'의 '마음'은 본심(本心)으로서 본래 바르지 않음이 없기 때문에 그것에 의해 발현된 '의념'도 자연히 바르지 않음이 없다고 할 수 있다.

그럼 '의념'(意)이 '바르지 않는다'는 말은 무엇을 의미하는가? 그

---

56) 勞思光 著, 정인재 역, 『中國哲學史(漢唐篇)』, 59쪽.

57) 이러한 이유로 서복관은 "誠意로 正心의 공부를 삼는 것은 반드시 맹자의 心善을 전제로 삼아야 한다"라고 주장한다(徐復觀, 『中國人性論史』, 284쪽).

것은 ‘의념’이 잠시 움직일 때에 함께 따라서 일어나는 ‘생리의 욕망’일 뿐이다. 이러한 ‘생리의 욕망’은 실질적으로 무엇과의 접촉을 통하여 나오는가? 여기서 ‘의념’은 어디까지나 ‘마음’이 보다 더 구체적으로 그 모습을 드러낸 것에 불과하다. 즉 그것은 ‘의념’이 직접적으로 외부 사물과 접촉하는 것이 아니라 그것의 활동을 가능케 하는 또 다른 요인에 의해 그 접촉이 이루어진다는 것이다. 그리하여 ‘의념’이 그 활동을 전개할 때는 반드시 그 활동에 필요한 보다 더 구체적인 구성 요건이 충분히 갖추어질 때에 ‘의념’은 우리의 행위의 동기로써 그 근거를 충분히 가지게 된다. 바로 『대학』에서 ‘마음의 발현’을 ‘의념’으로, ‘마음의 움직임’을 ‘정감’으로 나누어 설명을 하려고 한 이유가 여기에 있다.58) 아무튼 ‘악’은 ‘정감’이 ‘의념’, 즉 ‘마음’에 따라 일정한 흐름을 유지하지 못하고 생리 욕망에 그 흐름을 빼앗기는 순간에 드러나는 것일 뿐이다. 따라서 그러한 정감들이 ‘마음의 바름’(正)에 근거하여 외부 사물의 유혹에 빠지지 않고, 궁극적으로 그 “발현하여 중절하는”(發而中節) 조화(和)가 유지되기 위해서는 반드시 마음을 “성실되게 하는”(誠之) 실천 공부가 전개되어야 한다.

---

58) 여기서 ‘마음의 발현’(發)의 ‘발현’과 ‘마음의 움직임’(動)의 ‘움직임’은 어떠한 함의를 담고 있는가? 예컨대, 우리가 ‘A’라는 지점에서 ‘B’라는 지점으로 간다고 하자. 이때 ‘발현’(發)이란 글자 그대로 우리가 ‘B’로 가기 위해 ‘A’에 그 모습을 드러내는 것으로, 즉 안에 있던 것이 전혀 변질되지 않고 밖으로 온전하게 그 모습 그대로 드러나서 안에 있었을 때나 밖에 있었을 때나 본질적으로 동일한 내용을 가진다. 한편 ‘움직임’(動)이란 ‘A’에 가만히 있는 것이 아니라 ‘A’에서 출발을 하면서부터 외부 사물과 끊임없는 관계를 맺으면서도 그 본래의 모습을 잃지 않고 ‘B’에 도달한다는 ‘역동성’의 의미를 함축하고 있다. 이렇게 본다면 ‘心의 작용’으로 드러나는 여러 가지 ‘정감’들은 모두 실질적으로 ‘마음’보다는 ‘마음의 발현’인 ‘의념’(意)과 더 밀접한 관계를 가진다. 孔穎達, 『禮記正義』, 「大學篇」, “摠包萬慮謂之心. 爲情所憶念謂之意.”(“온갖 헤아림을 모두 포함하는 것을 心이라 하고, 情으로 해서 생각되는 바를 意라고 한다.”)

이러한 '성실되게 하는' 공부의 실질적 의의는 어디에 있는가? 그것은 바로 "스스로를 속이지 않는 데에 있다."(無自欺) 여기서 '스스로를 속임'은 "마치 좋은 색을 좋아하듯이 나쁜 냄새를 싫어하듯이" 하는 우리 자신의 '정감'에 충실하지 못하고, '좋은 색을 좋아하는 체하고 나쁜 냄새를 싫어하는 체'하는 거짓된 행위에서 비롯된다.

> 이른바 그 뜻을 성실히 한다는 것은 스스로를 속이지 않는다는 것이다. 나쁜 냄새를 싫어하듯이 하며, 좋은 색을 좋아하듯이 하여야 한다. 이것을 스스로 좋아함이라고 한다. 그러므로 군자는 반드시 혼자 있을 때를 삼가야 한다.[59]

즉 '스스로 속이는 일'이 생기는 것은 앞에서 보듯이 '의념'이 아니라 '정감'이 움직이면서 그것과 더불어 생기는 생리 욕망에 의해 '마음'의 그 본래 면목이 가려져 내부와 외부의 유기적 관계를 갖지 못하고 이원화되었기 때문이다. 이와 같이 우리의 생리 욕망이 '의념'의 발현과 동시에 나타난다고 한다면 '악'은 분명히 '의념'에 의해 발생한다고 볼 수도 있다. 하지만 그것은 어디까지나 '마음의 움직임'인 우리의 여러 가지 정감들이 '마음'에 근거하지 않고 외부 사물에 유혹되어 "발현하여 중절하는"(發而中節) '조화'(和)를 이루지 못하였을 때에 일어나는 것에 불과하다. 즉 우리가 "마치 나쁜 냄새를 싫어하듯이 좋은 색을 좋아하듯이" 하는 것은 어쩔 수 없이 외부 형세에 따라서 자기를 버리고 남을 위하는 것이 아니라 오직 자기 자신을 위해서 하는 일이다. 이렇게 할 때, 우리는 "스스로 만족을 얻는데"(自謙), 즉 이것이 의성(意誠)이다. 따라서 "스스로 만족을 얻는다"는 것은 '마음의 발현'인 '의념'을 전제로 할 때에 가능하다고 할

---

59) 『大學』, "所謂誠其意者, 毋自欺也. 如惡惡臭, 如好好色. 此之謂自謙. 故君子, 必慎其獨也."

수 있다.

그런데 우리가 '진실로 좋아하듯이 진실로 싫어하듯이' 하여 '마음'의 본래 면목을 유지하면서도 한편으로 남의 이목 때문에 외부의 형세에 어쩔 수 없이 따르고, 한갓 '좋아하는 냄새를 좋아하는 체, 나쁜 냄새를 싫어하는 체'한다면 그것은 위선이고 사악일 뿐이다. '성의'의 근본 의의는 바로 그 외부의 사물에 의해서 일어나는 사욕을 다스린다는 데에 있는 것이 아니라 그러한 '정감'들이 모두 '조화'를 이루는 데 있어서 근본 바탕인 '의념'의 본래 면목을 유지하는 데 있는 것이다. 만약 그렇지 않는다면 우리는 사사로운 욕심을 유발하는 생리 욕망에 대해서 이렇다 할 어떠한 경계를 할 수 없게 된다. 따라서 '마음이 바름'(心正)과 '몸이 닦임'(身修)은 '마음의 발현'인 '의념'의 본래 면목을 철저하게 유지시켜 나아가 "스스로 만족을 얻을" 때에 가능하다고 할 수 있다. 즉 『대학』의 "마음을 바르게 하고자 하는 자는 먼저 의념을 성실하게 해야 한다"의 근거는 여기에 있다.60)

이상으로 보듯이, '의념'(意)이 '악'함은 '마음'이 외부 사물과 접촉할 때에 귀와 눈 등의 생리 욕망이 외부 사물에 이끌림을 받아서 수시로 일어나 마음에서 직접 발현한 '의념'을 안에서 막고 빼앗고 어지럽혀서 혼란하게 하기 때문이다. 즉 그 처음이 막히고 빼앗기고 섞여 있을 때에 바로 '마음'에서 발현한 '의념'은 완전히 작용을 잃지 않고 항상 본심(本心)의 불안을 드러낸다는 것이다. 때문에 생리 욕망은 항상 마음의 '지성'의 일면을 몰아 버리고 그 본래의 선한 마음을 속이고, 또한 마음의 다른 일면인 '지능'의 힘을 거짓되게 빌려

---

60) '의념'(意)이 '마음의 발현'이라고 본다면 그것은 바로 '마음'과 동일한 근거를 가지기 때문에 '성의'(誠意)의 '誠'자는 '正心'의 '正'자로 바꾸어도 무방하리라고 본다. 이런 점에서 '성의'는 '정의'(正意)로써, '마음의 발현'인 '의념'의 본래 면목을 올바르게 유지하는 것이라고도 할 수 있다.

마음의 다른 한 면의 도덕적 요구를 속임으로써 양심의 관용을 구하게 된다. 이것이 '스스로 속이는 것', 즉 '의념'의 '성실하지 못함'이다. 따라서 우리는 "나쁜 냄새를 싫어하듯이 좋은 색을 좋아하듯이", '마음'으로 말미암아 발현되는 '의념'을 항상 서로 이어지게 하고 수시로 일어나는 생리 욕망에 막히거나 빼앗기거나 섞이지 않게 하면서 완전히 '마음이 발현하는 바'(心之所發)의 본래 면목을 잘 유지해 나가야 한다. 이것이 바로 '성의'이다.[61] 결국 '성의'는 바로 그러한 '의념'의 불안감을 해소하여 그 본래 면목을 유지하는 동시에 그것에 근거하여 외부로의 실천 행위를 드러낼 때에 비로소 가능한 것이다.

(2) 의념(意)에 대한 자각 — 성의(誠意) · 신독(愼獨)[62]

우리는 어떻게 그 '의념'이 그러한 불안감을 드러내지 않고 그 본래 면목을 잘 유지시켜 나가게 할 수 있는가? 앞서 보았듯이, '스스로 속이는 것'은 생리 욕망이 외부 사물의 이끌림을 받아서 안에서 '의념'을 막고 혼란에 빠뜨려 오직 밖으로 치달아 나아가 '안'과 '바깥'의 조화를 깨뜨려 버렸기 때문이다. 따라서 '성의'의 '성실함'(誠)의 공부는 이러한 자기 자신에 대한 진실성과 성실성을 철저하게 파괴하는 그러한 속임과 혼란을 종식시키는 것이다. 그리하여 『중용』은 마음을 "성실되게 하는"(誠之) 공부를 우리의 '본성'의 본질적 물

61) 徐復觀, 『中國人性論史』, 285쪽.
62) 진만명은 "明明德이 가리키는 것은 바로 知의 明德(知性)과 仁의 明德(仁性)의 발휘이다. …… 明明德於天下(平天下) · 治國 · 齊家 · 修身 · 正心 · 誠意는 仁의 明德(仁性)의 발휘이고, 또한 誠의 과정이며, 致知 · 格物은 知의 明德(知性)의 발휘이고, 또한 明의 공부이다. 格物 · 致知(明)로 말미암아 誠意 · 正心 · 修身 · 齊家 · 治國 · 平天下(誠)하는데, 그 따르는 것은 바로 自明誠의 길이다. 이것은 성인이 사람들에게 明明德을 가르치는 하나의 거대한 길이며, 知와 行을 합하여 하나로 한 것이다"라고 한다(陳滿銘, 『學庸麤談』(臺北: 文津出版社, 民國71), 69~71쪽).

음에 대한 해법으로 제시하고 있다.

> 몸을 성실하게 함에는 도리가 있으니, 착함을 밝게 알지 못하면 몸을 성실히 하지 못한다. 성실함이란 하늘의 도리이고 성실되게 하는 것은 사람의 도리이다.[63]

여기서 마음을 "성실되게 하는"(誠之) 공부가 우리의 '의념(意)'에 대한 자각'을 의미한다면 그것은 우리가 한 명의 인간으로서 인간다움을 유지하는 데 없어서는 안 될 가장 본질적인 것이다.[64] 이러한 "성실되게 하는" 공부를 통해 '의념에 대한 자각'이 이루어진다면 우리의 여러 정감은 그 본심(本心)에 근거하여 "발현하여 중절함으로써"(發而中節) 그 조화를 이룰 수 있을 것이다. 만약 조화를 이룰 수 없다면 그러한 정감은 외부 사물에 이끌림을 당하여 '일신(一身)의 주재'인 '마음'에 근거하지 못하고, 항상 혼미·정체·타락의 과정을 걸을 수밖에 없을 것이다. 때문에 그 '의념에 대한 자각'을 이루기 위해서는 항상 그 '본심'의 본래 면목을 유지하여 정감들이 그러한 부조화로 나아가지 않도록 조정·조율하는 "성실되게 하는"(誠之) 공부가 수반되어야 한다. 따라서 우리가 "성실되게 하는" 공부를 통하여 우리 자신의 '의념'을 성실히 하여 거짓이 없게 한다면, 즉 "나쁜 냄새를 싫어하듯이 좋은 색을 좋아하듯이" '마음'의 본래 면목을 유지해 나간다면 진실로 '의념'은 성실해질 것이다. 이것이 바로 의성(意誠)이다. 여기에 바로 신독(愼獨)[65]의 진정한 의의가 있다.

---

63) 『中庸』, 20장, "誠身有道,不明乎善,不誠乎身矣.誠者,天之道也.誠之者,人之道也"

64) 양수명에 근거하면 그러한 '성지'(誠之)야말로 성의(誠意)로써, 사람의 도리는 반드시 그 '의념'(意)을 성실히 하는 데 있다고 할 수 있다(梁漱溟, 앞의 책, 109쪽).

65) 이 '신독'(愼獨)의 용어는 공자와 맹자에서 나타나지 않지만 증자의 "나는

그럼 '신독'은 무엇을 의미하는가? '신독'은 '홀로 거처하고 다른 사람들이 보지 않는 상황에서도 근신하여 그 마음의 본래 면목을 유지해 나가는 것이다. 이러한 '신독'의 '독'(獨)자는 크게 두 가지 의미를 가진다. 첫째는 '독지(獨知)의 독'(獨)이다.

> 군자는 보지 않는 바에도 경계하고 삼가며, 자기가 듣지 않는 바에도 두려워해야 한다. 숨는 것보다 더 잘 드러남이 없으며 미세한 것보다 더 잘 나타나는 것이 없다. 그러므로 군자는 혼자 있을 때를 삼가야 한다.66)

> 군자의 미칠 수 없는 점은 사람들이 보지 않는 바에 있다.67)

> 무릇 이러한 (군자의 행동이) 법령에 딱 들어맞음은 그 홀로 있음을 삼갔기 때문이다. ······ 진실하지 않으면 홀로 있을 수 없다.68)

즉 겉으로 드러나거나 행동으로 옮겨지기 이전의 '의념'(意)의 첫 움직임은 자신의 깊은 곳, 남이 알지 못하는 혼자만의 깊은 곳에서 일어난다. 그래서 우리의 내부가 분열된 상태라면 '신독'의 공부는 그 의의를 드러낼 수 없기 때문에 우리가 그 공부를 통해서 '스스로를 속이지 않고', 또한 자기 내부의 분열을 방지하여 마음의 본래 면목을 유지하는 동시에 그것에 근거하여 외부로 나아가야 한다. 반면

---

하루에 세 번 내 몸을 반성한다(『論語』, 「學而篇」, "吾日三省吾身.")와 맹자의 "지킴이 간략하나 베푸는 것이 넓은 것은 선한 도리이다"(『孟子』, 「公孫丑上篇」, "孟施舍之守氣又不如曾子之守約也.", 「盡心下篇」, "守約而施博者善道也.")의 "守約"과 동일한 의미라고 할 수 있다.

66) 『中庸』, 1장, "君子戒愼乎其所不睹 恐懼乎其所不聞,莫見乎隱,幕顯乎微,故君子,愼其獨也.故君子愼其獨也."

67) 『中庸』, 33장, "君子之所不可及者,其唯人之所不見乎."

68) 『荀子』, 「不苟篇」, "夫此順命以愼其獨者也. ······ 不誠則不獨."

에 앞에서 보듯이 우리가 스스로를 속게 되면 마음은 외부 사물에 함몰되어, 결국 우리의 내부의 분열과 혼란이라는 걷잡을 수 없는 파국의 국면으로 빠져 버리게 될 것이다. 이런 점에서 '삼간다'(愼)는 것은 "스스로 속이지 말라"(毋自欺)의 "말라"(毋)의 실질적 공부로서 '마음에 머문다'는 의미로 볼 수 있다. 결국 여기서의 '신독'은 처음 일어나는 '의념'을 맑게 함으로써 '마음' 자체, 즉 '마음'의 본래 지위에 머무는 것을 의미한다고 할 수 있다. 이것이 바로 '신독'의 "스스로 속이지 말라"의 공부 단계인 것이다.

둘째는 '독처(獨處)의 독'(獨)이다. 이것은 『대학』의 "소인이 한가하면 ……"에 근거한다.

> 소인이 한가로이 거할 때면, 선하지 않은 일을 하여 이르지 않는 것이 없다. (그러다가) 군자를 만나 본 다음에 겸연쩍게 그 선하지 않음을 가리고 그 선함을 드러낸다. 남이 자기를 보기를 폐와 간을 보듯이 할 것이니, 그렇다면 무슨 소용이 있겠는가? 이것은 안에(마음속에) 성실하면 바깥에 나타난다는 말이다. 그러므로 군자는 반드시 혼자 있을 때를 삼가는 것이다.[69]

즉 여기서 '홀로'(獨)는 '혼자서 거처하는 몸의 환경'을 말한다. 앞서 보았듯이 '마음'은 그 본래 지위에 머물지 않고 '몸'과의 유기적 관계에서 그 주변 환경과 끊임없이 상호작용을 한다. 바로 '의념'(意)이 우리의 행위를 유발하는 행위의 동기인 근거도 여기에 있다. 그런데 만약 '몸'이 '마음'과 별도로 자기 멋대로 치달리려는 생리 욕망에 이끌리게 된다면 '의념'은 '몸'과 괴리되게 될 것이다. 이 때문에 우리는 '몸'이 생리 욕망에 치달리지 않도록 '신독' 공부를 단행하여

---

69) 『大學』, "小人閒居,爲不善,無所不至,見君子而后,厭然揜其不善,而著其善.人之視己,如見其肺肝,然則何益矣.此謂,誠於中,形於外,故君子必愼其獨也."

'안'과 두루 통달할 수 있도록 해야 할 것이다. 결국 여기서의 '삼간다'(愼)는 그 처한 환경에서 마음에 근거하여 외부와의 유기적·역동적 관계를 끊임없이 유지해 나가는 보다 더 현실적 근거를 갖는 실천 공부인 것이다.[70]

그러한 '신독' 공부를 전일하게 단행하여 그 '의념'이 성실해진다면 우리는 자신의 '덕성'을 자각하고 배양하는 데에 모든 힘을 기울일 수 있는 동시에 다른 외부의 사물에 흔들리지 않고 자신의 중심을 지켜 나갈 수 있다. 이러한 점에서 '신독'은 단순히 외적 대상에 대한 분석과 분별에서 행해지는 것이 아니라 현실에 대한 깊은 인식 속에서 자신의 내적 본질에 대한 철저한 자기 성찰에서 행해지는 실천 행위이다. 즉 그것은 외재 규범의 약속에서 이루어지는 피동적 행위가 아니라 일종의 자각적·내재적 의지력에 의해서 행해지는 주체적·능동적 행위이다. 따라서 이러한 우리의 자각적 도덕 의식을 의미하는 '신독'의 공부를 전개하여 '주체의 문을 연다면'[71] 우리

---

70) 이와 같이 '愼獨'의 '獨'자를 '獨知의 獨'과 '獨處의 獨'으로 나누어 보았는데, 즉 그것은 '靜'과 '動'의 공부를 겸유한다고 할 수 있다. 왜냐하면 오직 그 '靜'의 공부를 하고 '動'의 공부를 배제한다면, 마치 '물이 한곳에 오래 머물러 있으면 그 생명력을 잃어버려 썩어 가듯이', 우리의 '생명력'도 외부로 發하지 못하고 점차 그 빛을 잃어버릴 수가 있다. 또한 그 '靜'의 공부를 배제하고 오직 그 '動'의 공부를 감행한다면 마치 '본능적 충동에 의한 행위로 일관하는 짐승들'처럼, 우리는 우리의 '행위'에 대한 어떠한 근거도 가지지 못하고 항상 '스스로를 속이는 행위'를 일삼아서, 결국은 인간의 본질적 의미들을 하나 하나 상실할 수 있기 때문이다.

71) 모종삼은 "주체의 문을 여는 것은 '신독'(愼獨)의 공부를 여는 것"이라는 입장에서, 『중용』의 '신독'과 『대학』의 '신독'을 다음과 같이 구분하고 있다. "『중용』의 '신독'은 바로 주체를 이야기하는 것으로서, 이것은 공부상에서 주체를 열어 놓았다. '신독'은 "天命之謂性"이라는 이 性體를 통한 것이다. '性'이 먼저 제출된 것이며 '性'은 '주체'이다. 그러나 이 '주체'는 반드시 '신독'의 공부를 통하여 나타난다. 이 '愼獨'의 '獨', '愼獨'의 '本體'인 '獨體'의 '獨'은 '性體'에서 말하는 것이다. 한편 『대학』의 '신독'은 엄격한 도덕의식

는 '의념'의 불안을 방지하고 그 본래 면목을 유지함으로써 외부로의
실천 행위를 충분히 이끌어낼 수 있을 것이다.

　안에서(마음속에서) 성실하면 바깥으로 나타난다.[72]

　부유함은 집을 윤택하게 하고 덕은 몸을 윤택하게 하니, 마음이 넓으
　면 몸이 편안하다.[73]

　이와 같이 우리의 내적 자각력에 의해서 얻어진 결과는 반드시 그
외적 근거를 가진다. 즉 '성의' 공부가 비록 본질적으로 그 발현의
근거인 '마음'의 본래 면목을 유지하는 데 그 목적이 있다고 하더라
도 『대학』의 기본 정신이 바로 '안에서 바깥으로' 그 도덕 이상을
전개해 나가는 데 있다는 점에서, '성의'·'신독'의 공부는 그 안에서
한정되지 않고 그 바깥에까지 전개된다는 것이다. 이런 점에서 '성
의'의 '성실함'(誠)은 단서상에서 머무는 것일 뿐만 아니라 반드시 행

---

이다. 그래서 '신독'이 가장 중요하다. 후대에 왕수인이 '치양지'(致良知)를
말했는데, 역시 '신독' 공부로부터 나온 것이다. 만약 근거도 없이 '양지'를
말했다면 그 주체마저 모두 객체로 변해 버리고 말 것이다. 그래서 그는 '치
양지'하려고 했다. '양지'는 바로 '신독'의 '본체'이다. 그러므로 "아무 소리도
냄새도 없는데, 홀로 깨달아 알았을 때 이것이 온 우주 만물의 터전이다"
(『傳習錄』, "無聲無臭獨知時,此是乾坤萬有基.")라고　말했다."(牟宗三
著, 鄭仁在 譯, 『中國哲學特講』(서울: 螢雪出版社, 1985), 91~93쪽)

72) 『大學』, "誠於中,形於外."
73) 같은 책, "富潤屋,德潤身,心廣體胖,故君子必誠其意." 여기서 潤身의 潤
　과 앞의 以著其善의 著는 상반된 의미이다. 즉 내실이 없이 밖으로 드러내
　보이려고 하는 것은 著이고, 내면에 간직된 실상이 축축이 젖어 바깥으로
　베어 나오는 것은 潤이다. 德은 明德으로 潤身은 또한 虛說이며, 體胖 구
　절이 潤身의 뜻에 해당하는데, 먼저 心廣을 말한 것은 몸이란 '마음'에 근본
　하고 있음을 뜻하기 때문이다(박완식 편저, 『大學·大學或問·大學講語』,
　136쪽 참조).

위상에서 실현해 나가는 것까지도 포함하게 된다. 결국 '성의'·'신독'의 공부를 통하여 안으로 그 자신을 속이지 않고, '바깥으로 온전하게 드러내는 속에서' 우리는 진정한 '덕성 주체의 확립'을 도모할 수 있을 것이다.

마지막으로 중요한 사실은 '신독'의 공부가 어떠한 절차 없이 진행되는 것이 아니라 '배움을 말함'(道學)·'스스로 덕을 닦음'(自修)·'엄숙함'(威儀)·'성대한 덕과 지극한 선함'(盛德至善)·'백성이 잊지 못함'(民之不能忘也)이라는 일정한 공부의 순서에 따라서 진행된다는 것이다. 이제『대학』의 다음의 말에 주목해 보기로 하자.

> 『시경』에서 말했다. "저 기수가를 보라. 푸른 대나무가 무성하도다. 문채나는 군자여, 잘라 놓은 듯하고 다듬은 듯하고, 쪼아 놓은 듯하고 간 듯하다. 장엄하고 꿋꿋하며 환하고 의젓하니, 우아한 군자여 마침내 잊을 수 없도다." 잘라 놓은 듯, 다듬은 듯하다는 것은 배움을 말한 것이다. 쪼아 놓은 듯, 간 듯하다는 것은 스스로 덕을 닦은 것이다. 장엄하고 꿋꿋하다는 것은 두려운 것이다. 환하고 의젓하다는 것은 엄숙하다는 것이다. 우아한 군자여, 마침내 잊을 수 없도다라는 것은 성대한 덕과 지극한 선을 백성이 잊지 못함을 말한 것이다.[74]

여기서 '배움을 말함'(道學)과 '스스로 덕을 닦음'(自修)은 '명명덕'

---

74) 같은 책, "詩云,瞻彼淇澳,菉竹猗猗,有斐君子,如切如磋,如琢如磨,瑟兮僩兮,赫兮喧兮,有斐君子,終不可喧兮,如切如磋者,道學也.如琢如磨者,自修也.瑟兮僩兮者,恂慄也.赫兮喧兮者,威儀也.有斐君子,終不可諠兮者,道盛德至善,民之不能忘也.詩云,於戲,前王不忘.君子,賢其賢而親其親.小人,樂其樂而利其利.此以沒世不忘也." 朱熹는 이 구절을 '止於至善'의 장에다 두고 있는데, 엄밀하게 말해 그것은 '止於至善'보다도 '愼獨'의 공부 순서를 설명한 것이라고 할 수 있다. 즉 윗글이 비록 결과적으로 '止於至善'의 효과를 얻는 데에 있다고 하더라도, 우선 그것은 '愼獨'을 어떻게 실현해 나갈 것인가에 대한 보다 더 구체적인 지표를 제시해 주는 것으로 보는 것이 보다 더 적절할 것이다.

의 일로 '안에서 성실한 것이고'(誠於中), '두려움'(恂慄)과 '엄숙함'은 '친민'의 일로 '바깥에서 드러나는 것이며'(形於外), '성대한 덕과 지극한 선함'(盛德至善)과 '백성이 잊지 못함'(民之不能忘也)은 '안에서 성실하고' '바깥에서 드러나는' 것을 하나로 묶는 궁극 목표에 맞추어진 것으로 '지어지선'의 효과이다.75) 따라서 '성의'·'신독'의 공부는 단순히 '의념'(意) 자체에 대한 공부만이 아니라 '안'과 '바깥'의 유기적·역동적 연속성, 즉 정심·수신·제가·치국·평천하로 이어지는 끊임없는 공부로써 그 근거를 가진다고 할 수 있다.

이상으로 보듯이, '성의'·'신독'이 『대학』의 전체 사상을 관통하는 아주 중요한 실천 공부이지만 여전히 한 가지 중요한 문제가 남아 있다. 즉 그것은 앞에서 본 '학문을 말함'(道學)에서 '백성이 잊지 못함'(民之不忘也)까지 이르는 '신독' 공부의 효과를 기대케 하는 이론적 토대가 무엇인가 하는 점이다. 그것은 바로 우리가 '성의'의 실천 공부로 '안(마음)에서 성실했다'(誠於中)고 해서 무조건적으로 '바깥에서 드러나는 것'(形於外)이 아니라 더욱 그것의 객관적 기준을 마련케 해주는 정확한 '지식'에 의해서 구체적으로 드러난다는 것이다. 결국 "안에서 성실함"과 "바깥에서 드러남"은 반드시 '지식'이라는 객관적 토대를 마련하는 속에서 그 안과 바깥의 합일을 이룬다고 할 수 있다. 그것은 바로 '격물치지'(格物致知)이다.


## 2. 지식의 확립을 위한 전개 ─ 격물(格物)·치지(致知)

『대학』 내에서 '격물'·'치지'의 내용을 구체적으로 밝힌다는 것은 여간 어려운 일이 아니다. 왜냐하면 『대학』은 "그 뜻을 성실히 하고

---

75) 柳嶽生, 앞의 책, 32쪽.

자 하는 자는 그 앎을 다하여야 한다. 앎을 다하는 것은 사물의 이
치를 다하는 데 있다. 사물의 이치를 다한 후에 앎에 이르고, 앎에
이른 후에 뜻이 성실해진다"76)라는 말만을 제출할 뿐이기 때문이다.
그럼 그것은 과연 주희처럼 '내 마음의 전체 대용(全體 大用)을 밝히
는 것인가?' 아니면 왕수인처럼 '내 마음의 양지(良知)를 밝히는 것
인가?'

## 1) 격물치지(格物致知)의 기본 방향 — "도에 가깝다"(近道)

'격물치지'를 이해하는 최대의 관건은 『대학』의 "도에 가깝다"(近
道)에 있다. 즉 "사물에는 근본과 말단이 있고, 일에는 끝과 시작이
있고, 앞과 뒤인 바를 알면 도에 가깝다"77)가 그것이다. 이 "도에
가깝다"는 '도'의 범주에 들어가지만 그것은 전개 과정상 '도'와 그
성격과 내용을 달리한다. 먼저 주희가 그 문장을 '삼강령'의 문장에
연결하여 '근본'과 '말단'을 '명덕'과 '친민', 끝과 처음을 "머무름을
앎"(知止)과 "얻을 수 있다"(能得)라고 하면서도 "도에 가깝다"에 대
해서는 어떠한 설명도 없다는 점에 주목할 필요가 있다.78) 여기서
그가 "도에 가깝다"를 설명하지 않은 이유는 아마도 "도에 가깝다"
를 '도'와 동일한 의미로써, 즉 하나의 '도달 목적'을 의미하는 최후
의 '경지'로 파악한 데 있지 않았나 한다. 만약 "도에 가깝다"를 그
러한 '경지'로 파악한다면 우리는 '정심'·'성의'를 할 필요도 없고,
또한 '수신'·'제가'·'치국'·'평천하'를 할 필요도 없이 '격물치지'만

---

76) 『大學』, "欲誠其意者,先致其知.致知在格物.物格而后知至.知至而后意
誠."

77) 『大學』, "物有本末,事有終始,知所先後,則近道矣."

78) 朱熹, 『大學章句』, "明德爲本,親民爲末.知至爲始,能得爲終.本始所先,
末終所後." 이와 같이 '物有本末'의 '物'이 '明德'과 '親民'을 가리킨다는
점에서, 그것은 '格物'의 '物'과 전혀 다른 것이라고 할 수 있다.

하면 그만일 것이다. 하지만 『대학』이 조목 사이의 상호 관계를 통하여 하나의 사상 체계를 제시하였다는 점에서, "도에 가깝다"는 '도'와 동일한 의미로 파악할 수 없다고 할 수 있다.

그럼 "도에 가깝다"는 어떻게 보아야 하는가? 먼저 "도에 가깝다"의 '가깝다'(近)를 살펴보기로 하자. 이 '가깝다'는 바로 어느 날 갑자기 아래에서 위로 팽창해 나가는 '수직적 상승'이 아니라 하나의 점진적 과정을 거쳐 아래에서 위로 향해 서서히 나아가는 '대각선적 상승'을 의미한다고 할 수 있다. 즉 "도에 가깝다"는 바로 하나의 '확연관통'(豁然貫通)한 경지의 측면에서 고려되어야 할 것이 아니라 끊임없이 실천해 나가는 공부의 측면에서 이해되어야 한다는 것이다. 이렇게 본다면 "도에 가깝다"는 맹자에서 보듯이, '태어나면서 안다'(生而知之)는 것은 '본성 그대로의 단계'(性之)가 아니라 오직 실천 공부로써 그 본체를 회복하는 '후천적인 노력의 단계'(身之79) · 反之80))라고 할 수 있다. 따라서 "도에 가깝다"는 '지어지선'에 직접 연결하여 이해되어야 할 것이 아니라 바로 '격물'이라는 '닦음'(修) · '가지런히 함'(齊) · '다스림'(治) · '화평하게 함'(平)의 효과를 통하여 '치지'라는 '닦음' · '가지런히 함' · '다스림' · '화평하게 함'의 도리에 도달하는 '공부'적 측면에 연결하여 이해되어야 할 것이다.

이제 "도에 가깝다"가 하나의 공부적 측면이라면 그 다음의 문제는 그 '공부'의 범위를 어디까지 정해야 하는가 하는 것이다. 예컨대, 우리가 어떤 일을 시작하기 위해서는 먼저 자신이 나아가야 할 방향에 대한 도달 목적을 분명하게 인지한 상태에서 그 일에 대한 지식을 습득해 나가는 것이다. 반면에 자신이 습득해야 할 지식에 대한 방향과 목표가 제대로 정해지지 않았다면 그것은 어떠한 현실적 근거도 가질 수 없다. 다시 말해 지식의 성취는 처음부터 그 방향과

---

79) 『孟子』, 「盡心上篇」, "堯舜,性之也.湯武,身之也."
80) 같은 책, 「盡心下篇」, "孟子曰,堯舜,性者也.湯武,反之也."

목표를 얼마만큼 잘 정하고 구성하였느냐에 달려 있다는 것이다. 그런데 여기에도 한 가지 문제가 남아 있다. 즉 그 목표에 일정한 제한을 두지 않는다면 그것은 너무 크고 넓어, 결국 우리는 그 목표를 향해 나갈 수 없다는 것이다.

이상으로 본다면 "도에 가깝다"는 '정심'·'성의'를 통한 '덕성 주체의 확립'과 '격물치지'를 통한 '지식의 확립'의 유기적 결합을 통해 외부로 실천해 나간다는 하나의 '공부'적 측면에 집중된다. 결국 그것은 정치의 실현을 위해 좀더 객관적인 근거를 마련하기 위한 목적에서 '지식에 대한 요구와 제한'을 통하여 '정치의 방향과 목표'를 설정해 나가는 '격물치지'에 그 초점이 모아진다고 할 수 있다.

## 2) 지식에 대한 요구와 제한 — 격물(格物)

### (1) 사물(物)의 의미

먼저 격물(格物)의 사물(物)은 무엇을 의미하는가? 과연 그것은 주희처럼 '사물에 내재된 이치'라는 보다 더 근원적·우주론적인 '사물'의 개념으로 파악할 수 있는가? 또한 그 '사물'은 '만물' 또는 '사물의 이치'라는 자연 존재, 또는 현상 일체의 거대한 범주로 볼 수 있는가? 앞에서 보듯이 선진 유가는 분명히 현실에 그 근거를 두고서 '평천하'의 정치 이상에 도달하려고 하였지, 그 현실을 떠난 모호하고 추상적인 것에 그 의의를 두지 않았다. 여기서 그 '사물'은 우리의 덕성의 자각처이자 실현처인 이 '몸'이 속해 있는 현실과 유기적·역동적 관계를 가진다. 즉 '격물'의 '사물'은 "자연계의 구체적인 물리 현상이 아니라 사회 윤리 방면의 행위와 지식"[81] 내지 '윤리 정치의 대상'[82]으로써, 즉 우리와 떨어져서 홀로 존재하는 객관 사

---

81) 任繼愈 主編, 『中國哲學史(2)』(北京: 人民大學出版社, 1990, 4刷本), 20쪽.

물이 아니라 바로 우리가 이 현실에서 행하는 보다 구체적 내용을 가진 우리의 모든 행위를 가리킨다는 것이다.

『대학』내에서 그러한 '격물'의 사물(物)을 이해하는 관건은 무엇인가? 즉 그 사물(物)은 '사물의 총칭'으로, 그 몸(體)으로 말하면 사물(物)이고, 그 쓰임(用)으로 말하면 일[83]로써, 즉 '사물'이란 '행위 주체'를 말하고, '일'은 '행위 주체의 실천 의의'를 가리킨다는 것이다. 이렇게 본다면 『대학』내에서 '격물'의 해석은 "사물에는 근본과 말단이 있다"(物有本末)와 "일에는 끝과 처음이 있다"(事有終始)라고 할 수 있다. 이것을 『대학』의 "수신을 근본으로 한다"(修身爲本)에 근거하면, "사물에는 근본과 말단이 있다"의 '근본'은 '몸'이고, '말단'은 가족(家) · 나라(國) · 천하(天下)이며, "일에는 끝과 시작이 있다"의 '시작'은 '성실함'(誠)이고, '끝'(終)은 가지런히 함(齊) · 다스림(治) · 화평하게 함(平)인 것이다. 따라서 '사물'은 '일의 몸', 즉 '사물 대상'으로써, 몸(身) · 가족(家) · 나라(國) · 천하(天下)이고, '일'은 사물의 쓰임, 즉 사물의 작위로써, 닦음(修) · 가지런히 함(齊) · 다스림(治) · 화평하게 함(平)을 가리킨다고 할 수 있다.[84]

### (2) 격(格)의 의미

그럼 '격물'의 격(格)은 무엇을 의미하는가?[85] 먼저 이것은 주희처럼 지(至)로 해석해도 크게 무리가 없는 것으로 보인다. 왜냐하면 '지식의 확립'은 반드시 그러한 사물에 나아가서 그것의 여러 특징과

---

82) 徐復觀, 『中國人性論史』, 289쪽.

83) 趙澤厚, 앞의 책, 246쪽.

84) '物의 대상'과 '物에 대한 作爲'는 高明의 「大學辨」에서 차용함.

85) '格'자의 해석에는 대략 11가지가 있다. 즉 '來'(鄭玄), '學'(孔穎達, 李恕谷), '扞' · '禦'(司馬光), '至'(程伊川(窮),朱熹), '正'(王守仁), '絜矩'(王艮), '搏擊(捔)'(顏習齋), '量度'(惠棟, 閻若璩), '校訓'(孫星衍, 蔡九峯), '規格', '感通'(徐復觀) 등이다.

특성을 탐구할 때에 가능하기 때문이다. 하지만 여기서 문제는 그의 주장의 내용적인 면을 접어 두더라도 그 형식적인 면에서 받아들일 수 없는 논리적 오류를 범하고 있다는 것이다. 즉 『대학』의 "치지는 격물에 있다"(致知在格物)에서만 본다면 격(格)을 지(至)라고 하는 것은 그 형식상 아무런 문제가 발생되지 않지만, "물격이후지지"(物格以後知至)와 연결하여 본다면 다소 심각한 문제가 발생하게 된다. 즉 "물격이후지지(物格以後知至)"가 "물지이후지지"(物至以後知至)로 되어 문장 구조상 그 의의를 가질 수 없다는 것이다. 마찬가지로 왕수인의 '정'(正)의 해석도 도덕 수양의 측면에서 '마음'을 바르게 하는 것에 그 중점을 두고 있기 때문에, 즉 그의 정물(正物)은 바로 '정심'의 다른 표현에 지나지 않기 때문에 『대학』의 논리 전개상 '격물'의 해석으로 적합하지 않다고 할 수 있다.

이제 '격물'의 격(格)은 무엇으로 보아야 하는가? 즉 그것은 '헤아림'(量度) 내지 '머무름'(止)을 의미한다고 할 수 있다. 즉 "「창힐편」에서는 격을 헤아림이라고 말한다"(倉頡篇曰, 格量度之也)와 바로 『순자』의 "군자는 도에 정미하여 만물을 도와서 헤아린다.(贊稽) 도에 정미하면 바르고, 만물을 도와서 헤아리면 명석해진다. 의지가 바르고 판단이 명석하면 만물은 각각 그 임무를 담당하는 데 어긋남이 없다"86)의 "도와서 헤아린다"(贊稽), 또한 『논어』의 "군자는 생각하는 것이 그 위치를 벗어나지 않는다"87)와 『중용』의 "군자는 그 위치에 따라서 행하고 그 밖의 것을 원하지 않는다"88)가 그것이다. 여기서 '헤아린다'는 것은 사물에 대하여 사물을 정밀하게 재어서 그 근본과 말단 및 앞과 뒤를 분별함을 말하고, 또한 '머문다'는 것은

---

86) 『荀子』, 「解蔽篇」, "故君子壹於道而以贊稽物.壹於道則正,以贊稽物則察,以正志行察論,則萬物官矣."

87) 『論語』, 「憲問篇」, "君子思不出其位."

88) 『中庸』, 12장, "君子素其位而行,不願乎其外."

그 나아갈 방향과 목표를 잘 헤아려서 그 머물러야 할 곳에 제대로 머물러 있음을 말한다. 이런 점에서 '격물'은 '사물이 나아갈 곳을 헤아려 그 머물 곳에 머무는 것'을 의미한다고 할 수 있다. 결국 '격물'은 윤리 정치의 대상인 몸(身)·가족(家)·나라(國)·천하(天下)를 학습하고 연구하여 그것이 머물러야 할 바인 닦음(修)·가지런히 함(齊)·다스림(治)·화평하게 함(平)에 머문다는 것이다. 즉 '격물'은 '수신'·'제가'·'치국'·'평천하'의 '근본과 말단'(本末) 그리도 '앞과 뒤'(先後)를 헤아리는 것으로써, 단순히 사물의 이치를 파악하는 것이 아니라 '천하 국가에 감통'[89]하는 것이다.

### (3) 격물(格物)의 의미

앞에서 우리는 "도리에 가깝다"(近道)의 문제를 살펴보면서, '격물'을 '지식의 범위와 목표에 대한 제한'의 의미로 규정지었다. 이것은 바로 단순히 무언가를 규제함이 아니라 바로 그 범위와 목표에 대한 보다 더 엄밀한 현실적 근거를 마련한다는 것이다. 왜냐하면 만약 '지식'에 그러한 제한을 두지 않는다면 우리는 그 지식의 범위가 너무 넓어 그 끝을 헤아릴 수 없고, 그 '목표'는 너무 높아 그 극점에 도달할 수 없기 때문이다. 즉 『대학』에서는 '성의'와 '정심'이 '수신'의 내적 근거를 제공하고 '격물'이 그 외적 근거를 제공함으로 해서 '수신'에서부터 '평천하'까지의 전개를 위한 실질적 출발이 이루어진다. 여기서 그 외적 근거는 무엇인가를 외부로만 추구해 나가는 것이 아니라 그 내적 근거를 외부로 전환하였을 때 흔들리지 않고 올

---

89) 徐復觀, 『中國人性論史』, 289쪽. 한편 그는 "平天下에서 正心·誠意는 바깥으로 말미암아 안으로 향한 전개이고, 正心·誠意로 말미암아 致知·格物에 이르는 것은 안으로 말미암아 바깥으로 향한 전개이다. 바깥으로 말미암아 안으로 향하는 전개는 객관 세계로 말미암아 도덕 주체의 건립을 요청하는 것이다. 안으로 말미암아 바깥으로 향하는 전개는 도덕 주체로 말미암아 지식의 전환을 요청하는 것이다"라고 한다(徐復觀, 같은 책, 306쪽).

바르게 그 역량을 발휘하기 위한, 즉 그 '지식에 대한 요구와 제한'을 감행해 나가게 된다. 이와 같이 외적 근거가 그 내적 근거와 항상 유기적·역동적 관계를 가진다는 점에서, '격물'은 '덕성 주체'가 그 목표를 정확하게 인식하도록 하는 '목표의 소재', 즉 '인식 근거'인 것이다. 따라서 이러한 목표의 소재가 정확하게 세워졌을 때에 그 '덕성 주체'는 보다 더 정확한 객관적 지식에 근거하여 외부에 흔들리지 않고 그 목표로 행해 나아갈 수 있다고 할 수 있다.

## 3) '지식'의 범위와 목표 — '치지'(致知)

### (1) '치지'의 전통 — 공자·맹자·순자

### 공 자

공자에서 '치지'란 무엇인가? 먼저 공자에서 '앎'이란 태어나면서 아는 것이 아니라 배워서 아는 것을 말한다. 그래서 그는 "학문은 뒤쫓지 못하는 듯 서둘러 해라. 그래도 혹 놓칠까 겁이 난다"[90]라고 하여 '배움'을 중시하여, '배움'을 좋아하지 않으면 '어짊'(仁)·'앎'(知)·'믿음'(信)·'정직'(直)·'강함'(强) 등은 각각 그 폐단이 있게 된다고 주장했다. 그리하여 그는 '배움'의 중요성을 들어 다음과 같이 말했다.

> 공자가 말했다. "유야! 너는 여섯 가지 말과 여섯 가지 폐단을 들어 보았느냐?" (유가) 대답했다. "아직 듣지 못했습니다." 공자가 말했다. "거기에 앉아라, 내가 너에게 말해 주겠다. 어짊만을 좋아하고 배우기를 좋아하지 않으면 그 폐단이 우매하게 되고, 알기만을 좋아하고 배우기를 좋아하지 않으면 그 폐단이 방탕하게 되고, 믿음만을 좋아하

---

90) 『論語』, 「泰伯篇」, "學如不及,猶恐失之."

고 배우기를 좋아하지 않으면 그 폐단이 남을 해치게 되고, 정직한 것만을 좋아하고 배우기를 좋아하지 않으면 그 폐단이 어지럽게 되고, 강한 것만을 좋아하고 배우기를 좋아하지 않으면 그 폐단이 경솔하게 된다."[91]

그런데 공자에서 '배움'을 이루는 기본적 자세는 무조건적으로 남의 말을 듣는 것이 아니라 자신에게 유익한 지식을 선택하여 받아들이고, 또한 앞 시대와 당 시대의 전적 문헌을 많이 보고서 자신의 내부에 기억해 두는 일이다. 이런 속에서 우리는 보다 더 정확한 지식을 가질 수 있을 것이다.

나는 태어나면서 안 자가 아니라 옛 것을 좋아하여 민첩하게 그것을 구한 자이다.[92]

공자가 말했다. "알지 못하면서 (함부로) 행하는 사람이 있지만 나는 이런 일이 없다. 많이 듣고서 그 좋은 것을 택하여 따르고, 많이 보고서 기억해 둔다면, 이것은 앎(知)의 다음이다."[93]

이것은 바로 공자의 "박학어문"(博學於文)이라는 배움의 구체적인 공부 방법이다. 그런데 여기서 중요한 사실은 "이것은 앎의 다음이다"라는 말이다. 이는 견문지(見聞知)가 하나의 완전한 '앎'이 아님을 보여주는데, 즉 최고의 '앎'은 단순히 그러한 전적 문헌을 많이 보고 들은 것으로 획득할 수 없다는 것이다. 따라서 그것은 바로 많이 들

---

91) 같은 책, 「陽貨篇」, "子曰,由也,女聞六言六蔽矣乎.對曰,未也.居吾語女. 好仁不好學,其蔽也愚.好知不好學,其蔽也蕩.好信不好學,其蔽也賊.好直 不好學,其蔽也絞.好勇不好學,其蔽也,亂.好剛不好學,其蔽也狂."

92) 같은 책, 「述而篇」, "子曰,我非生而知之者,好古敏以求之者也."

93) 같은 책, 「述而篇」, "子曰,蓋有不知而作之者,我無是也.多聞,擇其善者而 從之,多見而識之,知之次也."

어야 하지만 의아스러운 것을 빼놓고 나머지를 신중히 말해야 하고, 많이 보아야 하지만 확고하지 못한 것을 빼놓고 나머지만을 실천할 때에 '앎'을 획득할 수 있다고 할 수 있다.[94]

그렇다면 그러한 보고 들은 것을 통하여 '앎'을 얻으려는 목적은 무엇인가? 공자에서 '치지'는 바로 그러한 보고 들은 앎으로 아직 보고 듣지 않은 '앎'에까지 나아가는 것을 말한다. 즉 보고 들은 앎은 단순히 지금까지의 '앎'을 획득하는 정도에서 머물러서는 안 되고 반드시 아직 보고 듣지 않은 '앎'에까지 나가야 한다. 공자가 제출한 '하나라·은나라·주나라의 제도',[95] '과거에 고함',[96] '옛 것을 익힘'(溫故)[97]은 이미 '보고 들은' 것으로 안 것이지만 "알 수 있다"(可知), "미래를 안다"(知來者), 그리고 "새로운 것을 안다"(知新)는 아직 보고 들은 '앎'이 아니다. 즉 이 '앎'은 이미 보고 들었거나 이미 추정했던 사리에 근거하여 아직 보고 듣지 못했고 아직 추정하지 못한 사리를 미루어 알아서 발생하는 것이다. 이 때문에 공자는 그것을 가능케 하는 작용으로 사유(思)를 제시한다. 즉 '보고 들은 작용 안에 비록 사유의 요소가 없지는 않지만 이 하나의 요소는 사람들이 의식하지 못하는 까닭에 통상 보고 듣는 것을 사유와 상이한 것으로 삼는다. 여기서 미루어 깨달은 것은 사유에 속하고, 보고 들은 것은 배움에 해당한다.'[98] 따라서 공자는 '배움'과 '사유'를 중시하여 '배움'은 항상 '사유'를 동반해야 하고 마찬가지로 '사유'는 '배움'을 동반해야 한다고 주장하였다.

---

94) 같은 책, 「爲政篇」, "子張,學干祿.子曰,多問闕疑,愼言其餘,則寡尤,多見闕殆,愼行其餘,則寡悔.言寡尤,行寡悔,祿在其中矣."

95) 같은 책, 「爲政篇」, "殷因於夏禮, 所損益可知也. 周因於殷禮, 所損益, 可知也. 其或繼周者, 雖百世可知也"

96) 같은 책, 「學而篇」, "告諸往而知來者."

97) 같은 책, 「爲政篇」, "溫故而知新."

98) 陳大齊, 『孔子學說』, 174~175쪽 참조.

공자가 말했다. "배우고 생각하지 않으면 곤궁하고, 생각하고도 배우지 않으면 위태롭다."[99]

그가 '배움'을 강조한 것은 '배움'이 '사유'의 기초가 되기 때문이다. '배움'과 떨어진 '사유'는 단지 공상으로 무익할 뿐이다. 즉 "나는 일찍이 종일토록 먹지 않고 밤늦게까지 잠자지 않고 생각하였으나 유익함이 없고, 배우는 것만 못하였다"[100]가 그것이다. 때문에 '배움'은 중요하지만 '배움'은 보고 들은 '앎'에 머물 수 없고 '사유'의 '앎'으로 나아가야 한다.[101]

그러면 그러한 '배움'과 '사유'에 의해서 도달되는 목표는 무엇인가? 즉 "군자는 널리 학문을 익히고 예(禮)로써 요약한다면, 또한 도리에 어긋나지 않을 것이다"[102]에서 보듯이, '앎'이란 반드시 간단명료하면서 그 모든 지식을 하나로 요약·통일할 수 있는 단계에까지 올라가야 한다. 그것은 바로 공자의 "하나의 이치로써 관통하였다"(一以貫之)이다. 이는 그의 '치지'의 하나의 중심 관념이며, 근본 원칙으로써, 모든 지식을 모아서 체계화시키는 것이다. 이러한 단계에 도달하였을 때에 '지식'과 '실천 도덕'은 하나로 통일될 수 있는 것이다.

공자가 말했다. "증참아, 나의 도리는 하나의 이치로써 관통하였다."[103]

---

99) 『論語』,「爲政篇」, "子曰,學而不思則罔,思而不學則殆."
100) 같은 책,「衛靈公篇」, "子曰,吾嘗終日不食,終夜不寢以思,無益,不如學也."
101) 여기서 '見聞'는 감성 인식에 속하고, '思'는 이성 인식에 속한다(吳乃恭, 『儒家思想硏究』, 55쪽).
102) 『論語』,「雍也篇」, "子曰,君子博學於文,約之以禮,亦可以弗畔矣夫."
103) 같은 책,「里仁篇」, "子曰,參乎.吾道一以貫之.曾子曰,唯."

공자가 말했다. "사야, 너는 내가 많이 배우고 그것을 기억하는 사람이라고 생각하느냐?" 자공이 대답했다. "그렇습니다. 아닙니까?" 공자가 말했다. "아니다. 나는 하나의 이치로써 관통하였다."104)

따라서 공자에서 '치지'의 구체적 내용은 우리의 현실 생활과 떨어져 있는 어떠한 우주의 궁극적 원리 내지 이치 등에 관한 것이 아니라 인간이 살아가면서 갖추어야 할 도덕 실천에 관련된 내용들이다. 그리하여 그는 보고 듣지 않았다고 하더라도 인간이 해야 할 도리를 제대로 하였을 때에 그것은 바로 '배움'을 이룬 것임을 강조했다.

자하가 말했다. "어진 이를 어질게 여기고, 여색을 경시하며, 부모를 섬기되 능히 그 힘을 다하며, 임금을 섬기되 능히 그 몸을 바치며, 붕우와 더불어 사귀되, 말함에 믿음이 있으면 비록 배우지 않았다고 말하더라도 나는 반드시 배웠다고 말할 것이다."105)

여기서 "비록 배우지 않았다고 말하더라도 나는 반드시 배웠다고 말할 것이다"에서 "아직 배우지 않았다"의 '배움'은 보고 듣는 것이나 '널리 배우는 것'(博學)을 통한 학문을 말하고, "배웠다고 말할 것이다"의 '배움'은 '실천 도덕'을 말한다.106) 이와 같이 공자는 지식으

---

104) 같은 책, 「衛靈公篇」, "子曰,賜也,女以予爲多學而識之者與.對曰,然.非與.曰非也,予一以貫之."

105) 같은 책, 「學而篇」, "子夏曰,賢賢易色,事父母,能竭其力,事君能致其身,與朋友交,言而有信,雖曰未學,吾必謂之學矣."

106) 『中庸』, 20장, "博學之,審問之,愼思之,明辨之,篤行之." 호적은 "공자가 지식을 논하는 데 '一以貫之'를 주장하고 사변을 중요시하는 것은 물론 좋다고 생각하지만 단지 그가 '배움'을 독서적 학문에 치우쳤기 때문에 그후 중국의 수천 년간의 교육이 모두 이 학설의 영향을 받아서 이른바 '서생'이라는 많은 폐물을 양성하는 데로 기울어진 것을 유감으로 하는 것이다. 이것은 그의 학설의 폐해이다"라고 한다(胡適, 『中國古代哲學史』, 122~123쪽). 하지만 孔子가 '배움'을 중시하여 그러한 독서적 학문을 중시한 것

로써 사물의 이치를 배워 아는 것보다 실천 도덕을 더 중요시하였다. 따라서 그에게서 '앎'이란 단순히 객관적 대상에 대한 탐구를 통해서 얻어지는 지식만을 가리키는 것이 아니라 인간의 실천 도덕까지를 그 범위의 대상으로 하고 있다는 것이다. 결국 그러한 그의 '치지'의 방법은 후대에 맹자와 순자의 계통으로 갈라지게 되는 결정적 계기가 되었다.

## 맹 자

맹자에서 '치지'의 출발점은 공자의 "태어나면서 안다"(生而知之)의 사상에 대한 계승과 확충이었다. 먼저 공자에서 "태어나면서 안다"는 것은 선천적인 지식으로 '앎'과 '행위'가 분리된 것, 즉 '학습'과 '실천'을 사용하지 않는 태어나면서 갖춘 것이다. 이것은 바로 성인의 지식과 도덕을 가리킨다. 다음으로 "배워서 안다"(學而知之)와 "고심해서 안다"(困而知之)는 '배움'과 '앎'을 중시하는 지식으로, 후천의 학습과 노력 중에서 얻는 것이다. 이것은 일반인의 지식과 도덕이다.107) 결국 이러한 지식들이 비록 그 출발점이 다르다고 하더라도 궁극적으로 그 '앎'의 결과에 있어서는 모두 한 가지인 것이다.108)

---

은 분명한 사실이지만, 그가 중시한 '지식'의 획득은 그러한 외적인 것에 의한 것보다도 '스스로 아는 것'이다. 즉 공자의 "유야! 너에게 아는 것을 가르쳐주겠다. 아는 것을 안다고 하고 모르는 것을 모른다 하는 것이 아는 것이다"(같은 책, 「爲政篇」, "子曰 由誨女知之乎 知之爲知之,不知爲不知 是知也.")를 보면 그러한 사실을 충분히 알 수 있다. 여기서 보듯이 '知'란 단순히 자신이 안 것만을 말하는 것이 아니라 알지 못한 것을 아는 것까지도 통섭한다. 이러한 것은 그러한 독서적 학문에 의한 것이 아니라 자신에 대한 반성적 공부에 의해서 가능한 것이다. 따라서 '배움'이란 그러한 두 가지가 함께 병행될 때에 진정한 '앎'의 획득을 기대할 수 있을 것이다.

107) 『論語』, 「季氏篇」, "孔子曰,生而知之者,上也.學而知之者,次也.困而學之,又其次也.困而不學,民斯爲下矣."

108) 『中庸』, 20장, "或生而知之,或學而知之,或困而知之,及其知之,一也."

그런데 문제는 공자의 "나는 태어나면서 안 자가 아니다"라는 말에 근거하면, 그에게서 "태어나면서 안다"는 것은 그의 '치지'의 대상이 될 수 없었다. 때문에 그는 '배움'과 '사유'를 중시하여 "하나의 이치로써 관통한다"(一以貫之)는, 즉 지식과 도덕을 하나로 꿰뚫는 '치지'의 방법을 제시했다. 하지만 맹자에 오면 그 방향이 달라진다. 맹자에서 '치지'의 발단은 '잃어버린 마음을 구하는 것뿐이다.'(求放心) 그는 분명히 "학문의 도리는 다름이 아니라 잃어버린 마음을 찾는 것이다"라고 하여, '앎'의 근거를 '마음'에 두고 있다. 즉 '마음'의 사유 기관(思)을 통하여 '치지'한다는 것이다. 앞서 보았듯이, 그에게서 '마음'의 사유 능력은 바로 하늘에서 부여받은 '선한 본성'을 인식해 나가는 것이다. 이러한 인식이 이루어질 때에 우리는 올바른 '앎'을 획득할 수 있게 된다. 여기서 '앎'이란 어떠한 외재적 조건에 의해서 주어진 것이 아니라 바로 인간이 선천적으로 가지고 있는 '앎'을 가리킨다. 때문에 이 '치지'는 인간의 심성에 갖추어져 선천적인 '앎'을 밝혀 낼 때에 가능한 것이다. 이것은 바로 그의 "생각하지 않아도 아는" 양지(良知)와 "배우지 않고도 능하는" 양능(良能)이다.

맹자가 말했다. "사람이 배우지 않고도 능한 것은 양능이다. 생각하지 않고도 아는 것은 양지이다. 어려서 손을 잡고 가는 아이가 그 어버이를 사랑할 줄 모르는 이가 없으며, 장성함에 미쳐서는 그 형을 공경할 줄 모르는 이가 없다. 어버이를 친애함은 인(仁)이고, 어른을 공경함은 의(義)이니, 다름이 아니라 천하에 공통되기 때문이다."[109]

인·의·예·지는 밖으로부터 나에게 밀고 들어온 것이 아니라 내가 본래 가지고 있는 것이지만 생각하지 않을 뿐이다.[110]

---

109) 『孟子』, 「盡心上篇」, "孟子曰, 人之所不學而能者, 其良能也. 所不慮而知者, 其良知也. 孩提之童, 無不知愛其親者, 及其長也, 無不知敬其兄也. 親親, 仁也, 敬長, 義也, 無他. 達之天下也."

군자의 성품은 인·의·예·지가 마음에 근본한다.[111]

이와 같이 맹자에서 우리의 지식과 도덕을 획득하는 것은 바깥으로 추구할 필요가 없이 단지 본심(本心)을 확충하는 것일 뿐이다. 때문에 그에게서 '치지'의 방법이란 '마음을 보존하는'(存心) 방법과 '마음을 기르는'(養心) 방법을 벗어나지 않는다.[112] 따라서 비록 그가 "널리 배우고 상세하게 설명하는 것은 장차 돌이켜 요약함을 말하기 위함이다"[113]라고 하여, "널리 배운다"(博學)라는 하나의 방법을 말했다고 하더라도 그러한 방법은 어디까지나 '잃어버린 마음'을 회복하는 것에 불과할 뿐이다. 즉 "널리 배운다"는 것은 '요약(約)'에 도달하는 길로써, '배움'이란 마음의 사유의 보조일 뿐이며, 사유가 근본이다. 따라서 그의 '치지'의 목적은 '마음'의 내적 반성으로부터 우주의 근본 이치를 이해하는 것이라고 할 수 있다. 즉 "그 마음을 다하는 자는 그 본성을 알고, 그 본성을 알면 하늘을 알게 된다. 그 마음을 보존하여 그 본성을 기름은 하늘을 섬기는 것이다"[114]가 그것이다. 결국 그에게서 '치지'의 목적이란 그러한 하늘이 인간에게 준 인간의 도덕적 본성을 회복하는 것이고, 바로 그의 '앎'은 덕성지(德性知)이다.

## 순 자

순자에서 '치지'의 출발점은 '마음'이다. 그런데 우리의 인식은 보통 귀·눈·코·입·형체라는 외부 사물과의 접촉을 통하여 그 기

---

110) 같은 책, 「告子上篇」, "仁義禮智,非由外鑠我也,我固有之也,弗思耳矣."

111) 같은 책, 「盡心上篇」, "君子所性,仁義禮智,根於心."

112) 앞의 '孟子의 心'을 참조 바람.

113) 『孟子』, 「離婁上篇」, "博學而詳說之,將以反說約也."

114) 같은 책, 「盡心上篇」, "孟子曰,盡其心者,知其性也.知其性則知天矣.存其心,養其性,所以事天也."

능을 발휘하지만 서로간에는 통용되지 않는 다섯 가지 감각 기관에 의해서 이루어진다. 이러한 감각 기관은 외부 사물을 그대로 반영하면서도 서로의 기능을 조화할 수 없기 때문에 그 인식이 정확하지 않는다. 여기서는 그러한 다섯 가지 감각 기관을 다스릴 수 있는 '천군'(天君)의 능력을 가진 마음이 요구된다. 이 '마음'은 그 자체 내에 가지고 있는 사유 능력을 통하여 다섯 가지 감각 기관의 재료를 종합하여 사물을 인식해 나간다. 이러한 마음의 인식이 가능한 것은 바로 텅 비우고(虛) · 하나로 하고(壹) · 고요하게 하는(靜) 것에 의해서이다. 앞서 보았듯이 텅 비우고(虛) · 하나로 하고(壹) · 고요하게 하는(靜) 공부는 간직하고(藏) · 두 개로 하고(兩) · 움직이게 하는(動) 것의 진행 과정에서 파악되는데, 즉 전자는 반드시 후천 공부에 의해서만 가능하며, 이 후천 공부는 반드시 우리의 '경험의 결과'에 근거한다는 것이다. 이러한 공부를 통하여 우리는 '앎'을 획득할 수 있다. 이것이 바로 앞에서 말한 '판별과 실증'을 통과한 인식인 징지(徵知)이다.

따라서 그러한 텅 비우고(虛) · 하나로 하고(壹) · 고요하게 하는(靜) 공부에 의해서 최종적으로 도(道)를 인식해 낼 수 있다. 즉 "아직 도를 얻지 못하여 도를 구하는 자에게는 텅 비우고(虛) · 하나로 하고(壹) · 고요하게 하는(靜) 것을 (그에게) 가르쳐 주라"[115]가 그것이다. 이와 같이 '도'를 구하는 것은 자신의 내부에서 구하는 것이 아니라 후천적 경험 공부인 텅 비우고(虛) · 하나로 하고(壹) · 고요하게 하는(靜) '마음'을 통해서 구하는 것이다. 이 '도'는 바로 사람의 객관 경험 중의 존재일 뿐이지 맹자와 같이 마음의 내부에 본래부터 있는 것이 아니다.[116] 따라서 순자에서 '치지'란 마음을 텅 비우고

---

115) 『荀子』, 「解蔽篇」, "未得道而求道者謂之虛壹靜."
116) 蔡仁厚은 이것을 '타율 도덕'이지 '자율 도덕'이 아니라고 보고 있다(蔡仁厚, 같은 책, 417쪽).

(虛)・하나로 하고(壹)・고요하게 하는(靜) 공부를 통하여 오직 객관적・외재적 '도'를 얻을 때에 가능할 뿐이다.

이상으로 보듯이, 순자에서 '치지'의 목적은 단순히 '지식'의 획득에 있는 것이 아니라 우리의 실천 행위에 있다. 즉 "듣지 않은 것은 들은 것만 못하고, 들은 것은 본 것만 못하고, 아는 것은 행하는 것만 못한다. 학문은 그것을 행하는 것에 이르러서 그친다. 그것을 행하면 밝아지고, 그것을 밝히면 성인이 된다"117)가 그것이다. 따라서 순자의 '치지'는 우리의 인식 밖에 있는 객관적 지식에 대한 탐구가 아니라 우리의 안에서 항상 그 의의와 가치를 발휘하여 생동감이 넘치는 '인문의 도'라고 할 수 있다.


### (2)『대학』의 치지(致知)

『대학』의 '치지'는 앞서 본 선진 유가의 '치지'의 전통 속에서 나왔다. 즉 그것은 공자에서 보이는 '치지'의 관점에 대한 계승과 확충으로, 견문지(見聞知)와 덕성지(德性知)의 상호 관계 속에서, 우리의 현실적 범위를 벗어나지 않는다. 다시 말해『대학』의 '치지'는 바로 인생 중에 마땅히 점유해야 할 '지식의 지위'를 강조한 것으로, 이때의 '앎'(知)은 유가가 중시한 '윤리 정치의 방면의 지식'을 의미한다는 것이다.118) 이는『대학』의 '치지'가 송나라와 명나라 때에 제출된 '우주간의 일체 지식'이거나119) 양지(良知) 또는 허령불매(虛靈不

---

117) 『荀子』,「儒效篇」, "不聞不若聞之,聞之不若見之,見之不若知之,知之不若行之,學至於行之而止矣.行之,明也.明之爲聖人."

118) 『中庸』, 20장 "子曰,好學,近乎知.力行,近乎仁.知恥,近乎勇.知斯三者,則知所以修身,知所以修身,則知所以治人,知所以治人,則知所以治天下國家矣."

119) 고명은 "이런 '치지'(致知)가 어떻게 가능한가? 세계에서 어떤 위대한 학자도 모두 감히 그러한 '치지'를 할 수 있다고 말할 수 없다. 만약 진실로 드러낼 수 있다면 그 결과는 반드시 "博而寡要, 勞而無功"이니, 진실로 육

昧)상에서 행하는 명상의 공부'가 아님을 보여준다. 따라서 『대학』에서 강조한 '앎'(知)은 내부에서 확립된 '덕성'을 보다 더 확고하게 외부로 전개해 나가는 데 있어서 하나의 객관적 기준을 마련하기 위한 기본 토대로 보인다. 즉 '양호한 동기가 있으나 정확한 지식이 없다면 그 결과는 항상 주관의 방면에 따라서 발전하여 반드시 치우치는 바가 있고, 반드시 폐하는 바가 있을 수 있기 때문이다. 지식이란 바로 도덕을 위해 대상을 분명하게 하여 그 발현하는 바를 잘못되지 않게 하며, 또한 도덕에 대하여 합리적 수단을 제공하여 나쁜 수단으로 인하여 양호한 동기를 바꾸지 않게 하는 데에 그 역할이 있는 것이다.'120)

'덕성 주체'의 실질적 확립은 객관적 지식이 전제될 때에 가능하다. 그런데 여기서 문제는 그 지식의 범위가 지나치게 넓다면 우리는 지식의 범위나 도달해야 할 목표를 올바로 정할 수 없어, 결국 도덕의 확립을 기대하기 어렵다는 것이다. 예컨대, A라는 일을 계획하는 데 있어서, 그 범위를 A와 관련된 일에 국한해서 그 목표를 정한다면 우리는 그 일을 더 쉽게 실행할 수 있는 반면에, 처음부터 그 범위를 B에까지 넓혀서 그 일의 목표를 정해 버린다면 우리는 그 일을 전혀 실행할 수 없을 것이다. 이러한 점은 "치지는 격물에 있다"(致知在格物)의 '재'(在)자의 의미로 충분히 알 수 있다. 즉 A在 B의 '재'(在)자는 A가 B의 전제조건, 또한 A는 B에 도달하고자 하는 목표를 의미한다고 볼 수 있기 때문에 그것은 그 앎의 방향과 목표를 함축한다고 할 수 있다.121) 따라서 『대학』내에서 '치지'의 일차

규연(陸九淵)이 "支離事業竟浮沈"이라고 기록한 것과 같다. 비록 주희가 스스로 변론하였다고 하더라도 그는 "以徇外誇多爲務" "以反身窮理爲主" 하지 않았다. 하지만 반신궁리(反身窮理)는 천지 사이의 모든 지식을 미루어서 궁극적인 곳에 도달할 수 있는가 하는 것이 실제로 하나의 문제이다"라고 지적하고 있다(高明, 「大學辯」, 122쪽).

120) 徐復觀, 『中國人性論史』, 286~287쪽 참조.

적 관건은 우리가 도달해야 할 지식의 범위와 목표를 정하는 것이다.

　그러한 '지지'의 '앎'(知)은 『대학』에서 충분히 찾아볼 수 있다. 즉 그것은 『대학』의 "먼저 하고 뒤에 할 바를 아는 것"(知所先後), "근본을 아는 것"(知本), "앎의 지극함"(知之至)의 '앎'을 벗어나지 않는다.[122] 여기서 "근본을 아는 것"은 출발점이자 기초인 "수신을 근본으로 한다"(修身爲本)이고, "먼저 하고 뒤에 할 바를 아는 것"의 '먼저 하고 뒤에 할 바'(先後)는 그 중의 과정 단계이며, "앎의 지극함"의 '지극함'은 종극점이자 목표이다. 이와 같이 "근본을 아는 것"이 "수신을 근본으로 한다"를 아는 것이라고 한다면 '성의'·'정심'은 '수신'의 일이고, '제가'·'치국'·'평천하'는 모두 '수신'으로 말미암아 바깥으로 생명을 확충하여 발전해 나가는 것이다.[123] 이렇게 본다면 "먼저 하고 뒤에 할 바를 아는 것"은 그 '수신'·'제가'·'치국'·'평천하'의 앞과 뒤를 잘 헤아려서 그 순서를 올바르게 파악해 내는 일이 된다. 그렇게 되었을 때, 우리는 그 '앎'을 획득하여 도리에 가까워질 수 있는 것이다.(近道) 그리하여 "도리에 가깝다"(近道)의 도리는 명덕을 밝혀서 인간의 도덕 실천의 행위 속에서 완성된 내성(內聖)과 외왕(外王)의 통일에 대한 구체적 증표로 자리매김될 수 있다. 따라서 위의 두 가지의 '앎'을 획득한 이후에야 비로소 '앎'을 획득할 수 있는데, 그것이 바로 "앎의 지극함"(知之至)인 것이다.

---

121) 『大學』에서 '致知'와 '知至'를 구별한 것은 아주 중요한 의미를 가지는데, 즉 '致知'의 '致'는 '공부'를 의미하고 '知至'의 '至'는 '도달 목표'를 의미하기 때문이다.

122) 朱熹가 "此之謂知本,此之謂知之至也"의 앞에 따로 빠진 글이 있었고, 이것은 그 결어에 불과하다고 보고서 「格物致知補亡章」을 만들어 붙였지만 중요한 사실은 『古本大學』에서 그것을 '팔조목'의 맨 뒤에 결어로 붙여 놓고 있다는 것이다. 따라서 그 '知'는 바로 修·齊·治·平의 道를 알 때의 '知'로 보는 것이 타당하다고 할 수 있다.

123) 바로 『古本大學』에서 '所謂誠其意者'를 해석한 후에 '此謂知本'이라고 한 근거가 여기에 있다.

이상으로 보듯이, '격물'과 '치지'를 '수신'·'제가'·'치국'·'평천하'에 한정해서 해석한다면 '격물'·'치지'는 '수신'을 근본하여 나아가 '제가'·'치국'·'평천하'에 이르는 것을 벗어나지 않는다. 따라서 '몸'(身)·'가족'(家)·'나라'(國)·'천하'(天下)는 사물(物)이고, '닦음'(修)·'가지런히 함'(齊)·'다스림'(治)·'화평함'(平)의 '효과'는 '격물'이며, '닦음'·'가지런히 함'·'다스림'·'화평함'의 '도리'는 '치지'이다. 그리하여 '닦음'·'가지런히 함'·'다스림'·'화평함'의 '도리' 이외에는 '치지'가 없고, '닦음'·'가지런히 함'·'다스림'·'화평함'의 '효과' 이외에는 '격물'이 없다는 점에서 '수신' 이상의 설명은 격물치지(致知格物)의 설명인 것이다.124) 결국 '격물치지'는 '정심'·'성의'로 인한 '덕성 주체의 확립'을 통하여 '평천하'를 실현하는 데 있어서 그 확립된 '덕성 주체'가 현실적 근거를 잃지 않게 그 나아가야 할 범위를 요구하고 제한하는 동시에 그 방향을 보다 더 일목요연하게 제시하여 그 목표가 무엇인가를 분명하게 인식시키는 것이라고 할 수 있다.

## 3. 덕성 주체의 확립 ― 수신(修身)

### 1) 안(內)과 바깥(外)의 종합처 ― 몸(身)

『대학』은 왜 '수신'에 근본하여 '평천하'까지 나가려고 했는가? 그것은 혼란한 시대 상황에 대한 철저한 인식과 자각의 소치이다. 그때는 외적인 면, 즉 인간과 인간 사이의 관계만이 중시되던 정치 체제에 대한 설명보다, 더 근원적인 정치 이상에 대한 비전이 더 절실

---

124) 徐復觀, 『中國人性論史』, 297쪽.

히 요구되던 시기였다. 그래서 『대학』은 철저하게 개인의 덕성에 바탕을 둔 정치 이상을 제시하고, 그것의 구체적 방법으로 '수신'을 채택하였던 것이다.

그럼 '수신'은 어떻게 이해해야 하는가? 여기서 '몸'의 실질적 의미는 무엇인가? 일반적으로 '몸'은 우리의 '육체'를 의미하긴 하지만, 여기서는 그러한 의미보다도 바로 우리의 덕성이 발현되는 장소, 즉 '평천하의 구심점이자 중심점'을 가리킨다. 이것에는 반드시 우리의 '몸'을 흔들리지 않고 올바르게 유지시켜 줄 수 있는 또 다른 조건이 있어야 가능하다. '수신'의 '닦음'(修)의 함축적 의미가 바로 여기에 있다고 할 수 있다.[125]

이른바 그 가족을 가지런히 하는 것이 그 몸을 닦음에 있다는 것은, 사람들이 친애하고 사랑하는 바에 편벽되며, 천히 여기고 미워하는 바에 편벽되며, 그 두렵고 공경하는 바에 편벽되며, 그 슬퍼하고 불쌍히 여기는 바에 편벽되며, 그 거만하고 게으른 바에 편벽된다. 그러므로 좋아하면서도 그 사람의 나쁜 것을 알며, 미워하면서도 그 사람의 아름다움을 아는 자가 천하에 드문 것이다.[126]

여기서 보듯이 우리의 '몸'은 일상생활에서 사사로운 감정들인 '친애함', '미워함', '두려워함', '불쌍히 여김', '거만하고 게으름' 등에 편벽되기 쉽다. 우리가 이러한 사사로운 감정들에 영향을 받는다면 그것은 결국 '근본의 상실'을 가져오게 된다. 공자의 말처럼 '몸'을 바

---

125) 유악생은 "몸(身)은 내재 정신 활동과 외적 행위 표현의 종합체이다. '닦음'(修)은 가지런히 함(齊)·다스림(治)으로써 진선(盡善)을 구하는 것이다. 마치 이것은 덕을 닦고 사업을 닦는 뜻과 같다"라고 한다(柳嶽生, 『大學發微』, 90쪽).

126) 『大學』, "所謂齊其家在修其身者, 人之其所親愛而辟焉, 之其所賤惡而辟焉, 之其所畏敬而辟焉, 之其所哀矜而辟焉, 之其所敖惰而辟焉. 故好而知其惡, 惡而知其美者, 天下鮮矣."

르게 하는 것은 바로 자신의 능동적 행위를 유발하게 하는 아주 중요한 일이다.127) 그래서 극기(克己)·과욕(寡欲)·충서(忠恕)·독경(篤敬) 등의 실천 공부를 통하여 '수신'을 이루게 되면 그 효과는 먼저 우리 몸에 나타나게 된다. 즉 『대학』의 "덕은 몸을 윤택하게 하니, 마음이 넓어지고 몸이 편안하다"128)와 맹자의 "군자의 성품은 '인'·'의'·'예'·'지'가 '마음'에 근본인지라, 그 빛이 발하는 것이 밝고 윤택하게 얼굴에 나타나며, 등에 넘치며, 사지에 베풀어져 사지가 말하지 않아도 깨닫게 된다"129)가 그것이다. 이와 같이 '수신'의 최대 효과인 '덕'이 우리의 몸에 나타나는데, 그것은 그 몸에만 한정되는 것이 아니라 '가족'·'나라'·'천하'에까지 그 효과가 드러나게 된다. 즉 우리는 '수신'의 실천을 통하여 '제가'·'치국'·'평천하'라는 '수신'의 효과에까지 나아갈 수 있다.

공자가 말했다. "배우기를 좋아함은 지혜에 가깝고, 힘써 행함은 어짊에 가깝고, 부끄러움을 앎은 용맹에 가깝다. 이 세 가지를 알면 몸을 닦을 줄 알고, 몸을 닦을 줄 알면 사람을 다스릴 줄 알고, 사람을 다스릴 줄 알면 천하 국가를 다스릴 줄을 알 것이다."130)

옛 사람이 뜻을 얻으면 은택을 백성에게 더하고, 뜻을 얻지 못해서는 몸을 닦아서 세상에 드러낸다. 곤궁하면 바로 홀로 그 몸을 착하게 하고, 도달하면 바로 천하를 겸하여 착하게 할 것이다.131)

---

127) 『論語』,「子路篇」, "其身正,不令而行.其身不正,雖令不從."
128) 『大學』, "德潤身,心廣體胖."
129) 『孟子』,「盡心上篇」, "君子所性,仁義禮智,根於心,其生色也.睟然見於面,盎於背,施於四體,四體不言而喻."
130) 『中庸』, 20장, "子曰,好學近乎知,力行近乎仁,知恥近乎勇.知斯三者,則知所以修身,知所以修身,則知所以治人,知所以治人,則知所以治天下國家矣."
131) 『孟子』,「盡心上篇」, "古之人,得志,澤加於民,不得志,修身見於世.窮則

이상으로 보듯이, 그러한 '수신'의 점진적인 효과는 그 속에 인도 (仁道)가 하나의 표준으로 자리잡고 있기에 가능하다. 즉『중용』의 "도로써 몸을 닦고, 인으로써 도를 닦는다"[132]와 "몸을 닦으면 도가 서고 …… 재계하고 밝게 하며 옷을 성하게 하여 예(禮)가 아니거든 움직이지 않는 것은 몸을 닦는 까닭이다"[133]가 그것이다. 결국 그러한 '수신'은 '제가'에서 '평천하'에까지 이르는 연속적 전개 과정 속에서, 바로 '평천하'를 실현하는 최고의 중심점이자 실천적 토대인 것이다.

## 2) 수신(修身)의 정치적 의미 — "수신을 근본으로 하는"(修身爲本) 주체

이제 논의를 바꾸어 정치적 측면에서 "수신을 근본으로 하는" 실질적 주체에 대해서 살펴보고자 한다. 뒤에서 살펴보겠지만, 유가의 정치는 백성을 근본으로 하는 '민본(民本) 정치'이다. 즉 이는 단순히 정치의 전면에서 '힘'에 의한 정치가 아니라 임금이 백성의 정치·경제적 안정을 정치 이상의 실현을 위한 일차적 목표로 삼고, 항상 자신의 '덕성'에 근거한 정치이다. 이와 같이 유가의 정치는 단순히 사람과 사람의 외적 관계의 확립을 통한 사회 질서의 확립에 있는 것이 아니라 모든 사람들이 자신들의 생명을 유지하여 자신의 본성을 회복함으로써 사람과 사람의 내재적 관계를 세우는 데 있다고 할 수 있다. 따라서 유가는 바로 현실 정치 이외에 더욱 풍부한 인생 문화의 가치 이상을 긍정하여 정치와 인생을 분리하지 않고, 그 현

---

獨善其身,達則兼善天下."

132)『中庸』, 20장, "修身以道,修道以仁.";『論語』,「述而篇」, "子曰,志於道,據於德,依於仁,游於藝."

133)『中庸』, 20장, "修身則道立 …… 齊明盛服,非禮不動,所以修身也."

실 한계를 충분히 극복해 낼 수 있었다.

유가가 그러한 내재적 관계를 세우려고 한 이유는 무엇인가? 그것은 분명히 유가가 법가의 임금을 '정치의 주체'로 삼고, 오직 통치 권력을 유지하기 위한 부국강병(富國强兵)의 수단으로 백성을 이용하는 것에 대한 깊은 반성의 결과였다.[134] 그래서 유가는 백성이 정치를 위해서 존재하는 것이 아니라 바로 정치가 백성을 위해서 존재하는 것이라는 입장에서, 정치의 주체는 바로 임금이 아니라 백성임을 강조했던 것이다.[135] 이렇게 본다면 『대학』에서 제시된 "수신을 근본으로 하는" 실질적 주체도 다름 아닌 어떠한 특정한 사람이 아니라 '모든 사람'을 가리킨다고 할 수 있다. 그렇다면 그 '주체'는 단순히 어느 특정인을 위해서 제기된 특수 개념이 아니라 모든 사람을 위해서 제기된 보편 개념일 뿐이다. 그런데 웅십력에 의하면 "과거에 경(經)을 말하는 자들은, 팔조목은 단지 임금과 재상의 입장에서 말하고, 서민들은 바로 치·평(治平)의 일이 없다고 이르는 것 같다. 이것은 아주 큰 잘못이다. 서민들은 직접적으로 국정에 참여하였을 뿐만 아니라 한 개인은 국가에 있어서 국민이고 천하에 있어서 천하의 사람이기 때문에 그들의 정신·사상·언론·행사 등은 모두 천하에 영향이 있었다. 그러므로 치국·평천하는 모두 서민들의 모든 일이다"[136]라는 것이다. 여기서 그는 "수신을 근본으로 하는" 주체

---

134) 여기서 그 '정치의 주체가 누구냐'의 여부는 결국 유가와 법가의 사상적 성격을 규정짓는 아주 중요한 관건이다.

135) 풍우란에 의하면 "유가를 비롯한 묵가 및 노장의 정치 사상이 비록 서로 다름에도 불구하고 그들은 모두 백성의 관점에서 정치를 논한 반면에, 그 당시에 오직 군주나 국가의 관점에서 정치를 논한 자들은 법술지사(法術之士)였다"라고 한다(馮友蘭, 『中國哲學史』, 383쪽).

136) 熊十力, 앞의 책, 108쪽, "向來說經者,似謂八條目只就君相言.庶人便無治平之事.此乃大誤.庶民不獨直接參預國政.而每一人之身在其國爲國民,同時卽在天下爲天下之人,其精神與思想,言論,行事;皆有影響於天下.故治國,平天下,皆庶民所有事."

를 직접적으로 말하고 있지는 않지만 그의 말에서 우리는 그 주체가 '임금을 포함한 모든 사람'을 가리키고 있음을 알 수 있다.

그러한 웅십력의 주장이 어느 정도 타당한 근거를 가지더라도 그 것에는 반드시 두 가지 점이 전제되어야 한다. 첫째, 정치상에서 임금과 백성의 관계를 어떻게 보아야 하는가? 즉 백성이 '정치의 주체'라고 하더라도 백성에게 '뛰어난 임금'(明君)이 없다면 백성은 무엇에 의해서 자신들의 생명을 보장받을 수 있겠는가? 한편 아무리 '뛰어난 임금'이라고 하더라도 그에게 '백성'이 없다면 그는 어떻게 평천하를 실현할 수 있겠는가? 예컨대, 이 문제는 '선장'과 '배'의 비유로 충분히 파악할 수 있다. 만약 선장이 배에 타지 않은 상황에서 배가 망망대해로 떠내려갔다면 그 배는 그 돌아올 방향을 찾지 못하여 계속해서 표류하게 될 것이고, 한편으로 선장의 잘못으로 배는 가라앉고 혼자 살아 남았다면 그는 더 이상 선장으로서의 자격을 가질 수 없을 것이다. 마찬가지로 모든 백성이 임금의 곁을 떠났다면 임금은 홀로 외톨이가 되어 더 이상 임금으로 남아 있을 수 없고, 반면에 백성에게 그들이 믿고 따를 만한 임금이 없다면 그들은 어디에도 의지할 곳이 없는 떠돌이 신세로 전락하고야 말 것이다. 즉 배가 항해할 좌표를 계획하여 표류나 난파를 당하지 않고 목적지를 향해서 순항하게 하는 것이 선장의 임무이자 역할이듯이, 백성의 생명을 보장해 주면서 그들을 잘 교화하여 빠짐없이 평천하에 도달하게 하는 것이 임금의 진정한 임무이자 역할인 것이다. 이와 같이 '임금'과 '백성'의 관계는 '선장'과 '배'의 관계처럼 서로가 서로를 필요로 하는 유기적·역동적 관계이기 때문에 임금은 항상 백성의 정치·경제적 안정을 도모하고, 백성은 그 맡은 바 임무를 다해야 하는 것이다. 이러한 속에서 '평천하'로의 전개는 가능하다.

둘째, 『대학』이 처한 시대 상황, 즉 그 작자가 두 발을 딛고 있는 그 당시의 현실은 과연 정치·경제적으로 얼마만큼 안정적인가? 즉 백성의 국정 참여는 어디까지나 천하가 어느 정도 안정된 상태에서 가능한 것이지, 천하가 혼란한 상태에서 불가능하며, 설령 참여하였다고 하더라도 그곳에서 그들 자신의 주도적 역할을 기대할 수는 없을 것이다. 따라서 '백성'은 천하의 혼란한 정치적 상황에서 "수신을 근본으로 하는" 실질적 주체가 올바르게 세워졌느냐에 따라서 그 운명이 결정된다고 할 수 있다.

앞에서 『대학』의 성립 연대를 '진나라 말기에서 한나라 성립 이전'으로 보았는데, 이 시기는 정치·경제적으로 아주 혼란하여, 백성은 그것의 올바른 기능과 역할을 기대할 수 없었다. 그래서 『대학』은 '평천하'의 실현을 위해 필수적으로 무엇이 선행되어야 할 것인가를 생각하지 않을 수 없었다. 그 결과 그것은 오직 모든 사람들의 덕성의 자각만을 부르짖을 수 없다는 사실을 깊이 통찰한 끝에, 그 문제의 해결을 위해 그 방향을 '뛰어난 임금'(明君)으로 돌렸던 것이다. 즉 그것은 "수신을 근본으로 하는" 실질적 주체로 그 중심이 흔들리지 않으면서 모든 상황을 타개해 나갈 '뛰어난 임금'의 중요성을 깨닫고서, 일반 백성이 그 고통에서 해방될 수 있도록 실질적·현실적 근거를 마련했던 것이다.

> 한 집이 어질면 온 나라에 어진 기풍이 일어나고, 한 집이 겸양하면 온 나라에 겸양하는 기풍이 일어나고, 한 사람이 탐욕이 심하면 온 나라에 혼란이 일어날 것이다. 그 기틀이 이와 같으니, 한 마디 말이 일을 그르치며, 한 사람이 나라를 안정시킨다.[137]

여기서 '한 사람'이란 바로 '임금'을 가리키는데,[138] 그가 "수신을

---

137) 『大學』, "一家仁, 一國興仁. 一家讓, 一國興讓. 一人貪戾, 一國作亂. 其幾如此. 此謂一言僨事, 一人定國."
138) 楊家駱 主編, 『禮記注疏及補正(下)』, 「大學篇」, 鄭玄 注, "一家, 一人謂人君也."

근본으로 하지" 않고, 즉 그 '근본'을 상실하고 '말단'만을 이끌어 오직 탐욕을 일삼는다면 국가의 모든 체계는 일 순간에 무너져 내릴 수 있다. 즉 "한 사람이 탐욕이 심하면 온 나라에 혼란이 일어날 것이다"가 그것이다. 이와 같이 천하가 혼란한 상황에서 백성을 이끌고 나갈 그 "수신을 근본으로 하는" 실질적 주체가 그 역할을 제대로 수행해 내지 못한다면 임금은 임금대로 백성은 백성대로 자신들의 나아갈 방향을 올바르게 정할 수 없을 것이다. 이러한 점은 과거에 백성이 걸 임금이나 주 임금 등과 같이 폭악한 정치의 극치를 달렸던 임금들에 의해 고통을 받았던 역사적 사실을 통하여 충분히 알 수 있다.

> 요 임금과 순 임금이 천하를 인(仁)으로써 다스리니, 백성이 그를 따랐다. 걸 임금과 주 임금이 천하를 폭악함으로써 다스리니, 백성이 그를 따랐다. 그 명령하는 말이 자기가 좋아하는 바에 반대되면 백성이 (그의 말을) 따르지 않았다.139)

이와 같이 요 임금과 순 임금이 하나같이 '하늘의 명령'(天命)에 의해 품부된 덕성을 깊이 자각하여 어진(仁) 정치를 펼쳤기 때문에 백성은 그를 믿고 의지하였던 반면에, 걸 임금과 주 임금이 그 덕성에 대한 어떠한 자각도 없이 오직 폭력을 일삼았기 때문에 백성의 마음이 그에게서 멀어졌던 것이다. 이 때문에 정치상에서 임금을 "수신을 근본으로 하는" 실질적 주체로 보지 않는다면 우리는 '수신' 이후의 덕목들에 대한 것뿐만 아니라 앞서 인용한 "한 사람이 탐욕이 심하면 온 나라에 혼란이 일어날 것이다. … 한 사람이 나라를 안정시킨다"는 말에 대해서도 어떠한 설명을 할 수 없을 것이다. 이

---

139) 『大學』, "堯舜帥天下以仁而民從之.桀紂帥天下以暴而民從之.其所令, 反其所好而民不從."

와 같이 정치상에서 "수신을 근본으로 하는" 주체는 반드시 임금으로, 그 주체의 올바른 정립 속에서 현실의 제반 문제, 즉 정치·경제적 문제를 해결할 수 있으며, 더 나아가 '평천하'로의 전개가 가능할 것이다. 따라서 '평천하'의 실현은 단지 현실과 유리된 상태에 있는 사람이 아니라 바로 현실을 직시할 줄 알고 현실을 응용할 줄 아는 '뛰어난 임금'(明君), 즉 "수신을 근본으로 하는" 임금에 의해서만 가능할 뿐이다.

이상으로 보듯이, '수신'은 '평천하'의 실현에 있어서 결코 없어서는 안 될 가장 중요한 덕목으로, 임금은 반드시 그것을 근본하여 백성의 정치·경제적 안정을 이룩하고, 더 나아가 '평천하'를 실현해야 할 것이다. 바로 서복관의 "성의·정심·수신은 정치를 책임져야 할 사람 자신에 대해서 말한 것이다"[140]는 주장의 근거도 여기에 있다. 따라서 『대학』에서 "한 사람이 나라를 안정시킨다"(一人定國)고 한 점과 "그 나라는 인(仁)에 의해서 다스려져야 한다"는 점 등으로 본다면 정치상에서 『대학』의 "수신을 근본으로 한다"(修身爲本)의 실질적 주체는 '뛰어난 임금'(明君)인 것이다.

---

140) 徐復觀,「釋論語「民無信不立」」,(『中國思想史論集續篇』, 臺北: 時報文化出版事業有限公司, 民國74 2刷本), 407~408쪽.

# 6장. 평천하 사상의 정치적 성격

앞서 보았듯이 『대학』은 '하늘'에 의해 품부된 명덕(明德)을 어떻게 하면 천하에 밝힐 수 있을까 하는 문제 의식에서, 그 실천적 근거로 명명덕(明明德)을 제출했다. 이는 바로 현실 속에서 현실의 제반 문제를 어떠한 힘이나 권력 의지가 아닌, 인간의 보편적 '덕성'에 기초해서 해결해야 한다는 강한 의지의 표현이었다. 그래서 『대학』은 '강령'과 '조목'의 형식을 차용하여 내성(內聖)을 통한 외왕(外王)의 실현이라는 측면에서, 그 둘을 하나의 유기적·통일적 관계로 설명해 나갔다.

이제 필자는 유가의 정치 이상이 하나의 '가상 세계에 대한 이론적 제시'가 아니라 '현실에 대한 실천적 제시'라는 기본 입장에서, '평천하' 사상의 정치적 성격에 대한 논의를 진행할 것이다.

# 1. 공생 공존의 정치 이념의 전개 — 혈구지도(絜矩之道)

『대학』의 성립 시기인 '진나라 말기에서 한나라의 성립 이전'까지는 정치적으로 매우 혼란한 시기였다. 즉 진시황의 사후에 진나라는 정치 권력을 장악하려는 무리들에 의해 걷잡을 없는 파국의 길로 빠져 들어갔다. 또한 진나라의 멸망 후에도 한나라와 초나라의 기나긴 전쟁으로 인하여 위정자들은 정치의 일관성을 유지할 수 없었다. 이러한 때에 『대학』은 그 현실의 어지러운 국면을 헤쳐 나갈 길이란 바로 기존의 '정치 질서'에 대한 일대 전환을 시도하는 것이라고 깊이 인식한 끝에, '덕성'에 기반을 둔 '정치 이념'으로 '혈구지도'를 제출했다.

## 1) 혈구지도의 전개

### (1) 충서지도(忠恕之道)의 의미

『대학』은 인간의 '덕성'에 바탕을 둔 정치 이상의 실현이야말로 시공간을 뛰어넘어 영원히 우리의 삶의 가치를 더욱 더 풍부하게 해 줄 수 있다는 입장에서, 하나의 현실적 · 구체적 정치 이념을 제시했다. 그것은 바로 공자의 '충서지도[1])에 바탕을 둔, 자신과 자신의 관계뿐만 아니라 자신과 타인의 관계를 올바르게 설정해 주는 하나의 '정치 이념'인 '혈구지도'였다.

여기서 필자는 『대학』의 '혈구지도'의 논의에 앞서, 그것의 사상적 토대가 되는 '충서지도'를 간략하게 살펴볼 것이다. 먼저 충서(忠恕)에서 충(忠)은 자기의 마음을 다하는 것으로, 인(仁)을 실천하는 적극적 측면을 가리킨다. 즉 그것은 정성을 다하여 도(道)를 두텁게 하

---

1) 『論語』, 「里仁篇」, "曾子曰,夫子之道,忠恕而已矣."

고, 즉 몸을 닦는(수신) 공부를 통해서 사사로운 욕심을 제거해 나가고, 만약 그러한 중에 착오가 있다면 자기를 반성하여 자기 안에서 구하고, 마침내 당당히 천지의 사이에 서서 한 명의 진정한 사람으로 거듭남을 의미한다.

인(仁)이란 자기가 서고자 하면 (동시에) 남도 서게 하며, 자기가 통달하고자 하면 (동시에) 남도 통달하게 하는 것이다.[2]

다음으로 '서'(恕)는 자기의 마음을 미루어 남에게 미치는 것으로 인(仁)을 행하는 소극적 측면을 가리킨다. 즉 그것은 너그럽게 사람을 대하여 자기를 미루어서 남에게 미치는 것으로, 자기가 원하지 않는 일을 다른 사람에게 강요하지 않음을 의미한다. 때문에 자기가 몸을 천지 사이에 세우고자 한다면 반드시 다른 사람을 도와서 세워주어야 하는 것이다.

자기가 하지 않는 것을 남에게 베풀지 말아야 한다.[3]

충서(忠恕)는 도(道)에서 멀리 떨어져 있지 않으니, 자기 몸에 베풀어 보아 원하지 않는 것을 나 또한 남에게 베풀지 않는 것이다.[4]

군자는 자기 몸에 착함이 있은 뒤에 남에게 참함을 요구하며, 자기 몸에 악함이 없은 뒤에 남의 악함을 비난하는 것이다. 자기 몸에 간직하고 있는 것이 서(恕)하지 못하고서 남을 깨우치는 자는 있지 않다.[5]

---

2) 같은 책, 「雍也篇」, "夫仁者, 己欲立而立人, 己欲達而達人. 能近取譬, 可謂仁之方也已."
3) 같은 책, 「顔淵篇」, "仲弓問仁, 子曰, …… 己所不欲, 勿施於人."
4) 『中庸』, 13장, "忠恕違道不遠, 施諸己而不願, 亦勿施於人."
5) 『大學』, "君子有諸己, 而後求諸人, 無諸己, 而後非諸人. 所藏乎身不恕, 而

이와 같이 충(忠)과 서(恕)의 실천은 단순히 남이 배제된 자기 자신에서가 아니라 항상 자신과 남의 통일적 관계에서 가능하다. 즉 공자가 자공의 "나는 남이 나에게 대하기를 바라지 않는 것을 나도 역시 남에게 더함이 없으려고 합니다"는 말에 대해 "자공아 (그것은) 네가 아직 미칠 바가 아니다"6)라고 경계한 이유도 여기에 있다.

그런데 충서(忠恕)는 중용(中庸)의 구체적인 내용으로, 바로 『중용』의 "떳떳한 덕을 행하고, 떳떳한 말을 삼가고 ……"7)가 '충서'이며, '중용'의 실천이다. 그래서 한 개인의 동기면, 정신면에서 말할 때는 '충서'라고 하고, 한 개인의 결과면, 행위면에서 말할 때는 '중용'이라고 한다. 따라서 '충서'와 '중용'은 본래 한 가지 일로써, 다만 가르침을 세울 때의 중점의 소재에 따라 표현이 달라진 것에 불과하다.8) 이와 같이 '충서'가 '중용의 실천'이라는 점에서, 그것은 하나의 고원한 것이 아니라 아주 쉽고 평범한 일로써, 우리의 현실 생활에서 실천될 수 있고, 반드시 실천되어야 하는 일인 것이다.

> 도(道)라는 것은 잠시라도 떠날 수 없는 것이다. 떠날 수 있으면 도(道)가 아니다.9)

> 도(道)가 사람에서 멀리 있지 않으니, 사람이 도(道)를 하면서 사람을 멀리 한하면 도(道)라 할 수 없다. …… **충서(忠恕)는 도(道)에서 멀리 떨어져 있지 않으니 ……**10)

---

能喩諸人者,未之有也."

6) 같은 책, 「公冶長篇」, "子貢曰,我不欲人之加諸我也.吾亦欲無加諸人.子曰,賜也,非爾所及也."(여기서 공자의 말은 자공이 근본적으로 '충서'(忠恕)에 도달하지 못했다고 생각한 것이 아니라 자공의 실제 정황에 기준해서 그에서 '충서'는 가볍게 할 일이 아님을 고계한 것이라고 볼 수 있다.)

7) 『中庸』, 13장, "庸德之行,庸言之謹."

8) 徐復觀, 『中國人性論史』, 114쪽 참조.

9) 『中庸』, 1장, "道也者,不可須臾離也,可離,非道也."

그러한 '충서지도'가 우리의 현실 생활에서 실천될 수 있는 근거는 무엇인가? 그것은 다름 아닌 인간의 '본성'이 공통적으로 같다는 것이다. 예컨대, 우리가 '자신의 마음을 미루어 남의 마음을 아는 것'은 그 가운데에 나와 타인을 동일선상에 놓게 하는 하나의 공통 분모가 있기에 가능하다. 만약 인간의 '본성'이 같지 않다면 우리는 남의 부모를 자신의 부모처럼 공경하고 남의 자식을 자신의 자식처럼 사랑하는 마음을 가질 수 없을 것이다. 유가가 바로 인간 '본성'의 공통성을 항상 전제하여 위정자로 하여금 자신의 마음을 미루어서 백성의 정치·경제적 안정을 이끌어내기를 주장한 근거는 여기에 있다. 아무튼 뒤에서 보겠지만, 인(仁)은 충서(忠恕)를 그것의 합리적 표준으로 삼는데, 즉 이것은 인(仁)의 정치상의 목표인 "사람을 사랑하는"(愛人) 것으로 충분히 알 수 있다. 즉 사람을 사랑할 수 있는 마음은 자신의 마음을 미루어 나갈 때에 가능하기 때문에 '충서'는 바로 인(仁), 즉 인도(仁道)를 실천하는 방법(仁之方)이다. 즉 "힘써 서(恕)하며 행동하면 인(仁)을 구함에 더 가까운 것이 없다"[11]가 그것이다. 따라서 우리 자신이 남과의 유기적·역동적 관계를 항상 유지하는 속에서, '충서'는 '천하의 큰 근본'과 '천하의 통달되는 도리'[12]로써 그 의의를 가진다고 할 수 있다.

『대학』의 실천 공부는 왜 그러한 '충서지도'에 맞추어서 설명되어야 하는가? 즉 만약 우리가 자신뿐만 아니라 남조차도 헤아리지 못한다면 그 실천 공부는 그 목표를 잃어버려 오직 그 현실 상황에 집

---

10) 같은 책, 13장, "道不遠人, 人之爲道而遠人不可以爲道也. …… 忠恕違道不遠 ……."

11) 『孟子』, 「盡心上篇」, "强恕而行, 求仁莫近焉."

12) 顧炎武, 『日知錄集釋(外七種): 上』(上海: 上海古籍出版社, 1985), 7권, 「忠恕」, 112쪽, "忠也者, 天下之大本也. 恕也者, 天下之達道也."
劉寶楠, 『論語正義』(十三經淸人注疏本, 北京: 中華書局, 1990), 「里仁篇」註, 153쪽, "己立己達, 忠也. 立人達人, 恕也."

착하거나 그것과 유리된 영역만을 구축할 수 있다. 때문에 '평천하'의 실현은 '덕성'의 전개 과정에서 체득되는 자신의 내적 실천 공부인 '충서'에 기초하지 않으면 안 된다. 따라서 '충서'에 근거한다면 일반 백성은 어진 사람이 될 수 있고, 임금은 어진 사람이 될 수 있을 뿐만 아니라 왕도(王道) 정치를 실행할 수 있다. 이것은 바로 임금의 '자기를 미루어 나감으로써 천하의 백성에 미치게 하는'(推己及人) 방법이다. 결국 '충서'의 도리는 '치국·평천하'의 하나의 근본역량'[13]으로 유가의 정치 이상의 실현에 있어서 없어서는 안 될 아주 중요한 근거인 것이다.

## (2) 혈구지도의 실현

『대학』은 임금 되는 자가 '백성이 싫어하는 것을 좋아하고, 좋아하는 것을 미워한다면 재앙은 그 자신에게 엄습하여, 결국 죽음이란 결과를 낳게 됨'을 강조했다.[14] 왜냐하면 국가의 존립 여부는 바로 '백성의 마음'을 얻느냐에 달려 있기 때문이다.

> 『시경』에 이르기를 "은나라가 백성을 잃지 않았을 때에는 능히 상제에게 짝했었다. (그러니) 마땅히 은나라를 거울로 삼을지어라. 높은 하늘의 명령을 (보존하기가) 쉽지 않다." 이것은 백성을 얻으면 국가를 얻고, 백성을 잃으면 국가를 잃음을 말한 것이다.[15]

---

13) 柳嶽生은 "恕는 '修身'의 動力일 뿐만 아니라 사람들로 하여금 心身을 단정하게끔 하여 …… 바로 그것이 '治國·平天下의 하나의 근본 역량이다. …… 즉 善德好德의 德이 바로 恕의 근원이고, 곧 '誠於中'의 恕도 또한 明德에서 말하는 것으로, 이른바 "民之所好之好之,民之所惡之惡之,此之謂民之父母 …… 得衆則得國", "有德 …… 此有用"이 恕의 구체적 표현이자 효과이니, 곧 '形於外'의 恕도 또한 親民에서 말하는 것으로, "辟 …… 流의" "失衆則失國" 하면 絜矩之道를 행할 수 없고, 明德으로서 親民의 효과를 말할 수 없다"라고 한다(柳嶽生, 『大學發微』, 32~33쪽).
14) 『大學』, "好人之所惡,惡人之所好,是謂拂人之性,菑必逮夫身."

즉 백성의 마음이 임금에게서 멀어진다면 그 국가가 비록 존립한다고 하더라도 그 국가는 그 정책을 실현시킬 수 있는 근본 토대를 상실하게 될 것이다. 왜냐하면 '정치'란 오직 한 사람을 위해서 존재하는 것이 아니라 모두를 위하는 속에서 그 진정한 의의가 드러나기 때문이다. 따라서 '정치'는 '나로써 표준을 삼으면서, 나로써 남을 헤아리는' 속에서 진행되어야 한다. 이러한 사실은 『순자』와 『중용』에 잘 나타나 있다.

> 성인은 자기로써 헤아리는 자이다. 그러므로 남으로써 남을 헤아리고 정(情)으로써 정(情)을 헤아리고, 류(類)로써 류(類)를 헤아린다.[16]

> 군자의 도리는 네 가지이다. …… 자식에게 바라는 것으로써 부모를 섬기고 …… 아우에게 바라는 것으로써 형을 섬기고 …… 친구에게 바라는 것을 (내가) 먼저 베풀어라. ……[17]

그러한 '나를 기준으로 해서 남을 헤아리는 방법'은 『대학』에서 좀더 구체적으로 드러난다. 즉 그것은 '위와 아래'·'앞과 뒤'·'왼쪽과 오른쪽'의 관계에서 '전체의 공존과 공생'을 도모하는 '혈구지도'이다.

> 윗사람을 미워하는 태도로 아랫사람을 부리지 말며, 아랫사람을 미워하는 태도로 윗사람을 섬기지 말며, 앞사람을 미워하는 태도로 뒷사람에게 먼저 하지 말며, 뒷사람을 미워하는 태도로 앞사람을 따르지 말며, 오른편 사람을 미워하는 태도로 왼편 사람을 사귀지 말며, 왼편

---

15) 같은 책, "詩云,殷之未喪師,克配上帝,儀監于殷,峻命不易.道得衆則得國,失衆則失國."
16) 『荀子』,「非相篇」, "聖人者以己度者也.故以人度人,以情度情,以類度類."
17) 『中庸』, 13장, "君子之道四, …… 所求乎子以事父, …… 所求乎臣以事君, …… 所求乎弟以事兄, …… 所求乎朋友先施之, ……."

사람을 미워하는 태도로 오른편 사람과 사귀지 말라. 이것을 혈구지
도라고 한다.18)

이와 같이 '혈구지도'는 순전히 평등 대대 관계일 때에 비로소 성
립된다는 점에서, 정치에는 결코 단편적 권리 의무가 없으며, 또한
'혈구'가 사람마다 모두 자기를 표준(矩)으로 삼아 남을 헤아린다(絜)
는 것을 의미한다는 점에서, '정치'는 바로 천하의 정치이지 일인의
정치가 아닌 것이다.19) 그런데 소극적인 서(恕)의 의미를 가진 '혈구
지도'는 보다 더 적극적인 방향으로 나아갈 때에 그 참다운 의의를
드러낸다. 즉 『맹자』의 "어진 자는 그 사랑하는 것으로써 그 사랑하
지 않는 것에 미치고, …… 사람이 모두 차마 하지 못하는 것이 있
고, 그 차마 하는 것에 도달하면 인(仁)이다"20)가 그것이다. 이러한
적극적 측면을 발휘하여 '혈구지도'라는 정치상의 정치 이념적 지표
가 실현되었을 때, 약한 나라가 강한 나라에 의해 능멸당하거나 소
수가 다수에 의해 억압당하는 그러한 작태들은 자연히 없어질 것이
다. 이러한 논리는 국가와 국가뿐만 아니라 임금과 백성간의 관계에
도 그대로 적용된다. 그리하여 『대학』은 그러한 '혈구지도'에 근거하
여 위에 있는 이가 노인을 공경하고, 어른을 존경하고, 고아를 구제
한다면 백성은 임금을 배반하지 않고 자연히 효(孝)와 제(弟)를 행할
수 있음을 강조했다.

---

18) 『大學』, "所惡於上,毋以使下.所惡於下,毋以事上.所惡於前,毋以先後.所
　　惡於後,毋以從前.所惡於右,毋以交於左.所惡於左,毋以交於右.此之謂絜
　　矩之道也."
19) 梁啓超, 『先秦政治思想史』, 83쪽 참조. 즉 그는 "矩는 나로써 표준을 삼
　　고, 絜은 나로써 남을 헤아리는 것이다. …… 그러므로 絜矩는 즉 能近譬
　　也이며, 즉 同類意識의 표현이다"라고 한다.
20) 『孟子』, 「盡心下篇」, "仁者以其所愛,及其所不愛. …… 人皆有所不忍,
　　達之於其所忍,仁也."

이른바 천하를 태평하게 하는 것이 그 나라를 다스림에 있다고 하는 것은 윗사람이 노인을 노인으로 대접하면 백성에게 효도의 기풍이 일어나고, 윗사람이 어른을 어른으로 대접하며 백성에게 공손함의 기풍이 일어나며, 위에 있는 이가 고아를 구제하면 백성이 배반하지 않으니, 그러므로 군자에는 혈구지도가 있는 것이다.[21]

앞서 보았듯이, '혈구지도'는 인간의 외형적 측면을 고려하여 그들 사이의 관계를 규명한 것이 아니라 인간의 본질적 측면을 고려하여 서로를 구속하지 않고 각각의 기능과 직무에 의한 하나의 조화된 관계를 규명하기 위해서 제시된 '정치 이념'이다. 그런데 혹자에 의하면 "『대학』이 덕성과 가정, 국가 및 천하의 관계를 논할 때에 단지 개인의 국가나 가정 및 천하에 대한 영향을 도덕 생활의 연장으로 삼았을 뿐, 결코 하나의 정치 질서의 독립 관념을 형성하지 못했다. ……『대학』 중에는 결코 진정한 정치 이론은 없다"[22]는 것이다. 하지만 여기서 중요한 사실은 『대학』의 정치 이상이 "현실 정치에 의해 드러난 잘못된 점은 그 내심에서 바로 잡아야 한다"는, 즉 '근

---

21) 『大學』, "所謂平天下,在治其國者,上老老而民興孝,上長長而民興弟,上恤孤而民不倍.是以君子有絜矩之道也"

22) 勞思光 著, 정인재 역, 『中國哲學史(漢唐篇)』, 61~62쪽. 여기서 말하는 '정치 이론'이 무엇을 뜻하는지 정확하게 알 수 없지만, 아마도 서양의 정치 이론을 염두에 두고 말한 것이 아닌가 한다. 서양의 정치 이론은 인간의 내재적 덕성과 상관없이 그 자체의 독립된 영역을 가지고 있다. 즉 그것은 한편으로 일종의 '다수결의 원칙'으로써 소수의 의견은 다소 무시되고 다수의 의견이 수용되고 인정되는 '힘의 논리'라고도 할 수 있다. 하지만 『대학』의 정치 철학은 그것과는 달리 인간의 덕성에 근거하여 외부로 발현된다. 만약 정치가 인간의 덕성에 근거되지 않는다면 그것은 안에서 밖으로 나가는 것이 아니라 도리어 밖에서 안으로 들어오는 방식을 취하게 되어 『대학』의 방법과 다소 거리를 두게 된다. 따라서 『대학』의 정치 철학은 '힘의 논리'에 의한 결과가 아니라 철저하게 하늘에 의해서 품부된 덕성의 자각적 전개 과정을 거치면서 나온 결과라고 할 수 있다.

원지에 대한 탐구'라는 문제 의식에서 출발했다는 것이다. 즉 유가에서 '정치'란 그 자체로 홀로 독립해서 존재할 수 없기 때문에 '정치질서를 구축하는 주체'는 바로 우리 인간으로서, 그것의 확립에는 반드시 인간 서로간의 '믿음'이 전제되어야 한다. 만약 '정치'가 우리의 '선한 심성'에서 나오는 '믿음'에 근거하지 않는다면 그것은 단지 권모술수로 사람들을 기만하거나 사람들을 어떻게 이용할 것인가 하는 것에 빠져 버리게 된다. 반면에 서로간의 '믿음'에 근거하는 '정치'가 실행된다면 사람들은 그것에 의해 기만당하지 않게 되고 서로의 끊임없는 이해와 용서로 '대화합'의 정치 이상이 실현될 수 있다. 따라서 '혈구지도'의 출현은 바로 인간의 '덕성'에 기초하여 정치 이상을 실현하려는 노력을 무시하고, 오직 인간의 사회적 관계만을 중시하는 정치 체제에 대한 일종의 경종이었다고 할 수 있다.

이상으로 본다면 '혈구지도'의 근본 바탕은 인(仁)으로, 즉 우리가 '평천하'로의 전개 과정에서 항상 인(仁)에 근본한다면 우리의 삶의 지표는 보다 더 분명해지고, 더 나아가 남과 끊임없는 조화를 이루어 '평천하'의 실현을 도모할 수 있을 것이다.[23] 따라서 '혈구지도'는 '자기 자신'뿐만 아니라 '남'과의 관계 속에서 어떻게 조화를 이루어 평천하를 실현할 것인가에 그 근본 의의가 있다고 할 수 있다.

## 2) 혈구지도의 실현을 위한 기본 구도

### (1) 정치의 방법 ― 덕치(德治)와 법치(法治)

인간과 인간의 관계를 더 조화롭게 하는 데 있어 가장 바람직한 '정치의 방법'은 무엇인가? 즉 만약 그것이 '덕치'에 한정된다면,[24]

---

23) 『大學』, "一家仁, 一國興仁. 一家讓, 一家讓. 一國興讓. 一人貪戾, 一國作亂."

24) 한편 서복관은 "덕치 사상 때문에 정치가 일종의 권력이라는 관념이 부정되었고, 국가가 순전히 압박 공구(수단)라는 근거 없는 말이 부정되었다"고 한

과연 유가에서 '덕치'와 '법치'는 영원히 상호 조화될 수 없는가? 이 둘의 문제는 역사상 유가와 법가의 최대의 쟁론으로써, '정치를 궁극적으로 백성의 이상 실현에 두는가, 아니면 임금의 패권 실현에 두는가의 여부에 그 문제의 핵심 근거가 있다고 할 수 있다.'[25)

맹자의 "무력으로 인(仁)을 가장하는 것은 패도(覇道)이고, 도덕으로 인(仁)을 실행하는 것은 왕도(王道)이다[26)에 근거하면, '법치'는 인(仁)을 가장한 '패도'이고, '덕치'는 인(仁)에 근거한 '왕도'이다. 즉 전자는 한 임금에 대한 백성의 복종이 어떠한 보이지 않는 강압적 '힘'에 의한 것이고, 반면에 후자는 그 복종이 그 자신의 내면의 깊은 곳에서 흘러나오는 덕(德)에 의한 것이다.[27) 이러한 맹자의 주장은 공자에 그 근거를 두고 있는데, 즉 공자는 '북극성'에 비유하여 그러한 인간 내면에 호소하는 '덕치'를 적극적으로 주장했다.

> 공자가 말했다. "덕(德)으로 정치를 하는 것은 비유하면, 북극성이 제자리에 머물러 있으면 뭇 별들이 손을 모아 잡고 옹위하는 것과 같다."[28)

여기서 보듯이 국가에서 '북극성'과 같은 그 중심점이 없거나, 또한 있다고 하더라도 그 자신의 위치를 제대로 지키지 못한다면 장자(莊子)의 말처럼 '천하에는 각각 그 하고자 하는 바를 행함으로써 스

---

다(徐復觀, 「儒家政治思想的構造及其轉進」(『學術與政治之間』), 52쪽).

25) 唐端正, 『先秦諸子論叢(續編)』(臺北: 東大圖書公司, 民國81 增訂初版), 22~23쪽.

26) 『孟子』, 「公孫丑上篇」, 372쪽, "孟子曰,以力假仁者覇 …… 以德行仁者王."

27) 같은 책, 같은 곳, 372쪽, "以力服人者,非心服也,力不瞻也.以德服人者,中心悅而誠服也."

28) 『論語』, 「爲政篇」, "子曰,爲政以德,譬如北辰,居其所,而衆星共之."

스로 방술을 삼는 무리가 나와서',29) 국가는 더욱 더 혼란의 소용돌
이로 빠져들 것이다. 그 결과로 백성들은 자신들의 생업에 종사할
수 없을 뿐만 아니라 그 기본 생존권조차도 보장받지 못할 것이다.
하지만 천하에 '북극성'과 같이 사람들을 하나로 묶을 수 있는 중심
점이 확고히 서 있다면, 즉 임금이 외압적인 정치 권력이 아닌 자신
의 몸으로 법칙을 삼고서(修身) 정치를 한다면 그러한 극한 상황은
순식간에 종식될 뿐만 아니라 다시는 일어나지 않을 것이다. 그리하
여 공자는 덕(德)과 예(禮)로 백성을 다스리기를 주장했다.

> 법제(政)로써 백성을 인도하고 형벌(刑)로써 가지런히 하면 백성이
> 형벌을 면할 수는 있으나 부끄러워하는 마음은 없을 것이다. 덕(德)
> 으로써 백성을 인도하고 예(禮)로써 다스리면 백성이 부끄러움을 알
> 고, 또 마음이 바르게 될 것이다.30)

법제(政)와 형벌(刑)은 통치자가 피통치자에게 가하는 '강제 역량'
이기 때문에 임금은 백성을 그러한 '강제 역량'에 근거하여 다스릴
수 없고, 오직 '덕'과 '예'에 근거할 때에 백성을 교화해 나갈 수 있
다. 이와 같이 '덕치'를 실천하는 임금은 단순히 현실의 제반 문제의
해결을 위한 '정치적 주체'만이 아니라 정치 이상의 실현을 위한 '덕
성 주체'까지 통섭하는 존재이다.31) 이와 같이 '덕치'는 유가의 정치

---

29) 『莊子』, 「天下篇」, "天下大亂, 賢聖不明, 道德不一, 天下多得一察焉以自
  好 …… 天下之人各爲其所欲焉以自爲方."
30) 『論語』, 「爲政篇」, "道之以政, 齊之以刑, 民免而無恥. 道之以德, 齊之以
  禮, 有恥且格."
31) 같은 책, 「顔淵篇」, "政也正也. 子帥以正, 孰敢不正."
  같은 책, 「子路篇」, "苟正其身矣, 於從政乎何有, 不能正其身, 如正人何."
  『孟子』, 「離婁上篇」, "君仁莫不仁, 君義莫不義, 君正莫不正, …… 正君
  而國定矣."
  『中庸』, 20장, "爲政在人, 取人以身, 修身以道, 修道以仁."

철학에서 아주 중요한 핵심 근거이다. 왜냐하면 '덕치의 출발점은 사람에 대한 존중, 인성에 대한 신뢰라는 점에서, 다스리는 자와 다스림을 받는 자는 서로 덕(德)을 주는 관계이지 권력으로 서로를 압박하는 관계가 아니며, 덕(德)은 사람이 사람되는 공동 근거라는 점에서, 정치의 관건은 진실로 다스리는 자가 그 덕(德)을 먼저 다할 수 있느냐에 달려 있기 때문이다.'[32]

그럼 유가는 오직 '덕치'만을 주장하고, 전적으로 '법치'를 배척했는가? 과연 유가에서 '덕치'와 '법치'는 상호 대립적·배타적인 것, 즉 결코 조화될 수 없는 별개의 두 개인가? 즉 정치의 관건을 덕(德)에만 두었다고 한다면 유가가 '법치'를 철저하게 배격하고 오직 '덕치'만을 그 사상적 근거로 삼았다는 주장도 가능하다. 이 문제의 관건은 바로 『대학』의 다음의 말에서 보여진다.

> 공자가 말했다. "송사를 들어서 처리하는 것은 나도 남과 같으나 반드시 송사를 없게 할 것이다." 사실이 없는 말을 하는 자들이 마음대로 말하지 못하는 것은 크게 백성의 뜻을 두려워하는 것이다. 이것은 근본을 안다고 하는 것이다.[33]

일반적으로 송사(訟事)란 서로의 이익에 관계된 어떠한 일로 발생하는 복잡한 문제를 법(法)에 근거하여 누가 옳고 누가 그른가를 밝혀내는 일이다. 하지만 어떠한 사람이 '송사'에서 '사실이 아닌 것을 사실인 것'처럼 교묘하게 조작해서 상대방을 이긴다면 이것은 단지 '송사'의 본래 목적을 상실시키는 파렴치한 행위일 뿐이다. 따라서 위 글은 그러한 '송사를 없애버려'(無訟) "사실이 없는 말을 하는

---

32) 徐復觀, 「儒家政治思想的構造及其轉進」(『學術與政治之間』), 49쪽 참조.

33) 『大學』, "子曰,聽訟,吾猶人也.必也.使無訟乎,無情者不得盡其辭,大畏民志.此謂知本."

자"들이 마음대로 말할 수 없게 한다면 백성의 뜻이 크게 신장될 수 있다는 것이다. 여기서 '송사'의 행위가 '법치'의 법(法)과 깊은 관계가 있다면 그러한 공자의 기본 태도는 '법치'에 대한 배척 속에서 '덕치'를 강조했다고 볼 수 있다. 하지만 "백성의 뜻을 두려워하는 것이다"라는 말에 근거하면 공자의 태도는 무조건적으로 '송사'를 없애버리라는 것이 아니라 백성의 뜻을 어기면서까지 하는 '송사'의 행태를 없애버리라는 것이라고 할 수 있다.

유가와 법가는 결코 법(法)을 동일한 의미로 사용하지 않았다. 즉 유가의 '법치'는 법가처럼 오직 사람과 사람의 외적 관계에서 그 엄격성과 강제성을 전제로 하지 않고, 사람들의 심성에 대한 조율과 조화를 전제로 한다. 이 점은 일반적으로 법(法)을 의미하는 '평등'의 의미(平直之義), '법령'의 의미(憲令之義), '표준'의 의미(準繩之義), '모범'의 의미'(則效之義) 등으로 알 수 있는데,34) 여기서는 논의의 전개상 '법령'의 의미와 '모범'의 의미에 국한해서 살펴볼 것이다.

첫째는 법가에서 표방하는 '법령'의 의미(憲令之義)이다.

> 법은 국가의 명령으로 관부에서 제정하고 그 후에 민중에게 시행하고, 국가 정권의 강제력에 의존하여 사람들로 하여금 일정한 행위 규범을 준수하도록 한다.35)

여기서 '법'은 '형법'을 가리키는 법가의 '법'의 의미로, 인간의 내적 '덕성'보다도 오직 그 외적 관계에 중점을 두고 있다. 이렇게 본다면 법가가 임금을 오직 현실 정치의 주체와 치도(治道)로 삼은 목

---

34) 程發靭, 『國學槪論』, 232~234쪽. 한편 『尹文子』, 「失道上篇」에서는 "法有四呈,一曰不變之法, …… 二曰齊俗之法, …… 能鄙同異是也.三曰治衆之法, …… 四曰平準之法."라고 한다.

35) 『韓非子』, 「定法篇」, "法者,憲令著于官府,刑罰必于民心.賞存乎愼法,而罰加乎姦令者也."

적은 단지 일체 역량을 집중시켜 부국강병(富國強兵)에 도달하고, 임금을 위해 천하를 쟁패하는 것뿐이다.36)

둘째는 유가에서 표방하는 '모범'의 의미(則效之義)이다.

저울(權)과 말(量)을 삼가고 법도를 살피며, 폐지된 관원을 다시 설치하니, 사방의 정사가 (제대로) 거행되었다.37)

공자가 말했다. "반드시 이름(名)을 바르게 해야만 한다. …… 이름이 바르지 못하면 말이 따르지 못하고, 말이 따르지 못하면 일이 이루어지지 못한다. 일이 이루어지지 못하면 예악(禮樂)이 흥하지 못한다. 예악이 흥하지 못하면 형벌이 알맞지 못한다. 형벌이 알맞지 못하면 백성이 손발을 놓을 곳이 없어진다."38)

그러므로 하늘의 도리를 밝게 하고 백성의 일을 살핀다. 이로써 신비로운 물건을 일으키어 백성들의 쓰임에 앞장선다. …… 한 번 닫고 한 번 여는 것을 변(變)이라고 하고, 왕래해서 다하지 않는 것을 곧 통(通)이라고 하고, 나타나는 것을 곧 상(象)이라고 하고, 형용이 있는 것을 곧 기(器)라고 하고, 제어해서 사용하는 것을 법(法)이라고 한다.39)

---

36) 한편 前期의 법가(子産, 李悝, 吳起)에서는 오히려 형벌을 밝히고 법을 경계하는 것(明罰飭法)으로 예제(禮制)를 보조하는 뜻이 있었지만 상앙(商鞅) 이하 특히 한비자(韓非子)에서는 도리어 오직 형벌에 임함으로써 다스리고자 하였다. 즉 한비자는 임금과 신하의 道를 함께 하지 못한다고 한 까닭에 임금이 세운 '법'은 그 목적이 단지 신하와 백성이 준수해야 하는 것뿐이고, 임금은 반드시 자신의 몸으로 법칙을 만들 필요가 없었다고 주장하였다. 따라서 그의 '법치'는 그 동기가 바로 임금의 전제 정치에 협조하기 위한 것이라고 볼 수 있다(唐端正, 앞의 책, 24~25쪽 참조).

37) 『論語』,「堯曰篇」, "謹權量,審法度,修廢官.四方之政,行焉."

38) 같은 책,「子路篇」, "子曰,必也正名乎 …… 名不正則言不順,言不順則事不成,事不成則禮樂不興,禮樂不興則刑罰不中,刑罰不中則民無所措手足."

여기서 '모범'의 의미는 하나의 '법'을 받들 수 있고, '법'을 본받을 수 있고, '법'을 취할 수 있는 객관적 표준·의칙·제도를 가리킨다. 이것은 유가의 '선왕을 본받는 도리'(法先王之道)로서, 즉 유가가 순전히 주관에 의해서 '법'을 말한 것이 아니라 반드시 역사상에서 진실로 '덕성'을 성취한 사람과 그의 일을 법도로 취하는 대상으로 삼았음을 보여준다.40) 따라서 유가의 '법치'는 법가의 '법치'와 전혀 다른 성격을 가지는데, 즉 공자가 예악(禮樂)의 전제하에서 형벌을 인정했다는 사실은 유가가 단지 법가의 '법치'를 반대했을 뿐이지 '법치' 그 자체를 반대하지 않았음을 가리킨다고 할 수 있다.41)

그러한 사실은 맹자에 오면 좀더 분명하게 드러난다. 즉 그는 양혜왕(梁惠王)과의 대화에서 "형벌을 줄여라"42)라고 하여, 오직 '법'

---

39) 『周易』, 「繫辭上傳」, 11장, "是以明於天之道,而察於民之故,遂興神物以前民用. …… 一闔一闢謂之變,往來不窮謂之通,見乃謂之象,形乃謂之器,制而用之謂之法."

40) 孟子는 法先王(『孟子』, 「離婁上篇」, "今有仁心仁聞而民不被其澤,不可法於後世者,不行先王之道也. …… 遵先王之法 …….")을 주장하였고, 荀子는 法後王(『荀子』, 「儒效篇」, "…… 略法先王而足亂世術,繆學雜擧,不知法後王而一制度,不知隆禮義而殺詩書,其衣冠行僞而同於世俗矣, …… 法後王,一制度,隆禮義而殺詩書,其言行已有大法矣.")을 주장하였는데, 이와 같이 그들은 주관적인 仁心과 仁聞 이외에 위정자가 '法'으로 취할 수 있는 객관적인 法의 표준을 제시하였다.

41) 공자는 왜 '덕치'에 근거한 '법치'를 인정했는가? 그것에는 여러 가지가 있겠지만 그것은 '生而知之' 혹은 困而不學'이나 '上智與下愚不移' 등에서 찾아볼 수도 있다. 이것은 바로 공자가 의도적이든 의도적이지 않든 간에 사람들이 평등하게 태어나지 않음을 인정한 것으로 보여진다. 물론 이것은 사람이 '天'에 의해 선한 덕성을 품부받지 않고 태어난다는 것이 아니라 백성 중에 가르침을 따라서 동화될 수 있는 자가 많지 않다는 것이다. 따라서 국가가 '德'과 '禮'에 근거하여 '法令'과 '刑賞'의 일을 폐지하지 않고 그것으로 정치의 방향을 올바르게 정하는 일은 '정치 질서의 확립'에 아주 중요한 관건이 아닐 수 없다.

42) 『孟子』, 「梁惠王上篇」, "省刑罰."

에 근거한 정치를 반대하면서도, '형벌' 그 자체를 아주 없애버려야 한다고까지 주장하지 않았다. 즉 맹자가 인(仁)에 근거한 왕도(王道)를 주장한 점에서 본다면 "형벌을 줄여라"의 '줄여라'(省)는 "형벌을 없애라"의 '없애라'(廢)여야 할 것이다. 그럼에도 불구하고 그는 왜 "형벌을 줄여라"라고 주장했는가? 이것의 관건은 "한갓 선(善)만 가지고는 정치를 할 수 없고, 한갓 법(法)만 가지고는 스스로 행할 수 없다"[43]에 있다. 즉 인정(仁政)을 행하려면 반드시 '법도'가 있어야 하는데, 인심(仁心)만 있고 '법도'가 없으면, 또한 '법도'만 있고 '인심'으로 그것을 베풀지 못하면 정치는 올바른 방향으로 나아갈 수 없다는 것이다. 따라서 '정치'는 오직 강력한 법(法治)에 의해서가 아니라 항상 '덕치'에 근거한 '법치'에 근거하여 행해질 때에 그것은 올바른 방향으로 나아갈 수 있게 된다. 즉 맹자의 "국가가 무사하고 태평하거든 이때를 당하여 그 정치와 형벌을 밝히면 아무리 큰 나라라고 하더라도 반드시 두려워할 것이다"[44]가 그것이다.

이상으로 본다면 유가는 '법'이야말로 독립해 있을 수 없는 것으로,[45] 형벌(刑)·법제(政)를 전적으로 반대한 것이 아니라 덕(德)·

---

43) 같은 책, 「離婁上篇」, "徒善不足以爲政,徒法不能以自行." 朱熹는 이것에 注를 달기를 "有其心無其政,是謂徒善.有其政無其心,是謂徒法."이라고 한다. 여기서 '善'은 善心이고, '法'은 法家의 法이 아니라 先王의 道를 말하는 '법도'를 의미한다(焦循, 『孟子正義』(十三經淸人注疏本, 北京: 中華書局, 1987), 484쪽 참조).

44) 『孟子』, 「公孫丑上篇」, "國家閒暇,及是時,明其政刑,雖大國必畏之矣." 소공권에 의하면 "'정형'(政刑)은 도덕과 교육의 범위에 속하는 것이 아니라 협의의 정치에 지나지 않는다. 다시 말해 그것은 바로 일체의 전장(典章) 법령(法令)을 포함하며, 문무(文武) 방책(方策)을 갖추고, 주례(周禮)를 실은 것으로, 제도로써 체(體)를 삼고 사람을 다스리고 일을 다스리는(治人治事) 것으로써 영(用)의 관능을 삼는 것이다."(蕭公權, 『中國政治思想史(上)』, 64~68쪽 참조)

45) 『荀子』, 「君道篇」, "有治人,無治法. …… 故法不能獨立,類不能自行,得其人則存,失其人則亡. ……"

예(禮)와의 상호 관계에서 어디까지나 그 보조 역할을 담당하는 것,46) 즉 오직 '덕치'가 미치지 못하는 곳에서 '법치'를 인정했다고 할 수 있다.

### (2) 정치의 근본 ─ 민본(民本)

민본 사상은 주나라 초기의 '민심(民心)에 바탕을 둔 천명관(天命觀)'에 기초하고 있는데, 즉 그 사상은 본래 주나라의 천하 통일로 인한 은나라의 반발을 무마하려는 정치적 목적에서 등장되었다. 하지만 문제는 그것이 비록 그러한 목적에서 등장되었다고 하더라도 그것은 이면에 인간 본질에 대한 새로운 자각을 함유하고 있다는 것이다. 왜냐하면 『서경』의 "백성은 오직 국가의 근본이다. 근본이 견고해야만 국가가 편안하다"47)에서 보듯이, 그 당시에 '백성'은 '국가의 근본'으로써, '국가의 정치 질서'를 확립하고 국가와 임금의 운명을 결정짓는 아주 중요한 존재였기 때문이다.

그런데 주나라의 멸망 이후에는 거듭된 사회의 혼란으로 다소 외형적 측면에서 인간의 역량에 대한 자각이 고조되어, 바로 백성의 지위가 신(神)보다 더 높다는 새로운 의식의 전환이 이루어졌다.48)

---

46) 도희성에 의하면 "공자의 치술(治術) 방법을 養·敎·治 세 가지로 본다면 양교(養敎)의 도구는 德과 禮이고, 치(治)의 도구는 政과 刑이라고 할 수 있다. 이와 같이 德과 禮는 주체가 되고 政과 刑은 그 보조가 된다면, 즉 德과 禮는 한가지 일의 양면이고 政과 刑은 한가지 일의 양면이다."(陶希聖, 『中國政治思想史(一)』(臺北: 全民出版社, 民國43), 73~75) 한편 柳嶽生에 의하면 "유가는 결코 법치의 효과를 부인한 것이 아니고, 먼저 禮로써 하고 후에 법으로 하기를 주장했을 뿐이다"라는 것이다(柳嶽生, 『大學闡微』, 122쪽).

47) 『尙書』, 「五子之歌篇」, "民惟邦本,本固邦寧."

48) 楊伯峻, 『春秋左傳注(1)』, 「桓公」 6년, 111쪽, "夫民,神之主也.是以聖王先成民,而後致力於神." 같은 책, 「莊公」 32년, 252~253쪽, "國將興,聽於民.將亡,聽於神.神,聰明正直而壹者也,依人而行." 『管子』, 「說苑篇」

202

하지만 중요한 사실은 그러한 전환이 다름 아닌 '인간의 본성에 대한 끊임없는 탐구'에서가 아니라 '자신들의 천하 패권을 달성하려는 목적'에서 나왔다는 것이다. 즉 백성은 임금의 천하 패권을 위한 하나의 도구 내지 수단에 불과했다는 것이다. 이 때문에 우리는 그 당시의 임금들이 단순히 백성의 지위를 신(神)보다 더 높였다는 외형적 측면에 함몰되지 말고, 반드시 그러한 의식의 목적이 '정치 이상'을 실현하기 위한 것인지, 또는 '현실 정치'만을 위한 것인지를 아주 분명하게 규명해야 할 것이다. 왜냐하면 그것이 이루어지지 않는다면 유가의 '민본' 사상은 단순히 '현실 정치'의 제반 문제를 해결하기 위한 방편에서 등장된 것으로 받아들여질 수도 있고, 더 나아가 오직 봉건 질서를 유지시켜 귀족 계급의 안정만을 도모하는 데에 그 목적이 있는 것으로 치부될 수도 있기 때문이다. 즉 유가는 분명히 '민본'을 '정치 질서의 확립'을 위한 근본 토대로 삼고, 인간의 내면 즉 인간의 '본성'에 대한 끊임없는 탐구를 시도해 나갔다. 다시 말해 유가는 주나라 초기에 형성된 '민본' 사상을 단순히 그러한 현실 문제의 해결에 한정짓지 않고 '덕성'에 바탕을 둔 '평천하'의 실현에 그 근본 목표를 두었던 것이다. 따라서 그러한 '민본' 사상은 공자·맹자·순자를 거치면서 더욱 강화되어, 결국에 중국의 정치 사상 가운데서 가장 뛰어나고 가장 중요한 한 부분으로 받아들여지게 되었다.

그러면 공자·맹자·순자에서 '민본'은 어떠한 성격을 가지는가? 먼저 공자의 사상적 출발은 인(仁)이다. 즉 이것은 백성에 대한 사랑 없이는 실현될 수 없는 것으로(愛人), 유가의 '민본' 사상의 철학적 토대가 된다. 이러한 인(仁)의 '민본'적 성격이 가장 잘 드러나는 것은 바로 정명(正名) 사상이다. 여기서 '정명'은 단순히 '정명' 그 자체이거나 또한 봉건 제도에 대한 옹호가 아니라 백성에 근본한 '정치 이상'의 실현에 그 목적이 있었다. 왜냐하면 뒤에서 보겠지만, 백성

3권, "君人者, 以百姓爲天."

이 은혜를 받았다면 명(名)의 '바름'과 '바르지 않음'은 이차적인 문제로써, 결국 그 목적은 '임금의 입장'에서가 아니라 '백성의 입장'에서 백성을 위함에 있었기 때문이다.[49] 따라서 그러한 공자의 '민본'에 대한 기본적 입장은 맹자와 순자에 오면 그 절정을 이룬다.

맹자는 유가의 '민본' 사상을 대표하는 최대의 사상적 근거로써, 백성은 국가보다 중요하고, 또한 임금보다 더욱 중요한 존재라는 민귀군경(民貴君輕)[50]을 주장했다. 즉 이것에 비록 오늘날의 민치(民治) 개념이 없다고 하더라도[51] 중요한 점은 그가 '백성을 정치의 목적이자 주체로 삼았다'는 것이다. 이러한 점은 그가 추나라(鄒)의 목공(穆公)과의 문답에서 임금의 태만한 정치에 대하여 백성들이 반기를 들고 일어나는 행위를 당연한 것으로 받아들이고 있다는 사실로 충분히 알 수 있다.

> 맹자가 대답하여 말했다. "흉년이 들어 주리는 해에 임금의 백성 중에 늙고 약한 사람들은 개천과 구덩이에 들어가 죽고, 건강한 장정들은 흩어져 사방으로 가버린 자가 몇 천 명입니까? 임금의 양곡 창고

---

49) 자세한 것은 6장의 '(2) 정명(正名)의 실현'을 참조 바람.
50) 『孟子』, 「盡心下篇」, "民爲貴,社稷次之,君爲輕." 한편 노사광은 "民貴君輕說이 오직 맹자에게만 있다"(勞思光 著, 정인재 역, 『中國哲學史(古代篇)』, 146쪽)라고 주장하는 반면에, 소공권은 그것이 맹자에 의해서 처음으로 창안된 것이 아니라 바로 그 이전부터 있었던 것이지만 중요한 사실은 바로 맹자에 의해서 발휘되고 선양되었음을 강조한다(자세한 것은 蕭公權의 『中國政治思想史』, 96쪽을 참조 바람). 여기서 그 사상의 지향 목표가 궁극적으로 같으냐의 측면에서 본다면 노사광의 주장은 어느 정도 설득력을 가질 수도 있다. 하지만 사상이란 어느 한 순간에 갑자기 돌출 되어 나타나는 것이 아니라 하나의 초보 단계에서 보다 더 성숙 단계로 발전해 나가듯이, 그러한 발전 과정을 배제하고 그 사상을 논한다면 그것은 역사성을 결여한 한갓 공허한 논의에 지나지 않을 것이다. 따라서 그러한 노사광의 주장은 다소 문제를 가진다고 볼 수 있다.
51) 蕭公權, 『中國政治思想史』, 91쪽 참조 바람.

는 가득 차 있으며, 재물 창고도 가득한데, 관리들은 (이러한 사정을) 보고하지 않으니, 이것은 윗사람이 게을러서 아랫사람을 잔인하게 한 것입니다. …… 백성들이 지금 이후에 반기를 들려고 하는 것입니다. 임금은 어찌 (그들을) 탓만 합니까? 왕이 어진 정치를(仁政) 행한다면 백성들은 윗사람들에게 친절하게 대할 것이며, 또한 윗사람들을 위하여 죽을 것입니다."[52]

이렇듯이 맹자는 백성의 정치적 입지를 강화하여, 그들을 주체로 삼은 반면에 임금을 백성에게 기대어 따르는 하나의 객체이자 민의(民意)를 실시하는 공구로 간주했다. 그래서 그는 '민본'과 '민의'를 그의 정치 사상의 핵심 근거로 보고, 백성의 마음이 돌아감을 국가의 운명을 결정짓는 마지막 표준으로 삼았다. 즉 "백성의 (신임을) 얻어야 천자가 될 수 있다"[53]와 "천하를 얻는 데는 도리가 있으니, 그 백성을 얻으면 이에 천하를 얻게 된다. 그 백성을 얻는 데는 도리가 있으니, 그 마음을 얻으면 이에 백성을 얻게 된다"[54]가 그것이다.

한편 순자는 그러한 공자와 맹자의 '민본' 사상을 받아들여, '임금'은 하늘에 의해서 그 지위를 받는 존재이지만 그의 존재 목적은 백성이 있기에 가능하다는 입장을 표명했다. 즉 "하늘이 백성을 낳은 것은 임금을 위한 것이 아니고, 하늘이 임금을 세운 것은 백성을 위한 것이다"[55]가 그것이다. 이것에 근거하면 '임금'이 백성을 위하지

---

52) 『孟子』,「梁惠王下篇」, "孟子對曰,凶年饑歲,君之民,老弱轉乎溝壑,壯者散而之四方者,幾千人矣.而君之倉廩實,府庫充,有司莫以告,是上慢而殘下也. …… 夫民今而後,得反之也.君何尤焉.君行仁政,斯民親其上,死其長矣."

53) 같은 책,「盡心下篇」, "得乎丘民而爲天子."

54) 같은 책,「離婁上篇」, "得天下有道,得其民,斯得天下矣,得其民有道,得其心,斯得民矣."

55) 『荀子』,「大略篇」, "天之生民,非爲君也,天之立君,以爲民也."

않는 것은 바로 '하늘의 명령'(天命)을 거역하는 것과 같다고 할 수 있다. 역으로 임금이 백성의 정치·경제적 안정을 이룩하는 것은 '하늘의 명령'(天命)을 받드는 것과 동일하다고 한다면, 임금과 국가의 운명은 백성이 현실 생활에서 얼마나 안정적 삶을 누리는가와 직접적 관계를 가진다고 할 수 있다. 여기서 그는 임금이 만약 백성의 그러한 삶을 안정시킬 수 없다면 '백성은 임금을 전복시킬 수 있다'는 하나의 혁명론에 가까운 주장을 제출했다. 즉 "전(傳)에 말하기를, 임금은 배이고, 백성은 물이다. 물은 배를 실을 수 있고, 물은 배를 전복시킬 수 있다"는 민수군주(民水君舟)[56]의 주장이 그것이다. 이러한 순자의 주장은 그의 '민본' 사상의 최대 근거라고 할 수 있다. 그런데 혹자에 의하면 순자의 그 주장은 '민본'이 아니라 '임금의 고도의 정치술'에 근거한다고 주장한다. 즉 "맹자의 주장은 이상주의 정치 이론에 속하는 것으로, 현실의 군주 정치를 비판하는 가치 취향을 함유한다. 순자는 현실 공리주의의 정치 이론에 속하는 것으로, 군주의 정치주의 정치 권술의 맛(味道)을 함유한다"[57]는 것이다.

우리는 과연 맹자가 제출한 민귀군경(民貴君輕)의 주장이 '민본'에 바탕을 두고 있는 반면에 순자가 제출한 민수군주(民水君舟)의 주장이 임금의 고도의 '정치술'에 그 근거를 두고 있다고 볼 수 있는가?[58] 또한 우리는 맹자가 '백성의 관점'을 취하여 '정치'를 논한 반

---

56) 같은 책, 「王制篇」, "傳曰,君者,舟也,庶人者,水也.水則載舟,水則覆舟.此之謂也." 여기서 '傳曰'에 근거하면 그 사상은 순자에 의해 처음으로 제창된 것이 아니라 그 이전부터 있었다고 할 수 있다. 즉 『순자』에서 인용된 저서들은 거의 유가(儒家)의 경전의 범위를 넘어서지 않는다는 점에서, 그 『傳』은 유가의 경전 내지 그것과 유관한 저서로 보여진다.

57) 兪榮根, 『儒言治世: 儒學治國之術』(四川省: 四川人民出版社, 1995), 89쪽.

58) 위의 혹자의 순자에 대한 평가는 아마도 본질적 측면이 아닌 다소 현실적 측면에 그 무게의 중심이 실려 있지 않나 한다. 혹자가 그 이유를 자세하게 설명하지 않지만 순자가 '性惡說'을 주장하였다는 점, 후왕과 스승을 본받으

면에 순자가 '임금의 관점'에서 '정치'를 논했다고 볼 수 있는가?[59] 여기서 순자가 '임금'을 '백성의 근원'으로 보고, '임금'을 표본(儀)과 쟁반(槃)에, '백성'을 그림자(景)와 물(水)에 비유하여, "표본(儀)이 바르면 그림자(景)가 바르고, 쟁반(盤)이 둥글면 물(水)이 둥글다. …… 임금은 백성의 근원이다. 근원이 맑으면 하류가 맑고, 근원이 탁하면 하류가 탁하다"[60]고 한 점에 근거한다면, 그가 '임금의 관점'에서 정치를 논의했다고 말할 수도 있을 것이다. 하지만 그 말을 뒤집어 보면, 그것은 '임금의 관점'에서 말한 것이 아님을 알 수 있다. 왜냐하면 '그림자'가 바르지 않고, 또는 '물'이 둥글지 않으며, '하류가 탁한 것'은 결과적으로 임금 자신의 백성에 대한 사랑에 문제가 있기 때문이다. 따라서 순자가 제출한 민수군주(民水君舟)의 주장은 그의 예(禮)의 본래 의미가 백성들의 실질적 생활을 길러주는 데 있듯이,[61] 임금의 고도의 '정치술'이 아니라 '백성에 대한 사랑과 존중'에서 나온 것으로, 결국 유가의 '민본'적 성격을 벗어나지 않는다고 할 수 있다.

이상으로 보듯이, 유가가 제창한 '민본'은 '임금의 입지'를 더욱 강화하거나 그 역량을 더욱 견고하게 하는 것이 아니라 '백성의 관점'에서 임금에 대한 백성들의 입지를 더욱 강력하게 부각시켜 백성들의 정치·경제적 안정을 도모하는 데 있었다. 왜냐하면 그들에게서 임금은 백성의 수요에 응하여 존재하며, 백성의 생존이야말로 가장

---

라고 강조하였다는 점, 그리고 그의 사상이 그 후대의 법가에 상당한 영향을 주었다는 점 등에 기인한 것으로 보여진다.

59) 소공권은 '맹자는 백성의 관점을 취하여 정치를 논한 반면에, 공자와 순자는 임금의 관점에서 정치를 논하는 경향이 있다'라고 한다.(蕭公權, 앞의 책, 96쪽)

60) 『荀子』, 「君道篇」, "君者儀也, 民者景也, 儀正而景正. 君者槃也, 民者水也, 槃圓而水圓. …… 君者, 民之原也, 原淸則流淸, 原濁則流濁."

61) 같은 책, 「禮論篇」, "禮者, 養也."

기본적 수요였기 때문이다. 이와 같이 유가는 임금의 최대의 임무를 백성의 생존권 보장으로 보았기 때문에 '백성을 사랑하고'(愛民)·'백성의 실질적 생활을 기르는'(養民) 것을 임금의 최대 임무로 규정지었던 것이다. 따라서 유가의 '민본'은 '백성은 가장 귀한 존재로써, 국가의 근본이고', '백성이 좋아하고 싫어하는 것을 임금이 좋아하고 싫어했느냐'의 여부는 국가의 운명을 좌우하기 때문에 임금은 반드시 '백성의 뜻'(民意)을 중시해야 하고, 국가는 반드시 '백성을 사랑하고'·'백성을 이롭게 하는' 등의 성격을 가진다고 할 수 있다. 결국 유가의 그러한 '민본' 사상은 결과적으로 백성이 임금에 의해 천하의 패권을 쟁취하기 위한 부국강병(富國强兵)의 '수단' 내지 '도구'로 이용되는 것에 대한 커다란 경종을 불러일으킨 동시에 '통치자 자신에게 어떤 특수한 권익이 있다는 관점과 통치자와 피통치자가 바로 엄격한 계급 대립이라는 근거 없는 말을 부정시켰다'[62])는 데에 중요한 의의가 있다고 할 수 있다.

---

62) 徐復觀, 「儒家政治思想的構造及其轉進」(『學術與政治之間』), 52쪽. 한편 채인후는 '민치'(民治)와 상대해서 '민본'(民本)을 세 가지로 나누어 보고 있다. 첫째, '민본'은 '애민'(愛民)·'보민'(保民)의 관념에서 나온 것이고, 위에서부터 아래로 내려온 것이다. 이런 상황하에서 백성은 피동적이다. 즉 그들은 피동적으로 성군(聖君)과 현상(賢相)들이 '인정 왕도'(仁政王道)를 추행(推行)한 은택을 받아들였고, 피동적으로 '예악 교화'(禮樂敎化)의 훈도(薰陶)를 받아들였다. 둘째, 백성의 정치 규모하에서 위정자는 백성과 '好惡'·'憂樂'을 함께 하고, 백성에 대해서는 반드시 양지(養之), 교지(敎之), 보지(保之)하고, '망민'(罔民), '학민'(虐民)을 허락하지 않았다. 기본적으로 '민본'은 백성을 주체로 삼고, '민의'(民意)를 귀축으로 삼는 것이다. 이런 정치의 효능은 대부분 '성군'과 '현상'의 도덕적 자각에 근거하고, 법제성의 설계도 '치도'(治道) 일면에 한정될 뿐이고, 단지 제2의 제도일 뿐이다. 셋째, 중국 전통 정치중의 '민본' 사상은 바로 교화의 성격을 가지고, 하나의 객관 법제의 구조를 결여하고 있다. 왜냐하면 시종일관 두 개의 입법(立法 : 君權의 제한, 백성의 권리 의무의 규정)을 완성하지 못했기 때문이다. 따라서 중국의 전통 정치의 문제는 '정도'(正道)의 층면에 속하고, '치도'(治道) 층면에 속하는 문제가 아니다(蔡仁厚, 『孔孟荀哲學』, 324~325쪽).

## (3) 정치의 기초 ─ 양민(養民)과 교민(教民)[63]

유가에서 정치의 실질적 출발은 무엇인가? 즉 '백성의 경제적 안정이 우선인가'(養民), 아니면 '백성의 교육이 우선인가?'(教民) 여기서 만약 후자라고 한다면 유가는 분명히 법가의 범주를 벗어날 수 없을 것이다. 왜냐하면 법가는 '교육'을 정치의 전면에 내세워 백성을 하나의 '부국강병'의 수단, 즉 백성 자신의 생존 그 자체가 아니라 백성의 생존을 통한 '부국강병'의 실현 그 자체에 목적을 두었기 때문이다. 따라서 그러한 백성의 '자연 생명'을 뒤로 한 채, 오직 '교육'을 최고의 임무로 삼는 사회는 '주의'·'주장'만이 가득 찬 획일적 사회, 즉 개인의 기본 생존권이 보장되지 않는 통제된 사회로 전락하고야 말 것이다. 마찬가지로 유가가 '백성의 생존권' 그 자체보다도 '백성의 교육'을 우선하여 그 목적을 '부국강병' 그 자체에 두었다면 '백성'은 직접적으로 '통치자의 도구' 내지 '정치상의 도구'에 지나지 않을 것이다. 이것이 사실이라면 '유가의 정치 사상은 그 교육의 내용에 관계없이 자연히 정치의 강제 역량에 흘러가서 억지로 백성을 자기가 승인하는 진리나 가치에 복종하도록 하여, 결국 백성은 그러한 진리나 가치를 실현하기 위해서 존재하는 것이 되고 말 것이다. 이것은 표면적으로 백성이 그 진리나 가치를 위해서 희생되는 것으로 보이지만 실제로는 그의 권력 의지를 위해서 희생되는 것에 지나지 않는다. 하지만 백성의 자연 생명 그 자체가 정치의 출발점이라고 한다면 교육은 백성의 자연 생명을 위해서 존재해야 할 것이다. 따라서 교육의 목적은 백성의 자연 생명을 위해서 존재하는 것으로, 즉 그것을 말살할 것이 아니라 그것을 더욱 강화해 나가는 것이라고 할 수 있다.[64]

---

63) 이 '養民과 教民'의 문제는 뒤의 '정치 이념의 현실적 적용'에서 보게 될 경제 문제와 깊은 관계를 가지는데, 여기서는 "유가는 왜 '양민'을 먼저하고 '교민'을 나중에 하였는가"에 한정해서 논의할 것이다.

백성의 '자연 생명'을 강화시킬 수 있는 일차적 근거는 무엇인가? 그것은 '백성에 대한 임금 자신의 믿음'을 보여주는 일이다. 즉 공자의 "백성에게 믿음을 심어야 한다"가 그것이다.

> 자공이 정치를 물었다. 공자가 말했다. "먹을 것을 풍족하게 하고, 병력을 풍족하게 하면 백성에게 믿음을 심을 수 있다." 자공이 물었다. "기필코 마지못해서 버린다면 세 가지 중에서 무엇을 먼저 버려야 합니까?" 공자가 말했다. "군대를 버려야 한다." 자공이 물었다. "기필코 마지못해서 버린다면 그 두 가지 중에서 무엇을 먼저 버려야 합니까?" 공자가 말했다. "먹을 것을 버려야 한다. 예로부터 사람들은 누구나 죽음을 면할 수 없었다. 만약 백성에게 (임금의) 믿음이 심어지지 않는다면 (국가는) 설 수 없다."[65]

---

64) 徐復觀, 「釋論語<民無信不立>」(『中國思想史論集續篇』), 409~411쪽 참조. 여기서 그는 '立教를 제일로 삼는 정부는 반드시 전제주의 정부로 흘러가며, 또한 그러한 政教合一은 추상 정치의 유풍'이라고 강력하게 비판하고 있다.

65) 『論語』, 「顏淵篇」, "子貢問政.子曰,足食,足兵,民信之矣.子貢曰,必不得已而去,於斯三者何先.曰,去兵.子貢曰,必不得已而去,於斯二者何先.曰去食.自古皆有死,民無信不立." 여기서 우리는 자공이 "必不得已"라는 말로 공자를 당혹스럽게 만들고 있는 사실을 통하여, 그가 아주 뛰어난 현실적 감각을 지닌 인물임을 간헐적으로 알 수 있다. 이러한 子貢의 인물됨은 司馬遷의 글을 통해서 충분히 짐작되고도 남는다. 즉 "자공이 이미 중니에게 배우고 물러나 위나라에 벼슬하였으며, 물자를 축적하기도 하고 내다 팔기도 하여 노나라와 제나라 사이에서 재물을 모았다. 70제자의 무리에서 자공이 가장 부유하였다. …… 자공은 사두마차에 몸을 싣고 종기를 늘어 세우며, 속백의 폐백으로써 제후에게 초빙 향응되었으며, 이르는 곳마다 임금은 동등한 예로 맞이하지 않음이 없었다. 공자로 하여금 이름을 천하에 널리 알리게 한 것도 자공이 음양으로 도운 때문이다. 이것은 이른바 세력을 얻어서 더욱 나타난 자이구나."(『史記』, 「貨殖列傳」, "子貢旣學於仲尼,退而仕於衛,廢著鬻財於曹魯之閒,七十子之徒,賜最爲饒益. …… 子貢結駟連騎,束帛之幣以聘享諸侯,所至,國君無不分庭與之抗禮.夫使孔子名布揚於天下者,子貢先後之也.此所謂得勢而益彰者乎.")

여기서 보듯이 "먹을 것을 풍족하게 하는 것"과 "병력을 풍족하게 하는 것"은 임금이 행해야 할 정치의 기본 요건이지만 공자는 부득이 버려야 한다면 "군대를 버려야 한다"와 "먹을 것을 버려야 한다"고 강조했다. 그럼 그 둘은 어떻게 함축적 의미를 담고 있는가? 전자는 '병력'(兵) 자체를 제거하라는 것이 아니라 백성의 생업을 빼앗아 가면서까지 그들을 징발하지 말라는 것이고, 후자는 '먹을 것'(食) 자체를 제거하라는 것이 아니라 개인의 사리사욕을 위해 지나친 세금을 거두어들이지 말라는 것이다. 왜냐하면 '병력'이란 처음에 국가와 백성을 적국으로부터 보호해 주는 임무를 수행하지만 어느 정도 시간이 흘러 국가의 기강을 확립하고, 이웃 국가와도 화친을 이룬 다음에는 국민들을 감시하고 억압하는 기구로 변해 버릴 수 있기 때문이다.66) 이런 점에서 그 자신의 '믿음'을 백성에게 보여줄 때에만 '백성'은 자신들의 마음을 조금도 숨기지 않고 모든 정성을 다하여 그를 충실히 따르게 된다는 것이다.67) 즉 "백성에게 믿음을 심어야 한다"는 통치자가 자신을 믿음의 조건으로 삼아서 백성에게 그 자신의 믿음을 보여주는 것이므로, 백성에 대한 요구가 아니라 통치자 자신에 대한 요구인 것이다.68) 따라서 "백성에게 믿음을 심어야 한다"의 '믿음'을 어떠한 입장에서 보느냐는 점은 유가가 백성의 경제적 안락과 백성의 교육 중에 어느 것을 먼저 정치의 출발점으로 삼았느냐의 여부를 결정짓는 아주 중요한 관건이다. 그리하여 유가는 백성의 경제적 안락과 백성의 교육의 실행에 있어 그 선후의 차이를

---

66) 『左傳』에서는 '武'를 "夫武,禁暴·戢兵·保大·定功·安民·和樂·豊財者也."(楊伯峻 編著, 『春秋左傳注(2)』, 745~6쪽)로 정의하고 있다.

67) 『論語』, 「子路篇」, "上好禮則民莫敢不敬,上好義則民莫敢不服,**上好信則民莫敢不用情**.夫如是則四方之民,襁負其子而至矣,焉用稼."

68) 徐復觀, 「釋論語<民無信不立>」(『中國思想史論集續篇』), 406쪽.
劉寶楠, 『論語正義』, 492쪽. "信謂上予民以信也 …… 是故信者,上所以治民之準也."

분명히 보이고 있다.

　　공자가 위나라로 갈 때에 염유가 수레를 몰았다. 공자가 말했다. "인
　　구가 많구나!" 염유가 물었다. "인구가 이미 많으면, 또 무엇을 덧붙
　　여야 합니까?" 공자가 말했다. "백성을 부유하게 해주어야 한다." 염
　　유가 물었다. "백성이 이미 부유하다면, 또 무엇을 덧붙여야 합니까?"
　　공자가 말했다. "백성을 가르쳐야 한다."[69]

　여기서 "인구가 많다(庶)"는 것은 백성들이 임금의 '덕성'을 듣고
몰려온 결과, 즉 임금이 백성에게 자신의 믿음을 보여준 결과이다.[70]
이와 같이 인구가 많아진 다음에는 임금은 반드시 백성들이 그들의

---

69) 같은 책, 「子路篇」, "子適衛,冉有僕.子曰,庶矣哉.冉有曰,旣庶矣.又何加
　　焉.曰,富之.曰.旣富矣.又何加焉.曰,教之." 한편 도희성에 의하면 여기서의
　　'教之'는 바로 "小人學道則易使也"(『論語』, 「陽貨篇」)를 가리킨다고 한
　　다(陶希聖, 앞의 책, 75쪽). 그런데 그가 이것에 대해 더 이상 설명을 하고
　　있지 않기 때문에 그의 진의가 무엇인지는 정확하게 파악할 수 없다. 하지만
　　공자의 그 말을 어떻게 해석하느냐에 따라서 '教之'의 의미는 충분히 달라진
　　다고 볼 수 있다. 첫째는 "소인이 도(道)를 배우면 부리기 쉽다"로 해석한다
　　면 '教'는 바로 소인의 자연 생존권을 인정해 주는 것이 아니라 오직 그들을
　　하나의 정치상의 도구로 이용하는 데에 그 목적을 가진다. 둘째는 그 앞 문
　　장의 "君子學道則愛人"의 '愛人'(사람을 사랑하고)과 비교해서 "소인은 도
　　(道)를 배우면 부리는 것(즉 자신이 하고자 하는 일)을 쉽게 할 수 있다"로
　　해석한다면 비록 소인이 군자처럼 사람을 사랑하는 경지에까지 나갈 수 없
　　더라도 그것은 자신의 생업이나 그 밖의 여러 일들을 손쉽게 처리할 수 있
　　음을 의미한다. 그렇다면 '教'는 하나의 정치적 도구가 아니라 백성의 생존
　　권을 강화하려는데 그 목적을 가진다. 따라서 전자는 통치자가 백성을 자신
　　의 권력 기반을 위한 수단으로 이용한다는 점에서 그 의의를 가질 수 없
　　지만, 후자는 백성을 그 자체로써 순수하게 인정해 준다는 점에서 그 의의를
　　가진다고 할 수 있다.
70) 楊伯峻 編著, 『春秋左傳注』, 「昭公」, 13년, 1351쪽, "取國有五難,有寵
　　而無人,一也.有人而無主,二也.有主而無謨,三也.有謨而無民,四也.有民
　　而無德,五也."

기본 생존권을 제대로 보장받을 수 있도록 그들을 부유하게 해주어야 한다. 이러한 백성들에 대한 부지(富之)가 이루어진 다음에 백성들에 대한 교지(敎之)가 가능한 것이다. 따라서 '교지'는 먼저 임금의 입장이 아니라 바로 백성들의 생존권을 보장하는 '부지'가 전제될 때에 그 의의를 가진다고 할 수 있다.

이상으로 보듯이, 백성의 생존권 보장이 비록 국가의 존위를 위한 부차적인 정책일지라도 백성의 생존권 보장(養民)의 전제하에서만 백성들에 대한 '교육을 통한 교화'가 가능하다고 할 수 있다. 이러한 측면이 반영될 때에, 유가의 '교육'은 '덕치'의 실행에 있어서 가장 중요한 요건이 될 수 있다. 이런 이유로 유가는 근본적으로 백성의 생존권 보장의 실천을 통한 백성들의 교육의 실천을 정치 이상의 실현을 위한 최고의 임무로 삼았던 것이다.71)


## 2. 정치 이념의 현실적 적용

앞서 보았듯이 『대학』은 하나의 정치 이념으로 '혈구지도'를 제출했다. 이러한 '혈구지도'의 근본 바탕은 인(仁)인데, 즉 항상 인(仁)에 근본한다면 우리는 삶의 지표를 보다 더 분명하게 세울 수 있고, 더 나아가 남과 조화를 이루어 '평천하'의 실현을 도모할 수 있을 것이다. 『대학』이 바로 자기 자신뿐만 아니라 남과의 관계 속에서 어떻게 조화를 이루어나갈 것인가 하는 문제를 통찰하여, '혈구지도'를

---

71) 『孟子』, 「盡心上篇」, "善政, 不如善敎之得民也. 善政, 民畏之. 善敎, 民愛之. 善政, 得民財. 善敎, 得民心." 「滕文公上篇」, "飽食煖衣, 逸居而無敎, 則近於禽獸. 聖人有憂之, 使契爲司徒, 敎以人倫."
『荀子』, 「大略篇」, "不富無以養民情, 不敎無以理民性. 故家五畝宅, 百畝田, 務其業而勿奪其時, 所以富之也. 立大學, 設庠序, 脩六禮, 明十敎, 所以道之也. 『詩』曰, 飮之食之, 敎之誨之. 王事具矣."

하나의 '정치 이념'으로 제시한 근거는 여기에 있다. 그런데 『대학』은 단순히 그러한 이념을 제시하는 정도에서 머문 것이 아니라 비록 간략하게나마 그것을 실현하는 원칙들을 제시했다. 그것은 바로 '평천하'의 전개에 있어서 아주 중요한 "군자는 큰 도리가 있다"(君子有大道)는 '정치 질서의 확립'과 "재물의 생산에는 큰 도리가 있다"(生財有大道)는 '경제 질서의 확립'이었다.

## 1) 정치 질서의 확립을 위한 원칙 — "군자는 큰 도리가 있다" (君子有大道)

### (1) 민의(民意)의 정치 — "백성이 좋아하는 것을 좋아하고, 싫어하는 것을 싫어한다."

맹자에 근거하면 '하늘'은 백성의 판단과 기준에 근거하여 새로운 임금에 대한 최종 결정을 내린다.[72] 즉 "하늘은 말하지 않고 행사로써 그것을 보일 뿐이기" 때문에 그것은 그 자체의 판단과 기준에 근거해서 자기 멋대로 새로운 임금을 결정하지 않는다. 예컨대, "하늘은 백성이 보는 것으로부터 보고, 백성이 듣는 것으로부터 듣는다"[73]에서 보듯이, '하늘'이 A에게 임금의 직위를 주는 것은 실제로 백성이 A에게 임금의 직위를 주는 것과 같다고 한다면[74] '백성의 의지'는 '하늘의 의지'이며, 또한 '국가의 근원이 하늘에 있음'은 바로

---

72) 같은 책, 「萬章上篇」, 唐虞.禪.夏后.殷.周.繼.其義一也. 즉 선양이든 세습이든 民意에 의해서 결정되는데, 즉 모두 백성의 복리를 전제로 삼음을 의미한다.

73) 『孟子』, 「萬章上篇」, "天視自我民視,天聽自我民聽."

74) 같은 책, 같은 곳, "孟子曰否.天子不能以天下與人.然則舜有天下也. …… 曰天與之. …… 天不言,以行與事示之而已矣. …… 天子能薦人於天,不能使天與之天下, …… 曰使之主祭而百神享之,是天受之,使之主事而事治,百姓安之,是民受之也.天與之人與之,故曰天子不能以天下與人."

214

'그 근원이 백성에 있음'을 의미한다. 따라서 '백성'은 임금에게 복종할 의무가 없는 반면에 '임금'은 반드시 백성을 이끌어 길러주고 국가를 안정시킬 '의무와 책임'이 있는 것이다. 이와 같이 백성이 이미 '정치의 근본'이 되었다면 '민의'는 정치상에서 임금의 존폐 문제에 결정적 영향력을 발휘하게 된다. 따라서 위정자의 모든 정치상의 행위는 반드시 '민의'에 근거해서 시행되어야 할 것이다.

> 좌우의 신하들이 모두 현명하다고 말하여도 그대로 인정하지 말고, 여러 대부들이 모두 현명하다고 말하여도 그대로 인정하지 말고, 나라 사람들이 모두 현명하다고 말한 뒤에 잘 살펴보아서 훌륭한 점을 발견한 뒤에 등용해야 한다. 반대로 좌우의 신하들이 모두 옳지 않다고 말하여도 듣지 말고, 여러 대부들이 옳지 않다고 말하여도 듣지 말고, 온 나라 사람들이 모두 옳지 않다고 한 뒤에 잘 살펴보아서 옳지 않다고 한 점을 발견한 뒤에 버려야 한다. 좌우의 신하들이 모두 죽일 만하다고 말하더라도 듣지 말고, 여러 대부들이 모두 죽일 만하다고 말하여도 듣지 말고, 나라 사람들이 모두 죽일 만하다고 말한 뒤에 잘 살펴보아서 죽일 만한 점을 발견한 뒤에 죽여야 한다. 그러므로 나라 사람들이 그를 죽였다고 말하는 것이다. 이와 같이 한 뒤에야 백성의 부모라 할 수 있다.[75]

『대학』은 그러한 '민의'의 정신을 이어받아, 임금은 "백성들이 좋

---

[75] 『孟子』, 「梁惠王下篇」, "左右皆曰賢, 未可也. 諸大夫皆曰賢, 未可也. 國人皆曰賢, 然後察之. 見賢焉然後用之. 左右皆曰不可勿聽, 大夫皆曰不可勿聽, 國人皆曰, 不可然後察之. 見不可焉然後去之. 左右皆曰可殺, 勿聽. 諸大夫皆曰可殺, 勿聽. 國人皆曰可殺, 然後察之, 見可殺焉, 然後殺之. 故曰國人殺之也, 如此, 然後可以爲民父母." 한편 "然後察之"에 근거하면 다른 어떤 사람이 백성의 위에 있다고 볼 수 있는데, 그가 바로 진정한 주권의 소재이다. 그리하여 혹자는 "맹자의 이상 정치의 구조는 결코 백성을 주체로 삼는 것이 아니라 현명한 군주 정치 하에서 민본주의(民本主義)로 향하기를 희망하는 것이다"라고 주장한다(楊幼炯, 『中國哲學史』, 90쪽).

아하는 것을 좋아하고, 백성들이 싫어하는 것을 싫어하는" 정치를
펼쳐야 한다고 강조했다. 이러한 정치에 근거하여 임금이 자신의 사
리사욕을 채우기 위한 수단으로 백성을 이용하지 않는다면 백성은
앞다투어 그를 자신의 부모처럼 여길 것이며, 또한 다른 지역에 있
는 사람들까지도 자신이 가장 소중하게 여기는 자식과 함께 몰려올
것이다. 따라서 이러한 상태를 계속 유지하여 임금이 "백성이 좋아
하는 것을 좋아하고 백성이 싫어하는 것을 싫어한다면" 그의 위치는
더욱 확고해져 진정한 '백성의 부모'로 거듭날 수 있을 것이다.

> 『시경』에 이르기를 "즐거운 군자여, 백성의 부모구나." 백성들이 좋
> 아하는 바를 좋아하고, 백성들이 싫어하는 바를 싫어하는 것, 이것을
> 백성의 부모라고 한다.76)

그런데 임금이 그러한 '백성의 부모'로 거듭나려면 그것에는 반드
시 한 가지 수반되어야 할 것이 있다. 그것은 바로 평천하의 전개에
있어 아주 중요한 기본 토대인 '백성을 얻는 것'(得民), 즉 '백성을
마음을 얻는 것'(得民心)77)이다. 즉 "백성을 얻으면 국가를 얻고 백
성을 잃으면 국가도 잃는다"78)가 그것이다. 그래서 임금은 항상 자
신의 '덕성'과 '믿음'에 근거하여 '백성의 마음'을 벗어나지 않는, 즉
자신의 마음에 털끝만큼의 사리사욕도 없이 백성과의 일치된 행위를
통하여 국가 정책을 더욱 엄중하게 실행해야 한다. 예컨대, 이는 걸
임금과 주 임금이 '폭악한 정치'에 의해 '백성의 마음'을 잃은 결과로
자신의 몸뿐만 아니라 천하까지도 잃은 반면에, 요 임금과 걸 임금

---

76) 『大學』, "詩云,樂只君子,民之父母.民之所好好之,民之所惡惡之.此之謂
民之父母."
77) 『孟子』, 「離婁上篇」, "得天下有道,得其民斯得天下矣.得其民有道,得其
心斯得民矣."
78) 『大學』, "道得衆則得國,失衆則失國."

이 '선한 정치'에 의해 '백성의 마음'을 얻은 결과로 천하를 얻었다는 역사적 사실로 충분히 알 수 있다.[79] 따라서 임금이 정치를 펼치는 데 있어서 자신의 편협한 일에 집착하여 '백성의 마음'에 합치되지 않는다면(즉 '혈구지도'에 근거해서 정치를 하지 않는다면) 그것은 결과적으로 천하를 죽이게 된다.

> 『시경』에 이르기를 "깎아지른 저 남산이여, 돌이 우뚝우뚝하도다. 혁혁한 태사 윤씨여 백성이 모두 그대를 바라본다." 나라를 가진 자는 삼가지 않으면 안 되니, 편벽되면 천하를 죽이게 된다.[80]

그럼 백성이 '좋아하고 싫어하는' 것에 근거하여 '백성의 부모'가 되는 사람은 어떠한 사람을 말하는가? 맹자에 근거하면, 그는 '백성과 함께 즐거움을 나눌 줄 아는 자',[81] 즉 '백성이 즐거워하는 것을 즐거워하고 백성이 근심하는 것을 근심하며 그들의 마음을 잘 헤아리는 자'이다.[82] 이와 같이 '백성의 마음을 얻는 것'은 단순히 그들의 마음을 어루만지는 정도에서가 아니라 그들이 진정으로 원하는 것이 무엇인지를 잘 파악하여 그것을 밖으로 드러낼 때에 가능하다. 즉 맹자의 "백성이 바라는 것을 주어 모이게 하고, 싫어하는 것을 베풀지 않는다"[83]가 그것이다. 그리하여 『대학』은 임금이 백성의 요

---

79) 『孟子』, 「離婁上篇」, "孟子曰,桀紂之失天下也失其民也.失其民者失其心也."
   『大學』, "堯舜帥天下以仁,而民從之.桀紂帥天下以暴.而民從之.其所令反其所好,而民不從.是故君子有諸己,而後求諸人.無諸己而後,非諸人.所藏乎身不恕,而能喩諸人者,未之有也."

80) 『大學』, "詩云,節彼南山,維石巖巖,赫赫師尹,民具爾瞻.有國者,不可以不愼,僻則爲天下戮矣."

81) 같은 책, 「梁惠王下篇」, "與民同樂也.今王與百姓同樂則王矣."

82) 같은 책, 같은 곳, "樂民之樂者,民亦樂其樂.憂民之憂者,民亦憂其憂.樂以天下,憂以天下,然而不王者,未之有也."

구에 응하지 않고 도리어 "사람들이 좋아하는 바를 싫어하고 미워하는 바를 좋아한다면" 그것은 결과적으로 백성의 본성을 왜곡시키는 동시에 재앙이 그 자신에게 미칠 수 있음을 경고했다.

> 사람들이 싫어하는 바를 좋아하고, 사람들이 좋아하는 바를 싫어함, 이것은 사람의 본성을 거스른다 하는 것이다. (이러한 자는) 반드시 재앙이 그의 몸에 미칠 것이다.[84]

여기서 백성들이 '좋아하는 것'과 '싫어하는 것'은 아주 중요한 의미를 가진다. 즉 『대학』은 그것에 대한 구체적 대답을 제시하고 있지 않지만 이것은 크게 두 가지 측면에서 이해할 수 있다. 첫째는 '오직 백성의 실질적인 경제적 안정에 대한 요구'이다. 즉 공자의 "부유함과 귀함은 사람들이 하고자 하는 것이고, 가난함과 천함은 사람들이 싫어하는 것이다"[85]에 근거하면, 백성이 '좋아하는 것'은 그들의 생존을 보장하는 '부유하고 귀함', 즉 '경제적 안정'이고, 그들이 '싫어하는 것'은 그들의 생존권을 박탈하는 '가난하고 천함', 즉 '경제적 불안정'이다. 따라서 "백성이 좋아하는 것을 좋아하고, 싫어하는 것을 싫어하는" 일차적 관건은 백성의 생존권과 직접적 관계를 가진다. 둘째는 '임금에 대한 백성의 요구'이다. 즉 백성이 아무리 부귀하려고 하여도 임금이 그들을 받쳐주지 못한다면 그들은 경제적 안정을 이룰 수 없다. 따라서 임금은 그것을 실현하기 위해 반드시 '백성이 싫어하는 추잡한 행위·쟁탈·탐욕을 버리고, 백성이 좋아하는 예의(禮義)·사양(辭讓)·충신(忠信)'[86]에 근거해야 한다. 따라

---

83) 같은 책, 「離婁上篇」, "得其心有道,所欲與之聚之,所惡勿施爾也."

84) 『大學』, "好人之所惡,惡人之所好,是謂拂人之性,菑必逮夫身."

85) 『論語』, 「里仁篇」, "富與貴,是人之所欲也,貧與賤,是人之所惡也."

86) 『荀子』, 「强國篇」, "桀紂者善爲人所惡也,而湯武者善爲人所好也.人之所惡何也.曰,汚漫爭奪貪利是也.人之所好者何也.曰,禮義辭讓忠信是也."

서 "백성이 좋아하는 것을 좋아하고 싫어하는 것을 싫어하는" 이차적 관건은 백성의 생존권을 보장하는 위정자의 덕성과 직접적 관계를 가지게 된다.

이상으로 보듯이, 『대학』의 "백성이 좋아하는 것을 좋아하고, 싫어하는 것을 싫어하는" 것에 의한 '정치'란 바로 '임금에 대한 백성의 요구', 즉 민의(民意) 정치를 가리킨다. 이런 점에서 유가가 표방하는 '덕치'란 바로 '민의'의 또 다른 이름이며, 그것에 근거한 정치를 수행하는 임금이야말로 진정한 왕도(王道) 정치의 수행자인 것이다. 따라서 백성의 입장에서 그들이 "좋아하는 것을 좋아하고, 싫어하는 것을 싫어하는" '민의'에 근거한 정치야말로 유가에서 강조한 민본(民本) · 애민(愛民) 사상의 최대의 핵심 근거라고 할 수 있다.

(2) 인재의 등용 ─ "현명한 사람을 등용하고", "그에게 먼저 임무를 맡긴다."

'인재의 등용'은 한 국가의 운명을 결정짓는 관건이기 때문에 임금은 자신의 본성을 왜곡시키거나 변질시키지 말고, 반드시 올바른 '인재의 등용'을 통하여 국가의 '정치 질서'를 확립해 나가야 한다. 그리하여 맹자는 임금이 그러한 올바른 '인재의 등용'을 바탕으로 그 국가를 이끌어 나가서 '정사'와 '형벌'을 밝히면 큰 나라라도 두려워하지 않을 것임을 강조했다.

> 덕(德)을 귀히 여기며, 선비를 높이며 …… 재능이 있는 자가 지위에 있어서 …… 정사와 형벌을 밝히면 비록 큰 나라라도 반드시 두려워할 것이다.[87]

---

87) 『孟子』, 「公孫丑上篇」, "貴德而尊士, 賢者在位, 能者在職, …… 明其刑政, 雖大國必畏之矣."

어진 이를 높이고 재능 있는 자를 부려서 재주와 덕 있는 이가 지위에 있으면 천하의 선비가 모두 기뻐하여 왕의 조정에서 벼슬하기를 원할 것이다.[88]

그럼 올바른 '인재의 등용'을 위한 가장 합리적인 방법은 무엇인가? 앞서 보았듯이 그것은 바로 '민의(民意)에 의한 인재의 등용'이다. 즉 '인재의 등용'은 임금에 의해 독단적으로 결정되거나, 또는 어떠한 특정 집단의 천거에 의해 결정될 사항이 아니라 바로 '민의'에 의해 결정되어야 한다. 그런데 여기서 중요한 사실은 백성도 자신들의 이익에 따라 이리저리 옮겨 다닐 수 있음을 배제할 수 없기 때문에 그들의 의견이 모두 전적으로 옳지만은 않다는 점이다. 따라서 '인재의 등용'에서 임금의 진정한 임무란 그러한 '민의'에 의해 천거되는 사람의 능력과 성품을 잘 분별해 내는 것이라고 할 수 있다.

공자가 말했다. "여러 사람이 그를 미워한다고 하더라도 반드시 관찰하며, 여러 사람들이 그를 좋아한다고 하더라도 반드시 그를 관찰해 보아야 한다."[89]

임금은 '민의'에 근거하되, 그 의견을 무조건적으로 받아들일 것이 아니라 보다 더 충분한 관찰과 토의를 거친 다음에 '인재의 등용'을 결정해야 한다.[90] 이러한 일련의 절차를 통해 '인재의 등용'이 이루어졌다면 그 임금은 진정으로 백성의 정치·경제적 안정을 충분히 이끌어낼 수 있다. 그런데 여기에는 한 가지 문제가 남아 있다. 즉

---

88) 같은 책,「公孫丑上篇」, "尊賢使能, 俊傑在位, 則天下之士, 皆悅而願立於 其朝矣."

89)『論語』,「衛靈公篇」, "子曰, 衆惡之, 必察焉. 衆好之, 必察焉."

90)『孟子』,「離婁上篇」, "君仁莫不仁, 君義莫不義, 君正莫不正. 一正君而國 定矣."

아무리 국가에 등용된 인재가 많다고 하더라도 그것만으로는 국가의 정치 질서를 확립할 수 없고, 거기에는 반드시 그들에게 먼저 임무를 주어 백성을 위해 그 본문을 다할 수 있도록 제도적 장치를 마련해야 한다는 것이다. 왜냐하면 임금이 그들을 계속 방치하여 그 자신들의 능력을 발휘할 수 있도록 먼저 임무를 맡기지 않는다면 그것은 백성에게 그들의 후환이 두려워서 한 행동이거나 혹은 일시적 고육지책에 의한 고도의 정치술로 비춰질 수도 있기 때문이다. 그래서 『대학』은 그러한 점을 간략하고도 분명하게 밝혔다.

> 현명한 자를 보고도 등용하지 못하고 등용하되 일찍 하지 못하는 것은 태만이다.[91]

즉 임금은 '등용된 인재'들이 그 자신들의 임무를 충실히 수행해 나갈 수 있도록 단순히 등용만으로 끝내지 말고, 더 나아가 그들에 대한 믿음으로 그들의 능력과 재질에 맞는 임무를 주어야 한다는 것이다. 왜냐하면 '인재의 등용'은 단순히 임금 자신의 안락이 아니라 하나의 도리에 따라서 정치 이상을 실현하려는 데 그 목적이 있기 때문이다.[92] 이와 같이 임금과 '등용된 인재'들은 서로 간의 이익이 아니라 백성의 정치·경제적 안정을 위해 존재하기 때문에 그들은 항상 서로에 대한 믿음과 존중을 통하여 백성의 관점에서 모든 정책의 방향을 설정해야 한다. 그렇지 않고 그들이 각각 자신들만의 이익을 취하는 태도로 정사에 일관한다면 그 결과는 단순히 그들 자신

---

91) 『大學』, "見賢而不能擧, 擧而不能先, 命也." 여기서 命자는 慢자(鄭玄)와 怠자(程子)로 이해되고 있다. 이 글은 「禮運篇」의 "選賢與能"(현자를 뽑고 능력 있는 사람에게 (관직을) 수여하며)와 비슷한 의미를 가진다고 볼 수 있다.

92) 『荀子』, 「臣道篇」, "傳曰, 從道不從君. 此之謂也. …… 奪然後義, 殺然後仁, 上下易位然後貞."

들의 파멸만으로 그치는 것이 아니라 더 나아가 백성의 파멸로까지 이어지게 될 것이다.

> 어진 자와 현명한 자를 믿지 않으면 그 국가는 (사람이 없는 것처럼) 공허해지고, 예의가 없으면 위와 아래가 (서로의 기득권을 잡기 위해서) 싸움만을 일삼고, 또한 정사가 없으면 재용(財用)이 넉넉하지 못하다.[93]

그 때문에 『대학』은 임금이 항상 남에게 관용을 베풀 줄 알고 존경할 줄 아는 신하, 즉 먼저 남의 능력이나 재주를 인정해 주고, 또한 그것을 배우려고 애쓰는 '관용'의 도리를 지닌 신하를 가까이 하고, 특출한 재주로 남을 시기하고 미워하고 오직 자신만의 능력과 재주를 과시하는 신하를 가까이 하지 말아야 한다고 주장하였다. 따라서 『대학』은 「진서」(秦誓)의 글을 인용하여 다음과 같이 말하였다.

> 진서에서 말했다. "만약 한 신하가 꾸준하고 다른 재주가 없으나 그 마음이 어질어서 남을 용납함이 있는 듯한지라, 남이 재주를 가진 것을 시기하지 않고 자기가 가진 것과 같이 여기고, 또한 다른 사람이 유명하다고 소문이 나면 그것을 자기 마음에 좋게 여겨 그 입으로부터 나오는 것보다 더 좋게 여긴다면 이런 사람은 남을 용납할 수 있으므로 우리 자손과 모든 백성을 보전할 것이니, 또한 이런 사람은 이로움이 있을 것이다. 남이 재주 가진 것을 시기하여 그를 미워하고, 남이 훌륭한 신하로 통하여 성스러움을 어겨서 통하지 못하게 하면 그런 사람은 남을 용납하지 못하는 지라, 우리 자손과 모든 백성을 보전하지 못할 것이니, 또한 위태할진저!"[94]

---

93) 『孟子』, 「盡心下篇」, "孟子曰,不信仁賢則國空虛,無禮義則上下一亂,無 政事則財用不足."

94) 『大學』, "「秦誓」曰,若有一介臣,斷斷兮,無他技,其心休休焉,其如有容焉, 人之有技,若己有之,人之彦聖,其心好之,不啻若自其口出,寔能容之,以能

결국 정치상에서 한 국가의 존립 여부는 항상 '민의'에 근거하여 인재를 등용하고, 그 다음에 '관용'의 도리를 가진 신하에게 먼저 임무를 주어 그의 능력을 최대한 발휘하게 함으로써, 백성이 아픔과 고통에서 벗어날 수 있을 때에 결정된다고 할 수 있다.

(3) 불선자(不善者)의 방출 — "불선자를 물리치고", "멀리 추방한다."

이제 임금이 처음에 잘못 판단하여 우매한 사람을 등용했거나, 또는 '등용된 인재'들이 처음에 자신들의 임무를 충실히 수행하다가도 나중에 불의와 결탁하여 자신의 사리사욕만을 추구하는 '선하지 않는 신하'(위의 두 번째 신하)로 변해 버렸다면, 그들은 어떻게 다스려야 하는가? 한 국가에 '선하지 않는 자'를 그냥 내버려둔다면 그 국가의 기강은 어느 한 순간에 무너져 다시는 돌이킬 수 없는 국면으로 치닫게 된다. 즉 맹자의 "오직 어진 자라야 마땅히 높은 지위에 있을 수 있는데, 어질지 아니하고 높은 지위에 있으면, 이것은 그 악한 것을 여러 사람에게 뿌리는 것이다"[95]가 그것이다. 때문에 『대학』은 선하지 않는 자가 국가에 미치는 영향이 얼마나 큰지를 깊이 인식하여 다음과 같이 아주 강력하게 경고했다.

> 선하지 않는 자를 보고도 물리치지 않고 물리치되 멀리하지 않는다면 그것은 허물이다.[96]

즉 임금이 '선하지 않는 자'를 자기의 곁에 계속 두고 감싼다면 그 것은 바로 임금 자신의 '무능함'과 '나태함'을 드러내는 일이다. 그래

---

保我子孫黎民,尙亦有利哉."人之有技,娼疾以惡之,人之彦聖而違之,俾不通,寔不能容,以不能保我子孫黎民,亦曰殆哉."

95) 『孟子』,「離婁上篇」, "是以惟仁者,宜在高位,不仁而在高位,是播其惡於衆也."

96) 『大學』, "見不善而不能退,退而不能遠,過也."

서『대학』은, 임금은 자신의 '무능함'과 '나태함'을 일소시켜 항상 자신의 곁에 있는 사람들을 잘 관찰하여, '선한 자'를 자기의 곁에 계속 두고 정사를 담당하게 하고, '선하지 않는 자'를 그 자리에서 쫓아내어 멀리 축출해야 한다는 기본 입장을 제출했다.

그럼 '선하지 않는 자'의 처벌은 어떠한 방법으로 행해져야 하는가? 즉 '인재의 등용'이 '민의'에 의해서 결정되듯이, '선하지 않는 자'의 처벌도 임금에 의해 단독적으로 결정될 사항이 아니라 반드시 '민의'에 의해 결정되어야 한다. 왜냐하면 임금의 아주 미묘하고 사소한 감정에 의한 오판으로 불합리한 피해를 보는 사람들이 속출할 수 있기 때문이다. 즉 그것은 임금이 균형을 잃고, 오직 자기의 판단으로 국정의 모든 것을 결정한다면 사람의 '덕행'이 그 사람의 직위에 어울리지 않고, 또 그 사람의 능력이 그의 관직에 어울리지 않으며, 그 사람에게 내려지는 상이 그가 세운 공적에 합당하지 않고 형벌이 또한 그가 지은 죄에 맞지 않는[97] 등의 일처럼, 모두가 균형을 잃어버릴 수 있기 때문이다. 따라서 임금이 그 균형을 유지하기 위해서는 항상 백성의 의견을 종합하여 국가의 모든 일을 공정하게 처리하고, 또한 "공이 없는 사람은 상을 주지 않고 죄가 없는 사람은 벌을 주지 않아야 한다"[98]는 '상과 벌의 원칙'에 근거해야 할 것이다.

그런데『대학』은 '선하지 않는 자'에게 '교육에 의한 교화'를 강조하기보다도 반드시 그들을 물리쳐야 하고, 그것도 사방의 야만족이 사는 곳으로 쫓아버려 다시는 '중국'에서 함께 살지 못하게 해야 한다는 아주 강력한 정책을 적용했다.

---

97)『荀子』,「正論篇」, "一物失稱,亂之端也.夫德不稱位,能不稱官,賞不當功,罰不當罪,不祥莫大焉."
98) 같은 책,「王制篇」, "無功不賞,無罪不罰."

오직 어진 사람만이 (악한 사람을) 추방하여 유배하되, 사이(四夷)의 땅에 물리쳐서, 더불어 중국(中國)에서 함께 하지 않는다. 이것은 오직 어진 사람만이 사람을 사랑하며 사람을 미워한다고 하는 것이다.[99]

여기서 유가의 전통적 견해가 '선하지 않는 자'에 대한 처벌에 앞서 그들에게 먼저 '관용'을 베풀어 교육에 의한 교화와 계도를 전제했다고 한다면[100] 그러한 『대학』의 주장은 분명히 유가의 기본 입장과 그 방향을 달리한다고 볼 수 있다. 왜냐하면 유가의 '덕치'는 분명히 법가의 '법치'처럼 인간의 외면에 대한 아주 강력한 구속 내지 통제가 아니라 오직 '인성에 대한 교화'를 그 전제로 깔고서 말하기 때문이다. 하지만 『대학』의 그러한 방향은 '선하지 않는 자'를 쫓아버리지 않고 자국 내에서 교화한다면 그들이 혼란한 역사의 소용돌이를 틈타서 이전보다 더 큰 문제를 조장할 수 있다는 생각이 아니었나 한다. 아무튼 『대학』의 "어진 사람만이 사람을 사랑하고 사람을 미워한다"에 근거하면, 그것은 불인(不仁)에 의한 임금의 정치가 아니라 인(仁)에 의한 임금의 정치를 실행하여 어디에도 치우침이 없이 공평하게 모든 일을 처리해야 한다는 것이었다. 따라서 『대학』의 임금 자신의 덕성에 근거한 선하지 않는 자의 방출은 단순히 임금의 강력한 정치 권력을 유지해 주는 '정치술'이 아니라 '덕치'와 '민의'의 실현에 그 목적이 있다고 할 수 있다.

마지막으로 "군자는 큰 도리가 있다 ……"(君子有大道 ……)의 '큰 도리'[101]는 무엇을 의미하는가 하는 것이다. 즉 『대학』의 "군자

---

99) 같은 책, "唯仁人,放流之.迸諸四夷,不與同中國.此謂唯仁人,爲能愛人,能惡人."

100) 3장의 '(3) 중국과 사이의 문제'를 참조 바람.

101) '大道'는 학자마다 그 의미가 다양하게 사용되는데, 즉 鄭玄의 "행동이 말미암은 바"(鄭玄, 『禮記』, 「大學篇」注, "道,行所由."), 孔穎達의 "孝弟

는 혈구지도(絜矩之道)가 있다"102)라는 말에 근거한다면 '큰 도리'는 '혈구지도'를 가리킨다. 앞서 보았듯이 이것은 단순히 외형적 측면을 고려하여 인간들 사이의 관계를 규명한 것이 아니라 서로를 구속하지 않고 각각의 기능과 직무를 잘 조화해 나아가 전체의 공생공존을 규명한 '정치 이념'이다. 따라서 '임금이 백성과 인재를 얻느냐'의 최대 관건은 결국 '혈구지도를 체득했느냐'로 귀결된다. 이러한 '혈구지도'의 실현을 위해서는 먼저 보편적 인간성이 자신의 내부에 포용되어 있어야 하는데, 그것은 바로 '신실함'(忠)과 '믿음'(信)이다.

> 군자는 큰 도리가 있으니, 반드시 신실함(忠)과 믿음으로써 얻게 되고, 교만과 태만으로써 잃게 되는 것이다.103)

즉 임금이 '교만하고 태만하다는 것'은 바로 '혈구지도'를 잃어버린 것이기 때문에 '혈구지도'를 얻음은 '신실함'과 '믿음'이고 잃음은 '교만'과 '태만'을 의미한다. 여기서 '신실함'(忠)은 '믿음'의 바탕으로 인간 내면의 깊은 곳에서 일어나는 주체적 움직임이고, '믿음'은 '신실함'의 전개로서 보편성에서의 융화를 의미한다. 그렇다면 '신실함'과 '믿음'은 '소아(小我)의 진실한 대아(大我)로의 확충'으로, 바로 '개체의 보편성'에 혼융일치되어 감으로써 자신과 타인간에 간격을 두지 않는 것이다. 결국 '혈구지도'는 임금과 신하, 임금과 백성간의 협

---

仁義의 大道"(孔穎達, 『禮記正義』, "孝弟仁義之大道."), 朱熹의 "(임금이) 그 지위에 머물면서 자신을 수양하고 남을 다스리는 방법"(朱熹, 『大學章句』, "道,謂居其位,而修己治人之術."), 그리고 현대의 嚴三立의 "정치를 잘 하고 몸을 편안하게 하는 방법"(嚴三立, 『禮記大學篇通釋』(『梁漱溟全集(4)』, 山東: 山東人民出版社, 1991), 85쪽, "其大道謂治政安身之術.") 등이 그것이다.

102) 『大學』, "君子有絜矩之道也."

103) 같은 책, "是故君子有大道,必忠信以得之,驕泰以失之."

조와 조화를 전제로 하는 것으로, 즉 '신실함'과 '믿음'으로써 체득되는 '혈구지도'야말로 정치 질서를 확립하는 최대의 정치 이념이라고 할 수 있다.

## 2) 경제 질서의 확립을 위한 원칙 ― "재물의 생산에는 큰 도리가 있다."(生財有大道)

전목(錢穆)은 "중국인의 경제 이론은 전적으로 그들의 정치 이론 같이 인생의 이상에 입각하여 출발하고, 인류 내심의 실질적 요구에 귀착한다. 지금의 세계처럼 경제를 위해서 경제를 논하고, 그 결과로 경제와 인생이 일탈해 버리게 된 일은 없었다"[104]고 한다. 이렇듯이 '경제'가 정치 이상을 실현하는 기본 요소라고 한다면 '경제'는 단순히 사람들의 물질적 만족이 아니라 '평천하'의 정치 이상을 실현하기 위해 존재하는 것이다. 따라서 『대학』은 '정치 질서'의 확립이 백성과 함께 하는 '경제 질서'의 확립을 전제하지 않는다면 '평천하'의 실현이 불가능하다는 점을 일찍이 통찰하여, "재물의 생산에는 큰 도리가 있다"는 하나의 '경제 질서의 확립을 위한 원칙'을 제출했다.

### (1) 생산의 증대 ― "생산하는 사람이 많고," "생산하는 것을 빨리 한다."

『대학』 당시는 농촌의 균등했던 재산 상태가 파괴되고 '상공업' 등이 크게 일어나서 사회 경제의 빈부의 불균형한 상태가 드디어 일반 사람들이 주시하는 표적이 되던 시기였다.[105] 그래서 『대학』은 '선진 유가의 부민(富民) 사상을 계승하고 발전시켜'[106] 하나의 아주

---

104) 錢穆 著, 車柱環 譯, 『中國文化史導論』, 134쪽.

105) 같은 책, 128쪽.

106) 趙靖 主編, 『中國經濟思想通史(1)』(北京: 北京大學出版社, 1991), 459

소박한 생산론을 제출했다.

　생산하는 사람이 많고, …… 생산하는 것을 빨리 한다.107)

　그런데 맹자에 근거하면 임금은 반드시 백성이 불합리한 정치 체제에 구속받지 않고 충분히 생산할 수 있는 근거를 마련하여, 그들이 경제적 안정을 이룩할 수 있도록 제반 여건을 갖추어줄 의무를 가진다. 즉 "뛰어난 임금은 백성의 생산을 제정한다"108)는 것이다. 그리하여 그는 그것의 실현을 위해서 '백성의 경제적 안정이 그들의 정신적 안정보다 먼저 전제되어야 한다'는 항산론(恒産論)을 주장했다.

　일정한 생산이 없으면서도 일정한 마음을 가지고 있는 자는 오직 선비만이 가능한 것이고, 백성으로 말하면 일정한 생산이 없으면 (그로)인하여 일정한 마음도 없어진다.109)

　백성이 살아가는 방법이란 일정한 생산이 있는 자는 일정한 마음이 있고, 일정한 생산이 없는 자는 일정한 마음이 없다. 만일 일정한 마음이 없으면 백성은 자연히 방탕·편벽·부정·사치함을 하지 않음이 없을 것이다. 급기야 죄에 빠진 뒤에 따라서 그들을 형벌한다면 이것은 백성을 일부러 그물에 넣어서 잡는 것이다.110)

　여기서 '일정한 생산'(恒産)이란 백성이 고정적으로 점유하고 사용

---

쪽.

107) 『大學』, "生之者衆 …… 爲之者疾."
108) 『孟子』, 「梁惠王上篇」, "明君, 制民之産."
109) 같은 책, 같은 곳, "無恒産而有恒心者,有土爲能,若民則無恒産,因無恒心."
110) 같은 책, 「滕文公上篇」, "民之爲道也,有恒産者,有恒心.無恒産者,無恒心.苟無恒心,放僻邪侈,無不爲已.及陷乎罪,然後從而刑之,是罔民也."

하는, 즉 그들 자신을 비롯한 그들 가족의 생활을 일정하게 유지시
켜 주고 생명을 보존시켜 주는 자산을 말한다. 그런데 임금이 모든
힘을 기울이지 않고, 그러한 백성의 '일정한 생산'을 보장해 주지 않
는다면 그는 그들에게서 생업에 종사할 안정된 마음인 '일정한 마음'
을 기대할 수 없을 것이다. 따라서 백성의 '일정한 마음'은 바로 그
'일정한 생산'에 비례하여 그 의의를 가지기 때문에 임금은 "백성을
일부러 그물에 넣어서 잡는" 행위가 아니라 항상 백성들이 경제적
안정을 유지할 수 있도록 해야 할 것이다.

그럼 그러한 '경제적 안정'은 어떻게 가능한가? 그것은 다음의 세
가지 요건이 구비될 때에 가능하다.

첫째는 '백성의 증가'이다.

> 공자가 위나라로 갈 때에 염유가 수레를 몰았다. 공자가 말했다. "인
> 구가 많구나!" 염유가 물었다. "인구가 이미 많으면, 또 무엇을 덧붙
> 여야 합니까?" 공자가 말했다. "백성을 부유해 주어야 한다." 염유가
> 물었다. "백성이 이미 부유하다면, 또 무엇을 덧붙여야 합니까?" 공자
> 가 말했다. "백성을 가르쳐야 한다."[111]

여기서 보듯이 국가에 비옥한 땅이 아무리 많더라도 그것을 개간
할 백성이 부족하다면 국가는 '생산의 둔화'로 국가 정책을 실행할
재정을 확보할 수 없을 것이다. 즉 『예기』의 "땅은 여유가 있으나
백성이 부족한 것은 군자가 가장 치욕으로 여긴다"[112]에서 보듯이,
'백성의 증가' 여부는 '국가의 생산 증가'를 결정짓는 아주 중요한 요
인 중의 하나이다. 그래서 임금이 외적인 강력한 통치술이 아닌 임
금 자신의 덕성에 근본하여 백성을 다스려 나간다면 그 결과로 그

---

111) 같은 책, 「子路篇」, "子適衛,冉有僕.子曰,庶矣哉.冉有曰,旣庶矣.又何加
焉.曰,富之.曰.旣富矣.又何加焉.曰,敎之."
112) 『禮記』, 「雜記下篇」, "地有餘而民不足,君子恥之."

국가에는 다른 지역에서 감화를 받고 온 백성들로 가득 차게 되어 생산의 증대를 이룩할 수 있을 것이다. 따라서 한 국가에서 '백성의 증가'는 임금 자신의 '덕성'과 '믿음'이 백성에게 얼마나 깊이 심어졌느냐와 긴밀한 관계를 가지기 때문에 임금 자신이 폭정으로 백성의 감소를 유발하지 않고, '어진 정치'(仁政)와 '덕행'(德行)으로 '백성의 증가'를 유도해 내는 일은 아주 중요하다고 할 수 있다.

둘째는 '토지의 명확한 경계'(經界)이다.

> 무릇 어진 정치는 반드시 경계를 정하는 것으로부터 시작한다. 경계가 바르지 않으면 정전(井田)이 고르지 않고, 곡록이 고르지 않게 된다. 이러한 까닭에 포학한 임금과 탐관오리들은 반드시 경계를 정하는 것을 소홀히 한다. 경계를 정하는 것이 이미 바르면 밭을 나누고 녹을 제정하는 것은 앉아서도 정할 것이다.[113]

즉 임금이 '토지의 경계'를 명확하게 하지 않고, 또한 자기가 친애하는 소수의 몇 사람에게 많은 토지를 소유하게 한다면 백성이 아무리 열심히 농사를 짓는다고 해도 그들은 과중한 세금으로 피폐한 생활을 면할 수 없을 것이다. 따라서 토지의 경계선을 명확하게 하여 모든 사람들이 편안하게 자신의 생업에 종사할 수 있도록 할 때에 '생산의 증대'를 이룩할 수 있다.

셋째는 '농사 시기(時)의 보장'이다.[114]

> 적절한 때(時)를 택하여 백성을 부려야 한다.[115]

---

113) 『孟子』,「滕文公上篇」, "夫仁政,必自經界始.經界不正,井地不均,穀祿不平.是故暴君汚吏,必慢其經界.經界旣正,分田制祿,可坐而定也."
114) 楊伯峻 編著, 『春秋左傳注(2)』,「文公」 6年, 553쪽, "閏以正時,時以作事,事以厚生,生民之道於是乎在矣."
115) 『論語』,「學而篇」, "使民以時."

농사 때(時)를 어기지 않게 하면 곡식을 이루 다 먹을 수 없고 ……
도끼와 자귀를 적당한 때(時)에 따라 산림에 들어가게 하면 재목을
이루 다 쓸 수 없으니 ……116)

즉 농번기임에도 불구하고 임금이 그들을 강제로 전쟁터로 내몰
아 버린다면 그 국가에 아무리 백성과 토지가 많다고 하더라도 그
국가는 경제 질서의 파괴로 더 이상 백성의 '항상된 생산'을 위한 어
떠한 해결책도 마련할 수 없을 것이다. 이 때문에 임금이 농번기에
백성의 생업을 보장해 주는 것은 아주 중요한 일이다. 그리하여 임
금은 '전야와 촌락 그리고 백성의 화합과 사업의 질서가 바로 재화
의 근본이자 원천'117)임을 깊이 명심하여, 항상 백성이 생업에 종사
할 시기를 빼앗지 말고, 더욱 더 그들의 생활의 근거를 마련해 주면
서, 다시는 국가의 경제 질서를 파괴하는 일이 없도록 해야 할 것이
다. 결국 '백성의 증가', '토지의 명확한 경계', '농사 시기의 보장' 등
을 통한 '생산의 증대'는 백성의 "생을 기르고 죽은 이를 장사지내는
데에 유감이 없도록 하는"118) 등 진정한 '경제 질서의 확립'을 위한
기본 초석이라고 할 수 있다.

---

116) 같은 책,「梁惠王上篇」, "不違農時,穀不可勝食也. …… 斧斤以時入山
林,材木不可勝用也 ……."
117) 『荀子』,「富國篇」, "田野縣鄙者財之本也.垣窌倉廩者,財之末也.百姓
時和,事業得敍者貨之源也.等賦府庫者,貨之流也." 開源節流는 사회 생
산을 증가함으로써 그 원천을 열고, 나아가 소비와 지출을 공제하여 그 흐
름을 조절하는 것을 말한다. 즉 사회 생산은 국가 재정의 근원이고, 사회
생산이 발달하여 국가 재정이 열리면 국가의 재정 기초는 바로 강대해지고,
재정도 또한 바로 넉넉해진다는 것이다. 따라서 이런 경제 사상은 '富國'·
'富民'의 기초 상에서 경제적 '부'(富)의 문제를 해결하기를 강조한 것이다.
118) 『孟子』,「梁惠王上篇」, "…… 養生喪死無憾, ……."

(2) 소비(消費)의 절제 —"소비하는 사람이 적고", "소비하는 것을 천천히 한다."

우리의 경제 활동에서 '생산'은 항상 '소비'를 전제로 하는데, 즉 유가에서 문제가 되는 '소비의 대상'은 '백성에 의한 소비'가 아니라 바로 '임금을 비롯한 위정자 자신들에 의한 소비'를 말한다. 역사적으로, 사회의 경제 구조의 일련의 파괴는 바로 임금의 '지나친 소비'와 깊은 관계가 있다. 즉 공자가 "사용하는 것을 절약하고 사람을 사랑한다"119)라고 하여, 임금에 대해 '소비의 절제'를 주장한 근거가 여기에 있다. 마찬가지로『대학』도 그 당시의 위정자들이 자신의 사리사욕을 위한 지나친 '소비'로 백성이 도탄에 빠져 있는 것을 목격하고, 하나의 '소비론'을 주장했다.

　　소비하는 사람이 적고 …… 소비하는 것을 천천히 한다.120)

이러한 '소비'의 절제는 어떻게 가능한가? 그것은 바로 검약(儉約)121)과 도의(道義)122)에 의해서 가능하다. 즉 공자는 욕망을 제한함으로써 생활의 절약에 도달하고 '검약'의 미덕을 조성하였으며, 또한 의리(義)로써 욕망을 제한·절제하는 표준을 삼았다. 여기서 중요한 사실은 그가 비록 '검약'을 중시했지만 정당한 '소비'에 대해서

119)『論語』,「學而篇」, "節用而愛人."
120)『大學』, "食之者寡 …… 用之者舒."
121)『易經』,「否卦」, "君子以儉德辟難."
　　　『尙書』,「大禹謨」, "克勤於邦,克儉於家."
　　　『論語』,「堯曰篇」, "欲而不貪,……欲仁而得仁,又焉貪.",「顔淵篇」, "君子之不欲,雖賞之不竊.",「里仁篇」, "不仁者,可以久處約.不可以長處樂.",「述而篇」, "奢則不孫,儉則固.與其不孫也,寧固."
122)『論語』,「學而篇」, "君子食無求飽,居無求安.",「里仁篇」, "士志於道,而恥惡衣惡食者,未足與議也.",「里仁篇」, "以約失之者,鮮矣.",「述而篇」, "不義而富且貴,於我如浮雲."「衛靈公篇」, "君子謀道不謀食."

는 절대로 인색하지 않았다는 것이다.

그런데 임금이 자신의 안락을 위해 '지나친 소비'를 일삼고 절제하지 않는다면 그 국가는 재정의 적자로 인해 백성의 경제적 안정을 유지시켜 줄 수가 없을 것이다.[123] 하지만 임금이 '소비의 절제'를 이룬다면 맹자의 말대로 "노인은 비단옷을 입고 고기를 먹으며, 백성은 배고프거나 추위에 떨지 않고 지낼 수 있고," 또한 백성은 "부모를 섬기기에 충분하고, 처자를 양육하기에 충분하며, 풍년에는 종신토록 배불리 먹고 흉년에는 사망을 면할 수 있다."[124] 이와 같이 임금이 어떻게 '소비'를 하고, 또한 누구를 위해서 '소비'하느냐 하는 것은 아주 중요한 문제이다. 즉 임금은 자신의 사리사욕을 위한 불건전하고 지나친 '소비'를 사전에 봉쇄하여 '경비의 절감'을 단행해 나아가, 일정한 계획 하에서 '소비'가 이루어질 수 있도록 국가 정책을 치우치지 않게 해서 올바르게 수립해야 할 것이다. 따라서 임금은 반드시 부(富)를 백성에게 두고서 '경비의 절감'을 통한 국가의 재정을 확보해 나가야 한다는 것이다.

> 백성이 부귀하다면 임금도 또한 부족하지 않지만, 백성이 가난하다면 임금은 홀로 부귀할 수 없다.[125]

> 나라를 부유하게 하는 방법은 경비를 절감하고 백성의 생활을 넉넉하게 하고, 그 나머지 (재물을) 잘 쌓아 두는 것이다.[126]

---

123) 荀子는 이런 경우를 "伐其本,竭其源"(『荀子』, 「富國篇」)이라고 하여, 반드시 임금은 재화의 원천인 백성들의 전야와 촌락을 파괴하는 행위를 일삼아서는 안 된다고 경고했다.

124) 『孟子』, 「梁惠王上篇』, "然而不王者,未之有也. …… 仰足以事父母, 俯足以蓄妻子,樂歲終身飽,凶年免於死亡. …… 老人者衣帛食肉,黎民不飢不寒."

125) 같은 책, 「顏淵篇」, "百姓足,君孰與不足.百姓不足,若孰與足." 『荀子』, 「富國篇」, "下貧則上貧,下富則上富."

여기서 보듯이 유가는 '백성의 부'(富)를 '원천'으로 '국가의 부'를 '말류'로 보고서, '국가의 부'를 '백성의 부'의 기초 하에서 건립했다.[127] 이와 같이 '국가의 부'는 바로 '백성의 부'와 직접직 관계를 가지기 때문에 임금은 항상 '지나친 소비'를 억제하고, 바로 국가 정책을 위한 '경비의 절감'과 '흉년에 대비한 저축'이 국가 재정의 근원임을 명심하고,[128] 그 국가의 경제 질서를 확립해 나가야 할 것이다.

(3) 재산의 균등 ─ "백성이 기르는 것을 살피지 않고", "세금을 강제로 많이 거두어들이는 신하를 기르지 않는다."

'재산의 균등'은 일찍이 유가의 주의를 끌었는데, 즉 그 '균등'은 완전한 '평등적 균등'이 아니라 단지 '차등적 균등'일 뿐이었다.[129] 이러한 입장에서 공자는 '재산의 합리적 분배를 통하여 사람들의 원한과 불만을 해소하고 화합(和)과 편안함(安)을 구하라'고 하였고, 맹자는 '정전제(井田制)를 통한 생산의 증대와 토지의 건전한 분배에 의한 경제의 균등을 주장했다.

> 나는 들으니, 나라를 소유하고 가족을 소유한 자는 (백성이) 적음을 걱정하지 않고 균등하지 못함을 걱정하며, 가난함을 걱정하지 않고 편안하지 못함을 걱정한다고 한다. 균등하면 가난함이 없고, 화합하면 적음이 없고, 편안하면 기울어짐이 없다.[130]

---

126) 같은 책, 「富國篇」, "足國之道,節用裕民,而善臧其餘."
127) 趙靖 主編, 『中國經濟思想通史(1)』(北京: 北京大學出版社, 1991), 459쪽.
128) 『荀子』, 「富國篇」, "足國之道,節用裕民,而善藏其餘."
129) 錢穆 著, 차주환 역, 앞의 책, 133~134쪽 참조 바람.
130) 『論語』, 「季氏篇」, "丘也聞,有國有家者,不患寡而患不均,不患貧而患不安,蓋均無貧,和無寡,安無傾."

『대학』은 그러한 유가의 '재산 균등론'을 그 당시의 시대 상황에 대한 철저한 자각 속에서 받아들였다. 즉 그 당시의 혼란한 틈을 타고 등장한 '세금을 (강제로) 많이 거두어들이는 신하'(聚斂之臣)는 농촌의 재산 상태뿐만 아니라 더 나아가 전반적인 사회 경제의 불균형한 차이(빈부의 차)를 가중시키기에 충분했다. 그리하여 『대학』은 그러한 '세금을 (강제로) 많이 거두어들이는 신하'를 몰아내고, '재산의 균등'을 실현하는 방법으로 다음의 두 가지 점을 제시했다.

첫째는 '직업 분업'에 대한 주장이다. 즉 이는 A라는 가축을 기르는 사람이 B와 C라는 가축까지 독점해서 기른다면 부(富)가 한 사람에게 집중되어 사회의 균형 있는 발전을 가져올 수 없다는 것이다.

> 네 마리의 말을 기르는 이는 닭과 돼지를 살피지 않고, 얼음을 켜는 경대부 이상의 집에서는 소와 양을 기르지 않는다.[131]

이러한 '직업 분업'의 주장은 맹자나 순자에서도 나타난다. 즉 맹자는 대인의 일이 있고 소인의 일이 있음을 인정하면서,[132] 직업을 크게 '마음을 쓰고'(勞心) '힘을 쓰는'(勞力) 두 가지 일로 나누어 '분업'의 필요성을 강조했다.[133] 또한 순자도 "천하 사람들을 두루 만족하게 하는 길은 사회적 분업을 밝히는 데에 있다"는 입장에서 각각의 신분에 따라 직분이 있음을 인정했다.[134] 즉 이러한 '직업 분업'

---

131) 『大學』, "畜馬乘,不察於鷄豚,伐氷之家,不畜牛羊." 『荀子』에도 이와 비슷한 내용을 담고 있는 글이 있다. 『荀子』, 「大略篇」, "有國之君不息牛羊,錯質之臣不息鷄豚,冢卿不脩幣,大夫不爲場圃,從士以上皆羞利而不與民爭業,樂分施而恥積臧.然故民不困財,貧窶者有所竄其手."

132) 『孟子』, 「滕文公上篇」, "無君子莫治野人,無野人莫養君子."

133) 『論語』, 「子張篇」, "百工居肆以成其事." 『孟子』, 「滕文公上篇」, "然則治天下獨可耕且爲與,有大人之事,有小人之事,且一人之身而百工之所爲備,如必自爲而後用之,是率天下而路也.故曰或勞心,或勞力,勞心者治人,勞力者治於人,治於人者食人,治人者食於人,天下之通義也."

은 유가에서 '부'의 균형을 통한 건전한 '경제 질서', 즉 '사회 질서'의 유지에 있기 때문에 임금을 비롯한 관리들은 함부로 자신의 직분을 넘어 백성과 사업을 다투고 이익을 다투는 등의 행위로써 백성의 이익 영역을 침범하는 일이 없어야 한다는 것이다. 따라서 『대학』의 그러한 주장은 직업의 분업을 통하여 자신이 가지고 있는 재산을 어떠한 일정한 기준에 따라 교환하여 경제의 균등을 이룩하는 것이라고 할 수 있다.

둘째는 '세금의 폭리'에 대한 반대로써, '세금의 경감'이다. 즉 '세금'을 거두어들이는 목적은 단순히 임금 자신의 안락이 아니라 국가의 정책을 올바르게 실행하여 '백성의 경제적 안락'을 도모하는 것이다. 『대학』은 바로 맹헌자(孟獻子)의 말을 인용하여, 세금을 가혹하게 거두어 국가의 경제 질서를 파괴하는 신하를 '세금을 (강제로) 많이 거두어들이는 신하'(聚斂之臣)이라고 규정하고, 결코 길러서는 안된다고 강력하게 경고하였다.

> 백승을 소유한 집에서는 세금을 (강제로) 많이 거두어들이는 신하(聚斂之臣)를 기르지 않는다. (그러니) 세금을 (강제로) 많이 거두어들이는 신하를 둘 바에는 차라리 (나의) 재물을 도둑질하는 신하를 두라.135)

'세금을 (강제로) 많이 거두어들이는 신하'는 한 시대가 끝나고 한 시대로 접어드는 길목에서136) '경제 질서'가 확립되지 않은 틈을 노

---

134) 『荀子』,「富國篇」, "兼足天下之道在明分.掩地表畝,刺屮(草)殖穀,多糞肥田,是農夫衆庶之事也.守時力民,進事長功,和齊百姓,使人不偸,是將率之事也.高者不旱,下者不水,寒暑和節,而五穀以時孰,是天下之事也. 若夫兼而覆之,兼而愛之,兼而制之,歲雖凶敗水旱,使百姓無凍餒之患,則是聖君賢相之事也."

135) 『大學』, "百乘之家,不畜聚斂之臣.與其有聚斂之臣,寧有盜臣."

려 자신의 욕심을 채우는 무리들이었다. 즉 그들은 백성에게 과중한 세금을 책정하여 폭리를 취했을 뿐만 아니라 그것을 이용하여 자신들의 안락을 위한 사치는 물론 자신의 현실적 정치 기반을 다지기도 했다. 이러한 그들의 가혹한 세금 수탈의 결과로 국가의 정치 질서는 완비될 수 없었고, 백성의 생활은 더욱 더 도탄에 빠질 수밖에 없었다. 오죽했으면, 『대학』은 그러한 "세금을 (강제로) 많이 거두어들이는 신하를 둘 바에는 차라리 (나의) 재물을 도둑질하는 신하를 두라"[137]고까지 한탄했겠는가?

'세금을 (강제로) 많이 거두어들이는 신하'는 백성의 현실적 사정을 전혀 고려하지 않고 세금을 가혹하게 거두어서 그들을 병들게 하였을 뿐만 아니라 오직 권력 있는 사람에게 아부하는 것을 능사로 하여 국가의 의리(義)를 해친 자들이었다. 그리하여 『대학』은 그러한 '세금을 (강제로) 많이 거두어들이는 신하'를 '소인'이라고 규정하고, 이 '소인'이 덕(德)에 근본하지 않고 국가를 다스리게 된다면 재

---

136) 무내의웅은 '취렴지신'(聚斂之臣)의 실질적 등장은 한무제(漢武帝) 말기의 무절제한 정치적 상황에 기인한다고 보고 있다. 즉 그의 주장 이면에는 『대학』을 한무제 말기의 작품으로 보려는 데 있다(武內義雄, 夏鐵生 譯, 「孔孟月刊」, 第三卷, 第七期, 10쪽). 이 주장을 한무제 시기의 시대 상황과 관련시켜 보면 그것은 다소 그 타당성이 있다. 역사적으로 무제 때에는 대외 원정(특히, 匈奴의 정벌)과 그 본인의 사치로 정부와 황실의 비용이 크게 증가하였기 때문에 더 많은 재원을 확보하지 않을 수가 없었다. 그래서 그는 재원을 확보하는 방법으로 잡세(雜稅)를 확대하여 징수하였고, 또한 약간의 산업을 국영으로 하여 세금을 거두어 들였다. 그러는 중에 관리들이 많은 수탈과 여러 가지 압력을 가하여 세금을 거두어 들였기 때문에 백성들의 생활은 상당한 정도로 핍박을 받았다. 그런데 무제가 죽은 후에 유가의 정치 세력이 증가하자 이러한 정부의 '전매 이익 정책'(專賣利益政策)에 불만을 표시하고 정부가 백성과 이익을 다툰다고 하여 폐지토록 했다는 것이다(傅樂成 著, 辛勝夏 譯, 『中國通史(上)』, 155~160쪽, 232~233쪽 참조).

137) 『大學』, "與其有聚斂之臣,寧有盜臣."

앙과 해가 국가에 이르게 되어 결국 망하게 됨을 경고했다.

국가의 우두머리가 되어 재물을 (모으는 데에) 힘쓰는 것은 반드시
소인으로부터 시작된다. 임금이 소인의 하는 일을 (도리어) 가상하게
여겨서, 소인들로 하여금 국가를 다스리게 하면 천재와 인재가 함께
이르게 될 것이다. 비록 능력 있는 자가 있더라도 또한 어쩔 수가 없
다. 이것을 나라를 다스리는 자는 이익으로써 이익을 삼지 않고 의리
로써 이익을 삼는다고 이르는 것이다.138)

여기서 중요한 관건은 "이익으로써 이익을 삼는" 것으로써, 이는
임금이 자신의 덕성에 근본 하지 않고 오직 재물을 모으고 사치하는
데에 자신의 모든 정력을 쏟는 것을 의미한다. 이와 같이 임금이 백

---

138) 같은 책, "長國家而務財用者,必自小人矣.彼爲善之,小人之使爲國家,菑
害,並至.雖有善者,亦無,如之何矣.此謂國,不以利爲利,以義爲利也." 정현
은 彼를 君으로 보고, "임금이 장차 仁義로써 그 정치를 善하게 하고자
하더라도, 小人으로 하여금 국가의 일을 다스리게 하면 ……"(鄭玄,『禮
記注』, "彼君也.君將欲以仁義善其政而使小人治其國家之事 ……")이
라고 하였다. 공영달도 鄭玄과 비슷한 생각으로 "彼는 君을 말한다. 임금
이 仁義의 道를 행하고자 하여 그 政敎의 語辭를 善하게 하려는 것이
다"(孔穎達, 『禮記正義』, "彼爲君也.君欲爲仁義之道,善其政敎之語
辭.")라고 했다. 유월은 彼를 小人의 대명사, 善은 能의 뜻으로 보고, "心
自小人는 心用小人이다. 彼爲善之는 바로 그 앞글의 내용인 '반드시 小
人을 쓴다'는 까닭을 설명한 것으로, 국가의 우두머리가 되어 財用을 힘씀
에 있어 小人을 쓰는 까닭은 財用의 일을 힘쓰기에는 오직 小人이 능하기
때문이라는 것을 말한다"(兪樾,『羣經平議』, "'必自小人'者,必用小人也.
彼,當以小人言.彼爲善之一句,申說上文必用小人之故.言長國家而務財
用,所以必用小人者,以務財用之事,惟彼爲善之也.善與能同義.")고 했다.
주희는 彼爲善之 자체가 말이 통하지 않는다 하여 이 句의 앞뒤에 闕文
이나 誤字가 있는 것이라고 의심했다(朱熹,『大學章句』, "彼爲善之.此句
上下,疑有闕文誤字."). 등퇴암은『四書補註備旨』에서 彼를 長國家者의
대명사, 善은 嘉尙하다는 뜻, 之字는 小人을 가리키는 대명사로 보았다.
여기서 논자는 鄧退菴의 설을 따랐다.

성의 마음이 흩어지도록 백성에게 과중한 세금을 요구한다면 이것은 '불인'(不仁)의 한 형태로써, 결국에 그 재물은 거슬러 나가고 또한 백성에 의해 도리어 죽임을 당하고 말 것이다.[139] 따라서 임금을 비롯한 관리들은 자신들의 개인적 욕심을 채우기 위한 목적에서 세금을 지나치게 많이 걷지 말고, 백성의 부담을 주지 않는 범위 내에서 "전야의 세금을 가볍게 하고 관문이나 시장의 세금을 공평하게 하여"[140] 재물을 거두어들여야 할 것이다. 그리하여 『대학』은 임금이 재물을 홀로 독점하지 않고 모두를 위해 사용할 때에 그 목적이 실현될 수 있음을 강조했다.

> 어진 사람은 재물로써 몸을 일으키고, 어질지 않은 사람은 몸으로써 재물을 일으킨다. 윗사람이 인(仁)을 좋아하고서, 아랫사람들이 의리를 좋아하지 않을 자는 있지 않으니, (아랫사람들이) 의리를 좋아하고서 그 (윗사람) 일이 끝마쳐지지 못하는 경우가 없으며, 창고의 재물이 그 윗사람의 재물이 아닌 것이 없다.[141]

즉 임금이 인(仁)에 근거하여 재물을 그들에게 공평하게 나누어주고, 또한 세금을 가혹하게 거두어들이지 않는다면 백성은 모든 일을 의리(義)에 두게 되고, 또한 그들의 기도하는 모든 일들이 성사되며,

---

139) 공자는 염구가 계씨의 취렴(聚斂)을 교정하기는커녕 도리어 거기에 보조한 일에 대해서 북을 울려 공격해야 한다고까지 주장했다. 즉 "계씨는 주공보다도 더 풍부한데도, 염구가 계씨를 위하여 세금을 거두어서 보태게 하였다. 공자가 말하기를 (염구는) 나의 무리가 아니다. 제자들아. 북을 치면서 염구를 공격하여 주는 것이 좋겠다."(『論語』, 「季氏篇」, "季氏富於周公, 而求也爲之聚斂而附益之.子曰,非吾徒也,小子鳴鼓而攻之可也.")가 그 것이다. 여기서 보듯이 공자는 세금을 과중하게 받는 자에 대해 조금도 관용을 베풀지 않았던 것이다.

140) 『荀子』, 「富國篇」, "輕田野之稅,平關市之征."

141) 『大學』, "仁者以財發身,不仁者,以身發財.未有上好仁,而下不好義者也.未有好義,其事不終者也.未有府庫財,非其財者也."

결국에 천하에 임금의 재물이 아닌 것이 없게 된다는 것이다.

이상으로 『대학』이 "재물의 생산에는 큰 도리가 있다"의 '경제 질서'를 확립하려고 한 근본 목적은 바로 맹자의 말처럼 "백성을 몰아서 착한 데로 가게 하는 것이었다."[142] 결국 유가의 '경제'의 논의가 '백성의 고차원적 문화 생활을 하기 위한 경제적 토대이며, 하나의 시작일 뿐이라는 점에서',[143] 그것의 궁극적 목적은 '평천하'의 실현에 있었다고 할 수 있다.

---

142) 『孟子』, 「梁惠王上篇」, "然後駒而之善,故民之從之也輕."
143) 馮友蘭 著, 정인재 역, 『中國哲學史』, 113쪽.

# 7장. 평천하 사상의 궁극적 목표

앞에서 우리는 『대학』이 어떻게 혈구지도(絜矩之道)의 정치 이념에 근거하여 정치 질서와 경제 질서의 원칙을 확립했는가에 대해 살펴보았다. 그럼 『대학』은 단순히 현실 정치의 대안으로 그러한 '혈구지도'와 그 원칙들을 주장했는가? 즉 '정치 이상'의 실현에 있어서, '정치'와 '경제'는 비교적 낮은 지위에 놓인다. 왜냐하면 '정치'의 목적은 단지 사람들의 문화 생활을 보장하고 촉진하는 데에 있을 뿐이고, '경제'의 목적은 사람들의 생존을 도모하여 그들을 문화 생활에 종사하게 하고, 아울러 재물을 생산·분배하여 사람들을 그 문화의 목적에 도달하게 하는 데에 있을 뿐이기 때문이다.[1) 따라서 그 궁극적 목적은 그러한 '정치와 경제를 뛰어넘어 있는', 즉 '진정한 평천하의 세계'인 지어지선(止於至善)에서 구체화된다.

---

1) 唐君毅, 『人文精神之重建』(香港: 新亞研究所出版, 民國44), 60~61쪽 참조

## 1. 평천하의 이론적 기초

### 1) '덕은 근본이고 재물은 말단이다'(德本財末)[2]의 의리관(義利觀)

### (1) 의리(義)와 이익(利)을 함께 중시함(義利兼重) ─ 공자·맹자·순자

선진 유가에서 의리(義)와 이익(利)은 과연 상호 대립적 관계인가, 아니면 그 둘은 상호 보완적 관계인가? 유가는 '이익'을 인간의 삶에서 없어서는 안 되는 것으로 보고 있다. 즉 인간이 '이익'을 추구할 수 없다면 인간은 인간으로서 그 가치를 창출할 수 없다는 것이다. 따라서 공자는 위정자야말로 백성과 '이익'을 다투지 말고, '백성의 이익'을 중시하여 '국가의 장기적 이익'을 창출해야 함을 강조했다.

> 부유함과 귀함은 사람들이 하고자 하는 것이다.[3]

> 만일 부유함을 구해서 될 수 있으면, 나는 비록 말채찍을 잡는 자의 일이라도 나 또한 그 일을 하겠다. (그러나) 만일 구하여 될 수 없는 것이라면 내가 좋아하는 것을 따르겠다.[4]

> 백성들이 이롭게(利) 여긴 바에 기인하여 그들을 이롭게(利) 해주니, ······[5]

이와 같이 유가에서는 이익(利)의 가치를 인정했는데, 한편 혹자

---

2) 『大學』, "德者本也.財者末也."

3) 『論語』, 「里仁篇」, "富與貴,是人之所欲也."

4) 같은 책, 「述而篇」, "富而可求也.雖執鞭之士,吾亦爲之.如不可求.從吾所好."

5) 같은 책, 「堯曰篇」, "因民之所利而利之. ······"

에 의하면 공자와 맹자에서 '이익'의 지위는 아주 낮으며 의리(義)와 대립되는 개념으로 사용되었기 때문에 그 둘은 서로 겸용되거나 병존되기 힘들었고',[6] 또한 유가의 의리관(義利觀)에서 의리(義)는 이익(利)보다 높을 뿐만 아니라 이익에 비하여 아주 중요한 근본이며, 결국 『대학』이 받아들인 것은 '의리를 귀히 여기고 이익을 천시했다'(貴義賤利)[7]라고 하고, 그 근거로 다음의 것들을 인용하고 있다.

공자가 말했다. "군자는 의리에 밝고, 소인은 이익에 밝다." 공자가 말했다. "이익에 따라 행동하면 원망이 많다."[8]

군자는 의리를 최고로 삼는다. 군자가 용기가 있으면서 의리가 없으면 난적이 되고, 소인이 용기가 있으면서 의리가 없으면 도적이 된다.[9]

공자는 이익·천명·인(仁)을 드물게 말했다.[10]

맹자가 대답하여 말했다. "왕은 어찌하여 반드시 이익을 말합니까? 또한 인의(仁義)가 있을 뿐입니다."[11]

사람의 신하된 자는 이익을 품고서 그 임금을 섬긴다. 사람의 자식된 자는 이익을 품고서 그 어버이를 섬긴다. 사람의 아우된 자는 이익을

---

6) 胡止奎, 「大學之著作年代及其與中庸之思想同異比較硏究(上)」(『學庸辨證』, 臺北: 聯經出版事業公司, 民國73), 114~115쪽 참조 바람.

7) 趙靖 主編, 앞의 책, 458쪽.

8) 『論語』, 「里仁篇」, "子曰,君子諭於義,小人諭於利." "子曰,放於利而行,多怨."

9) 같은 책, 「陽貨篇」, "君子義以爲上.君子有勇而無義爲亂,小人有勇而無義爲盜."

10) 같은 책, 「子罕篇」, "子罕言利與命與仁."

11) 『孟子』, 「梁惠王上篇」, "孟子對曰,王何必曰利,亦有仁義而已矣."

품고서 그 형을 섬긴다. 이 임금과 신하·아버지와 자식·형과 아우가 마침내 인의(仁義)를 버리고, 이익을 품고서 서로 대하니, 이렇게 하고서 망하지 않는 자는 아직 있지 않다.[12]

재물을 천하게 하고 덕(德)을 귀하게 하라.[13]

이와 같이 유가에서 의리(義)와 이익(利)은 그 영역을 항상 달리하며, 또한 '이익'은 그렇게 천하게 여겨야 하는 것인가? 즉 우리의 경제 활동이 그 정도를 벗어난 상태에서 지나치게 발전된다면 그것은 다른 문화 생활의 발전을 가로막는 요인이 될 수도 있다. 이것이 사실이라면 경제 활동의 결과물인 '이익'은 '의리'에 비하여 상대적으로 천시되고 배제되어야 할 것이다.

하지만 문제는 앞서 보았듯이 우리의 경제 활동이 '평천하'의 실현을 위한 교육 등의 문화 생활에 최저의 기반이 되기 때문에 만약 경제 활동이 보장받지 못한다면 모든 문화 생활이 발전할 길이 없어지게 된다는 것이다. 즉 우리의 경제 활동을 지나치게 억제한다면 그것은 생산 동기의 소실뿐만 아니라 더 큰 위험을 조성할 수 있다는 점에서, '경제 활동의 결과물'인 '이익'을 무조건 '의리'와 대립하는 것으로 보는 것은 많은 문제를 가지게 된다. 왜냐하면 '의리'는 '이익의 근본'이고, '이익'은 '의리의 조화'이기 때문이다. 이러한 사실은 『주역』(周易)이나 『좌전』(左傳)에서 충분히 보여진다.

이익은 의리의 조화이다. …… 사물을 이롭게(利)함이 충분히 의리에 조화할 것이다.[14]

---

12) 같은 책, 「告子下篇」, "爲人臣者,懷利以事其君.爲人子者,懷利以事其父. 爲人弟者,懷利以事其兄.是君臣父子兄弟,終去仁義,懷利以相接,然而不亡者,未之有也."
13) 『中庸』, 20장, "賤貨而貴德."

예로써 의리를 행하고, 의리로써 이익을 낳고, 이익으로써 백성들을 태평하게 하고, …… 정치의 대절(大節)이다.15)

믿음에 의리를 싣고서 그것을 행하는 것은 이롭다(利). 모의하여 이로움(利)을 잃지 않음으로써 사직을 지키는 것은 백성의 주인이다.16)

『시경』과 『서경』은 의리의 곳집이고, 예와 악은 덕(德)의 모범이고, 덕과 의리(義)는 이익(利)의 근본이다.17)

이익은 의리의 조화이다. …… 사물을 이롭게(利)함이 족히 의리에 조화할 것이다. …… 만들되 몸을 해치면 이롭다(利)고 이를 수 없다.18)

선진 유가는 '의리'와 '이익'의 관계에서 그 둘을 항상 대립하는 것, 즉 오직 '의리'를 귀한 것으로, '이익'을 천한 것으로 보지 않았다. 유가가 반대한 '이익'은 어디까지나 '의리'와 조화를 상실한 상태, 즉 '불의(不義)한 상태에서의 이익'19)을 가리킬 뿐이다. 이런 점에서 유가에서 '이익'은 '의리'를 전제하지 않고서 그 의의를 드러낼 수 없

14) 『周易』, 「乾卦」, 「文言」, "利者,義之和也. …… 利物足以和義."
15) 楊伯峻 編著, 『春秋左傳注(2)』, 「成公」, 2년, 788쪽, "禮以行義,義以生利,利以平民…政之大節也."
16) 같은 책(2), 「宣公」, 15년, "信載義而行之爲利.謀不失利,以衛社稷,民之主也."
17) 같은 책(1), 「僖公」, 27년, 445쪽, "『詩』·『書』,義之府也.禮·樂,德之則也.德·義,利之本也." 『大戴禮記』의 「四代篇」에는 다음과 같은 글이 있다. "義,利之本也."
18) 같은 책, 「襄公」, 9년, 965쪽, "利,義之和也 …… 利物足以和義 …… 作而害身,不可謂利." "대체로 古人들의 義利辨은, 公利를 행하는 것은 義이고, 私利를 행하는 것은 利이다. 利의 和는 公利인 까닭에 穆姜은 義라고 보았다."(楊伯峻, 『春秋左傳注(3)』, 965쪽, 註 참조)
19) 같은 책, 「述而篇」, "不義而富且貴,於我如浮雲."

고, 항상 '의리'와 유기적 · 역동적 관계를 가지는 속에서 가능하다고
할 수 있다.

　　이익을 보면 의리를 생각하라.[20]

　　진실로 의리를 뒤로 하고 이익을 앞세우면 빼앗지 않고서는 만족하지
　　않는다.[21]

　　의리를 먼저 하고 이익을 뒤로 하는 것은 영화로움이고, 이익을 먼저
　　하고 의리를 뒤로 하는 것은 욕됨이다.[22]

　　군자는 진실로 이익으로써 의리를 해칠 수 없다.[23]

　　이와 같이 '이익'이 '불의'(不義)와 깊은 관계에 있다면 그것은 오
직 공자가 보지 말라고 한 '작은 이익'(小利)으로써, 즉 개인의 사사
로운 이익만을 반영하는 '이익'일 뿐이다. 즉 "작은 이익을 보지 말
아야 한다. …… 작은 이익을 보면 큰 일을 이루지 못한다"[24]가 그
것이다. 여기서의 '큰 일'이 일차적으로 백성의 경제적 안락을 반영
하는 것과 관계를 가진다면 '의리의 조화 내지 의리의 근본'으로써의
'이익'란 바로 '큰 이익'(大利)으로써, 즉 백성들에 근거하여 실현되는
'공공의 이익'(公利)인 것이다. 따라서 유가에서 '이익'이 천하고 배척
받았다는 주장이 가능한 것은 바로 유가의 '이익'이 '작은 이익'과
'공공의 이익'의 두 가지 의미로 사용되고 있음을 분명하게 밝혀주지

---

20) 『論語』, 「憲問篇」, "見利思義."
21) 『孟子』, 「梁惠王上篇」, "苟爲後義而先利不奪不饜."
22) 『荀子』, 「榮辱篇」, "先義而後利者榮.先利而後義者辱."
23) 같은 책, 「法行篇」, "君子苟能無以利害義."
24) 『論語』, 「子路篇」, "無見小利 …… 見小利則大事不成."

않은 데에 있었다고 할 수 있다.

(2) 의리(義)를 통한 이익(利 : 公利)의 완성 ―『대학』

『대학』은 선진 유가의 의리관(義利觀)을 계승 발휘하여, "국가는 이익으로써 이익을 삼지 말고 의리(義)로써 이익을 삼아야 한다"[25]는 관점을 제출했다. 이는 바로 그 당시의 임금이 덕(德)에 근본하지 않고 그 자신만의 안락을 위해 재물을 모으는 상황에 대한 철저한 인식 속에서 나왔다. 그리하여 『대학』은 재물이야말로 반드시 백성에게 먼저 골고루 나누어줄 때에 그 의의를 가질 수 있음을 강조했다.

말이 (도리에) 어긋나게 나간 것은 또한 (도리에) 어긋나게 들어오고, 재물이 (도리에) 어긋나게 들어온 것은 또한 어긋나게 나간다.[26]

어진 자는 재물로써 몸을 일으키고, 어질지 않은 자는 몸으로써 재물을 일으킨다.[27]

---

25) 『大學』, "國不以利爲利,以義爲利." 胡止歸는 墨子의 "義,利也.(『墨子』, 「經上篇」)"라는 말을 인용하여, 여기서의 '이익'(利)의 지위가 공자와 맹자에 비하여 상승되었을 뿐만 아니라, '의리'(義)와 동등한 입장에서 말해지고 있기 때문에 『대학』의 "의리로써 이익을 삼는"(以義爲利) 사상의 발생은 공자·맹자·묵자 뒤인 전국 말기의 제가(諸子) 사상에 해당한다고 보고 있다. 그의 이러한 주장 이면에는 『대학』이 단순히 유가 사상만을 계승한 것이 아니라 다른 사상까지도 계승한 작품이라는 생각이 깔려 있다고 할 수 있다(胡止奎, 「大學之著作年代及其與中庸之思想同異比較硏究(上)」 (『學庸辨證』, 臺北: 聯經出版事業公司, 民國73), 114쪽). 하지만 앞에서 보듯이 유가의 의리관(義利觀)은 '의리'(義)가 '이익'(利)에 비하여 더욱 중요하고 근본적이며, 또한 '의리'가 '이익'를 대신할 수 있다고 본다. 따라서 『대학』의 '德本財末'은 선진 유가의 '의리로써 이익을 생산하는'(義以生利) 의 관점을 계승 발전한 것이라고 할 수 있다.

26) 『大學』, "言悖而出者,亦悖而入.貨悖而入者,亦悖而出."

27) 같은 책, "仁者,以財發身.不仁者,以身發財."

재물이 모여지면 백성이 흩어지고, 재물이 흩어지면 백성이 모인다.[28)]

즉 임금이 자신의 욕심을 채우기 위해 재물을 모으면 상대적으로 백성은 굶주림을 이겨내지 못하고, 그에게서 등을 돌리고 떠나든지, 아니면 임금을 상대로 반란을 일으킬 수밖에 없고, 반면에 임금이 백성의 안녕과 복지를 위해서 그것을 사용한다면 백성은 자신들의 부모로 여겨 그를 항상 따른다는 것이다. 이와 같이 한 국가의 존립 여부는 재물이 누구를 위해 사용되었느냐에 달려 있다고 할 수 있다. 그런데 임금은 재물을 백성들에게 무조건적으로 나누어주어서는 안 되고 그 자신의 덕성에 근본하여 백성들의 이익을 도모하는 속에서 나누어주어야 한다. 바로 『대학』에서 덕(德)이 있다면 '사람'·'땅'·'재물', 또한 그 '재물'에 대한 올바른 '용도'가 있을 수 있음을 강조한 근거는 여기에 있다. 이것은 바로 '덕이 근본이고 재물이 말단이다'는 덕본재말(德本財末)이다.

군자는 먼저 덕(德)을 삼가야 한다. 덕(德)이 있으면 이에 사람이 있게 되고, 사람이 있으면 이에 땅이 있게 되고, 땅이 있으면 이에 재물이 있게 되고, 재물이 있으면 이에 용도가 있게 된다.[29)]

이러한 『대학』의 '덕은 근본이고 재물이 말단이다'는 사상은 바로 역사적 상황에 기인한다. 즉 앞서 보았듯이 그 당시는 진나라의 등장으로 천하의 통일을 이루었지만 진나라는 정치·사상적으로 백성에게 압박을 가했다. 그리고 진나라의 멸망 이후부터 한나라의 통일 이전까지는 끊임없는 전쟁으로 혼란한 정국을 수습할 수 있는 정치

---

28) 같은 책, "財聚則民散, 財散則民聚."
29) 같은 책, "是故君子先愼乎德, 有德此有人, 有人此有土, 有土此有財, 有財此有用."

제도를 마련할 길이 없었으며, 또한 사람들을 내부적으로 '덕성'에 기초하여 하나로 결속시킬 수 없었을 뿐만 아니라 외부적으로도 '평천하'에 기초한 정치 사상의 정치 이상을 내세울 수도 없었다. 이런 속에서『대학』은 덕(德)에 근본한 재물의 합리적 취득을 통해서 그러한 상황을 타개할 나갈 수 있음을 인식했다. 때문에 그것은 임금이 '덕은 말단이고, 재물은 근본이다'(德末財本)에 근거하여 '정치'를 펼친다면 이는 바로 잔인한 정치로, 백성들을 헐벗고 굶주리게 할 뿐만 아니라 서로 앞다투어 쟁탈을 하게 만드는 것이라고 경계했다.

　　근본을 밖으로 하고 말단을 안으로 하면 백성을 다투게 하여 탈취하게 만드는 것이다.[30]

　즉 임금은 '덕은 근본이고, 재물은 말단이다'에 의한 정치를 실현하여 임금과 백성이 서로 이익을 다투거나 한 가족의 이익이나 한 나라의 이익을 위해서 백성들을 의롭지 않은 곳으로 내몰아 재물을 끌어 모으는 일이 없어야 한다는 것이다. 즉 그것은 바로 정치상에서 통치자의 특별한 이익을 막고, 백성의 일반 권리를 보장하는 것이었다. 이것이 실현된다면 국가에 떠돌아다니는 백성이 없게 되어 생산하는 자가 많아지고, 조정에 아첨하는 무리가 없어지게 되어 소비하는 자가 적어지고, 농사지을 시기를 빼앗지 않게 되어 농사짓는 사람이 빨라지고, 수입을 계산해서 지출을 하게 되어 사용하는 자가 천천히 할 것이다는 "재물의 생산에는 큰 도리가 있다"(生財有大道)는 '경제 질서의 확립'뿐만 아니라 신실함(忠)과 믿음(信)에 근본하여 이루어지는 "군자는 큰 도리가 있다"(君子有大道)는 '정치 질서의 확립'까지도 충분히 이룩할 수 있을 것이다.

　이상으로 보듯이,『대학』은 위정자에게 '덕'을 근본, 즉 인의(仁義)

---

30) 같은 책, "外本內末,爭民施奪."

를 중시하고, 백성과 이익을 다투지 말고 백성의 이익을 중시하여 자기와 국가의 장기적 이익을 위할 것을 강조했다. 이러한 의리관 (義利觀)의 목적은 바로 백성의 경제적 부(富)만을 구하는 데에 있지 않고, 한 차원 높은 교육 등의 문화 생활을 통해서 '평천하'의 정치 이상을 실현하는 것이었다.[31] 결국 『대학』의 등장으로 어느 정도 계통적인 선진 유가의 정치 · 경제 사상이 총결되었고, 또 '덕은 근본이고 재물은 말단이다'(德本財末), '의리로써 이익을 삼는다'(以義爲利) 등의 사상에 대해 비교적 정련(精煉)된 언어로써 명확한 이론적 개괄이 이루어졌고, 더욱 규범화된 형식이 갖추게 되었다.

## 2) 정명(正名)[32]의 실현

공자의 '정명'은 정치 이상의 실현을 위한 구체적인 주장으로, '가장 융성했던 주나라의 제도인 주례(周禮)에 근거하여 임금과 신하 그리고 위 사람과 아래 사람의 권리와 의무를 조정하는 것이었다.'[33] 즉 그것은 유가의 정치 사상을 대표하는 '정치의 목적'이자 그것의 '구체적 실천 방법'이었다. 이러한 '정명' 사상은 혼란한 시대 상황, 즉 예악(禮樂)이 붕괴되어 '신하가 임금을 죽이고 자식이 아버지를 죽이는' 시대 상황에 대한 공자 자신의 역사적 체험과 확고한 정치적 관점에서 형성되었다. 따라서 맹자는 공자가 『춘추』(春秋)를 지

---

31) 이러한 이유로 전목은 "중국인들은 한편으로는 재부를 구하는 것만을 목적으로 하는 상인을 멸시하고, 한편으로는 또 문화 수준을 높이는 것을 목적으로 하는 독서인을 극히 존경했다. 이러한 이상적인 문화 생활을 체득하고 파악하여, 그것을 실현시킬 길을 생각해 내는 책임이 이렇듯 존경을 받는 독서인에 있는 것이다"라고 한다(錢穆 著, 차주환 역, 앞의 책, 136쪽).

32) '正名' 개념은 『春秋左傳』(桓公」, 2년, "夫名以制義, 義以出禮, 禮以體政, 政以正名.")에도 보인다.

33) 蕭公權, 『中國政治思想史(上)』, 57~60쪽.

을 당시를 다음과 같이 서술했다.

> 세상이 쇠퇴하고 도(道)가 희미해져 간사한 말과 포악한 행실이 어긋
> 나니, 신하로써 임금을 죽이는 자가 있으며, 자식으로서 아버지를 죽
> 이는 자가 있었다. 공자가 (이를) 두려워하여 『춘추』를 지었다. 『춘
> 추』는 천자의 일을 다룬 것이다.[34]

이러한 '천하에 도가 없는' 상황에서는 천자에 의한 예악정벌(禮樂
征伐)의 제정이 아니라 제후에 의한 '예악정벌'의 제정이 이루어져,
더욱 더 혼란에 빠질 수밖에 없었다. 그래서 공자는 다음과 같이 말
하였다.

> 공자가 말했다. "천하에 도가 있으면 예악정벌이 천자로부터 나오고,
> 천하에 도가 없으면 예악정벌이 제후로부터 나온다. 제후로부터 나오
> 면 대개 십대에 잃지 않는 자가 드물다. 대부로부터 나오면 대개 오
> 대에 잃지 않는 자가 드물다. 가신이 나라의 명(國命)을 잡으면 대개
> 삼대에 잃지 않는 자가 드물다. 천하에 도가 있으면 정사가 대부에
> 있지 않고, 천하에 도가 있으면 보통 사람들이 논의하지 않는다."[35]

여기서 '예악정벌'은 천자만이 제정하여 시행할 수 있는 것인데도,
그것이 대부에서 나왔다는 것은 하나의 월권 행위를 가리킨다. 즉
공자가 '팔일무(八佾舞)를 자기 집에서 추게 한 계씨(季氏)와 대부의
신분을 넘어서 천자의 제사인 옹(雍)을 지낸 세 집안을 비난한 것'[36]

---

34) 『孟子』, 「滕文公下篇」, "世衰道微, 邪說暴行有作. 臣弑其君者有之, 子弑
其父者有之. 孔子懼, 作春秋. 春秋, 天子之事."

35) 『論語』, 「季氏篇」, "孔子曰, 天下有道, 則禮樂征伐自天子出. 天下無道, 則
禮樂征伐, 自諸侯出. 自諸侯出, 蓋十世希不失矣. 自大夫出, 五世希不失矣.
陪臣執國命, 三世希不失矣. 天下有道, 則政不在大夫. 天下有道, 則庶人不
議."

과 공자가 위독할 때 제자들을 가신으로 삼으려 한 자로를 꾸짖은 것37)은 그 좋은 예이다. 때문에 공자는 사회 문제의 해결을 위해 주나라의 예제(禮制)에 기초해서 사회 질서의 회복을 주장했고, 당시의 급변하는 사회 현실 속에서 그 의미를 상실한 '명'(名)을 바로잡을 것(正名)을 제시했다.

계강자가 공자에게 정치를 물었다. 공자가 대답하여 말했다. "정치란 바르게 하는 것이다. 그대가 바름으로 이끈다면 누가 감히 바르게 하지 않겠는가?"38)

그럼 '정명'은 구체적으로 무엇을 의미하는가? 먼저 '정명'의 일차적 출발은 자신의 몸을 바르게 하는 것이다. 즉 그것은 그 몸이 본래 위치한 자리에서 그 몸의 역할을 올바르게 수행해 내는 일이라고 볼 수 있다. 이것의 근거는 다음의 말을 통해서 알 수 있다.

공자가 말했다. "자기 몸이 바르면 명령하지 않아도 행해진다. 자기 몸이 바르지 않으면 비록 명령한다고 하더라도 따르지 않는다."39)

공자가 말했다. "자기 몸을 바르게 한다면 정치하는 데에 무슨 어려움이 있겠는가? 자기 몸을 바르게 할 수 없다면 어떻게 남을 바르게 할 수 있겠는가?"40)

---

36) 같은 책, 「八佾篇」, "孔子謂季氏,八佾舞於庭.是可忍也,孰不可忍也.三家者,以雍徹.子曰,相維辟公,天子穆穆.奚取於三家之堂.

37) 같은 책, 「述而篇」, "子疾病,子路請禱.子曰,有諸.子路對曰,有之.誄曰,禱爾於上下神祇.子曰,丘之禱久矣."

38) 같은 책, 「顔淵篇」, "季康子問政於孔子.孔子對曰,政者正也,子帥以正,孰敢不正."

39) 같은 책, 「子路篇」, "子曰,其身正,不令而行.其身不正,雖令不從."

40) 같은 책, 「子路篇」, "子曰,苟正其身矣,於從政乎何有.不能正其身,如正人

여기서 보듯이 '정치'에서 임금이 '남'을 바르게 하기 앞서, 먼저 '자신'을 바르게 하는 것은 아주 중요한 일이다. 즉 위정자가 '자기'를 바르게 한 상태에서 '남'을 바르게 해나갈 수 없다면 그 정치는 맹자의 말대로 "사람을 이끌어서 짐승들에게 먹이는" 결과를 초래할 수 있을 것이다. 때문에 '자기를 바르게 하는' 정치의 출발점으로써, 윗사람과 아랫사람이 모두 마땅히 다해야 할 책임을 다하고, 그 마땅히 지켜야 할 지위를 알맞게 하는 것이다. 따라서 '정명'은 효과적으로 사회 윤리의 유지와 정치 질서의 유일한 목적이라고 할 수 있다.

다음으로는 '명'(名)을 바르게 하는 것이다.

> 자로가 말했다. "위나라 임금이 선생님을 모시고 정치를 한다면 선생님은 장차 무엇을 먼저 하시겠습니까?" 공자가 말했다. "반드시 명을 바르게 해야 한다."(正名) 자로가 말했다. "그렇습니까? 선생님의 생각은 지나치게 우원합니다. 왜 명을 바르게 하려고 합니까?" 공자가 말했다. "유야, 너는 천박하구나! 군자는 자기가 모르는 일에 대해서는 말하지 않고 가만히 있는 법이다. 명(名)이 바로 서지 않으면 말이 순조롭게 전달되지 못하고, 말이 순조롭게 전달되지 못하면 모든 일이 성취되지 못하고, 모든 일이 성취되지 못하면 예악이 흥성하지 못하고, 예악이 흥성하지 못하면 형벌이 적중하지 못하고, 형벌이 적중하게 시행되지 못하면 백성들은 손발을 둘 곳이 없게 된다. 그러므로 군자가 사물에 이름을 붙일 때에는 반드시 말로서도 순조롭게 전달되게 할 것이며, 말로서 남에게 전달된 이상, 반드시 실행되어야 한다. 군자는 말에 있어 조금이라도 소홀한 바가 있어서는 안 된다."[41]

---

何."

41) 같은 책, 「子路篇」, "子路曰衛君待子而爲政,子將奚先.子曰,必也正名乎.子路曰,有是哉.子之迂也.奚其正.子曰,野哉.由也.君子於其所不知.蓋闕如也.名不正,則言不順.言不順,則事不成.事不成,則禮樂不興.禮樂不興,則刑罰不中.刑罰不中,則民無所措手足.故君子名之必可言也.言之必可行也.君子於其言,無所苟而已矣."

즉 '정명'은 명(名)과 실(實)의 본질을 상응하게 하는 것으로서, '명'을 '실'의 본질에 부합하게 하고 '실'의 본질을 '명'에 부합하게 하는 것이다. 그래서 '실'의 본질이 있으면 반드시 그것에 합당한 '명'이 있으며, '명'이 있으면 반드시 그것에 부합하는 '실'이 있는 것이다. 그래서 '명'이 그 '실'에 부합하지 않으면 정치는 그 일정한 표준을 상실하게 되어, 결국 "백성들은 모두 손발을 둘 곳이 없게 된다"는 것이다. 때문에 공자는 '명'과 '실'의 올바른 부합을 통하여 '예악'과 '사회 질서'의 혼란을 바르게 하려고 했다. 그리하여 그는 제나라 경공(景公)의 물음에 대하여 하나의 '정명'의 원칙을 제시했다.

> 제나라 경공이 공자에게 정치를 물었다. 공자가 말했다. "임금은 임금답고 신하는 신하답고 아버지는 아버지답고 아들은 아들다워야 합니다." 공이 말했다. "훌륭하구나! 진실로 임금이 임금답지 못하고, 신하가 신하답지 못하고, 아버지가 아버지답지 못하고, 아들이 아들답지 못하면, 비록 곡식이 창고에 가득하다고 하더라도 내 어찌 먹을 수 있겠는가?"42)

여기서 앞의 '임금'·'신하'·'아버지'·'아들' 네 글자는 '지위 및 관계에 대한 인식'으로 '명을 바르게 하는 것'이고, 뒤의 '임금'·'신하'·'아버지'·'아들' 네 글자는 '도덕적 요구의 만족'으로 '실천'을 의미한다. 그래서 '정명'은 '명'을 바로 세워서 신분과 사회 질서를 바로잡아 나감을 의미한다는 것이다. 이와 같이 '명'마다 모두 하나의 함의를 가지고 있는데, 이것이 그 집합의 사물들의 본질이며, 이 집합의 사물에 이 '명'이 적용된다. 즉 임금은 임금다운 정치를 해야 하고, 신하는 신하의 도리를 지켜야 하며, 임금과 신하는 자기의 맡은 바의 신분과 직분을 서로 존중하고 서로 침범하지 말아야 한다는

---

42) 같은 책, 「顔淵篇」, "齊景公問政於孔子.孔子對曰,君君,臣臣,父父,子子.
公曰,善哉.信如君不君,臣不臣,父不父,子不子,雖有栗,吾得而食諸."

것이다. 그렇게 해야만 사회 질서와 평화가 유지되고 사회에 있어서의 직능적 효율도 오르고, 모든 사회 역량이 덕(德)을 갖춘 임금으로부터 구심점을 찾아서 한 방향, 즉 인정(仁政)·덕치(德治)로 발전할 수 있게 된다. 따라서 각각의 사물들은 그 이상적 본질과 일치되어야 한다. 즉 임금의 본질은 임금이 이상적으로 마땅히 해야 할 것, 즉 왕도(王道)의 실현이다. 만일 임금이 '왕도'에 따라서 정치를 한다면 그는 참으로 명실상부한 임금이 될 것이다. 즉 맹자의 "임금이 되고자 한다면 임금의 도리를 다해야 한다. 신하가 되고자 한다면 신하의 도리를 다해야 한다"43)가 그것이다. 이러한 우리의 사회 관계를 가리키는 '정명'의 '명'은 사회 관계에서 각각 그에 상부한 책임과 의무를 의미한다. 즉 임금·신하·아버지·아들은 모두 그러한 사회 관계를 나타내는 이름이고, 누구나 그 이름을 지녔으면 이에 상응하는 책임과 의무를 완수해야 한다는 것이다.44) 따라서 '정명'은 바로 기본적 사회 관계의 '명'을 바르게 하는 것이고, 또한 인류 사회 및 인성 중에 포함된 도덕에 대하여 하나의 정확한 경계를 주는 것이다.45)

이상으로 본다면 공자의 '정명'은 단순히 봉건 제도를 옹호하거나

---

43) 『孟子』, 「離婁上篇」, "欲爲君,盡君道.欲爲臣,盡臣道."

44) 馮友蘭, 『中國哲學史』, 71쪽.

45) 공자의 '正名'은 정치 사회 방면의 의의 이외에 철학상에서 여전히 하나의 중요한 발전이 있었다. 이는 바로 순자 「정명편」의 등장인데, 즉 그는 명(名)을 바르게 하는 것이야말로 사회질서 유지에 근본이 된다고 심도있게 지적했다. 『荀子』, 「正名篇」, "故王者之制名,名定而實辨,道行而志通,則愼率民而一焉.故析辭擅作名以亂正名,使民疑惑,人多辨訟,則謂之大奸,其罪猶爲符節度量之罪也.故其民莫敢託爲奇辭以亂正名,故其民慤,慤則易使,易使則公.其民莫敢託爲奇辭以亂正名,故壹於趨法而謹於循令矣.如是,則其迹長矣.迹長功成,治之極也,是謹於守名約之功也.今聖王沒,名守慢,奇辭起,名實亂,是非之形不明,則雖守法之吏,誦數之儒,亦皆亂也.若有王者起,必將有循於舊名,有作於新名."

'정명' 그 자체를 위한 것이 아니라[46] '민본'에 근거한 정치 이상을 실현하기 위한 것이었다. 이러한 사실은 바로 공자가 환공(桓公)을 도와 제후를 제패한 관중(管仲)의 행위에 대해 "천하의 질서를 바로 잡았다"[47]라고 한 점으로 충분히 알 수 있다. 이 말은 엄밀하게 말해서 '정명'의 논리에서 어긋난다고 볼 수 있다. 왜냐하면 천하를 바로 잡는 것은 신하로써 행할 수 없는 일이기 때문이다. 하지만 공자가 그의 월권 행위를 책망하지 않고 찬미한 것은 바로 관중으로 인해 "백성들이 지금에 와서 그 은혜를 받았다"는 점에 있다. 이와 같이 '정명'의 목적은 백성을 위한 것이기 때문에 백성이 은혜를 받았다면 '명'의 '바름'과 '바르지 않음'은 이차적인 문제에 불과할 뿐이다. 따라서 공자의 '정명은 구제도·구질서를 유지하는 것에서 출발했지만 결국 그 목적은 백성을 위함에 있었던 것이다.'[48]

---

46) 유택화는 "正名의 문제는 '정명' 자체에 있는 것이 아니라 '명'(名)과 '실'(實)의 관계가 궁극적으로 어떠하느냐에 달려 있다"고 한다(柳澤華, 『先秦政治思想史』, 332쪽). 이것에 근거하면 공자의 '정명' 사상이 비록 '명실'(名實) 문제를 언급하였다고 하더라도 인식론과의 관계가 크지 않으며, 그것은 정치 이론에 속하고 여전히 도덕적 요구에 기초한다고 할 수 있다. 즉 '정치를 행하는 것'(爲政)과 '사람들을 사랑하는 것'(愛人)의 기본 조건은 바로 '정명' 이후에 신체를 역행(力行)해 나아가 인성의 내함을 실현하여 도덕적 요구를 만족시키는 것이다. 따라서 성중영은 공자의 '정명'의 내적 의미를 다음의 네 가지로 말하고 있다. "첫째, 일종의 사회 관계는 하나의 도덕 요구를 포함한다. 둘째, 하나의 도덕 요구는 인성에서 드러나며, 그것의 만족은 바로 인성의 실현이다. 셋째, 인성의 실현을 투과한다면 사회 관계와 정치 질서가 비로소 화해(和諧)한다. 넷째, 사회 관계와 정치 질서의 화해(和諧)가 있을 때라면 개인은 완전히 그 내재적 덕성을 실현할 수 있고, 진정한 복리를 획득할 수 있다. 이른바 '정명'은 기본적으로 사회 관계 및 그 포괄된 도덕 요구를 인정하는 것이다"라고 한다[成中英, 『論孔子的中庸思想』(偉政通 編著, 『中國哲學辭典』(大林出版社, 叢刊9, 民國 72)에서 재인용)].

47) 『論語』, 「憲問篇」, "子曰,管仲相桓公霸諸侯,一匡天下.民到於今,受其賜,微管仲,吾其被髮左衽矣."

48) 金耀基, 『民本思想史』, 43~44쪽 참조. 安炳周 교수는, 공자의 名分論은

## 2. 평천하의 근본 원칙

### 1) 인(仁)의 실천

『논어』에서 공자의 인(仁)은 모두 같은 의미를 내포하지 않는다. 즉 '인'을 묻는 제자들에 대한 공자의 대답은 한결같이 "인은 이것이다"라는 '인'에 대한 정의가 아니라, 그때그때의 상황에 따라서 "인은 어떻게 실천할 것인가"라는 하나의 '방법적 차원'(仁之方)에서 진행되었다. 그리하여 그는 '인'을 단순히 지식으로 파악하거나, 고정적 덕목으로 보거나, 또한 자의 훈고(字義訓詁) 상에서 해석한 것이 아니라 자신의 생활 속에서 실천의 과정 중에 만나는 하나의 생명력의 원천으로 파악했다. 즉 "내가 인(仁)하고자 하니, 이에 곧 인(仁)이 이른다"[49]가 그것이다. 이러한 자신의 순수한 자각 활동으로 도달된 '인'은 우리의 현실을 떠나 있는 관념적·추상적 개념이 아니라 그 자체 내에 역동성을 가지고 있는 보편적 원칙이다.[50] 따라서 유가의

---

국민을 정치의 주체로까지는 생각하지 못하였다고 하더라도, 국민을 정치의 객체로 중요시한 점이 看破된다는 점에서, 正名論은 民本論과 그 연계성을 갖는다고 보고 있다.(安炳周, 「儒教의 民本思想에 관한 硏究」(서울: 成均館大博士學位論文, 1986.2))

49) 『論語』, 「述而篇」, "子曰,仁,遠乎哉.我欲仁,斯仁至矣."

50) 채인후에 의하면 "인(仁)은 일체의 덕목을 초월하고 통섭하는 모든 덕(德)의 이름이다."(蔡仁厚, 같은 책, 68쪽) 그리하여 '仁'은 크게 다섯 가지의 함의를 가진다. 1. '仁'은 도덕의 근본이자 가치의 근원이다. 2. '仁'은 모든 덕(德)의 이름이다. 3. '仁'은 진실한 생명이다. 4. '仁'은 인격 발전의 최고 경계이다. 5. '踐仁'으로 주관 정신(主觀精神)을 표현하고 객관 정신(客觀精神)을 표현하며 절대 정신(絕對精神)을 투과하여 나타난다(蔡仁厚, 『孔孟荀哲學』(臺北: 臺灣學生書局, 民國79 3刷本), 74~75쪽). 이렇게 본다면 '仁'은 유가의 모든 사상 체계를 관통하는 하나의 보편적 원칙이 아닐 수 없다. 따라서 '仁'은 단지 학문상에서뿐만 아니라 실제 생활에서도 충분한 의의를 가질 수 있다. 바로 양계초가 "儒家言道言政,皆植本於仁."(梁啓超,

정치 이상이 실현될 수 있느냐의 여부는 바로 자각적 실천을 통해 얻어진 '인'을 어떻게 외부로 발현하느냐에 달려 있다고 할 수 있다.

혹자에 의하면 인(仁)은 도덕 자아의 수양인 동시에 본체론의 기초인데, 즉 전자는 각 개인이 모두 '인'을 체현할 수 있는 가능성이 있음을 의미하고, 후자는 이러한 도덕 정신 혹은 '인'의 정신이 본질적으로 우주의 정신과 동등함을 의미한다는 것이다.[51] 이와 같이 '인'은 그 주관적 인심을 먼저 배양해서 그 능력이 미치는 바에 근거하여 가까운 곳에서 먼 곳까지 나감으로써 그 객관적인 어진 행위(仁行)를 넓혀 나가는 것이다. 다시 말해 '인'의 성취는 주관적 정감에서 시작하여 객관적 행동에서 마치는 것이다.[52] 즉 "극기복례위인"(克己復禮爲仁)[53]이 그것이다. 여기서 '극기'란 단순히 외부적으로 자신의 앞에 펼쳐진 환경이나 사람들에 대한 극복이 아니라 내부적으로 자신의 안에서 일어나는 사사로운 물욕에 대한 '극복'을 의미한다. 이러한 극복을 통하여 우리는 예(禮)라는 객관적 근거를 마련할 수 있다. 왜냐하면 '예'는 소극적 순응으로 도달되지 않고 바로 '적극적 참여'에 의해서 도달되는 '사회적·도덕적 행위의 규범과 준칙'이기 때문이다. 그래서 우리가 그러한 진취적·적극적 자세로 나아가서 '예'라는 객관적 근거에 머문다면 "천하의 사람들은 모두 인에 돌아갈 수 있을 것이다."(天下歸仁) 따라서 '인'은 반드시 실천을 기다린 후에 실현되는 것으로, 즉 '인'이라는 최고의 품덕이 있는 이후에 완전한 인격을 성취할 수 있기 때문에 그것은 '바깥에서 도달

---

『先秦政治思想史』, 80쪽)이라고 하고, 또한 양수명이 "儒家之學在求仁."(梁漱溟, 『禮記大學篇伍嚴兩家解說』, 9쪽)이라고 한 근거가 여기에 있다.

51) 杜維明, 『儒家傳統的現代轉化』(岳華 編, 北京: 中國廣播電視出版社, 1993), 400~401쪽 참조.

52) 蕭公權, 『中國政治思想史』, 62쪽,

53) 『論語』, 「顔淵篇」, "顔淵問仁, 子曰, 克己復禮爲仁. 一日克己復禮, 天下歸仁焉. 爲仁由己, 而由人乎哉."

한 물질'이나, 또는 '사회·정치적 역량의 산물'이 아니라 바로 '인도(人道)의 근본'으로, '사람이 사람되는 근본 품덕'이라고 할 수 있다.[54)

그런데 '인'의 성취는 단순히 한 개인의 인격 완성에 한정될 수 없다. 앞서 보았듯이 '인'은 고정적 덕목이 아닌 역동성(생명력) 그 자체로써, 즉 단순히 가만히 앉아서 성취될 수 없고 우리의 적극적 실천 행위에 의해 도달될 수 있기 때문에 우리는 반드시 그것을 외부로 발산해 나가야 한다. 바로 "사람을 사랑한다"(愛人)[55)가 그 근거로써, 공자가 강론한 '인' 중의 가장 본질적 함의이다. 왜냐하면 '인'은 사람이 사람되는 기본 인격이기 때문이다.[56) 즉 공자가 충서(忠恕)를 그것의 합리적 표준으로 삼은 근거도 여기에 있다. 따라서 '충서'가 사람들의 내재 덕성에 근본한 '인'을 실천하는 가장 기본 덕목이라는 점에서, '인'을 실천하기 위해서는 반드시 "몸가짐을 공손히 하며 일을 집행할 때에 조심하며, 남에게 충성을 다해야 한다."[57) 이러한 '충서'의 방법을 통해서 자신의 인덕(仁德)을 외부로 펼쳐 나간다면, 즉 널리 백성에게 은혜를 베풀고 그리하여 여러 사람을 구

---

54) 이것은 『중용』의 "道는 잠시라도 떠날 수 없다"(『中庸』, 1장, "道也者,不可須臾離也.")라는 말에서 쉽게 찾아진다. 그런데 여기의 '道'에는 크게 두 가지 논의가 있다. 첫째는 공자의 중심 사상이 '仁'이기 때문에 그것을 仁이라고 보는 경우가 있고, 둘째는 글의 문맥으로 보면 『중용』에서 '道'의 설명은 모두 '중용'에 관한 설명이기 때문에 그것을 '중용'이라고 보는 경우가 있다. 물론 어느 것이 보다 더 타당한지를 명확하게 단정짓기는 힘들지만 분명히 그 '道'는 바로 '인도'(人道)를 가리킨다는 것이다. 이러한 '인도'는 바로 인간의 생활과 밀접한 관계를 맺고 있기 때문에 그 '道'가 바로 인간의 보편적 규율을 말한다고 볼 수 있다. 따라서 그것은 '중용'의 의미를 함께 포함하는 '仁'이라고 보는 것이 보다 더 정확할 것이다.

55) 『論語』, 「顔淵篇」, "樊遲問仁,子曰,愛人."

56) 『中庸』, 20장, "仁者人也."

57) 『論語』, 「子路篇」, "居處恭,執事敬,與人忠."

제해 나간다면58) 궁극적으로 가정과 국가에서는 원망하는 일이 없게 된다. 따라서 '사람을 사랑하는'(愛人) 이상적 목표는 인덕(仁德)이 안과 밖 그리고 먼 곳과 가까운 곳에 두루 펼쳐지는 것이라고 할 수 있다.

그러한 공자의 사상은 후대의 맹자에게 계승되어59) 어진 정치(仁政)60)로 드러난다. 그에게서 '어진 정치'란 위정자가 힘(외부적 역량)이 아닌 인(仁)에 의해 정치를 펼치는 것인데, 바로 천하를 얻고 잃음, 왕도(王道)를 실행하고 실행하지 못함은 인(仁)과 불인(不仁)의 사이에 있다고 할 수 있다.

> 하·은·주가 천하를 얻은 것은 인(仁)으로써였고, 천하를 잃은 것은 불인(不仁)으로써였다. 국가가 폐하고·흥하고·존재하고·망함도 또한 그러하다. 천자가 어질지 않으면 사해(四海)를 보호하지 못하고, 제후가 어질지 않으면 사직을 보호하지 못하고, 대부가 어질지 않으면 종묘를 보호하지 못하고, 백성이 어질지 않으면 몸을 보호하지 못한다.61)

따라서 위정자는 어진 마음으로 백성을 돌보아 그 국가에 반드시 어진 기풍이 일어나서 국가의 안정을 이룰 수 있는 계기를 마련해야

---

58) 같은 책, 「雍也篇」, "子貢曰,如有博施於民,而能濟衆,何如.可謂仁乎.子曰,何事於仁,必也聖乎.堯舜其猶病諸.夫仁者,己欲立而立人,己欲達而達人.能近取譬,可謂仁之方也已."

59) 『孟子』, 「離婁下篇」, "仁者愛人."

60) 같은 책, 「梁惠王上篇」, "爲民父母 …… 省刑罰,薄稅斂,深耕易耨 …… 老吾老以及人之老,幼吾幼以及人之幼."

61) 같은 책, 「離婁上篇」, "孟子曰,三代之得天下也,以仁.其失天下也以不仁.國之所以廢興存亡者亦然.天子不仁,不保四海.諸侯不仁,不保社稷.卿大夫不仁,不保宗廟.士庶人不仁,不保四體 …… 孟子曰,愛人不親,反其仁治人不治,反其智.禮人不答,反其敬."

한다.62) 결국 위정자가 '어진 정치'를 실현하여 모든 사람들이 하나가 될 수 있는 지평의 장을 열어 나갈 때에 인(仁)은 '그 시대를 뛰어넘는 이상화의 경향'63) 즉, '지선(至善)의 실현'을 위한 근본 원칙으로 충분히 자리매김해 나갈 수 있을 것이다.

## 2) 덕(德)과 예(禮)의 조화 — "안에서 성실하면 바깥으로 드러난다."(誠於中, 形於外)

우리가 자기의 '본성'을 따라서 나아가면 마땅히 행할 도리를 알 뿐만 아니라 자기의 본성을 발휘하여 반드시 마음에 얻어지는 것이 있게 된다. 이것이 바로 덕(德)이다. 이러한 '덕'을 우리의 내부에서 확충해 나간다면 '부'가 집을 윤택하게 하듯이 '덕'은 우리의 몸을 윤택하게 하기에 충분할 것이다.64)

'덕'의 실천은 외부에서가 아니라 바로 자신의 내부에서부터 일어난다. 만약 '덕'의 실천이 외부에서 일어난다면 유가의 '덕치'는 오직 사회 관계, 즉 사람과 사람의 외적 관계만을 규정하는 것이기 때문

---

62) 『大學』, "一家仁,一國興仁.一家讓.一國興讓.一人貪戾,一國作亂."

63) 蕭公權, 『中國政治思想史』, 61~62쪽 참조 바람. 즉 소공권는 "(공자에서) '從周'와 '正名'은 그의 정치 사상의 기점이고 정치 제도의 주장이다. 공자의 학문이 여기에 머물렀다면('正名'과 '從周') 그는 봉건의 후예, 주화(周化)의 순민(順民), 충실한 수구당(守舊黨_에 불과했을 것이고 …… 공자는 주나라를 따랐으나(從周) 방책(方策)으로 스스로 한계 짓지 않았고, 임금의 정권을 승인했으나 현 상황으로 만족하지 않았다. 그는 주나라의 제도 중에서 심원한 의의 및 목적을 발명(發明)하니 …… 드디어 그 시대 환경을 뛰어 넘는 이상화의 경향이 있었다. 이 **발명(發明)**의 중심은 仁의 관념이다" 라고 한다. 이것에 근거하면 공자는 단순히 현실 정치를 유지하거나 그것을 지탱해 나가기 위한 것이 아니라 현실 정치를 뛰어넘어 더 큰 정치 이상을 달성하기 위한 목적에서 '仁'을 주장했다고 할 수 있다.

64) 『大學』, "富潤屋,德潤身.心廣體胖."

에 그것은 한갓 법가의 '법치'와 다를 것이 없을 것이다. 하지만 『대학』은 아주 철저하게 '수신', 즉 사람들에게 '덕'이야말로 바로 인간이 인간 되는 근본임을 강조했다. 따라서 '덕'이 우리의 내부에 확실히 근본으로 자리잡고 있다면 마치 뿌리가 깊고 튼튼한 나무가 폭풍우 등의 악조건을 이겨내듯이 우리는 어떠한 악조건에도 굴복당하지 않고 그것을 당당하게 극복해 나갈 수 있을 것이다. 즉 "근본을 바깥으로 하고 말단을 안으로 한다면 백성을 다투게 하여 쟁탈하게 만든다"65)가 그것이다.

'덕성'의 실천이 우리 자신의 내부에서 시작된다면 앞에서 본 '사람을 사랑하는'(愛人) 실천 근거는 바로 '덕'이 된다. 이러한 '덕'에 근본하는 임금은 '백성의 부모'로써, '평천하'의 실현을 위한 여러 가지 조건들을 충분히 구비할 수 있을 것이다. 그런데 그러한 조건들은 단순히 가만히 있는 상태에서 구비되는 것이 아니라 현실의 삶과 긴밀한 관계를 맺는 속에서 갖추어지게 된다. 여기서 '덕'이 비록 외부로 드러난다고 하더라도 그것에는 현실성이 아닌 가능성만을 내포하고 있기 때문에 『대학』은 그 해결책의 일환으로 '제가'·'치국'·'평천하'의 실현을 위한 여러 가지 현실적 근거를 제시했다. 이러한 점은 다음의 『대학』의 글에서 잘 드러난다.

> 군자는 먼저 덕을 삼가야 한다. 덕이 있으면 이에 사람이 있게 되고, 사람이 있으면 이에 땅이 있게 되고, 땅이 있으면 이에 재물이 있게 되고, 재물이 있으면 이에 용도가 있게 된다.66)

여기서 '백성'은 '사람을 사랑하는'(愛人) 것을 실현하는 직접적·

---

65) 같은 책, "外本內末,爭民施奪."
66) 같은 책, "君子,先愼乎德.有德,此有人.有人此,有土.有土,此有財.有財,此有用."

구체적 대상이고, '땅'은 '사람을 사랑하는' 것을 실현하는 실질적 장소이고, '재물'은 '사람을 사랑하는' 것을 실현하는 방편적 수단이라고 할 수 있다. 그래서 '백성'이 없다면 '임금'은 그 존재 가치를 상실하고, '땅'이 없다면 그는 어진 정치(仁政)를 실행할 수 없고, 재물이 없다면 그는 어떠한 정책도 세울 수 없어, 결국 그 국가는 맹자의 말처럼 "부모가 얼어죽고 형제와 처자가 사방으로 흩어지는"[67] 아주 극악한 상태에 빠져버리게 된다. 때문에 『대학』은 '평천하'의 실현이 그러한 현실 조건의 구비 없이 달성될 수 없음을 깊이 인식하여, '덕'에 근본한 정치·경제 등의 제반 분야에 관한 주장을 전개해 나갔다. 따라서 위정자가 정치의 근본(爲政以德)인 '덕'에 근본했느냐 하는 것은 '평천하'의 실현에서 아주 중요한 관건이라고 할 수 있다.

그런데 앞에서 보듯이 '덕'이 아무리 각각의 사람에게 내재화되었다고 하더라도 그것이 일정한 방향에 따라서 드러나지 않는다면 그것은 어떠한 현실적 근거도 가질 수 없을 것이다. 즉 그것에는 반드시 그것을 현실화시킬 수 있는 하나의 객관적 기준이 마련되어야 한다. 유가가 정치의 문제를 단순히 위정자의 덕성에만 의존하지 않고, 바로 '선왕(先王)의 법도'라는 객관적 기준과 병행하면서 현실에 대한 강한 개혁 의지를 가지고 여러 제반 문제를 해결해 나간 이유도 바로 여기에 있다. 따라서 유가의 정치 사상이 단순히 추상적·이상적이 아닌 강한 현실성을 동반한 사상으로 자리매김되기 위해서는 먼저 그 '덕'을 하나의 '객관적 기준'에 근거하여 외부로 전개해 나가야 할 것이다.

그럼 그 '객관적 기준'은 무엇인가? 그것은 바로 예(禮)인데, 이것은 '덕'이 유가에서 차지하는 비중만큼 유가의 정치 사상을 이해하는 데 있어 아주 중요하다. 왜냐하면 공자의 "덕으로써 인도하고"(道之

67) 『孟子』, 「梁惠王上篇」, "父母凍死,兄弟妻子離散."

以德)와 "예로써 가지런히 한다"(齊之以禮)로 보듯이, '예'는 국가에 없어서는 안 될 아주 중요한 치국(治國)의 근본으로,[68] 이 근본이 올바르게 정립되는 속에서 국가의 본래의 기능이 제대로 발휘될 수 있기 때문이다. 따라서 국가의 질서와 기강을 체계적으로 세울 수 있는 '예'의 올바른 정립이 요청되는 것이다. 즉 공자의 "예가 아니면 보지 말고, 예가 아니면 듣지 말고, 예가 아니면 말하지 말고, 예가 아니면 행동하지 말라"[69]가 그것이다. 이것은 바로 공자가 말하는 "예로써 가지런히 한다"의 참된 의의라고 할 수 있다. 여기서 그 글이 비록 객관적 기준인 '예'에 대한 것이라고 하더라도 그 이면에는 항상 '덕'이 요구된다. 왜냐하면 만약 '예'가 '덕'과 유기적·역동

---

68) 『論語』, 「先秦篇」, "爲國以禮." 중국 고대의 '禮'는 그 함의가 아주 광대하다. 그것은 국제간의 교류와 예절, 민간의 冠(男子冠禮), 婚, 喪, 祭, 淵 등의 典例 및 정치제도·도덕 규범을 포함한다. 주나라 시대에 이르면, 주공(周公)도 또한 하나라와 은나라의 예제(禮祭)의 기초 하에서 주례(周禮)를 제정했다. 이후에 공자도 서주(西周)의 예치(禮治)를 받아서 새로운 내용을 가미하여 '덕치'(德治) 사상을 주장했다('禮'의 자세한 내용은 陳飛龍의 『孔孟荀禮學之硏究』(臺北: 文史哲出版社, 民國71)을 참조 바람). 그런데 일반적으로 유가에서 '禮'는 '六禮'와 '九禮'의 儀節일 뿐 아니라 인사(人事)의 모든 법칙을 포괄한다. 그래서 임금이 국가를 다스리고 백성을 편안히 하는 데에는 반드시 禮를 지켜야만 하고 각 개인이 몸을 닦아서 德으로 나아가는 데도 禮를 지켜야 한다. 따라서 禮는 "制度와 儀文을 가리키고 또한 인륜의 品節과 儀文을 가리킨다."(吳康 編著, 『孔孟荀哲學』(臺北: 正中書局, 民國71 5판), 33쪽) 특히 순자에서 禮는 위로 나라를 다스리는 임금의 도리에서 아래로 개인의 입신 처세 및 일상생활의 세밀한 절목까지 포괄하고 있다. 즉 '禮'는 사람 행위의 표준, 사상이나 언론의 표준, 사회 현상을 처리하는 표준, 자연 환경에 적용하는 표준이 된다. 따라서 순자의 '禮'는 언행에 있어서의 여러 가지 규범을 말하기 때문에 모든 규범의 총칭인 것이다. 이상으로 비록 禮가 광범위한 의미를 가지고 있지만 여기서는 정치 사상과 관련이 있는 '치국'(治國)에 한정해서 논의할 것이다.

69) 같은 책, 「顏淵篇」, "非禮勿視,非禮勿聽,非禮勿言,非禮勿動.顏淵曰,回雖不敏,請事斯語矣."

적 관계임을 이해하지 못한다면 우리는 '예'의 실질적 내용을 멀리하고 오직 그 형식적 틀에만 얽매여 버릴 수 있기 때문이다. 그리하여 공자는 형식적인 '예'의 형태를 과감하게 비판했다.

공자가 말했다. "예라 예라 말하지만 구슬과 비단을 말하는 것이겠는가? 음악이라 음악이라 말하지만 종과 북을 말하는 것이겠는가?"[70]

여기서 보듯이 구슬·비단과 종·북에 대한 예제(禮制)의 규정은 예악(禮樂)의 형식일 뿐이기 때문에, 이때의 '예'는 그 자체로 어떠한 내용도 가질 수 없고, 반드시 우리의 도덕 감정과 사상이 가미되는 속에서 그 진정한 내용을 가질 수 있다. 즉 "예로써 가지런히 한다"란 "덕으로써 인도한다"와의 상호관계에서 그것의 진정한 가치를 창출할 수 있다는 것이다.[71] 마찬가지로 '덕'이 갖추어졌다고 하더라도 '공손함'·'삼감'·'용기'·'강직함' 등의 행위가 '예'에 맞지 않는다면 그것들은 보다 더 구체화될 수 없고, 사회적으로도 실현될 수 없으며, 결국에 모두 '수고로움'·'두려움'·'혼란함'·'절박함' 등의 병폐로 나타나게 될 것이다.

공자가 말했다. "공손하되 예가 없다면 수고롭고, 삼가되 예가 없으면 두렵고, 용기가 있으되 예가 없으면 혼란하고, 강직하되 예가 없으면 절박하다."[72]

"어짊을 좋아하면서 예를 좋아하지 않고"(好仁而不好禮), "어질면서 예가 없다면"(仁而無禮) 이것은 '인'을 실현하는 그 출구를 잃어

---

70) 같은 책, 「陽貨篇」, "子曰,禮云禮云,玉帛云乎哉.樂云樂云,鐘鼓云乎哉."
71) 같은 책, 「八佾篇」, "人而不仁,如禮何.人而不仁,如樂何."
72) 같은 책, 「泰伯篇」, "子曰,恭而無禮則勞,愼而無禮則葸,勇而無禮則亂,直而無禮則絞."

버린 것이기 때문에 반드시 '예'로써 다스려 나가야 한다.[73] 즉 행위에 있어서 '공손함'과 같은 덕목은 반드시 '예'에 합당해야 하고, 사회적 행위의 규범인 '예'(克己復禮)는 '인'을 근본으로 해야 한다는 것이다. 따라서 '덕'과 '예'가 상호 관계성을 가진다면 그 둘은 결국 문(文)과 질(質)의 관계, 즉 '내용과 형식의 통일적 관계'를 벗어나지 않는다고 할 수 있다.[74]

그런데 문제는 '덕'과 '예'가 '내용과 형식의 통일적 관계'라고 해서 그것들이 동등한 관계에 있는 것이 아니라 어디까지나 '덕'이 '예'에 비하여 더욱 근본적이라는 것이다. 즉 '예'의 근본(禮之本)이 바로 '덕'·'인'이라면 '예'는 바로 그 자체 내에 '인'을 핵심으로 하고 있기 때문에 궁극적으로 '인'은 항상 '예'보다 더 본질적인 것이다.

> 자공이 물었다. …… 공자가 말했다. "그림을 그리는 일은 흰 비단을 마련하는 것보다 뒤에 하는 것이다." 자공이 물었다. "예가 나중 단계라는 말입니까?" 공자가 말했다. "나를 흥기시키는구나, 상아! 비로소 함께 시를 말할 만하다."[75]

이상으로 보듯이, '덕'은 '예'의 근본이고, '예'는 '덕'의 체현이기 때문에 '덕'이 없다면 '예'는 한갓 형식에 불과하고, '예'가 없다면 '덕'은 어디에도 의탁할 바가 없게 된다.[76] '덕'과 '예'는 바로 서로

---

73) 같은 책, 「八佾篇」, "君使臣以禮."
74) 『論語』, 「雍也篇」, "質勝文則野,文勝質則史,文質彬彬,然後君子."
75) 같은 책, 「八佾篇」, "子夏問, …… 子曰繪事後素.曰禮後乎.子曰,起予者商也,始可與言詩已矣."
76) 즉 '德'은 사람들을 "非禮勿視,非禮勿聽,非禮勿言,非禮勿動."하게 할 수 있기 때문에 그것은 결국 '禮'의 근본이고, 한편 '禮'는 "民德歸矣"할 수 있기 때문에 일종의 '德'의 방법이라고 할 수 있다. 따라서 '德'과 '禮'는 상호 표리 관계로서 상호 수단이자 서로를 촉진시켜 주는 관계에 있다고 할 수 있다.

다른 두 개가 아니라 상호 관계를 맺고 있는 것으로, 즉 내재적 '덕'은 그것을 밖에서 실현할 수 있도록 도와주는 외재적 '예'를 통해서 그 의의를 다할 수 있다. 이와 같이 '덕'과 '예'가 통일적 관계에 있다고 본다면 '덕'은 '내심(內心)의 도덕 정감'이고, '예'는 '인(仁)의 행위 규범'인 것이다. 따라서 지선(至善)의 실현을 위해서는 반드시 '덕과 예의 통일적 관계'를 항상 유지해야 나가는 것이 아주 중요하다고 할 수 있다.

### 3) 중화(中和)의 실현 — 치중화(致中和)

임금이 전체의 조화를 무시하고 자신의 위치만을 지키려고 한다면 백성은 그를 피해 멀리 달아나겠지만, 임금이 자신의 중(中)을 지켜서 백성과 조화를 이루어 나간다면 백성은 그를 향해 나가게 된다. 이렇듯이 '중'은 고정 불변적인 것이 아니라 전체의 조화 속에서 항상 변화를 모색해 나가는 것이다. 이것이 바로 중화(中和)의 '중'이다. 그리하여 『맹자』와 『중용』에서는 '중'을 지켜 어진 정치를 펼친 탕 임금과 순 임금에 대해 다음과 같이 말했다.

> 탕 임금은 중(中)을 지키며 어진 사람을 세우는 데에 출신을 가리지 않았다.[77]

> 공자가 말했다. "순 임금은 큰 지혜이다. 순 임금이 묻기를 좋아하고 가까운 말을 살피는 것을 좋아하시되, 악한 것을 숨기시고 착한 것을 선양하시며, 그 두 끝을 잡으시어 그 중(中)을 백성에게 사용하였다. 이것이 순 임금이 되신 까닭이다."[78]

---

77) 『孟子』, 「離婁下篇」, "湯執中,立賢無方."
78) 『中庸』, 6장, "子曰,舜其大知也與.舜好問而好察邇言,隱惡而揚善.執其兩端,用其中於民.其斯以爲舜乎."

그럼 중화(中和)의 '화'란 무엇을 말하는가? '화'는 조화를 의미하는 것으로, 바로 예를 실행하는 데 없어서는 안 될 아주 중요한 근거이다. 때문에 예는 하나의 원리 원칙만을 고수하여 실행될 것이 아니라 반드시 항상 조화를 목표로 해서 실행되어야 한다.

예를 행하는 데 화(和)가 귀하다.[79]

드러나서 모두 절도에 맞는 것이 화(和)이다. …… 화(和)라는 것은 천하의 통용되는 도리이다.[80]

여기서 '절도'는 '행위의 보편적·객관적 준칙'을 의미하는데, 바로 그러한 준칙에 들어맞을 때를 가리켜서 중절(中節)이라고 한다. 그렇다면 '중절'에 반대되는 부중절(不中節)은 어떻게 설명할 수 있는가? 화(和)가 비록 그러한 '보편적 준칙'을 의미한다고 하더라도 그것은 어디까지나 '중절'을 전제로 한 상태에서 그 의의를 가질 수 있을 뿐이다. 따라서 우선 '중절'과 '부중절'에 대한 설명이 일차적으로 이루어진 상태에서 '중화'의 진정한 의미가 파악될 수 있을 것이다.

이제 '치중화'가 비록 우리의 생명 과정에서 드러나는 생명 의지의 최고 가치를 가진다고 하더라도 그것이 항상 '역동성'의 의미를 가지고 있음을 간과해서는 안 된다. 예컨대, '치중화'의 논리는 '수직선'과 '수평선'이 만나는 교차점에서 그 의의가 발휘된다고 볼 수 있다. 즉 '수평선'과 '수직선'이 교차되어 만날 때, '수평선'이 제일 위에 있으면 '완전한 중절'이고, 그 밑으로 내려와 있으면 '불완전한 중절'이라는 것이다. 이런 점에서 '화'를 '중절'이라고 하는 것은 '부중절'을 염두에 두고서 말하는 것이 아니라 생명 과정 속에서 생명 의지가 발

---

79) 같은 책, 「學而篇」, "禮之用,和爲貴."

80) 『中庸』, 1장, "發而皆中節謂之和, …… 和也者,天下之達道也."

현되는 정도의 차이를 기준으로 해서 '중절'을 말하는 것이라고 할 수 있다. 즉 '수직선'과 '수평선'은 언제 어디서나 교차되는 지점이 있듯이, '부중절'이란 '중절하지 못했다'는 것이 아니라, 비록 불완전하지만 '어느 정도 중절의 단계에 들어갔음'을 의미한다는 것이다. 즉 『중용』의 "항상 도를 떠날 수 없다"가 그것이다. 따라서 위에서 말하는 교차점은 우리의 생명 과정의 역동성 속에서 주어지기 때문에 '중화'는 우리와 거리가 먼 것이 아니라 우리의 내부에서 항상 역동적으로 활동해 나가는 것이다. 즉 『중용』의 "몸을 닦으면 도가 세워진다"[81]가 그것이다. 이렇게 본다면 우리의 세계는 '중화'를 벗어나지 않고 항상 중화 그 자체를 지향하고 있다고 할 수 있다.

그런데 '정감'이 발동되어 조화를 이루었다면 이것도 역시 중(中)에서 나왔기 때문에 우리는 항상 '중'으로 조화를 이루어 그것이 혼란에 빠지지 않도록 해나가야 한다. 이와 같이 '화'는 여러 가지 요소들을 조화하여 화합시키는 일이기 때문에 '중화'는 결코 하나의 '절충주의'가 아니다. 공자가 바로 "군자는 화하고 아첨하지 않으며 (和而不同), 소인은 아첨하고 화하지 못한다"[82]라고 한 근거도 여기에 있다. 여기서 동(同)은 일명 '획일성' 또는 '동일성'을 뜻하는 것으로, 결코 이질적인 것과 서로 양립할 수 없는 반면에 화(和)는 이질적인 것들이 결합되었을 때에 생긴 결과이기는 하지만 이질적인 것들과 양립할 수 있다는 것이다. 따라서 조화를 이루려면 이질적인 것들은 각각 적당한 비율로 구성되어 있어야 하는데, 이것이 바로 '중화'이다.

이러한 "중화에 이르면 천지는 제자리를 잡고, 만물은 자라나게 된다."[83] 즉 "천지가 제자리를 잡으면" 세계 질서가 안정되어 혼란

---

81) 『中庸』, 20장, "修身則道立."
82) 『論語』, 「子路篇」, "子曰, 君子, 和而不同, 小人, 同而不和."
83) 『中庸』, 1장, "致中和, 天地位焉, 萬物育焉."

이 없으므로 사물이 각각 제자리를 얻게 되고, "만물이 자라나게 되면" 평화가 유지되어 인류의 온갖 노력이 발전과 번영을 위한 창조적 활동에 집중될 수 있고, 또한 인간의 본성인 인(仁)이 사회적으로 실현되어 모든 사물에 정신이 충만될 수 있기 때문에 사물이 각각 그 생명을 받게 된다. 이러한 세계 질서와 인류 평화는 인류 전체가 모두 희망하는 것으로, 모두가 그 방향으로 나아가려고 하기 때문에 화(和)는 "천하의 통용되는 도리"인 것이다.[84] 따라서 그러한 평화와 질서를 유지하려면 국가에 있어서 각 백성의 대립 모순은 반드시 조화를 얻음으로써만 해결될 수 있다. 결국 그러한 조화를 통하여 그러한 문제를 해결하기 위해서는 반드시 그 국가의 위정자가 백성들의 제반 문제를 가장 공평 공정하게 처리해야 하기 때문에[85] 중

---

84) 서복관에 의하면 "中和의 中은 외재적 中의 근거일 뿐 아니라 中과 庸의 공동 근거이다. …… 그래서 中和의 和는 庸의 효과 일뿐 아니라 中과 庸의 공동 효과이다. 中和의 中이 바깥으로 드러나서 中庸이 되니, 위로는 性과 明에 통하는 까닭에 '큰 근본'이라고 한다. 또한 中和의 和는 바로 中庸의 實效이다. 中庸에는 和의 實效가 있는 까닭에 그것은 '천하에 통달되는 도리"(達道)라고 한다."(徐復觀, 『中國人性論史』, 127쪽)

85) '中和'는 '家'·'國'·'天下'간의 각각의 대립이나 모순과 충동을 조화하고 통일시킴으로써 '家'·'國'·'天下'의 질서와 평화를 유지하여 그것의 궁극적 이상의 도달을 목적으로 한다고 할 수 있다. 이런 점에서 우리가 '中和'를 齊家·治國·平天下의 이상이라 하여도 조금도 잘못될 것이 없을 것이다. 이러한 정치면에 있어서의 '중화'의 실현은 '중화'의 외부적 객관적 실현이다. 그러나 '중화'의 외부적 객관적 실현은 내부적·주관적 실현을 전제로 한다. 즉 행위의 주체는 '마음'이고 '마음'의 구체적 작용은 최후로 '개인'에 의존하기 때문이다. 바로 『대학』에서 '제가'·'치국'·'平天下'를 위한 근거로 '修身爲本'을 주장한 이유가 여기에 있다. 그러므로 우리는 아무리 '중화'의 외부적 실현을 희망하더라도 그 근본인 주체 면에서 '中和'가 이루어지지 못하면 그 희망은 도달할 수 없다. 유가에서 개인의 윤리 도덕을 중시하는 근거가 바로 여기에 있다. 따라서 개인에 있어서 生의 실현은 '中和'의 실현으로 가능하다. 왜냐하면 '중화'의 실현이 '生'의 이상적 실현이며, '生'의 이상적 실현 즉 '至善'의 실현이기 때문이다. 따라서 '중화'는 바로 '지

(中)은 바로 "천하의 큰 근본"인 것이다.

이상으로 본다면, 천지가 크고 만물이 번영한다고 하더라도 모든 사람들이 안주하고 스스로 생존하려면 반드시 상호관계가 '중화'의 상태, 즉 가장 적합한 상황에 처해야 하는데, 이렇게 될 때에 비로소 만물은 존재할 수 있고 또한 활동할 수 있는 것이다. 이와 같이 우주의 모든 존재는 '중화'를 얻음으로 존재하게 되며, 우주의 모든 활동은 '중화'를 향해서 움직이게 된다. 따라서 일체의 존재와 활동은 변동하지 않는 것이 없는데, 우주 일체의 변동은 영원히 '중'을 향해 구하게 되고, 영원히 서로 다른 두 개의 '화'를 구하게 되며, 각기 자신의 성질대로 '화'를 이루고는 '중'을 얻으려고 한다. 결국 '중'은 "천하의 큰 근본"이고 '화'는 "천하의 통용되는 도리"인 것이다.[86]

## 3. 평천하의 이상적 경지 — 지어지선(止於至善)

앞서 보았듯이 유가의 정치 이상은 하나의 관념적·추상적이 아닌 항상 현실과의 유기적·역동적 관계 속에서 모든 사람들이 공통적으로 추구해 나가야 할 '이상적 경지'를 그 최후의 목표로 삼고 있다. 따라서 여기서는 그러한 '지어지선'의 이상적 모델은 무엇인가의 이상 사회의 전형적 모델인 대동 세계(大同世界)와 대학지도(大學之道)의 최종 완성은 무엇인가의 내성 외왕의 도리(內聖外王之道)의 완성과 천인합덕(天人合德)에 관하여 논의할 것이다.

---

선'의 실현을 의미한다고 할 수 있다.(李相殷, 「『大學』과 『中庸』의 현대적 의의」, 366~369쪽 참조)

86) 錢穆, 「中庸新義」(『中國學術思想史論叢(1)』, 295쪽 참조.

## 1) 이상 사회의 전형적 모델 ─ 대동 세계(大同世界)[87]

　'정치 이상'이 비록 말 그대로 '이상'이라고 하더라도 그 구체적 내용을 갖추기만 한다면 그것은 하나의 생명력 있는 사상으로 그 의의를 충분히 가질 수 있다. 반면에 그렇지 않는다면 개인의 덕성의 전개를 통한 '정치 이상의 실현'이란 슬로건은 하나의 구호에 지나지 않아, 결국 어떠한 현실적 근거도 가질 수 없을 뿐만 아니라 하나의 추상적·관념적 이상 경지로 남을 것이다. 하지만『대학』은 그것의 근거로 각각의 사람들이 머물러야 할 지선(至善)의 경지인 인(仁)·경(敬)·효(孝)·자(慈)·신(信)을 제시하여, 하나의 '현실 인격'을 완성하려고 했다. 이러한 '현실 인격의 완성'이야말로 바로 진정한 '천하평'(天下平)의 세계인 것이다.

　그럼 '천하평'은 구체적으로 어떠한 세계인가? 앞에서 우리는 '평천하'의 의미를 '정치가 맑고 공평하며, 백성이 안락함을 나타내는 것'으로 규정지었다. 하지만 문제는『대학』에서 그러한 '평천하'의 세계가 무엇인지를 구체적으로 밝히고 있지 않다는 것이다. 다만 "평천하하고자 하는 자는 먼저 치국해야 한다", "국치(國治)한 이후에 천하평(天下平)이다"는 정도에서 그치고 있는 실정이다. 그리하여 학자들에 따라서 '평천하'를 '치국'과 함께 묶어 친민(親民)에다 넣기도 하지만 이것에는 다소 문제가 있다. 왜냐하면 앞의 '평천하 사상의 정치적 성격'에서 보았듯이 "이른바 평천하가 치국에 있다는 것은 ……"(所謂平天下在治其國者 ……)의 장은 혼란한 현실의 정치

---

87) 전목은 선진 시대의 대동관(大同觀)에 근거하여, "王道와 覇術은 바로 문화의 세계주의와 공리적 국가주의의 구별이다. 신진 시대의 사상은 전자를 후향(趨嚮)하여, 인류 전체의 복리를 대상으로 삼고, 천하 태평을 향왕(嚮往)의 경계로 삼았고, 국가를 뛰어넘고, 전쟁을 반대했다. 진나라와 한나라의 '대일통'(大一統) 정부는 당시의 중국인의 심목중에 실제로 이미 국가의 경계를 뛰어 넘는 '천하'였다는 것이다.(錢穆,『國史大綱』, 84쪽)

상황에 대한 대안적 차원에서, 즉 '평천하'로의 이행을 위한 예비적 단계에 지나지 않기 때문이다. 따라서 논자는 '평천하'를 지어지선 (止於至善)의 조목으로 보고, 『대학』 이외의 작품을 통하여 천하평 (天下平)이 어떠한 세계인지를 논의할 것이다.

'천하평'의 세계는 바로 모든 사람들이 자신의 덕성을 발휘하여 낙 오하는 자가 한 사람도 없이 평등하고 평화롭게 살아가는 세계인 '대동 사회'(大同社會)를 가리킨다. 즉 그 세계는 우리가 일종의 이상 적 사회 제도를 설계하여 아름다운 미래에 대하여 열심히 동경하거 나 간절히 추구하는 것을 표달한 것으로, 바로 이상 정치의 최고 목 표이다. 이러한 '대동 사회'는 역사적으로 많은 사람들에 의해서 주 장되어 왔는데,[88] 종합해 보면, 대동(大同) 개념은 크게 사회적 관점 과 자연적 관점으로 나누어 볼 수 있다.

첫째는 사회적 관점으로, '천하의 인심(人心)이 화동(和同)하고 화 합(化合)함'을 의미한다.

> 그대가 따르고, 거북점(龜)이 따르고, 시초점(筮)이 따르고, 경과 선 비들이 따르고, 보통 사람들이 따르면 이것을 대동(大同)이라고 한 다.[89]

> 사람들의 모든 일들은 귀·눈·코·입 등이 서로 그 기능을 빌릴 수 없는 것처럼 구별되어 있는 것이다. 그러므로 직업이 나누어져 있어 서 사람들은 다른 직업을 탐하지 않으며, 차례가 정해져 있어서 순서 가 어지럽지 않는다. 그러하면 (여러 사람들은) 널리 말을 들어 바르 고 밝아져서 모든 일들이 남김없이 다 이루어진다. 이와 같이 되면 신하와 백리(百吏)에서부터 서인(庶人)에 이르기까지의 모든 사람들

---

88) 즉 『詩經』의 '樂土', 老子의 '小國寡民', 墨子의 '玄同' 등이 그 대표적이 다.

89) 『尙書』,「洪範篇」, "汝則從,龜從,筮從,卿士從,庶民從,是之謂大同."

은 다 스스로 닦은 후에 편안하여 바르게 되고, 그 직업에 알맞은 능력을 갖춘 후에 그 직업에 나아가게 되며, 백성은 나쁜 풍속을 바꾸어놓고 소인들은 나쁜 마음을 고치며, 간교한 무리들이 다 성실해진다. 이것을 정교(政敎)의 극치라고 이른다. 그러므로 천하는 보지 않고도 보이고, 듣지 않아도 들리며, 헤아리지 않아도 알게 되고, 움직이지 않아도 이루어진다. 우뚝하게 혼자 앉아 있으면 천하가 이것을 따르게 되는데 이는 마치 하나의 몸에 있어서 사지가 마음을 따라 움직이는 것과 같다. 이것을 대형(大形)이라고 이른다.[90]

둘째는 자연적 관점으로, '인간과 천지 만물이 하나가 됨'을 의미한다.

그대가 만일 인위적 행함이 없는 데에 살면 만물은 스스로 화하게(自化) 된다. 네 몸을 생각하지 말고 네 총명을 버리고 자신과 사물을 함께 잊어버리면 자연과 한 몸이 될 것이다.[91]

천지의 만물은 한 사람의 몸과 같다. 이를 대동(大同)이라고 한다.[92]

이러한 두 관점을 하나로 종합하는 것은 바로 「예운편」(禮運篇)[93]

---

90) 『荀子』, 「君道篇」, "人之百事, 如耳目鼻口之不可以相借官也, 故職分而民不慢, 次定而序不亂, 兼聽齊明而百事物留. 如是, 則臣下百吏至於庶人莫不修己而後敢安止. 誠能而後敢受職, 百姓易俗, 小人變心, 奸怪之屬莫反愨, 夫是之謂政敎之極. 故天子不視而見, 不聽而聰, 不慮而知, 不動而功, 塊然獨坐而天下從之如一體, 如四肢之從心, 夫是之謂大形."

91) 『莊子』, 「在宥篇」, "汝徒處無爲, 而物自化. 墮爾形體, 吐爾聰明, 倫與物忘, 大同乎涬溟.

92) 『呂氏春秋』, 「有始覽篇」, "天地萬物, 一人之身也, 此之謂大同."

93) 「禮運篇」의 사상적 연원은 과거에 많은 논란을 불러일으켰다. 즉 그것이 유가의 저서라는 일반적인 견해 이외에도 '노장의 영향을 받았다든가', '묵자의 영향을 받았다든가', 한나라 초기의 황노(黃老) 위서(僞書)라든가', (이 부분의 자세한 내용은 蕭公權의 『中國政治思想史(上)』, 72쪽을 참고 바람)

의 '대동 사상'인데, 단지 차이는 사회적 관점으로 그 전 단계로 소강(小康)을 설정하고 있다는 점이다. 여기서 '대동' 사상이 바로 '천하를 태평하게 하는 것'과 '백성과 즐거움을 함께 하는 것' 자체를 최종 목적으로 삼는 유가의 '이상 세계'인 것만은 분명하지만, 과연 그러한 태평(太平)의 이상을 현실적으로 실현할 수 있는가? 「예운편」에서 '소강' 세계를 설명한 이유는 바로 그것의 실현에 대한 어려움이 있었기 때문으로 보인다.

순자에 의하면, 인간은 태어나면서 욕망을 추구하는 존재이지만 그것을 계속해서 추구하게 되면 인간 세계는 물질에 속박되어, 사회적으로 이익만을 다투는 쟁란의 사회로 변모하게 된다는 것이다. 즉 완전한 난세로, 도통(道統)이 실추되고, '예의'가 폐지되고, 제후들이 서로 싸움만을 일삼게 되는 그러한 사회라는 것이다. 그리하여 유가는 그 당시의 제후들 중 어느 누구도 하늘의 명을 받지 못했기 때문에 그 당시의 제도와 법도는 모두 대일통(大一統)의 제도와 법도가 아니며, 또한 세상의 도리가 무질서의 상태에 처하게 된 상황을 깊이 인식하여 진나라가 힘으로 천하를 통일한 방법을 결코 찬성할 수

---

'제자백가의 사상을 종합화했다'는 등의 주장이 그것이다. 여기서 특히 '제자백가의 영향을 받았다는 주장'은 가장 설득력 있는 주장으로 받아들여지고 있다. 즉 혹자는 "전국 말기 진나라와 한나라의 교체기에 선진 제자의 사상이 합류하게 된 것은 곧 시대의 필연적인 추세였다. 「예운편」의 大同思想이 외견상 유가의 주장으로 제시됐으나, 실제 선진 제자의 사회 이상을 한 용광로에서 융합시킨 것 역시 이상한 일도 아니다."(陳正炎·林其錟 著, 이성규 역, 『중국의 유토피아사상』(서울, 지식산업사, 1993), 130쪽)라고 하여, '大同世界'는 전국 말기나 진나라 한나라 시대의 사람들이 이상 사회를 묘사한 것으로, 즉 제자백가의 사상을 종합한 중국 고대 이상 사회론의 총결로 규정하고 있다. 하지만 그러한 주장은 「大學篇」이 『禮記』에 수록되어 있다는 점에 기인하고 있지만 비록 그 책에 다른 학파의 사상이 있다고 해서 그것을 유가 이외의 작품으로 보는 것은 다소 문제가 있다고 할 수 있다. 아무튼 결론적으로 「예운편」이 각 학파의 사상을 채용한 부분이 있다고 하더라도 그것은 엄연히 儒家의 영향권내에 있다고 보는 것이 타당할 것이다.

없었다. 즉 순자가 진나라의 통치자는 마땅히 "힘의 정치를 막고, 도의의 정치를 행하며", 또한 "무력을 버리고 문치로 돌아와야 하며", 그가 마땅히 힘써야 할 급한 것은 "영토를 확충하는 것"에서 "믿음을 증진시키는 것"으로 바꾸는 것이라고 주장한 이유는 여기에 있다.[94] 따라서 그 당시의 유가는 '예'로 백성을 가르쳐 나아가 '대동'을 이상으로 삼고, '소강'을 잠시 스쳐 지나가는 방편으로 삼기를 주장했던 것이다. 그러한 '예의'로 질서지어진 사회가 바로 '소강' 사회이다.

> 지금 큰 도리가 숨고 천하는 가(家)가 되었다. 사람들은 각각 자기의
> 어버이만을 어버이로 여기고, 자기의 자식만을 자식으로 여기며, 재화
> 와 노동을 자기만을 위하여 사용한다. 대인이 대대로 그 지위를 세습
> 하는 것을 예(禮)라고 하고, 성곽을 쌓고 도랑과 못을 파서 나라의
> 방비를 튼튼히 하며, 예의를 (국가의) 법도로 삼아 군신 사이를 바르
> 게 하고 부자 사이를 돈독하게 하고 형제 사이를 화목하게 하고 부부
> 를 화합하게 하며, 제도를 만들고 전리(田里)를 세워, 용맹과 지혜를
> 숭상하고 공을 이루는 것도 자신만을 위한다. 그러므로 음모가 생기
> 고 싸움이 이로 인해 일어났다. 우·탕·문·무·성왕·주공이 천거
> 되어 예의(禮義)로써 세상을 교화했다. 이 여섯 군자는 예를 실행하
> 는 데 힘을 다했다. 예의로써 그 의리를 밝히고, 그 믿음을 이루고,
> 허물을 밝히고 인(仁)을 본받아 겸양의 도리를 강명하고 백성에 지켜
> 야 할 상도(常道)가 있음을 보여주었다. 만일 상도(常道)를 따르지
> 않는 자가 있으면, 비록 권세가 있는 자라 해도 제거되었고 백성은
> 그것을 재앙으로 여겼다. 이것을 소강이라 한다.[95]

---

94) 『荀子』, 「彊國篇」, "力術止,義術行.曷謂也.曰,秦之謂也.……節威反文……益地不如益信之務也."

95) 『禮記』, 「禮運篇」, "今大道旣隱,天下爲家,各親其親,各子其子,貨力爲己,大人世及以爲禮,城郭溝池以爲固,禮義以爲紀.以正君臣,以篤父子,以睦兄弟,以和夫婦,以設制度,設制度,以立田里,以賢勇知,以功爲己.故謀用

276

이러한 '소강'은 반드시 잘못된 세계는 아니다. 단지 후대의 '백성의 덕'이 상고(上古) 시대에 미칠 수 없다는 사실로 인하여, 즉 시대의 추세가 그리하여 '대동'에서 '소강'으로 간 것에 불과할 뿐이다. 즉 하·은·주가 비록 '대동'에 미치지 못한다고 하더라도 '대동'과 '소강'은 모두 여전히 왕도(王道)·대일통(大一統)의 근간이 되는 것이다. 그런데 그 차이가 단지 전자는 선양(禪讓)에 있고, 후자는 세습(世襲)에 있지만 모두 하늘의 명령을 받아서 제도를 개창하였다는 점에서 비록 '소강' 사회가 여전히 사사로움(私)에 맞물려 있는 사회이고, '대동' 사회가 천하 공공의 의리(公義)의 구현으로 모든 사사로움(私)이 제각각의 공능을 다하고 도덕적으로 인애(仁愛)로 공공의 의리(公)에 융화되는 사회이지만 그 둘은 분명히 그 합리적 근거를 가진다고 할 수 있다.

큰 도리가 행해지면 천하에는 공공의 의리(公)가 구현된다. 현자를 뽑고 능력 있는 사람에게 (관직을) 수여하며 신의와 화목을 가르친다. 그러므로 사람들은 자신의 어버이만 어버이로 여기지 않고, 자기 자식만 자식으로 여기지 않는다. 노인으로 하여금 (편안한) 여생을 보내게 하며, 젊은이에게는 일할 여건이 보장되고 어린이는 길러주는 사람이 있으며, 과부와 홀아비를 돌보며 병든 자도 모두 부양받는다. 남자는 (적령이 되면) 결혼할 상대가 있으며 여자도 (모두) 시집갈 곳이 있다. 재화가 땅에 버려지는 것을 싫어하지만 반드시 자기가 (사적으로) 저장할 필요가 없다. 스스로 일하는 것을 싫어하지 않지만 반드시 자기만을 위해서 일하지도 않는다. 그러므로 음모가 생기지도 않고 도적이나 난적도 발생하지 않는다. 그러므로 (집집마다) 바깥문을 닫을 필요가 없다. 이런 상태를 대동이라고 한다.[96]

是作,而兵由此起.禹湯文武成王周公,由此其選也.此六君子者,未有不謹於禮者也.以著其義,以考其信,著有過,刑仁講讓['刑'은 '典刑' 範式의 뜻이고, '刑仁'은 仁義로 행위 규범을 삼는 것이고, '講讓'은 講禮讓이다.],示民有常.如有不由此者,在勢者去,衆以爲殃,是謂小康."

'대동' 사상의 기본 토대는 "사해의 안은 모두 형제이다"[97]에 있지만 유가는 결코 자기의 국가를 잊지 않았다. 특히 '묵가의 겸애(兼愛)가 '친함'과 '소원함'을 구분하지 않았다는 것'에 대한 맹자의 비판이 그것이다. 따라서 유가의 '사랑'은 하나의 '추'(推) 자에 치중하는데, 즉 '가까운 곳으로 말미암아 먼 곳에 미치고', '친함으로 말미암아 소원함에 이르는 것'을 의미한다. 예컨대, 자기 가족을 사랑한 연후에 다른 사람의 가족을 사랑하고, 자기의 국가를 사랑한 연후에 다른 사람의 국가를 사랑하는 것과 같은 이치이다. 이러한 천하의 '대동'이 달성되면 천하가 태평하여 전쟁이 없을 뿐만 아니라, 또한 법을 위반하거나 범하는 악인도 없게 된다. 다시 말해 그러한 세계에서는 천하 사람에게 비록 각자의 국가가 있다고 하더라도 결국에는 모두 형제 같이 서로 친하고, 집집마다 재물이 풍부하여 생활은 항상 안정된다는 것이다.

이상으로 보듯이 '대동'과 '소강'의 묘사는 인류의 공평·정의와 아름다운 미래에 대한 추구일 뿐만 아니라 또한 정치의 합리성·합법성에 대한 기대를 의미한다. 이런 점에서 유가의 '이상 정치'는 천하 사람을 두루 사랑하여 '세계 대동'에 뜻을 두었던 것이다. 주지하다시피, 유가는 정치에 종사하여, 정치를 하나의 '정신 생활'로 삼았는데, 그 정치에 종사하는 사람들이 '사람의 도리'(人道)를 발양하여

---

96) 같은 책, 같은 곳, "大道之行也,天下爲公,選賢與能,講信修睦.故人不獨親其親,不獨子其子.使老有所終,壯有所用,幼有所長,矜寡孤獨廢疾者,皆有所養.男有分,女有歸.貨惡其棄於也,不必藏於己.力惡其不出於身也,不必爲己.是故謀閉而不興,盜賊亂賊而不作,故外戶而不閉.是謂大同." 牟宗三에 의하면, "大道之行은 정치 방면에서 政權 治權은 모두 天下爲公, 選賢與能이고, 경제 방면에서 均平을 구하는 것이다. 그러나 그것은 정치와 경제에 한정해서 말할 수 없다. 반드시 보편적 덕화로서 그것을 관통해야한다. 그리하여 정치와 경제도 또한 보편적 덕화 의식으로 근거를 삼는 것이다"고 한다(牟宗三,『正道與治道』, 11쪽).
97)『論語』,「顏淵篇」,"四海之內,皆兄弟也."

그것을 천하에 드러낼 수 있다면 그 상태가 바로 '천하평'(天下平)의 세계이자 '대동 세계'(大同世界)라고 할 수 있다.[98]

## 2) 대학지도(大學之道)의 완성 — 내성 외왕의 도리(內聖外王之道)와 천인합덕(天人合德)

그러면 대학지도(大學之道)는 구체적으로 무엇을 의미하는가? 즉 『대학』은 '삼강령'을 '대학지도'라는 하나의 범주에서 말하고 있다. 이와 같이 '삼강령'이 '대학지도'의 다른 표현이라고 한다면 '대학지도'는 '내외'가 통일되는 근거를 가지게 된다. 이러한 내외가 통일되는 근거는 바로 '내성 외왕의 도리'이다.

『대학』에서 '내성 외왕의 도리'라는 말은 어떻게 설명될 수 있는가? 분명히 그것에는 단지 『상서』(商書)의 「진서」(秦誓)를 인용할 때에 두 곳의 '언성'(彦聖)이 출현하는 것 이외에 '내성 외왕'과 '성인' 등의 단어에 대한 직접적 표현이 없다. 여기서 이 '내성 외왕의 도리'라는 말이 유가의 저서가 아닌 『장자』(莊子)의 「천하편」(天下篇)에서 처음으로 등장하고 있다는 사실에 주목한다면[99] 그 용어로

---

98) 진정염·임기담은 "大同思想은 고대 인민이 추구한 이상 사회에 대한 아름다운 소망을 총괄 집대성한 것이며, 사유제에 기초한 암흑 사회의 현실을 부정하기 위하여 출현하였다. 때문에 이것은 중국의 수천 년 역사 속에서 시종 착취와 압박을 반대하고 부패를 일소하여 암흑을 소멸시키고, 사회의 진보와 광명을 쟁취하려는 사람들을 고무하는 한 폭의 빛나는 깃발이었다. 허다한 진보적 사상가와 정치가, 그리고 사회의 진보를 쟁취하려는 어진 사람·뜻 있는 선비들도 모두 여기서 사상과 역량을 흡수하여 투쟁 목표를 제시했다. 수천 년이래 많은 사상가와 사회 개혁가들은 비록 그 용어는 달라도 모두 대동 사상을 반추했다"라고 한다(陳正炎·林其錟 著, 이성규 역, 앞의 책, 130쪽).

99) 『莊子』, 「天下篇」, "天下大亂, 賢聖不明, …… 是故內聖外王之道, 闇而不明, 鬱而不發, ……." 전통적으로 「천하편」이 어느 시대의 누구의 손에서

『대학』의 사상 체계를 설명하는 것은 다소 문제가 있을 수도 있다. 하지만 그 말의 함축적 의미를 고려할 때, 그것은 분명히 유가의 사상 체계를 이해하는 아주 중요한 단서로 작용한다. 즉 「천하편」이 유가의 작품이든 도가의 작품이든 간에 '내성 외왕의 도리'라는 궁극 목표는 동일한 의미를 가진다는 것이다. 따라서『계사전』(繫辭傳)의 "공자가 말하기를, 천하가 무엇을 생각하고 무엇을 근심하는가? 천하는 같은 곳으로 돌아가지만 길은 달리한다. 이루는 것은 하나이지만 생각은 백 가지나 된다"100)에서 보듯이, 그것을 추구해 나가는 방법이 각 학자의 관점에 따라서 다르다고 하더라도 궁극적으로 그 도달하고자 하는 최후 목표는 모두 동일한 내용을 가진다고 할 수 있다.

그럼 그러한 '내성 외왕의 도리'의 근거는 어디에서 찾을 수 있는가? 그것은『주역』(周易)의 "덕으로 나아감"(進德)과 "수업을 닦음"(修業)을 통해서 충분히 알 수 있다.

> 공자가 말했다. "군자는 덕으로 나가고 사업을 닦는다. 신실함과 믿음(忠信)은 덕으로 나가는 까닭이다. 말을 닦고 그 정성스러움을 세우는 것은 사업에 거주하는 까닭이다."101)

---

나왔느냐에 대한 논의가 많이 있었지만(『장자』의 전편에 걸친 시대 고증 문제는 황금횡(黃錦鋐)의『莊子及其文學』(臺北: 東大圖書有限公司出版, 民國73년 再版)을 참조 바람) 분명한 사실은 「천하편」이『장자』서의 본지를 밝히는 근간이 된다는 점에서(顧實,『莊子天下篇講疏』, 自序를 참조 바람) 그것이 유가의 작품이든 도가의 작품이든 간에 먼저『장자』내에서 이해되어야 한다는 것이다.

100)『周易』, 「繫辭下傳」, 5장, "子曰,天下何思,何思何慮.天下同歸而殊塗,一致而百慮." 한편 司馬談의 「六家要旨」에서는 윗글이 "天下一致而百慮,同歸而殊途"로 바뀌어 인용되고 있다(司馬遷,『史記』130卷,「太史公自序」第70).

101) 같은 책, 「乾卦」, 「文言」, "子曰,君子進德修業,忠信所以盡德也;修辭立

여기서 "덕으로 나아간다"(進德)는 바로 종일토록 부지런히 힘써서 쉬지 말고, 하루의 일과를 마친 후 두려운 마음으로 성찰하고, 그리고 안으로 마음속에 한 생각에 사특함이 없도록 힘쓰고, 밖으로 의리의 실천에 주의하라는 것이다. 그리하여 그것은 '덕의 풍성함과 예의 공경함'102)을 보여주는 동시에 '수고하고도 자랑하지 않으며, 공을 세우고도 내세우지 않는' 수고롭게 일하는 겸손한103) 모습을 보여준다. 또한 "사업을 닦는다"(修業)는 천지 자연 안에서 인간이 인간의 할 일에 힘쓰는 것으로, 크게는 문화를 창조하는 일이다. 즉 홀로 그 자신만을 지키는 것이기보다 세상을 두루 바르게 하는 것을 말한다. 그런데 여기서 중요한 사실은 바로 "말을 닦고 그 정성스러움을 세우는 것은 사업에 거주하는 까닭이다"는 말인데, 바로 인간의 문화 창조를 위해서는 무엇보다도 '언행'에 세심한 주의가 요구된다는 것이다. 즉 '언행'은 '군자의 추기'(樞幾)로써, 그의 모든 것을 드러내는 수단이다. 바로 "언어야말로 모든 일의 순서이니, …… 매우 신중히 하여 함부로 말하지 않아야 한다"104)가 그것이다. 만일 경거망동한 행위를 하였다면 그 영향으로 위에서는 백성의 믿음을 얻지 못하여 원대한 숙원인 '문화 창조'를 시작도 할 수 없게 된다. 따라서 우리는 우리의 조그만 '언행'까지도 잘 단속해서 "덕으로 나아가고"・"사업을 닦는" 도리를 실현해 나가야 한다. 따라서 그러한 끊임없이 자기를 닦음으로써 반성하는 지표이자 자기의 언행을 잘 단속해서 인간의 원대한 숙원인 문화 창조를 이룩하는 지표인 진덕(進德) 수업(修業)은 바로 단순히 개인의 수양적 차원에서 끝나지 않

---

其誠,所以居業也."

102) 같은 책, 「繫辭上傳」, 8장, "德言盛.禮言恭."

103) 같은 책, 같은 곳, "勞謙,君子 …… 子曰,勞而不伐,有功而不德,厚之至也."

104) 같은 책, 같은 곳, "言語以爲階, …… 君子愼密而不出也."

고, 그것을 가지고 '평천하'까지 나아갈 때에 진정으로 도달될 수 있다. 결국 "덕으로 나아가는 것"·"사업을 닦는 것"은 바로 자기의 내면적인 성찰과 수양으로 얻어진 결실을 가지고 사람들에게 펼쳐서 '평천하'의 사업을 이룩하는 것, 즉 인간의 원대한 숙원인 '문화 창조'를 실현하는 것이라고 할 수 있다.

그러한 내성(內聖)과 외왕(外王)의 근거는 또한 맹자나 순자에서도 쉽게 찾아볼 수 있다.

> 곤궁하면 그 몸을 홀로 선하게 하고, 영달하면 두루 천하를 겸하여 선하게 하는 것이다.[105]

> 성인은 사람과 사물의 이치를 다할 수 있는 것이고, 왕은 법도를 다할 수 있는 것이다. 이 두 가지 모두를 다할 수 있으면 천하의 지극한 덕이 되기에 충분하다. 따라서 학자는 성왕을 스승으로 삼고, 성왕의 제도로 법도를 삼고, 그 법도를 본받아 그 통류(統類 : 法의 大綱)를 구하고, 그 사람을 본받기에 힘써야 한다.[106]

여기서 특히 순자의 "사람과 사물의 이치를 다할 수 있다"(盡倫)는 사람의 도리(人道)의 극치이고 "법도를 다할 수 있다"(盡制)는 일의 공효(事功)의 극치인데, 즉 전자는 실로 '수신'·'제가'와 같고, 후자는 실로 '치국'·'평천하'와 같다.[107] 이와 같이 하나의 몸에서 두 가지를 두루 '다하는'(盡) 성왕이 있을 때만이 비로소 '주관과 객관의 통일'을 체현할 수 있다.[108] 이것이야말로 '내성 외왕'의 이상 인격에

---

105) 『孟子』, 「盡心上篇」, "困則獨善其身, 達則兼善天下."
106) 『荀子』, 「解蔽篇」, "聖也者, 盡倫者也, 王也者, 盡制者也. 兩盡者, 足以爲天下極矣. 故學者, 以聖王爲師, 案以聖王之制爲法, 法其法以求其統類, 以務象效其人."
107) 徐復觀, 『中國人性論史』, 290쪽.
108) 『荀子』, 「君道篇」, "尊聖者王."

대한 가장 적절한 해석인 것이다.

그러한 일련의 흐름을 지나서 '내성 외왕'의 학문에 대하여 비교적 완전한 이론 체계를 건립한 것이 바로 『대학』이다. 즉 『대학』의 전개 방식이 '안에서 바깥까지', '작은 것에서 큰 것까지', '개인에서 사회까지' 점차 확대되어 가는 '내외 합일(內外合一)의 과정'이라는 점에서, 그것은 하나의 '내성 외왕의 체계', 즉 '선진 유가의 내성 외왕'이라는 이상 인격의 사상을 계통화·종합화·이론화의 구조를 진정으로 건설했다.109) 다시 말해 『대학』에서 강론한 '닦음'(修)·'가지런히 함'(齊)·'다스림'(治)·'화평함'(平)은 선진 유가의 '내성 외왕의 도리'의 구체화·계통화·이론화이고, 개인과 국가, 덕성 공부와 외재 사업을 하나로 융합하여 하나의 원대한 문화 사업을 해나가는 것을 말한다. 따라서 '대학지도'가 '내외의 통일'에 집중된다는 점에서, '삼강령'은 '대학지도', 즉 '내성 외왕의 도리'를 실현하는 최고의 지름길인 것이다.110) 따라서 이러한 '내외의 통일을 이룬 자'는 바로 '성인'으로, 그는 궁극적으로 '천지와 그 덕(德)을 합하고, 일월(日月)과 그 밝음을 합하고 사시(四時)와 그 순서를 합하고 귀신과 그 길흉을 합하여 하늘을 앞서면서도 하늘을 어기지 않고 하늘보다 뒤져 있으면서도 하늘의 때를 받드는 최고의 경지에 서 있는 자'이다.

무릇 대인은 천지와 더불어 그 덕을 합하고, 일월과 더불어 그 밝음을 합하고, 사시와 더불어 그 순서를 합하고, 귀신과 더불어 그 길흉을 합한다. 하늘보다 앞서서도 하늘을 어기지 않고, 하늘보다 뒤져도 하늘의 때를 받든다. 하늘도 또한 어기지 않는데, 하물며 사람에 있어

---

109) 朱義綠, 앞의 책, 33쪽 참조.

110) 『大學』의 '三綱領'과 '八條目'은 先秦 儒家에 대하여 말하면 '內聖外王之學'의 단계적 총격을 대표하고, 宋明理學에 대하여 말하면 새로운 圓圈이 기점을 구성하는 것이라고 할 수 있다(朱義綠, 『儒家理想人格與中國文化』, 25쪽 참조).

서야? 하물며 귀신에 있어서야?111)

오직 천하에 지극히 성실한 사람(至誠)만이 자기의 본성을 완전히 발
휘할 수 있다. 자기의 본성을 다 발휘하면 다른 사람의 본성을 다 발
휘할 수 있다. 다른 사람의 본성을 다 발휘하면 사물의 본성을 다 발
휘할 수 있다. 사물의 본성을 다 발휘하면 천지의 화육을 도울 수 있
고, 천지의 화육을 도우면 천지와 더불어 참여하게 될 것이다.112)

이상으로 그러한 성인은 자신의 본성뿐만 아니라 다른 사람의 본
성까지도 모두 발휘하여 그 생(生)을 쫓아가게 하는 동시에 그 있을
곳을 얻게 하며, 더 나아가 사물의 본성(性)을 다하여 '천지와 그 덕
을 합하는 지선(至善)의 경지', 즉 '지어지선'에 도달할 수가 있다. 따
라서 사람의 도리(人道)와 '하늘의 도리'(天道)가 서로 합하며('天人
合德'), "천지의 화육을 돕고, 천지와 더불어 참여하게 되는" 이상적
경지야말로113) 대학지도(大學之道)의 가장 궁극적 목표라고 할 수
있다.

---

111) 『周易』,「乾卦」, 文言, 17쪽, "夫大人者,與天地合其德,與日月合其明,
與四時合其序,與鬼神合其吉凶.先天而天弗違,後天而奉天時.天且弗違,
而況於人乎.而況於鬼神乎."

112) 『中庸』, 22장, "惟天下至誠,爲能盡其性.能盡其性,則能盡人之性.能盡
人之性,則能盡物之性.能盡物之性,則可以贊天地之化育.可以贊天地之
化育,則可以與天地參矣."

113) 馮友蘭은 이러한 경지를 "天地境界, 同天境界"라고 하고(馮友蘭,『新原
人』, 30쪽), 柳嶽生은 "儒家는 倫理를 政治의 근본으로 삼고, 政治를 倫
理의 歸宿으로 삼는다. 양자는 상호 表裏이고, 本末을 두루 갖추었다. 이
른바 修己而安人이 그 특징인 까닭에 그 모든 사상 체계는 明明德을 인
생 수양의 기점으로 삼고, 親民을 인생 행위의 목적으로 삼고, 明明德과
親民을 止於至善의 경계로 추진함으로써, 天地와 德을 합하고, 만물을 발
육하였다. 이것은 中國哲學의 최고 이상이다"라고 한다(柳嶽生,『大學發
微』(臺北: 臺灣學生書局, 民國68 3판 學再版), 6쪽).

# 8장. 평천하 사상의 현재적 의의

지금까지 필자는 『대학』의 사상을 정치 철학적 측면에 초점을 맞추어 논의를 전개했다. 즉 논자의 이러한 의도는 『대학』에 대한 통시적 이해를 통해서 그것의 사상사적 위치를 규명하고자 하는 데 그 목적이 있었다. 다시 말해 비록 우리가 송대에서 비롯된 논의의 중요성을 간과할 수 없더라도 그것에 앞서 논자는 먼저 『대학』이 왜 '유가 사상의 결정',[1] 즉 '선진 유가의 정치 철학을 종합한 작품인가' 하는 점을 충분히 인식하여, 그것이 태동한 역사적 배경, 그것이 차지하는 사상적 위치, 또한 그것이 지향하는 정치의 최대 목표 등에 대한 전반적 논의를 전개했다. 왜냐하면 어떠한 사상이든지 간에 그것은 그 시대와 고립하여 홀로 존립할 수 없고, 반드시 그 시대와 유기적·역동적 관계를 가질 때에 그것의 진정한 의의를 드러낼 수 있기 때문이다. 따라서 『대학』이 단순히 선진 유가의 정치 철학을

---

1) 趙澤厚, 『大學硏究』, 395쪽.

답습하는 차원에서 머물지 않고 그 당시의 시대 상황에 대한 철저한 자각을 통하여 현실의 문제를 타개하면서 '평천하'의 궁극 목표를 향해 그 논의를 전개한 근거가 여기에 있다고 할 수 있다.

## 1. 논의에 대한 간략한 정리

이제 우리는 지금까지 살펴본 『대학』의 논의를 다음과 같이 요약·정리해 볼 수 있다. 앞에서 우리는 『대학』의 '성립 연대'를 '진나라 말기에서 한나라의 성립 이전'으로 규정지었다. 즉 이때는 진시황의 사후에 진나라의 정치 권력을 장악하려는 무리들의 걷잡을 수 없는 권력 암투와 한나라와 초나라의 4여 년간의 기나긴 전쟁에 의한 패권 다툼이 벌어지던 시기였다. 그리하여 위정자들은 정치의 일관성을 유지하기보다는 자신들의 야욕을 채우기에 급급한 나머지, 그 결과로 백성들은 그들로 인한 정치와 경제 생활의 불안정 등으로 참기 힘든 고통의 나날을 보내야만 했다. 이러한 상황에서 『대학』은 바로 선진 유가의 논의 방식과 다르게 간단 명료하면서도 핵심을 찌르는 '강령'과 '조목'의 형식을 채택하여, 그러한 혼란을 종식시킬 수 있는 길이 무엇인지를 자각했던 것이다. 그것은 바로 시공간을 뛰어넘어 영원히 살아남아 우리의 삶을 더욱 더 풍부하게 해줄 수 있는 '인간의 덕성에 바탕을 둔 정치 이상', 즉 '평천하'의 실현이었다. 결국 이것은 현실의 제반 문제를 어떠한 힘이나 권력 의지로써 해결할 수 없다는 강한 의지의 표현이자, 또한 인간의 본성에 대한 호소라기보다도 인간의 외형적 관계에 더 많은 비중을 두는 정치 체제에 대한 일종의 경종이었다.

그러면 '평천하'의 실현은 어떻게 가능한가? 즉 이 문제는 공자 이후로 끊임없이 추구해 온 안과 바깥의 관계를 어떻게 통일적으로 설명해 낼 수 있는가 하는 점에 집약된다. 즉『대학』은 선진 유가의 안과 바깥의 전통을 계승하여, 그 둘의 유기적・역동적 관계를 고려해서 자기 자신뿐만 아니라 자신과 타인의 관계를 어떻게 올바르게 설정하며, 더 나아가 그것을 통하여 모든 사람이 하나 되는 세계를 건설할 수 있을까 하는 점에 그 관심을 집중시켰다. 그리하여 그것은 그러한 '정치 이상의 실천적 전개'를 위한 일차적 작업으로, 먼저 하늘에 의해 품부된 명덕(明德)을 어떻게 자각자증(自覺自證)하여 '덕성 주체를 확립할 수 있을까 하는 문제 의식'에서 명명덕(明明德)을 사상적 토대로 삼았다. 즉 이 '명명덕'의 실천은 덕성 주체의 확립을 위한 실천 공부인 정심(正心)・성의(誠意)와 그 주체가 외부의 영향에 흔들리지 않고 그 역할을 충실히 다할 수 있게 하는 객관적 근거, 즉 지식의 확립을 위한 격물(格物)・치지(致知)가 함께 논의될 때에 가능한 것이다. 이것은 바로 단순히 우리의 관념적 이성이 아니라 이 현실에서의 실질적이고 철저한 자각과 실천을 통할 때에만 이룩될 수 있음을 보여준다. 따라서 우리는, '명덕'은 자신의 마음속에 그냥 품고 있는 것이 아니라 외부로 드러내야 하는 것, 즉 내적 근거와 외적 근거의 통일적 관계에 있음을 항상 염두에 두어야 할 것이다. 이렇게 본다면 '명명덕'은 우리가 단순히 현실에 안주하여 자신의 계발에 힘쓰지 않는 것을 지양하고 정치 이상에 도달하기 위한 일환에서 나온 것으로, 현실을 발판으로 자신의 '명덕'을 보다 더 철두철미하게 '밝혀야 한다'는 강한 의미를 그 이면에 내포하고 있다고 할 수 있다.『대학』이 바로 '명명덕'의 목표를 개인의 수양적 차원에만 한정하지 않고, 더 나아가 모든 사람이 함께 힘을 합쳐 이룩하고 도달해야 하는 정치 이상의 차원에서 주장한 근거는 여기에 있다.("明明德於天下") 이와 같이 정치 사상적 측면에서 본다면, '명덕'은 바로 '백성에 대한 임금의 의무와 책임'을 가리킨다고 할 수 있다. 따라서 "수신을 근본으로 하는"(修身爲本) 실질적 주체가 자신의

'덕'에 근본하여 그러한 의무와 책임을 다하여 천하에 올바르게 드러낼 수 있다면 이것이야말로 '명명덕'의 진정한 실천 의의인 것이다.

그러면 확립된 '안'(內 : 도덕 주체의 확립)은 어떻게 '바깥'(外)과의 유기적·통일적 관계로 이끌어질 수 있는가? 그 관건은 현실과 이상의 유기적·역동적 관계를 지향하는 하나의 정치 이념을 설정했느냐에 달려 있다. 그리하여 『대학』은 그 정치 이념으로 공자의 충서지도(忠恕之道)에 근거하여 '자신과 자신과의 관계'뿐만 아니라 '자신과 남과의 관계'를 올바르게 설정해 주는 혈구지도(絜矩之道)를 제출했다. 이것은 인간의 덕성에 기초하여 정치 이상을 실현하려는 노력을 무시하고, 오직 인간의 사회적 관계만을 중시하는 정치 체제에 대한 경종이었다. 즉 그것은 인간의 외형적 측면을 고려하여 그들 사이의 관계를 규명한 것이 아니라 인간의 본질적 측면을 고려하여 서로를 구속하지 않고 각각의 기능과 직무에 의한 하나의 조화된 관계를 규명하는 데에 그 목적을 두고 있다. 이러한 '혈구지도'에 근거하여 정치가 행해진다면 사람들은 정치에 의해 기만당하는 일이 없고, 서로에 대한 끊임없는 이해와 용서로 일관하는 '대화합'의 정치 이상을 실현할 수 있을 것이다. 하지만 여기서 문제는 그러한 정치 이념의 실현을 위한 보다 더 구체적인 '현실적 방법'이 제시되지 않는다면 그 이념은 하나의 공허한 구호에 지나지 않는다는 것이다. 이러한 점을 철저히 자각한 『대학』은 그러한 '정치 이념'에 근거하여 현실의 모순을 해결하기 위한 현실적 대안으로, '정치 질서'와 '경제 질서'의 확립을 위한 제반 원칙을 함께 제출했던 것이다.

그런데 『대학』의 그러한 노력은 현실의 정치·경제 생활에서의 평등만을 구하는 데에 있지 않고, 더 나아가 한 차원 높은 교육 등의 문화 생활을 통한 '평천하'의 정치 이상을 건설하는 것이었다. 왜냐하면 '정치'는 단지 사람들의 문화생활을 보장하고 촉진하는 데 있을 뿐이고, '경제'는 사람들의 생존을 도모하여 그들을 문화생활에 종사하게 하는 동시에 재물을 생산·분배하여 사람들을 그 문화의 목적에 도달하게 하는 데 있을 뿐이기 때문이다. 이렇게 본다면 '정치'와 '경제'는 우리들의 이상적 인문 세계 중에서 비교적 낮은 지위에 놓일 뿐만 아니라 정치 이상의 실현에 있어 수단이지 결코 목적일 수가 없다. 따라서 그 목적은 그러한 정치와 경제를 뛰어넘어 있는, 즉 최고의 이상 경지인 '지어지선'(止於至善)에서 구체화된다. 여기서 『대학』은 그러한 '지어지선'이 하나의 궁극적 목적에 도달하기 위한 하나의 공부적 차원에서 "그 머물 곳을 안다"라는 지기소지(知其所止)를 제출했다. 이것은 바로 인(仁)·경(敬)·효(孝)·자(慈)·신(信)의 지선(至善)에 머무는 것인데, 이는 바로 공자의 '덕치'의 계승이자 발전이었다. 그런데 문제는 그러한 '지선'을 실현하기 위해서는 반드시 그 '근본 원칙'이 전제되어야 한다는 것이다. 이것이 바로 '인(仁)의 실천', '덕(德)과 예(禮)의 조화', 그리고 '중화(中和)의 실현'이다. 여기서 '덕'은 '인의 내적 근거'이고, '예'는 '인의 외적 근거'인데, 즉 이러한 '안과 바깥의 통일적 관계'의 실현은 먼저 '인'의 실천을 위한 '덕'과 '예'의 조화가 있을 때에 가능하다.("誠於中(德), 形於外(禮)") 따라서 '안과 바깥의 조화', 즉 '덕과 예의 조화'(仁)에 근거하여 '중화의 실현'(致中和)이 이루어진다면 '가족'·'나라'·'천하'는 그 대립·충돌에서 벗어나 '조화'·'통일'로 나아갈 수 있을 것이다.

이상으로 보듯이, 우리는 '중화'의 실현을 통하여 '천지와 그 덕을 합하며'(天人合德), '천지의 화육을 돕고, 천지와 더불어 참여하는' 하나의 이상 경지에 도달할 수 있다. 이 경지야말로 바로 '안에서 바깥까지', '작은 것에서 큰 것까지', '개인에서 사회까지' 점차 확대되어 가는, 즉 '개인과 국가', '덕성 공부와 외재 사업'을 하나로 융합하여 원대한 문화 사업을 펼쳐 나가는(內聖外王之道) 대학지도(大學之道)의 가장 궁극 목표인 것이다.

## 2. 현재적 의의

앞에서 우리는 '평천하'를 '천하의 정치가 맑고 공평하며, 백성이 안락함을 드러내는 것'이라고 규정지었다. 이러한 세계는 과연 우리의 세계에서 실현될 수 있는가? 또한 그것이 실현 가능하다면 우리는 지금 그 세계로 나가기 위해서 무엇을 해야 하는가? 더 나아가 천하 일가(天下一家)의 이상이 거의 실현 단계에 있다면 그 세계는 무엇에 의해서 올바른 방향으로 이끌어질 수 있는가?

현 시대가 진보하고, 과학이 발달하고, 교통이 편리해지면서, 세계 범위는 날로 축소되고, 또한 인류의 상호 교류의 기회가 날로 많아지게 되었다. 그 결과로 '천하 일가'의 이상은 거의 실현 단계에 왔다. 하지만 그것은 유가가 그리던 이상과 많은 차이를 드러내고 있다. 간단하게 말해, 그것은 외적으로 '천하 일가'의 형식이지만 내적으로 천하 분열(天下分裂(大亂))의 내용을 띠고 있다는 것이다. 오늘날 국제 사회를 살펴보면, 정치적으로는 '공생 공존'의 정신 아래 국가 사이의 상호 공동의 협력 체제보다는 자국의 정치적 입지를 보다 더 강화시키려는 풍조와 경제적으로는 공리 공익(公利公益)의 정신 아래 국가 사이의 상호 협동 체제보다도 자국의 경제적 실리를 먼저 챙기려는 풍조가 만연되어, 결국 국가 사이의 상호 신뢰에 많은 문제점이 노출되고 있는 상황이다. 하지만 문제는 앞으로의 국제 사회에서, '정치의 목적'은 자국만의 문화 생활을 보장하고 촉진하는 데에 있는 것이 아니고, 또한 '경제의 목적'은 자국만의 생존을 도모하여 그들의 문화 생활에 종사하는 데에 있는 것이 아니라는 것이다. 이런 점에서 세계 평화의 실현을 위한 전제 조건으로서, 정치와 경제는 진정으로 그 어떤 특정 집단의 이익을 대변하는 것이 아니라 반드시 세계 인류의 행복을 증진시키는 데에 그 근본 목적을 두어야 한다는 것이다. 따라서 이것이 전제되지 않는다면 이 세계는 서로에

대한 신뢰와 존중이 없는 비정하고 대립 각축적인 세계로 전락되고
야 말 것이다.

그러면 인류는 세계 평화를 위해서 그 어떠한 노력도 하지 않았는
가? 즉 인류는 과거에서부터 지금까지 국가 사이의 상호 신뢰와 상
호 협조 체제라는 긴밀한 관계에서, 세계 평화를 위한 많은 노력을
기울여 왔다. 먼저 그 대표적인 것은 '국제 연맹'이란 기구였다. 이것
은 본래 세계 평화의 확보와 국제 협력의 촉진을 목적으로 설립된
것이었다. 하지만 그 기구는 시간이 지나면서 세계 평화의 유지라는
본래의 취지에서 벗어나 강대국에 의해 조종되어, 결국에 강대국들
의 실리를 취하는 하나의 강권(強權) 정치의 부속품이란 오명을 벗
어버릴 수가 없었다. 그런데 현재의 '유엔' ─ 국제간의 평화와 안전
의 유지, 각국 사이의 우호 관계의 촉진, 경제 · 사회 · 문화 · 인도
상의 문제에 관해서, 국제 협력을 달성하기 위하여 여러 나라로 조
직된 국제적인 평화 협력 기구 ─ 은 그러한 '국제 연맹'보다 조직상
에서 많이 변모되었으며, 특히 많은 국가들의 집중적인 관심으로 세
계의 여러 문제들, 즉 빈곤의 문제 · 전쟁의 문제 · 환경의 문제 등을
여러 측면에서 해결해 나가고 있다. 이런 점으로 볼 때, '유엔'은 지
금 세계 정부의 축소판으로, 세계 평화를 유지해 나갈 수 있는 유일
한 대안이랄 수 있다. 그럼에도 불구하고, 문제는 그 이면을 면밀히
들여다보면 그것은 본질상 여전히 국가주의적 성격을 벗어나지 못하
고 있다는 것이다. 왜냐하면 그 조직의 구성원은 여전히 각국에서
파견한 대표가 본국 정부의 지휘를 받고, 본국의 이익을 대표해서
발언하고 있기 때문이다. 즉 그 발언권은 정치력과 경제력이 강한
국가일수록 강한 반면에, 그 힘이 약한 국가일수록 상대적으로 약하
기 마련이다. 이런 속에서 힘이 강한 국가는 세계 평화를 위한다는
미명 아래 아무 거리낌없이 자국의 이익만을 챙겨 갈 수 있지만, 힘
이 없는 국가는 힘이 강한 나라의 눈치를 살피면서 그 틈새에서 자

국의 이익을 겨우겨우 챙겨 갈 수 있을 뿐이다. 결과적으로 '유엔'도 세계 평화를 이끌 진정한 대표라고 보기에 많은 문제점이 노출되고 있다고 볼 수 있다. 이와 같이 세계 각국이 세계 평화의 유지를 위해 만든 기구는 왜 그 기능을 제대로 발휘하지 못하는 것인가? 그 원인은 아마도 '도덕'이라는 내적 요인의 결여, 즉 강자와 약자 사이에 존재하는 '힘'이라는 외적 요인에 힘입은 바가 아주 크다고 할 수 있다. 따라서 오늘날 국제 관계에서 각 국가들은 '힘'의 논리를 앞세워 자국의 실리를 취할 것이 아니라 인간 상호간의 존중과 신뢰를 바탕으로 타 국가에 대한 구속을 지양하고 각 국가의 긴밀한 협조 체제를 구성하여 하나의 조화된 세계를 건설해 나가야 할 것이다.

이제 진정한 세계 평화는 자국의 이익을 떠나 인류의 평화와 공영에 이바지할 수 있는 초국가(超國家)가 등장될 때에만 실현 가능할 것이다. 즉 세계 평화를 유지하기 위해서는 반드시 분열되어 있는 세계를 하나로 통합하여 이끌어 나갈 수 있는 세계 정부가 필요하다는 것이다. 그렇다면 그러한 세계 정부는 과연 '힘'에 의해서 탄생될 수 있는가? 또한 만약 탄생되었다고 한다면 그것의 등장 초기에까지도 '무력'(전쟁)이 필요하다고 볼 수 있는가?

세계 정부는 민주주의적일 수도 있고, 전체주의적일 수도 있을 것이다. 그 창립은 상호간의 합의에 의하여 이루어질 수도 있고 정복에 의하여 이루어질 수도 있을 것이다. 그것은 세계를 한 손에 넣은 어느 한 나라의 국민 정부일 수도 있고, 혹은 각국과 각 개인이 평등한 권력을 갖고 있는 정부일 수도 있을 것이다. 나의 견해로는 만일 그것이 존속된다면 어떤 지방에서는 상호 합의에 의존하고, 또 다른 지방에서는 정복에 의하여 이루어지리라고 생각한다. 여러 나라가 무리를 지어 두 개의 집단으로 갈라져 세계 전쟁을 하게 되는 경우에는 승리한 나라가 상대국의 무장을 해제하여 훌륭한 제도를 널리 적용함으로써 세계를 다스리게 될 것이다. 그리하여 전쟁의 적대감정이 냉각됨에 따라서 패망한 여러 나라들도 서서히 정치에 참여하는 길이 열리게 된다. 인류는 상호 합의만을 토대로 하여 세계 정부를 건설할 수 있는 충분한 정치적 역량이나 너그러운 성격을 지니고 있다고 나는 믿을 수 없다. 세계 정부가 이루어진 그 초기에 있어서 힘(무력)이 필요하리라고 내가 생각하는 까닭은 건설을 위해서나 혹은 그 유지를 위해서이다.[2]

여기서 보듯이 러셀의 생각 속의 세계 정부는 그 기초가 힘의 요인 상에서 건립되는 것이고, 또한 강대국이 무력으로 세계를 정복하고, 나아가 세계를 통치하는 형태의 세계 정부를 가리키는 것으로 보여진다. 이것은 바로 세계 정부 하에서 평화를 유지하려면 처음에 '전쟁'은 반드시 있어야 하며, '전쟁'이야말로 '평화'를 확인하는 최대의 요인임을 의미한다. 이러한 러셀의 생각은 서양의 전통적 주장에 근거한다.

특히 칸트는 "전쟁 그 자체는 시민의 권리를 신성한 것으로 존중하여 질서 있게 수행된다면, 뭔가 숭고한 점이 있는 것이다. …… 반면 긴 평화는 일반적으로 주로 상업적인 정신을 초대하며, 그와 함께 비천한 이기심, 비열함, 우유부단과 더불어 오며, 인민의 성향을 타락시킨다"[3]라고 하고, 헤겔은 "국가의 건강은 평화의 정적 속에서가 아니라 전쟁의 소란 속에서 일반적으로 드러난다. 평화는 향락의 상태이며 격리된 가운데에서의 활동이다. …… 그러나 전쟁 속에서 모두의 전체와의 관련이 드러나는 힘은 명약관화하다"[4]라고

---

2) 버트란트 러셀 著, 梁炳鐸, 鄭鳳和 譯, 『새세계의 새희망』(New Hopes for a Changing World), 327~328쪽, 大洋書籍, 1973.

3) Kant, Critique of Judgement (『헤겔의 정치사상』, 슬로모마비네르 著, 김장권 譯, 한벗, 1981, 275쪽 재인용).

4) Hegel, Political Writings, 143~144쪽(앞의 책, 277쪽 재인용). 또한 그는

한다. 이와 같이 서구의 전통에서 전쟁은 국가의 건강 자체가 아니라 그것을 통해 국가의 건강이 시험을 받는다는 점에서, '평화의 유지'는 반드시 전쟁이 적절하게 수행될 때에만 가능하다는 것이다. 다시 말해 '전쟁'은 불가피하게 지금의 상태가 평화의 상태를 유지하고 있는가를 시험하는 하나의 수단으로 적절히 활용할 때에 그 의의가 있다. 그렇다면 평화를 확인하기 위해 수행되는 전쟁은 진정으로 세계 평화의 유지에 도움을 줄 수 있는가? 즉 역사적으로 보더라도 평화를 위한다는 목적 아래 벌어진 수많은 전쟁으로 인하여 수많은 사람들이 고통을 받은 것을 상기한다면 그것으로는 진정한 세계 평화의 길을 모색할 수 없을 것이다. 왜냐하면 우리가 아무리 전 인류의 행복, 즉 세계 질서와 세계 평화라는 외부적 실현을 희망하더라도, 그 내적 문제(도덕)를 해결하지 못하고, 또한 전쟁으로 그 문제를 해결한다고 한다면 그 희망은 어디까지나 실현될 수 없는 이상으로만 끝이 날 수 있기 때문이다.

그런데 유가적 전통은 그러한 서구적 전통과 달리 전쟁을 반대했다.5) 먼저 맹자는 전국 시대라는 전쟁의 소용돌이 속에서, '전쟁'은 어떠한 경우든지 간에 평화의 유지를 위한 요인일 수가 없음을 힘주어 강조했다. 즉 그에게서 '전쟁'은 그 목적이 어디에 있든지 간에

---

"(특수한 목적들이) 뿌리를 내리고 고립 속으로 정착하여 전체를 산산조각으로 깨뜨려 버리지 않도록 하기 위해서, 그리고 공동의 정신을 소멸시키지 않도록 하기 위해서 정부는 때때로 전쟁을 통해 이 특수한 목적들을 바로 그 핵심으로 몰아넣어야 한다"라고 한다(Hegel, *Phenomenology*, 474쪽 : 앞의 책, 276쪽 재인용).

5) 한편 墨子는 '非攻'을 주장하여 타국에 대한 정벌을 반대하면서도 한편으로 반침략의 목적에 도달하기 위해서는 '무력'에 대한 방비가 필요하다고 생각했다. 즉 침략적인 전쟁을 소멸시키기 위해서는 오직 더욱 완강한 저항에 의해서만 가능하다는 것이다. 이와 같이 묵자가 내세운 '非攻'이란 하나의 주의, 즉 사람을 위하여 지킬 뿐이지 사람을 위하여 공격하지 않는 데에 그 목적이 있었다고 할 수 있다.

무고한 사람들을 죽이는 결과를 초래할 뿐이기 때문에 사람을 죽이면서까지 타국을 정복하여 천하를 얻으려고 하는 일체의 행위는 금지되어야 한다는 것이다.6) 즉 그가 "하나의 의롭지 않은 것을 행하고 한 사람의 죄 없는 사람을 죽여서 천하를 얻는다고 하더라도 그것을 하지 않는다"7)라고 강조한 근거도 여기에 있다. 이 때문에 그는 전쟁에서 '의로운 전쟁'(義戰)이 없음을 강조하고, 즉 "춘추에는 의로운 전쟁이란 기록은 없고, 다만 저것이 이것보다 났다는 기록은 있다. 정(征)이란 것은 위가 아래를 벌하는 것이니, 적국들은 서로 벌하지 못한다"8)라고 했다. 따라서 맹자의 그러한 생각은 바로 "살인을 즐기지 않는 자가 천하를 통일할 수 있다"(「梁惠王上篇」, "不嗜殺人者能一之.")에 그 근거를 두고 있다. 결국 맹자에서 '진정한 평화'란 어떠한 형태의 전쟁으로도 이룰 수 없고, 반드시 생명을 중시하고, 도덕을 존중할 때에만 그 평화가 올바르게 유지될 수 있는 것이다. 왜냐하면 "어진 자는 (천하에) 적이 없기 때문이다."9)

순자는 맹자와 마찬가지로 "한가지 의롭지 않은 것을 행하고 한 사람의 죄 없는 자를 죽이고는 천하를 얻는다고 하더라도 어진 자는 하지 않는다"10)라는 기본 입장에서, 죄 없는 사람을 죽이는 전쟁의 행위를 반대했다. 그래서 그는 '타국을 겸병하는 방법'으로 세 가지('덕으로 겸병하는 방법', '무력으로 겸병하는 방법', '부(富)로 겸병하

---

6) 같은 책, 「離婁上篇」, "爭地以戰 殺人盈野 爭城以戰 殺人盈城 此所謂 率土地而食人肉 罪不容於死."

7) 『孟子』, 「公孫丑上篇」, "(伯夷,伊尹,孔子)行一不義,殺一不辜而得天下, 皆不爲也."

8) 같은 책, 「盡心上篇」, "孟子曰,『春秋』,無義戰,彼善於此則有之矣.征者上 伐下也,敵國不相征也 …… 仁人無敵於天下,以至仁,伐至不仁,而何其 血之流杵也."

9) 「梁惠王上篇」, "仁者無敵."

10) 『荀子』, 「王霸篇」, "行一不義,殺一無罪而得天下,仁者不爲也."

는 방법'11))를 제시하면서, '타국에 대한 겸병'은 반드시 '덕'에 근거해서 진행되어야 한다고 강조했다.

임무군은 순경자와 함께 조나라의 효성왕 앞에서 군사와 전략에 대한 논의를 하였다. 왕이 물었다. "전략의 요점은 무엇인가?" 임무군이 대답했다. "위로는 천시(天時), 즉 시기를 맞추어야 하고, 아래로는 땅의 이로움(地利)을 얻어야 하며, 적의 동정을 살펴서 그 움직임을 보고 움직이되, 기선을 잡아야 하는 것이 병사를 이용하는 요점입니다." 순경자는 말했다. "그렇지 않습니다. 내가 들은 바로는 옛날 성인의 전쟁하는 법은 먼저 백성의 마음을 통일하는 데 있었습니다. 활이 고르지 못하면 예(羿)와 같은 명수도 과녁을 맞힐 수 없으며, 여섯 필의 말도 다리가 고르지 못하면 조보(造父) 같은 명기수도 멀리 갈 수 없으니, 백성이 따르지 않으면 탕 임금과 무 임금 같은 성인도 이길 수는 없을 것입니다. 그러므로 백성이 잘 따르게 하는 것이 용병을 잘하는 것입니다. 용병의 요점은 백성을 잘 따르게 하는 것뿐입니다."12)

여기서 보듯이 그에게서 '전쟁'이란 단순히 타국을 점령·정복하는 것이 아니라 '백성의 마음을 통일하는 것이고', 또한 "병사를 이용하는 것"(用兵)이란 백성들이 잘 따르도록 하는 데에 그 목적이 있고, 또한 타국을 겸병한 다음에 반드시 그 나라를 견고하게 안정시키는 데에 그 목적이 있었다.13)

---

11) 같은 책, 「議兵篇」, "凡兼人者有三術,有以德兼人者,有以力兼人者,有以富兼人者."

12) 같은 책, 「議兵篇」, "臨武君與孫卿子議兵於趙孝成王前.王曰,請問兵要.臨武君對曰,上得天時,下得地利,觀敵之變動,後之發,先之至,此用兵之要術也.孫卿子曰,不然.臣所聞古之道,凡用兵攻戰之本在乎壹民.弓矢不調,則羿不能以中微,六馬不和,則造父不能以致遠,士民不親附,則湯武不能以必勝也.苦善附民者,是乃善用兵者也.故兵要在乎善附民而已."

13) 같은 책, 「議兵篇」, 兼幷易能也,唯堅凝之難焉.(王先謙, 『荀子集解』,

순자가 비록 '덕에 의한 겸병'을 주장했다고 하더라도 평화의 유지를 위한 목적에서 '병사를 이용하는 것'(用兵)의 필요성을 강조한 점으로 볼 때, 『대학』의 '평천하'는 순자적 전통보다도 맹자적 전통에 그 근거를 두고 있는 것으로 보인다. 왜냐하면 '평'자는 '정벌'이 아닌 '평화' 그 자체만을 의미하기 때문이다. 따라서 '평천하'의 실현을 위해서는 어느 상황·어느 경우에서든지 간에 전쟁이 수행되어서는 안 되고, 반드시 '도덕'에 근거하여 그 질서 체제가 유지되어야 할 것이다.

　　만약 세계 평화를 유지하기 목적에서, 처음부터 '도덕'에 앞서 '전쟁'을 먼저 전제한다면 이 세계는 더 많은 전쟁으로 인해 더 이상의 진정한 세계 평화를 모색해 나갈 수 없을 것이다. 그래서 '도덕'은 항상 인류의 실제 생활과 밀접한 관계를 가지는 정치와 떨어져서 그 자체로 독립되어서는 안 된다. 즉 '도덕'이 실제 생활과 떨어져 있다면 그 효과는 장차 상실되고 말 것이기 때문에 '도덕'은 항상 '정치'와 서로 유기적 관계를 가져야 하는 동시에 반드시 '도덕'은 '정치'의 위에 있어야 한다. 다시 말해 세계 평화를 달성하고자 한다면 반드시 '도덕'을 중시해야 하고, 또한 장차 '도덕'을 힘의 위에 두고자 한다면 '도덕'을 정치의 근본으로 삼아야 한다. 이렇듯이 정치가 '도덕'에 근거된 뒤에야만 '도덕'의 효과는 발휘될 수 있는데, 즉 정치의 행위는 곧 선해질 수 있고, 인류의 모든 원망은 곧 제거될 수 있으며, 세계의 평화는 곧 바라볼 수 있다는 것이다. 이와 같이 국가 사이의 대립이나 모순과 충돌은 '도덕'을 통하여 조화·통일될 수 있고, 더 나아가 그것으로 진정한 세계 질서와 세계 평화가 유지될 수 있다. 따라서 '도덕'과 '정치'를 합하여 하나로 하는 것은 바로 '세계 정치의 전제'이고, 또한 천하 일가(天下一家)·세계 평화에 도달하는 데에 필요한 단계이라고 할 수 있다.

"凝,定也.")

이상으로 본다면, '평천하'의 세계란 '도덕'과 '정치'를 합하여 하나가 된 것으로, 즉 '어떤 지역, 어떤 일부의 사람의 이익에 전일하는 것이 아니라 국가를 뛰어넘어서 모든 사람들이 공유하고, 함께 평화롭고 안락한 생활을 영위해 나가는' 천하국(天下國)인 것이다.

부 록

# 주희와 왕수인의 '삼강령'과 '팔조목' 주장에 대한
# 비판적 검토

## 1. 삼강령설(三綱領說)의 비판적 검토

### 1) 명명덕(明明德)

#### (1) 주 희

주희에 근거하면 하늘의 위치에서 볼 때는 명명(明命)이고, 인간이 부여받고 난 뒤에는 명덕(明德)[1]이다. "하늘의 명명은 바로 하늘이 나에게 부여해 준 것으로, 나는 이를 받아서 덕을 삼은 것이다"[2]

---

1) 『朱子語類(2)』(黎靖德 編, 北京: 中華書局, 1994 3刷本), 16권, 「大學3」, 「傳一章釋明明德」, 315쪽, "自人受之,喚做明德,自天言之,喚做明命." 
   같은 책, 같은 곳, 「傳二章釋親民」, 318쪽, "蓋天之所以與我,便是明命, 我之所得以爲性者,便是明德.命與德皆以明言." 
   黎立武, 『大學本旨』, 83쪽, "明德者何,在天曰命,在人曰性." 
2) 朱熹, 『大學章句』(『四書章句集注』, 新編諸子集成本: 第一輯, 北京: 中

와 "'이 하늘의 명명을 돌아본다'란 무엇인가? 말하기를, 사람은 천지의 중(中)을 받아 태어남으로 사람이 받아 온 명덕이란 다름이 아니라 바로 하늘이 나에게 명령하여 준 지극한 선이 보존되어 있는 것이다"[3]가 그것이다. 따라서 그에게서 '명덕'은 우리 인간들이 태어나면서 가지고 있는 것으로, 즉 우리가 금수와 구별되고, 또한 요 임금과 순 임금이 될 수 있으며, 더 나아가 천지의 화육을 도울 수 있는 근거가 된다.[4]

그럼 주희에서 '명덕'은 그 내면에 어떠한 의미를 담고 있기에 천지의 화육을 도울 수 있는 근거로 그 의의를 가지는가? 그것은 바로 '명덕'을 주관적 측면에서 '마음'을 의미하는 허령불매(虛靈不昧)와 객관적 측면에서 본성(性)을 의미하는 광명정대(光明正大)이다.

### 허령불매한 마음
명덕은 사람이 하늘에서 얻은 바로서 텅 비어 있고 (마음이) 신령하여 어둡지 아니하여(虛靈不昧), 이로써 여러 이치를 갖추고서 만사에 응할 수 있는 것이다.[5]

### 광명 정대한 본성
하늘이 사람과 만물에게 부여한 것으로 말하면 명(命)이라고 하고, 사람과 만물이 이를 받은 것으로 말하면 성(性)이라고 하고, 한 몸을

---

華書局, 1995 4刷本), 4쪽, "天之明命,卽天之所以與我,而我之所以爲德者也."

3) 朱熹, 『大學或問』(近世漢籍叢刊, 中文出版社, 1979), 21쪽, "曰,顧諟天之明命,何也.曰,人受天地之中以生,故人之明德,非他也.卽天之所以命我,而至善之所存也."

4) 같은 책, 5~6쪽, "唯人之生,乃得其氣之正且通者,而其性爲最貴,故其方寸之間,虛靈洞徹,萬理咸備.蓋其所以異於禽獸者,正在於此,而其所以可爲堯舜,而能參天地以贊化育者,亦不外焉.是則所謂明德者也."

5) 朱熹, 『大學章句』, 3쪽, "明德者,人之所得乎天,而虛靈不昧,以具衆理而應萬事者也."

주재하는 것으로 말하면 마음이라고 하며, 하늘에서 얻어 온 바로써 광명정대한 것을 말하면 명덕이라고 한다.[6]

여기서 주희의 '허령불매한 마음'과 '광명정대한 본성'에서는 약간의 차이가 있지만[7] 그의 '명덕'에 대한 기본 관점은 궁극적으로 "천

<hr/>

6) 『朱子語類(1)』, 14권, 「大學1」, 「經上」, 260쪽, "天之賦於人物者謂之命, 人與物受之者謂之性, 主於一身者謂之心, 有得於天, 而光明正大者, 謂之 明德."

7) 이것에 근거하면 "具衆理"는 '마음'이 갖추어진 것으로, 즉 '仁義禮智'의 범주로 통괄되는 인간 행위의 일체의 이치(理)가 '虛靈不昧한 마음'에 이미 내재되어 있음을 의미하고, 또한 "應萬事"는 '마음'이 응하는 것으로, 즉 외부의 사물을 접할 때에 내부의 이치(理)가 실현되어 감을 의미한다. 이와 같이 "具衆理"를 '명덕의 본체'로, "應萬事"를 '명적의 작용'으로 본다면 '명덕'은 단순한 현상계의 사실이 아니라 본체론의 근거를 가진 것으로 윤리 도덕의 법칙 등을 날 때부터 갖추고 있는 그 '본연(本然)'의 상태'라고 할 수 있다. 하지만 문제는 '명덕'을 오직 '虛靈不昧한 마음'으로만 해석한다면 이 때의 '마음'은 육구연(陸九淵)과 왕수인(王守仁)의 '心卽理'의 실체성의 '마음'에서 크게 벗어날 수 없다는 것이다. 바로 주희가 '光明正大'로 '明'을 풀이한 근거가 여기에 있다. [모종삼에 의하면 "주자가 생각하였던 '마음'은 단지 마음이 그것을 알고 그것을 밝히는 인식 작용일 뿐이지, 그 자체는 결코 心卽理의 實體적인 마음이 아니다. 그것이 비록 항상 '心具萬理'를 말한다고 하더라도 그 의미하는 바의 '具'는 認知的·管攝的·關聯的인 '具'이지, 결코 '心卽理'의 實體적인 心의 自發·自律的인 '具'가 아니다."(牟宗三, 『心體與性體(3)』(臺北: 正中書局, 民國70 5판), 374쪽) 한편 鄭曼青은 주희를 비판하면서, "명덕은 오륜의 仁敬孝慈信이고, 明明德은 그 오륜의 명덕을 천하 백성에 밝히는 것이며 …… 주희의 虛靈不昧로 명덕을 삼는 것은 착오이다. 이와 같이 해석하면 모두 마음에 나아가 아직 어떠한 것도 실시할 수 없으니, 무엇으로 명덕을 천하에 밝힐 수 있겠는가?"(鄭曼青, 『大學新解』(臺北: 臺灣商務印書館, 民國76 2판), 2쪽.)라고 한다.] 그런데 이러한 주희의 '光明正大'란 말에 대한 비판도 있지만(趙澤厚, 『大學研究』(臺北: 臺灣中華書局, 1992), 126쪽을 참조 바람) 분명히 그것은 바로 객관적 측면에서 말하는 것으로, 즉 '性'을 가리킨다. 왜냐하면 그는 '仁義禮智의 마음'을 말하지 않고 '仁義禮智의 본성(性)'(『朱子語類』, 14卷, 「大學1」, 經上, 260쪽. "或問, 明德便是仁義禮智之性否. 曰, 便是.", 高拱,

리를 보존하고 인욕을 제거한다"(存天理,去人欲)는 '덕성'의 확충 방면을 벗어나지 않는다. 따라서 주희는 우리가 '기질'에 구속되어 본성을 아주 잃어버리는 경향에서 벗어나 반드시 그것을 온전하게 지켜 나가기 위한 '덕성'의 실천 공부를 단행함으로써, 천명(天命)의 본원이자 '하늘의 도리'(天道)인 '명덕'을 항상 보존해 나가야 함을 강조했다. 즉 "다만 기품(氣稟)에 구애된 바와 인욕에 가리운 바가 되면 때로 어두울 적이 있으나, 그 본체의 밝음은 일찍이 쉬지 않는다. 그러므로 배우는 자가 마땅히 그 발하는 바에 기인하여 마침내 밝혀서 그 처음(明德)을 회복해야 한다"[8]가 그것이다.

## (2) 왕수인

왕수인[9]에서 '명덕'은 '하늘의 이치'(天理)이고, '명명덕'은 '이치를

---

『大學直講』(『高拱論著四種』, 北京: 中華書局, 1993), 226쪽, "明德是天所與我的仁義禮智之性.")을 말하고 있기 때문이다. 따라서 '명덕의 본의가 결코 주관적인 虛靈不昧한 心知의 明에 있지 않는다는 점에서, 그것은 사람이 하늘에서 받은 바로써 虛靈不昧한 心知의 明으로 인하여 인식적 그것을 통섭한 光明正大한 性理를 말한다고 할 수 있다.'(牟宗三,『心體與性體(3)』, 371~374쪽 참조) 이상으로 우리는 주희의 그러한 '하늘을 이치(理)의 근원으로서 본체론의 의미를 가진 形而上의 하늘로 규정하고, 그러한 하늘에 근거하여 사람의 본성을 우주 본체로써 근거 짓고 있는 태도'를 통하여, '명덕'의 논의가 철저하게 개인의 도덕 수양의 함양에 두고서 진행되었음을 충분히 알 수 있다.

8) 朱熹,『大學章句』, 3쪽, "但爲氣稟所拘,人欲所蔽,則有時而昏,然其本體之明,則有未嘗息者.故學者,當因其所發而遂明之,以復其初也."

9) 모종삼은 주희와 왕수인의 사상적 차이에 근거하여 "주희가『대학』을 표준으로 삼아『논어』,『맹자』,『중용』,『역전』을 결정한 것은 결과적으로 잘못된 것이고, 왕수인의 주장은 아무런 근거가 없지만 그의 논법은 유가의 의미에 들어맞는다고 하고"(牟宗三 著, 정인재 역,『中國哲學特講』, 95~96쪽), 또한 서복관은 "왕수인의 학설상에서 최대의 공적은 바로 직접 공자와 맹자의 학문을 계승하여 장차 도덕 주체를 특별히 철저하게 밝힌 것이다"(徐復觀,『中國人性論史』, 303쪽)라고 한다. 따라서 왕수인의『대학』에

궁구히 하는 것'(窮理)을 의미한다.[10] 그래서 그는 그러한 '명덕'을
인간에게 본래 있는 '어진 마음'(仁心), 또는 '공정한 마음'으로 누구
에게나 있는 것으로 보고, 영소불매(靈昭不昧)한 '일체의 인'(仁), 또
는 '마음의 본체'이자 영소명각(靈昭明覺)한 양지(良知)로 규정했다.

### 영소불매한 인(仁)

대인이 천지 만물로써 일체를 삼는 것은 그것을 뜻했기 때문이 아니
라 그 마음의 어짊이 본래 이와 같았기 때문이다. …… 이러한 일체
의 인(仁)은 비록 소인의 마음일지라도 반드시 있으니, 이것은 실로
천명지성(天命之性)에 근본하여 자연히 영소불매(靈昭不昧)한 것이
다. 그러므로 이것을 일러 명덕이라고 한다.[11]

명덕이란 마음의 덕이고, 바로 인(仁)이다. 인(仁)은 천지와 만물로써
일체를 삼는다. 만일 하나의 사물이라도 제자리를 잃으면 그것은 곧
나의 인(仁)이 지극하지 못한 것이다."[12]

### 영소명각한 양지

양지는 …… 이것은 곧 하늘의 명의 본성이고, 나의 마음의 본체이

---

대한 주장이 주희에 비해서 얼마만큼의 설득력을 가지느냐는 논외로 하더라
도 주희에 대한 비판을 전개하면서 그 자신의 독창적인 사상 근거를 마련한
점은 시사해 주는 바가 아주 크다고 할 수 있다. 특히 왕수인이 주희의『대
학장구』(大學章句)에 의해 그 빛이 가려졌던『고본대학』(古本大學)을 새
롭게 주창하여, 그것으로 자신의 이론적 토대를 마련하는 속에서『대학』의
논의에 새로운 방향을 제시한 점은 그의 최대의 공헌이라고 할 수 있다.

10) 王守仁,『傳習錄』(『漢文大系(16), 臺北: 新文豊出版公司, 民國67), 上
   卷,「徐曰仁所錄」, 16쪽, "天理卽明德,窮理卽是明明德."
11) 같은 책,「附錄」,「大學問」, 4쪽, "大人之能以天地萬物爲一體也,非意之
   也.其心之仁本若是 …… 是其一體之仁也,雖小人之心亦必有之,是乃根
   於天命之性而自然,靈昭不昧者也.是故謂之明德."
12) 같은 책, 上卷,「陸原靜所錄」, 62쪽. "明德是此心之德,卽是仁.仁者以天
   地萬物爲一體,使有一物失所,便是吾仁有未盡處."

며, 자연히 영소명각(靈昭明覺)한 것이다.[13]

그러한 '명덕'에 대한 왕수인의 기본 관점은 주희와 마찬가지로 궁극적인 "천리를 보존하고 인욕을 제거한다"(存天理,去人欲)는 '덕성'의 확충 방면을 벗어나지 않는다. 따라서 그는 우리의 '명덕'이 사욕에 의해서 가려지거나 장애가 생긴다면 일체의 인(仁)을 드러낼 수 없기 때문에 '명덕'은 사욕을 제거할 때에 진정으로 드러날 수 있음을 강조했다. 즉 "그러므로 진실로 사사로운 욕심의 폐단이 없다면 비록 소인의 마음이라도 그 일체의 인(仁)은 대인과 같다. 그래서 조금도 사사로운 욕심의 폐단이 있으면 비록 대인의 마음이라도 그 분융애누(分融隘陋)는 마치 소인과 같다. 그러므로 대인의 학문을 행하는 자도 또한 오직 그 사욕의 폐단을 제거함으로써 스스로 그 명명덕을 밝히고, 그 천지 만물의 일체의 본연을 회복할 뿐이지 본체의 바깥에서 그것을 증익하는 바가 있지 않다"[14]가 그것이다.

### (3) 비판적 검토

그럼 주희와 왕수인의 주장은 진정으로 『대학』의 본의에 합당하다고 볼 수 있는가? 앞서 보았듯이 그들의 연구가 그들의 사상적 토대 하에서 이루어졌다는 점에서, 그것은 바로 '명덕'에 대한 창의적 해석으로 충분한 의의를 가진다. 그래서 웅십력은 주희가 '명덕'을 '허령불매(虛靈不昧)한 마음'으로 해석한 것에 대해, 그것은 "성인의 학문이 끊어졌다가 다시 이어진 것이다. 그러나 이정(二程)과 주희에

---

13) 같은 책, 같은 곳, 10~11쪽, "良知者 …… 是乃天命之性,,吾心之本體, 自然靈昭明覺者也."

14) 같은 책, 「附錄」, 「大學問」, 4쪽, "是故苟無私欲之蔽,則雖小人之心,而其一體之仁猶大人也.一有私欲之蔽,則雖大人之心,而其分隔隘陋猶小人矣.故夫爲大人之學者,亦惟去其私欲之蔽以自明其明德,復其天地萬物一體之本然而已耳,非能於本體之外而有所增益之也."

는 오히려 철저하지 않은 곳이 있는 것 같다. 왕수인에 이른 이후에 야 의(義 : 義謂所解)와 해(解 : 解謂能解) 두 가지에 막힘이 없었 다"15)라고 하여, 그들의 학문적 성과가 철학사에서 아주 중요한 위 치를 차지하고 있음을 강조했다. 하지만 그렇다고 하더라도, 우리는 그들의 주장을 모두 전적으로 받아들일 수 없을 것이다. 왜냐하면 주희의 '허령불매한 명덕'이나 왕수인의 '영소불매한 인'(仁)은 '정신 범주'로써, 개인의 내심 수양에 그 의의를 두고 있기 때문에 그것만 으로는 『대학』 당시의 현실적 상황을 제대로 설명해 낼 수 없다는 것이다. 즉 우리가 '명덕을 우리의 덕성의 함양에 그 초점을 맞춘다 면 명덕을 천하에 밝힐 방도가 없을 것이고, 또한 사람들이 모두 그 명덕을 밝힐 수 있다면 "명명덕어천하"(明明德於天下)가 달성되기 때문에 『대학』에서 강조한 "그 나라를 먼저 다스릴"(先治其國) 필요 가 없다는 것이다.'16) 따라서 『대학』의 '명덕'에 '덕성'의 의미가 함 축되어 있음을 부정할 수 없다고 하더라도, 먼저 우리는 『대학』에서 인용된 『서경』(書經)의 '명덕'이 올바른 정치를 펼친 천자에 대한 칭 송, 즉 천자 자신의 명덕을 밝혀서 올바른 정치를 펴나간 것에 대한 칭송임을 간과해서는 안 될 것이다.17) 결국 『대학』의 '명덕'의 논의

---

15) 熊十力, 『讀經示要』, 71쪽.

16) 趙澤厚, 『大學研究』, 133~134쪽 참조.

17) 주나라(周)는 상나라(商) 말기에 있었던 崇神觀의 모순을 제거하기 위하여 '明德'과 '保民'이라는 사상을 보완하여 주나라 부족뿐만 아니라 다른 부족 까지를 포함한 백성을 보호하는 듯한 이념을 표방하였다. 이것이 바로 '덕을 잃으면 하늘이 그 덕을 빼앗아 간다'는 민심에 바탕을 둔 천명관(天命觀)이 었다. 그런데 비록 이것이 그들의 정치적 목적에서 나온 것이지만 결국 "하늘은 편애하지 않고 오직 덕이 있는 사람을 돕는다"(『尙書』, 「蔡仲之命 篇」, "皇天無親, 有德是輔.")는, 즉 '하늘은 덕을 가진 사람의 편이기 때문 에 덕을 중시해야 한다'는 '敬德思想'(즉 '德의 내용은 敬天保民, 민중을 보호함, 농사의 어려움을 아는 것, 민중의 아픔을 아는 것과 같은 것으로 백 성들의 아픔을 알고 은혜를 베풀어야 하는 것이다)으로 발전했다(尹乃鉉, 「

는 단순히 개인의 '덕성'의 함양만이 아니라 현실 정치의 모순을 타결하여 정치 이상의 실현이라는 실천적 측면과 함께 그 초점이 맞추어져야 할 것이다.[18]

## 2) 친민(親民)

친민(親民)과 신민(新民)의 논의는 송대 이후 사상사에서 격물치지(格物致知)의 논의와 더불어 아주 중요한 논의였다. 즉 그것은 '친민'을 『개정대학』(改定大學)에 근거하여 '신민'으로 바꾸어야 하는가, 아니면 『고본대학』(古本大學)에 근거하여 그대로 '친민'으로 두어야 하는가 하는 것이다.

### (1) 주 희

주희는 '신민'의 근거를 『대학』의 "작신민"(作新民)에 근거하여, '친'(親) 자를 '신'(新) 자로 바꾼 것에 대해 자신의 견해를 다음과 같이 피력한다.

만일 살펴본 바가 없이 곧장 그것을 고쳤다면 참으로 그대가 비난한

---

天下思想의 始原」, 32쪽 참조).

18) 『대학』은 단순히 '명덕'이란 용어만을 빌려다 썼을 뿐이기 때문에 그것은 『서경』의 '명덕'과 다른 의미로 사용되었다고 할 수 있다. 하지만 문제는 우리가 자신의 글의 근거로 삼기 위해 어떠한 용어를 인용했다면 그때에는 단순히 그 용어의 사전적 의미에 한정하는 것이 아니라 그 글에 담겨 있는 내용과 관련지어 인용한다는 것이다. 만약 그 용어만을 갖다 쓴 것이라고 한다면 『대학』의 '명덕'은 그 근거를 상실할 뿐만 아니라 더 나아가 『대학』은 '선진 유가의 종합서'로서도 그 의의를 가질 수 없다. 왜냐하면 '앞 시대의 사상'은 항상 '뒤 시대의 사상'과의 역동적 관계에서 그 생명의 꽃을 더욱 피워 나갈 수 있고, 뒤 시대의 '사상'은 항상 앞 시대의 '사상'과 유기적 관계에서 새로운 생명의 꽃을 피워 나갈 수 있기 때문이다.

것과 같다. 지금 친민(親民)이라 말한 것은 (전체) 문장의 뜻으로 유
추해 보아도 그러한 이치가 없다. (하지만) 신민(新民)이라 말한 것은
전문(傳門)을 살펴보면 그 근거가 있다. …… 만일 반드시 고치지
않은 것을 옳다고 한다면 사람들은 대개 오류를 계승하고 거짓을 답
습함이 있어, 마음속으로는 이것의 잘못을 알면서도 고의적으로 (또
다른 뜻을 찾아서) 천착과 부회(附會)하여, 반드시 자기의 의견이 통
용되기를 구하게 된다. (그렇게 되면) 성인의 말씀을 경멸하고 후학을
거짓되게 하는 것이 더욱 클 것이다. 어찌 (그러한 폐단을) 취하여 본
받을 수 있겠는가?[19]

그래서 주희는 신(新)을 '옛것을 고치는 것'[20]으로 보고, 즉 하늘
로부터 타고난 '허령불매'한 자신의 '본성'을 밝히고 난 다음 품부된
기질과 인욕에 가려진 백성들의 옛날에 물든 더러움을 제거해 나가
는 것으로 신민(新民)을 주장했다. 즉 그는 자기를 닦은(修己) 것을
통하여 스스로 그 덕을 밝히고, 또한 타인으로 하여금 갈고 닦게 하
여 그 옛날의 물든 더러움을 제거하게 하고 순수한 마음의 본체의
경계(明德)에 함께 나아가게끔 하는데 그 목표를 두었다. 그리하여
그는 다음과 같이 말했다

그러나 명덕이란 또 사람마다 다 함께 얻은 것이고, 내가 사사로이
얻은 것이 아니다. 지난날 모두 물욕에 가려져 있을 때는 현명한 자
와 어리석은 자의 구별이 별로 크지 않았다. (하지만) 오늘날 나는 이
미 다행스럽게 스스로 밝힐 수 있었다. 즉 저 뭇 사람들이 다 함께

---

19) 朱熹, 『大學或問』, 10쪽, "若無所考而輒改之,則誠若吾子之譏矣.今親民
云者,以文義推之,則無理.新民云者,以傳文考之,則有據. …… 若必以不
改爲是,則世蓋有承誤踵訛,心知非是,而故爲穿鑿附會,以求其說之必通
者矣.其侮聖言而誤後學也,益甚,亦何足取以爲法邪."

20) 朱熹, 『大學章句』, 「注」, "新字革其舊之謂也,言旣自明其明德,又當推
以及人,使之亦有以去其舊染之汚也."

이것을 얻고서도 스스로 밝히지 못하여, 바야흐로 또한 혼미한 데에 있으면서도 마음을 달게 여기고, 낮고 더럽고 구차스럽고 비천한 가운데에 빠져 있으면서도 스스로 알지 못함을 보니, 어찌 그들을 가엾게 여겨 구제하고자 하는 생각이 없을 수 있겠는가? 그러므로 내가 스스로 밝힌 바를 미루어 그들에게 반드시 미치어 가되, 시작은 '제가'로부터 중간에는 '치국'을, 그리고 마지막엔 '평천하'에까지 이르러, 자신의 명덕을 가지고서도 스스로 밝히지 못하는 많은 사람들도 또한 모두 그 스스로 (明德을) 밝혀서, 옛날에 물든 더러움을 제거해 주는 것, 이것이 바로 신민(新民)이다. 그러나 이 또한 그들에게 (나의 것을) 준다거나 더해 주는 것은 아니다.[21]

이러한 주희의 주장은 『대학』의 정치적 측면보다도 개인의 본성을 어떻게 올바르게 유지해 나갈 수 있느냐 하는 교육적 측면에 그 중점을 두고 있다. 즉 '교육'이란 사람으로 하여금 자기의 경험을 반성하여 과거의 잘못을 깨닫고 앞으로의 바른 길을 찾도록 하는 것이니, 그것은 처음부터 인습·구습을 타파하고 새로운 길을 개척하는 것을 의미하며, 잃어버린 자아의 진리를 되찾는 것을 의미한다. 이것은 바로 "작신민"(作新民)이다. 이와 같이 유가의 이상적 목표가 '교육'을 통해서 모든 사람들의 잃어버린 덕성을 회복하는 측면에 있다고 한다면 『대학』의 친민(親民)은 신민(新民)으로 보아도 문제될 것이 없다고 할 수 있다.

---

21) 朱熹, 『大學或問』, 7～8쪽, "然其所謂明德者, 又人人之所同得, 而非有我之得私也. 向也, 俱爲物欲之所蔽, 則其賢愚之分, 固無以大相遠者. 今吾旣幸有以自明矣. 則視彼衆人之同得乎此, 而不能自明者, 方且甘心迷惑沒溺於卑汚苟賤之中, 而不自知也, 豈不爲之惻然而思有以救之哉. 故必推吾之所自明者以及之, 始於齊家, 中於治國, 而終及於平天下, 使彼有是明德而不能自明者, 亦皆有以自明而去其舊染之汚焉, 是則所謂新民者, 而亦非有所畀付增益之也."

(2) 왕수인

왕수인에서 '친민'이란 '명덕'의 일로써, "명덕을 천하에 밝히는
것"을 벗어나지 않는다.[22] 그래서 그는 "명명덕을 말하고 친민을 말
하지 않으면 이는 노자나 석가와 같다"[23]라는 기본 입장에서, '친민'
의 논의를 전개한다. 그런데 그의 '친민'의 주장은 주희의 '신민'에
대한 전면적인 비판에서 시작된다. 즉 그는 "작신민"(作新民)의 신
(新)과 "재친민"(在新民)의 신(新)이 다름을 강조했고, '친민'을 맹자
의 "친친인민"(親親仁民)과 같다고 주장했다.

　　"작신민"(作新民)의 신(新)은 "자신지민"(自新之民)으로, "재신민"
　　(在新民)의 신(新)과 다른데, 어찌 (주희의 주장이) 근거로 충분하겠
　　는가? 작(作)자는 도리어 친(親)자와 상대하지만 친(親)자의 뜻이 아
　　니다. 치국·평천하 장에서는 모두 신(新)자에 대하여 발명함이 없다.
　　…… 친민(親民)이란 마치 맹자의 "친친인민"(親親仁民)을 말하는
　　것 같다. 백성을 친애한다는 것은 곧 그들을 사랑하는 것(仁)이다.[24]

그래서 왕수인은, 대인의 학문은 나의 마음의 본체인 인(仁)으로
써 천하를 마치 한 가족으로 보고 중국(中國)을 한 인(仁)으로 보는
것인 까닭에[25] 그 본체의 인(仁)을 밝혀서 스스로 친친(親親)·인민

---

22) 王守仁, 『傳習錄』, 上卷, 62쪽, "雖親民,亦明德事也." 같은 책, 附錄,
　　『大學問』, 5쪽, "親民,乃所以明其明德也." 같은 책, 上卷, 62쪽, "親民,
　　便是明明德於天下."

23) 같은 책, 같은 곳, 62쪽, "只說明明德而不說親民,便似老佛."

24) 같은 책, 같은 곳, 「徐曰仁所錄」, 3~4쪽, "作新民之新,是自新之民,與在
　　親民之新不同,此豈足爲據.作字却却與親字相對,然非親字義,下面治國
　　平天下處,皆於新字無發明. …… 親民猶孟子親親仁民之謂,親之卽仁之
　　也."

25) 같은 책, 부록, 「大學問」, 3~5쪽, "大人者,以天地萬物爲一體者也.其視
　　天下猶一家.中國猶一人焉."

(仁民)・애물(愛物)할 수 있음을 강조했다.

> 명덕을 밝힌다는 것은 천지만물이 일체라는 그 본체를 수립하는 일이
> 다. 친민이란 천지만물이 일체라는 작용을 널리 행하는 일이다. 그러
> 므로 명덕을 밝히는 일은 반드시 친민하는 데 있으며, 또 친민은 그
> 명덕을 밝히기 위한 이유이다. 그러므로 나의 아버지를 친히 하여 남
> 의 아버지에 미치고, 천하 사람들의 아버지에 미친 이후에 나의 인
> (仁)은 실로 나의 아버지, 남의 아버지, 천하 사람들의 어버지와 함께
> 일체가 된다. 실로 그와 함께 일체가 된 이후에 효의 명덕이 비로소
> 밝혀진다. 나의 형을 친히 하여 남의 형에 미치고 천하 사람들의 형
> 에 미친 이후에 나의 인(仁)은 실로 나의 형과 남의 형, 그리고 천하
> 사람들의 형과 함께 일체가 된다. 실로 그와 함께 일체가 된 이후에
> 아우의 명덕이 비로소 밝혀진다. 군신・부부・붕우에서 산천・귀
> 신・조수・초목에 이르기까지도 친히 하여 나의 일체의 인(仁)을 널
> 리 행하여야 한다. 그 후에 나의 명덕이 비로소 밝혀지지 않음이 없
> 으며, 참으로 천지 만물과 일체가 될 수 있다. 이것을 "명명덕어천
> 하"(明明德於天下)라고 하고, 이것을 가제(家齊)・국치(國治)・천
> 하평(天下平)이라고 하고, 이것을 진성(盡性)이라고 한다.26)

이러한 왕수인의 주장에서 '나의 본심의 덕성을 밝히는 것'은 이미
자기를 닦는 공을 다한 것이지만 일은 오히려 일어나지 않았기 때문
에 반드시 '자기를 미루어 남에게 미치게 하여'(推己及人) 타인으로

---

26) 같은 책, 附錄, 『大學問』, 5쪽, 明明德者,立其天地萬物一體之體也.親民
者,達其天地萬物一體之用也.故明明德必在於親民,而親民乃所以明其
明德也.是故親吾之父,以及人之父,以及天下人之父,以後吾之仁,實與吾
之父,人之父,與天下人之父,而爲一體矣.實與之爲一體,而後孝之明德始
明矣.親吾之兄,以及人之兄,以及天下人之兄,而後吾之仁,實與吾之兄,人
之兄,與天下人之兄,而爲一體矣.實與之爲一體,而後弟之明德始明矣.君
臣也,夫婦也,朋友也,以至於山川鬼神鳥獸草木也,莫不實有以親之,以達
吾一體之仁,然後吾之明德始無不明,而眞能以天地萬物爲一體矣.夫是
之謂明明德於天下,是之謂家齊國治而天下平,是之謂盡性.

하여금, 또한 그 인성(人性)의 본체를 함께 밝힘으로써 '사람들을 편안하게 한 이후에 '명덕'의 공이 비로소 전부 완성되는 것이다. 따라서 위정자는 친민・애민(愛民)을 실천하여 정치를 혁신하고, 군자는 도를 행하고 가르침을 시행하고 '덕'으로 사람들을 교화하여, 모두 인덕(仁德)의 대동(大同)으로써 그 실천의 귀축을 삼아야 한다는 것이다. 이 상태가 바로 "천지만물이 일체라는 작용을 널리 행하는 일"인 것이다.

### (3) 비판적 검토

일반적으로 '신민'과 '친민'을 이해하는 관건은 "명명덕어천하"(明明德於天下)를 어떻게 해석하느냐에 달려 있다고 할 수 있다. 즉 교육을 통하여 천하에 백성들의 '명덕'을 밝힐 수 있는 토대를 세우느냐, 아니면 백성들에 대한 경제・정치적 측면에 강조점을 두어서 천하에 그들 자신의 도덕 의지를 밝힐 수 있는 근거를 마련하느냐에 있다. 다시 말해 백성들의 '명덕'을 목적으로 삼느냐, 아니면 임금 자신의 '명덕'을 목적으로 삼느냐에 있다는 것이다. 이렇게 본다면 '신민'이나 '친민'은 전혀 다른 성격을 가진 것이 아니라 기본적 출발점에서 그 방향이 달라진 것에 불과하다고 할 수 있다. 이런 점에서 주희의 주장도 타당한 근거를 가진다고 볼 수 있다. 하지만 왕수인은 주희처럼 '신민' 하나만을 말하면 그것에는 편벽됨이 있기 때문에 그렇게 해석할 수 없음을 강조한다. 그래서 그는 '친민'은 "백성을 편안하게 한다"(安百姓)로 해석하고, 그것은 '교육'과 '양육'의 의미를 함께 가지고 있다고 주장한다.

> …… 또한 공자의 "자기를 닦음으로써 백성을 편안하게 한다"(修己以安百姓)는 말과 같다. '자기를 닦는 것'이란 명명덕이며, '백성을 편안하게 하는 것'이란 곧 '친민'이다. '친민'이라는 말에는 '교육'과

'양육'의 뜻을 겸하고 있지만, '신민'이라고만 말하면 거기에는 편벽(교육에 치우침)됨이 있음을 알 수 있다.[27]

그런데 문제는 왕수인의 '친민'의 주장이 비록 주희에 비하여 타당한 근거를 가진다고 하더라도, 한편으로 그의 '친민'에 대한 설명은 약간의 문제를 내포하고 있다는 것이다. 즉 그에게서 '친민'은 백성(民)을 친애하는 것이 아니라 앞의 '나의 아버지', '남의 아버지', '천하 사람들의 아버지를 친애하고', 또한 '나의 형과 남의 형', '천하 사람들의 형을 친애하는 것' 및 '군신'·'부부'·'붕우'·'산천'·'귀신'·'조수'·'초목'에까지 이르고 있다. 과연『대학』에서 '친민'의 민(民)은 그러한 모든 일체를 포괄하고 있는가? 여기서 민(民)이 천하 사람에까지 적용되는 것은 '평천하'의 함의상 옳다고 하더라도, 그것을 '산천'·'귀신'·'조수'·'초목'에까지 적용하는 것은『대학』의 논리 전개상 타당하지 않다고 할 수 있다. 왜냐하면『대학』의 기본 특성이 '선진 유가의 정치 철학을 종합한 작품'이라는 점을 고려한다면 그것은 분명히 민(民)을 벗어나서 설명될 수 없기 때문이다.

## 3) 지어지선(止於至善)

### (1) 주 희
주희에서 '지선'은 최고의 '선'이고 '일체 사리의 당연한 극치, 즉 일체 사물의 원리가 근거하는 최고의 준칙'을 가리킨다. 그리하여 그는 '지어지선'을 다음과 같이 해석한다.

지(止)는 반드시 이에 이르러서 옮기지 않는다는 뜻이다. 지선(至善)

---

27) 같은 책, 上卷, 「徐曰仁所錄」, 4쪽, "…… 又如孔子言修己以安百姓, 修己, 便是明明德, 安百姓, 便是親民. 說親民, 便是兼教養意. 說親民, 便覺偏了."

은 사리의 당연한 극치이다. 명명덕과 친민은 모두 지선의 위치에 머물러서 옮기지 않는다는 말이니, 대개 반드시 그 천리(天理)의 지극함을 다하여 조금도 인욕의 사사로움이 없다.[28]

즉 '지선'이 최고의 준칙이라면 그에게서 '지어지선'은 기타 강령들처럼 하나의 독립적 내용과 의미를 가진 강령이라고 할 수 있다. 하지만 위 글의 "명명덕과 친민은 모두 지선의 위치에 머물러서 옮기지 않는다"에서 보듯이, '지어지선'은 '수신' 이하의 '명명덕'과 '제가' 이상의 '친민'의 극치 이외에 어떠한 의미도 아니기 때문에 그것은 하나의 독립적 내용과 의미를 가진 '강령'이라고 볼 수 없다. 이것은 바로 그가 '지선'을 '지극히 좋다'(極好)라는 하나의 형용사로 해석하는 것에서 충분히 알 수 있다. 즉 "지선은 마치 오늘날 사람들이 말하는 '지극히 좋다'라는 말과 같다"[29]가 그것이다. 이것에 근거하면 "재지어지선"(在止於至善)은 "재지어극호"(在止於極好)와 동일한 의미라고 할 수 있다. 따라서 '지어지선'은 바로 우리가 어떠한 상황에서든지 간에 우리의 일체 행위가 모두 반드시 '선한 극단'에 도달하여 머무는 상태를 벗어나지 않는다. 그리하여 그는 '지선'을 오직 궁극적으로 하나만 있는 것이 아니라 '명덕'·'친민'·'수신'·'제가'에서 '천하 사물'에 이르기까지 모두에 있는 것으로 본다.

명덕 가운데에도 지선이 있고, 친민 중에도 모두 지선이 있으니, 모두 그 극처(極處)에 도달해야 한다. 지선은 머무는 곳에 따라 모두 있다. (따라서) 수신 가운데에도 지선이 있으니 반드시 그 진처(盡處)에 도달해야 한다. '제가' 가운데에도 또한 지선이 있으니, 그 진처(盡處)

---

28) 朱熹, 『大學章句』, "止者,必至於是而不遷之意,至善則事理當然之極也. 言明明德,親民,皆當止於至善之地而不遷,蓋必其有以盡夫天理之極,而無一毫人欲之私也."

29) 『朱子語類(1)』, 14권, 「大學1」, 經上, 267쪽, "至善猶今人言極好."

에 도달해야 한다.30)

즉 '명명덕'과 '친민', 또한 '팔조목'이 각각 그 최종 목표인 '지선'에 도달할 때만이 '지어지선'이라는 점에서, 그것은 '명명덕'과 '친민' 두 개의 '강령'을 통섭하고, 또한 '조목'들의 '총강'인 것이다. 따라서 그의 "수신 이하(격물·치지·성의·정심·수신)는 '명명덕'의 일이고, '제가' 이하(제가·치국·평천하)는 '친민'의 일이며, 물격(物格)과 지지(知止)는 머무를 바를 아는 것이다. 의성(意誠) 이하는 모두 머물 바를 얻어 나가는 순서이다"31)에 근거하면, 결국 주희가 말하는 '지선'은 의성(意誠)·심정(心正)·신수(身修)·가제(家齊)·국치(國治)·천하평(天下平)을 각각 의미한다고 할 수 있다.

## (2) 왕수인

왕수인은 다소 '객관적 사물'에 치중하여 '이치'(理)를 구하는 주희와 달리 "지선이란 마음의 본체이다"32)라고 하여, 내적인 '마음' 자체에서 그 자신의 이론 체계를 구성한다. 그래서 그는 '후인들은 지선이 나의 마음에 있음을 알지 못하고 바깥에서 그것을 구하려고 했기 때문에 결과적으로 명덕과 친민의 학문이 천하에서 크게 어지러워졌다'33)는 입장에서, '지선'에 대한 자신의 주장을 피력했다.

---

30) 같은 책, 같은 곳, 270~271쪽, 明德中也有至善,親民中也有至善,皆要到那極處.至善隨處皆有,修身中也有至善,必要到那盡處,齊家中也有至善,亦要到那盡處.

31) 朱熹,『大學章句』, "修身以上,明明德事也.齊家以下,親民之事也.物格知至,則知所止矣.意誠以下,則皆得所以止序也."

32) 王守仁,『傳習錄』, 下卷,「黃以方所錄」, 18쪽, "至善者,心之本體."

33) 같은 책, 附錄,「大學問」, 6쪽, "後之人,惟其不知至善之在吾心,而用其私智,以揣摸測度於外,以爲事事物物各有定理也,是以昧其是非之則,支離決裂,人欲肆而天理亡,明德親民之學,遂大亂於天下."

지선이란 명덕과 친민의 극칙(極則)이다. 천명지성은 순수히 지선하다. 그 (본성의) 영소불매(靈昭不昧)한 것은 지선의 발현이고, 이것이 바로 명덕의 본체이며, 곧 양지이다. 지선이 발현하면 옳은 것은 옳고 그른 것은 그르며, 가볍고 무겁고 두텁고 얇음이 움직임(감응)에 따라서 어디에도 머물지 않으며, 또한 천연(天然)한 중(中)이 있지 않음이 없다. 이것은 바로 사람과 사물이 본받는 (모든 행위의) 최고 준칙이며 그 사이에다 더하거나 덜거나 하려는 의심이 조금도 허용되지 않는다. 그 사이에서 더하거나 덜거나 하려는 의심이 조금이라도 있으면 이것은 사사로운 뜻·작은 지혜이지 지선이 아니다.34)

지어지선은 명덕과 친민에 있어 마치 규구(規矩)가 방원(方圓)에 척도가 장단(長短)에, 권형(權衡)이 경중(輕重)에 맞아 쓰이는 것과 같다. 그러므로 방원(方圓)이 규구(規矩)에 맞지 않으면 법칙이 어긋나게 되고, 장단(長短)이 척도에 맞지 않으면 그 균제가 괴리되며, 경중(輕重)이 권형(權衡)에 바르지 않으면 그 표준을 잃게 된다. 그러므로 명명덕과 친민이 지선에 머물지 않으면 그 근본을 잃게 된다. 그러므로 지선에 머물러서 친민하여 그 명덕을 밝히는 것이 대인의 학문이다.35)

여기서 왕수인의 '지선'은 "명덕과 친민의 극칙"(極則)으로써, '명덕'의 본체가 '양지'이고, '양지'가 '천명의 지선', 즉 '양지'의 발현이 '지선'이고, 치양지(致良知)가 바로 '지어지선'을 의미한다. 즉 '지선'

---

34) 같은 책, 같은 곳, 6쪽, "至善者,明德親民之極則也.天命之性,粹然至善,其靈昭不昧者,此其至善之發見,是乃明德之本體,而卽所謂良知者也.至善之發見,是而是焉,非而非焉,輕重厚薄隨應,變動不居,而亦莫不有天然之中,是乃民彝物則之極,而不容小有擬議增損於其間也.少有擬議增損於其間,則是私意小智,而非至善之矣."

35) 같은 책, 같은 곳, 7쪽, "止至善之於明德親民也.猶之規矩之於方圓也.尺度之於長短也.權衡之於輕重也,故方圓而不止於規矩,爽其則矣,長短而不止於尺度,乖其劑矣,輕重而不止於權衡,失其準矣.明明德親民而不止於至善,亡其本矣.故止於至善,以親民,而明其明德,是之謂大人之學."

이 '마음의 본체'라는 점에서, '지어지선'은 그 본연(本然)의 회복을 가리킨다는 것이다.36) 이렇게 본다면 그에게서 '지선'이 있은 이후에야 명덕과 친민은 모두 근본을 가지지만, '지선'이 없다면 명덕과 친민은 모두 그 근본을 잃어버릴 것이다. 예컨대, 이것은 마치 방원(方圓)에 규구(規矩)가 없거나 장단(長短)에 척도가 없거나 경중(輕重)에 권형(權衡)이 없다면 '방원'·'장단'·'경중'을 헤아릴 수 없는 것과 같은 이치이다. 따라서 그에게서 '지선'은 '본체의 양지'이며, '나의 마음의 천리'로써, 공정 무사하고 완전무결하기 때문에 그것은 인간과 사물에 있어서 모든 실천 행위의 최고 준칙이 되는 동시에 '명덕'과 '친민'의 궁극적 기준이 된다고 할 수 있다

### (3) 비판적 검토

앞의 주희의 극호(極好)는 대부분 '객관적 사물'에 편중되어 "즉물궁리"(卽物窮理)에, 왕수인의 극칙(極則)은 대부분 마음에서 구하는 "심즉리"(心卽理)에 그 무게 중심이 실려 있다고 할 수 있다.37) 이러한 두 사람의 '지선'에 대한 상반된 주장, 즉 주희의 "사리의 당연한 극치"와 왕수인의 "마음의 본체" 중에서 어느 것이 더 타당한 근거를 가지는가 하는 논의는 아주 중요하다. 그런데 서복관에 의하면, '지선'의 해석은 왕수인의 "마음의 본체"가 아니라 주희의 "사리의 당연한 극치"에 근거해서 해석해야 한다는 것이다. 즉 "『대학』 사상의 구조는 '마음'(心)·'의념'(意)으로 말미암아 '몸'·'가족'·'나라'·

---

36) 같은 책, 附錄, 「大學古本序」, 1쪽, "至善也者,心之本體也 …… 有以復其本體,是之謂止至善."
   같은 책, 卷上, 「陸原靜所錄」 62쪽, "至善者性也.性原無一毫之惡,故曰至善.止之,是復其本然而已."
37) 같은 책, 卷上, 「徐曰仁所錄」, 4～5쪽, "於事事物物上,求至善.欲是義外也.至善是心之本體 …… 愛問,至善只求諸心,恐於天下事理,有不能盡.先生曰,心卽理也.天下又有心鎐之事,鱓外之理否."

'천하'에 통하는 것인데, 이것은 '주관으로 말미암아 객관을 향한 전개'라고 말할 수 있다. 또한 '명명덕으로 말미암아 친민을 향하는 것도 일종의 객관을 향한 전개'이다. 이미 '객관을 향한 전개'가 이루어졌기 때문에 '지선'한 마음은 '지선'한 일에서 보아야 하지 '마음'의 본래의 위치에만 머물러 있을 수는 없다. 따라서 "재명명덕, 재친민"(在明明德, 在親民)을 이은 "재지어지선"(在止於至善)의 '지선'은 주희가 말한 "사리의 당연한 극치"일 뿐이지 왕수인이 말한 "마음의 본체"가 될 수 없다. "사리의 당연한 극치"의 뒤에는 '마음의 본체'가 있다. …… 지어지선은 궁극적으로 마음의 본체의 객관화이다.[38] 그렇다면 과연 그들처럼 '지어지선'을 '명명덕'과 '친민'의 극호(極好)나 극칙(極則)으로 해석할 수 있는가? 즉 그들은 모두 '지어지선' 후의 경지가 궁극적으로 활연관통(豁然貫通)한 경지를 그 목표로 하고 있기 때문에 그러한 '지선'에 대한 주희의 극호(極好)나 왕수인의 극칙(極則)의 해석은 모두 동일한 층차에서 동일한 비판이 가능하다고 할 수 있다.

그러면 주희의 '극호'와 왕수인의 '극칙'의 해석은 어떠한 문제점을 가지고 있는가? 먼저 『대학』의 "명명덕어천하"(明明德於天下)라는 말에 근거하여 성의(誠意)를 '명명덕어의'(明明德於意), 정심(正心)을 '명명덕어심'(明明德於心), 수신(修身)을 '명명덕어신'(明明德於身), 제가(齊家)를 '명명덕어가'(明明德於家), 치국(治國)을 '명명덕어국'(明明德於國)이라고 한다면, 위의 세 가지 일은 모두 '명명덕'의 한 가지 일에 대한 또 다른 표현에 지나지 않을 것이다.[39] 이렇게 본다면

---

38) 徐復觀, 『中國人性論史』, 305쪽.
39) 『朱子語類』, 18권, 「大學1」, 經上, 264쪽, "格物致知誠意正心修身五者, 皆明明德事."
   『傳習錄』, "自格物致知至平天下,只是一個明明德,雖親民,亦明明德事也."

그들의 주장은 타당하다고 할 수 있지만 그들의 '지어지선'에 대한 해석은 근본 상에서 다음의 두 가지 문제점을 가지고 있다. 첫째, 주희의 문제는 '지선'을 극호(極好)라는 형용사로 해석했다는 것이다. 앞서 보았듯이 "재지어지선"(在止於至善)이 "재지어극호"(在止於極好)와 동일한 의미를 가진다면 '팔조목'은 모두 각각 '지선'을 가지게 된다. 그래서 '지어지선'은 그 독립적 위치에 서 있을 수 없기 때문에 결국에 "재명명덕, 재친민, 재지어지선"(在明明德,在親民,在止於至善)에서처럼 문법상 세 개의 '재'(在)자를 쓴다는 것은 불가능할 것이다. 따라서 '지선'은 문자 상에서 해석할 수 없고, 반드시 이론상에서 추구하여 그 근거를 찾은 이후라야 비로소 그 의의를 가질 수 있다고 할 수 있다. 둘째, 왕수인의 문제는 '지선'을 극칙(極則)으로 해석했다는 것과 치양지(致良知)를 '지어지선'으로 보았다는 것이다. 『대학』 사상에 근거하면 그것은 하나의 논리적 모순을 야기하게 된다. 즉 '명명덕이 나아가 친민이 되고, 친민이 나아가 지어지선이 되는 것'이라고 한다면 그것은 '명덕'이 '양지'이고 '명명덕'이 이미 치양지(致良知)가 되었음을 의미한다는 것이다. 이 때문에 '지어지선'을 '치양지'로 해석하는 것은 옳지 않다고 할 수 있다. 따라서 그에 대한 '『대학』의 "재명명덕, 재친민, 재지어지선"(在明明德,在親民,在止於至善)의 순서를 뒤바꾸어 버렸다'[40])는 비판과 아울러 문자 구조 상은 물론이고 의리상에서 모두 통할 수 없다[41])는 비판은 어느 정도 당당한 근거를 가진다고 하겠다.

---

40) 趙澤厚, 『大學硏究』, 168~169쪽 참조 바람.
41) 왜냐하면 왕수인이 '명덕'을 '마음의 본체'로 보고 '마음의 본체'를 미루어 펼쳐서 '親民'하고, 또한 '親民'한 뒤의 '止於至善'을 '止於心之本體'라고 해석한 세 구절중에 중간에 한 구는 '親民'을 말한 것이고, 처음과 끝은 모두 '本體'를 말한 것이기 때문이다(徐復觀, 『中國人性論史』, 305쪽 참조).

## 2. 정심(正心)·성의(誠意)설의 비판적 검토

### 1) 주희 — 격물(格物)로의 이행

#### (1) 마음(心)과 의념(意)

주희의 "마음은 한 몸의 주재이고, 의념(意)은 마음이 드러난 것이다"[42]에서 보듯이, '마음'과 '의념'은 서로 긴밀한 관계를 가진다. 즉 마음은 그 자체에 어떠한 거짓도 없는 "진체의 본연"(眞體의 本然)으로써, 본래 선하고 바르기(正) 때문에 그것은 스스로 그 모습을 드러낼 수 없고, 반드시 '의념'을 통해서만 가능하다.

> 사람의 마음이란 담담하게 맑아서 비어 있고 밝아 마치 속이 비어 있는 거울과 평형을 이루고 있는 저울과 같은 것으로, 나의 몸의 주인이고, 진체의 본연(眞體의 本然)이다.[43]

그런데 우리가 생명을 가지고 태어나는 순간에 '마음'과 '의념'은 동시에 우리의 내부에서 그 지위를 가지기 때문에 마음이 '마음의 발현'으로 말미암아 드러나는 것은 바로 '의념'으로 말미암아 드러나는 것과 동일한 의미이다. 다시 말해 '의념'이 '마음의 발현'이라는 점에서, 그 둘이 비록 '큰 것'과 '작은 것'의 차이가 있다고 하더라도 서로 동일한 성격을 가진다는 것이다. 그래서 주희는 다음과 같이 말했다.

> '마음'이란 그 전체로 말하며, '의념'이란 그 가운데에서 일어나는 곳

---

42) 『朱子語類(1)』, 3권, 「性理2」, 「性情心意等名義」, 96쪽, "心者一身之主宰.意者,心之所發. ……"

43) 朱熹, 『大學或問』, 52쪽, "人之一心,湛澹然虛明,如鑑之空如衡之平,以爲一身之主者,固其眞體之本然."

으로 말한다. 정심(正心)이란 보지 않고 들리지 않는 데에서 경계하고 조심하는 것이다. 성의(誠意)는 신독(愼獨)과 같다. 또한 말하기를, 작은 것(小)으로 말미암아 크게(大) 된 것이니, '의념'은 작은 것(小)이고, 마음은 큰 것(大)이다.[44]

여기서 "마음이란 그 전체로 말하며 …… 의념이란 그 가운데에서 일어나는 곳으로 말한다"에서 보듯이, "작은 것으로 말미암아 크게 된", 즉 '작은 것'인 '뜻'과 '큰 것'인 '마음'은 결코 서로 분리될 수 없는 유기적·역동적 관계에 있다. 따라서 '마음'은 그 자체로 보여질 수 없고 '의념'을 통해서 그 존재 근거를 드러낼 수 있으며, 또한 '의념'도 '마음'과 떨어져 그 자체로 존립할 수 없고 오직 그 선(善)하고 바른(正) '마음'에 근거하여 그 의의를 드러낼 수 있을 뿐이다. 결국 주희에서 '의념'은 '마음'과 동일한 내용을 가지는 것으로 그 본질은 '선'하고 '바르다'(正)고 할 수 있다

(2) 정심(正心)과 성의(誠意)

그래서 우리가 내부의 그러한 '선하고' '바른'(正) '마음'의 본래 면목을 잘 유지할 수 있다면 이것이 바로 '정심'이다. 하지만 문제는 '마음'이 '인욕'으로 인하여 '바름'(正)의 상태를 잃어버려, 항상 그 자리에 머물러 있을 수 없다는 것이다. 이와 같이 '마음의 바르지 않음'(不正), 즉 악(惡)은 '마음' 자체에서 나오는 것이 아니라 그것이 외부 사물과 접촉할 때에, 그 사이에 사악한 생각이 끼여들어 '마음'을 동요시켰기 때문이다. 이것으로 해서 '천명의 본연'(天命의 本然)이 가려지게 되어, 결국 우리는 '선'과 '악'의 이치를 파악할 수 없는 지경에 이르게 된다. 그래서 '마음의 본체'가 유지되지 못하고 사사

---

44) 『朱子語類(1)』, 권15, 「大學2」, 經下, 304쪽, "心,言其統體.意,是就其中發處.正心,如戒懼不睹不聞.誠意,如愼獨.又曰,由小而大,意小心大."

로운 물욕에 가려지게 된다면 우리는 항상 그 '인욕'의 사사로움에 사로잡혀서 천리(天理)의 공평함을 드러낼 수 없게 된다. 다시 말해 우리가 그 '인욕'에 빠져 사리가 밝지 못하여 '마음의 본체'를 유지하지 못한다면 '마음'은 형체의 부림을 당하여 그 주재력을 잃어버리고 만다. 따라서 우리는 반드시 '인욕'을 제거하고 '마음의 본체'인 도심(道心)[45]을 보존해 나가야 한다.

> 마음의 본체는 어찌 일찍이 바르지 않았겠는가? (그러나) 그 바름(正)을 얻지 못한 것은 사악한 생각(念)이 일어나 그 마음을 동요시켰기 때문이다. 이를 물(水)에 비유해 보면, '물'이란 본디 맑고 고요한 것인데, 대개 '파도'가 일어 마침내 그 격동에 의해 '물'에 동요가 있어나게 되는 것과 같다.[46]

> 천하의 도리에는 두 가지가 있을 뿐이다. 그것은 '선'과 '악'이다. 그러나 그 원초를 찾아서 한걸음 한걸음 나아가면 선이란 천명으로부터 부여받은 본연의 그것이며, 악이란 물욕에서 발생된 사악한 더러움이다. 이 때문에 인간의 떳떳한 본성에는 선이 있고 악이 없지 않음이 없고, 그 본심(本心)은 선을 좋아하고 악을 싫어하지 않음이 없다. 그러나 우리는 선천적인 형체의 누를 가지고 있으며, 또한 타고난 기질의 품부에 얽매인 바 있는 까닭에 사사로운 물욕에 가려지게 되어

---

45) 주희에게서 '人心'은 '人欲(形氣)의 사사로움'에서 생기는 것이고, '道心'은 '天理(性命)의 바름'에 근원하는 것을 가리킨다(朱熹, 『中庸章句』序, 14쪽, "心之虛靈知覺, 一而已矣, 而以爲有人心道心之異者, 則以其或生於形氣之私, 或原於性命之正, 而所以爲知覺者不同. …… 人莫不有是形, 故雖上智不能無人心, 亦莫不有是性, 故雖下愚不能無道心. 二者雜於方寸之間, 而不知所以治之, 則危者愈危, 微者愈微, 而天理之公, 卒無以勝夫人欲之私矣.").

46) 『朱子語類(1)』, 권15, 「大學2」, 經下, 306쪽, "心之本體, 何嘗不正. 所以不得其正者, 蓋由邪惡之念, 勃勃而興, 有以動其心也. 譬之水焉, 本自瑩淨寧息, 蓋因波濤洶湧, 水遂爲其所激而動也."

'천명의 본연'이 나타나지 못하게 된 것이다. 그렇게 되면 사물의 이
치에 대해 까마득해져 '선'과 '악'의 소재를 알지 못하거나, 또는 그
조잡함만을 인식할 뿐이고 참답게 좋아해야 할 것과 미워해야 할 극
치를 모르게 된다.47)

　　그러면 마음의 '바르지 않음'(不正)은 어떻게 '바름'(正)으로 바꿀
수 있는가? 앞서 보았듯이 '의념'(意)이 '마음의 발현'이라면 마음이
외부 사물에 동요되었다는 것은 바로 '의념'이 외부 사물에 동요되었
다는 것을 의미한다. 그래서 마음이 '악하고' '바르지 않다'는 것은
바로 '의념'이 외부 사물과 접촉할 때에 인욕의 사사로움에 사로 잡
혔을 때에 그렇다는 것이지 '마음' 자체가 그렇다는 것이 아니다. 그
런데 앞서 보았듯이 '의념'은 '마음'과 동일한 의미를 갖는다는 점에
서, 외부 사물과 접촉할 때에 '인욕에 의해 동요'를 일으키게 하는
것은 바로 '의념'이 아니라 "마음의 작용"(心之用)이자 "마음의 움직
임"(心之動)48)인 '정감'이다. 따라서 '정감'은 '어떤 근거도 없이 나오
는 피동의 정감'이 아니라 '내재성(心)에 근거를 두고 있는 스스로
발동하는 정감'이라고 할 수 있다.

　　대개 이 네 가지(忿懥·恐懼·好惡·憂患)는 모두 마음의 작용(心之
　　用)으로서 사람에게 없을 수 없는 것이다. 그러나 한 번 이를 두고서
　　살피지 못하면 바로 욕심이 움직여 정(情)이 이기게 되어 그 작용의

---

47) 朱熹, 『大學或問』, 68쪽, "天下之道二,善與惡而已矣.然揆厥所元而循其
　　次第,則善者,天命所賦之本然.惡者,物欲所生之邪穢也.是以人之常性,莫
　　不有善而無惡,其本心莫不好善而惡惡.然旣有是形體之累,而又爲氣稟
　　之拘.是以物欲之私,得以蔽之,而天命之本然者,不得而著其於事物之理,
　　固有瞢然不知其善惡之所在者,亦有僅識其粗而不能眞知其可好可惡之
　　極者."
48) 『朱子語類(1)』, 3권, 「性理2」, 「性情心意等名義」, 96쪽, "…… 情者心
　　之所動. ……"(黎立武, 『大學本旨』, 87쪽, "情者,心之動.")

322

(감정이) 행하는 바에 간혹 그 올바름을 잃지 않을 수 없을 것이다.49)

오직 사물이 올 때에 잘 살피지 못한 것이 있어서 이에 응한 바 간혹 잘못이 없지 않으며, 또한 그 일에 함께 휩쓸려 버리면 기쁨·노함·근심·두려움의 감정은 반드시 중심에서 동요됨에 따라서 마음의 작용이 비로소 바르지 못하게 된다.50)

그러면 성의(誠意) 공부의 실질적인 내용은 무엇인가? 그것은 바로 "스스로 속임이 없게 하여"(無自欺) "스스로 만족하게 하는 것이다."(自謙) 즉 "성(誠)이란 진실이며, 의념(意)이란 마음에서 발현하는 것이다. 그 '마음'에서 발현하는 ('의념'을) 진실하게 한다는 것은 반드시 스스로 만족스럽게 하여 스스로 속임이 없도록 하고자 함이다"51)가 그것이다. 즉 주희에 의하면 진실로 '선을 좋아하고 진실로 악을 미워해야 하는데', 건성으로 그렇게 한다면 그 내면에 '악'을 미워하지 않는 마음이 존재하여 '악'으로 나가게 되기 때문에 결국 자신을 속이게 되어 '의념'이 발현하는 바에 성실하지 않음이 생기게 된다는 것이다.

만일 참으로 선을 좋아할 줄 알지 못하고서 미적미적 선을 좋아하면 그것은 설령 좋아한다 할지라도 선을 좋아하지 않는 그 마음이 내면에 존재하여 거부감이 없지 않을 것이며, 참으로 악을 미워할 줄 알지 못하고서 어정쩡하게 악을 미워하면 그것은 비록 미워한다 할지라

---

49) 朱熹, 『大學章句』, 8쪽, "蓋是四者,皆心之用,而人所不能無者.然一有之二不能察,則欲動情勝,而其用之所行,或不能不失其正矣."

50) 朱熹, 『大學或問』, 52쪽, "唯其事物之來,有所不察,應之旣或不能無失.且又不能不與俱往,則其喜怒憂懼,必有動乎中者,而此心之用,始有不得其正者耳."

51) 朱熹, 『大學章句』, 3~4쪽, "誠,實也.意者心之所發也.實其心之所發,欲其一於善而無自欺也."

도 악을 미워하지 않는 그 마음이 이면에 존재하여 악으로 끌어당겨
지지 않을 수 없을 것이다. 이 때문에 구차스럽게 자신을 속이게 되
고 의념(意)이 드러나는 바에 성실하지 않음이 있게 된다. 선을 좋아
하되 성실하지 않으면 선을 행하지 못할 뿐만 아니라 도리어 선을 해
치게 되며, 악을 미워하되 성실하지 않으면 악을 버리지 못할 뿐 아
니라 악을 길러 나가게 된다. 이처럼 해되는 것이 한갓 심하니, 또한
무슨 도움이 있겠는가?[52]

여기서 그러한 "스스로 속임이 없게 하라"와 "스스로 만족하게 하
는 것이다"를 수행하기 위한 '성의'의 실질적인 공부가 요구된다. 이
것은 바로 신독(愼獨)이다. 그런데 주희에서 '신독'의 "독(獨)이란 남
들이 알지 못하는 바로서 자신만이 홀로 알 수 있는 곳"[53]이라는 점
에서, 이 공부는 '자신의 깊은 곳에서 움직이는 기미(幾)를 항상 경
계하는 마음'으로 아주 '잘 살펴볼 때'(察)에 실천할 수 있다.

실(實)과 부실(不實)은 대개 다른 사람이 미처 알지 못하는 것으로서
자기만 홀로 아는 것이다. 그러므로 반드시 이에 삼가서 그 기미(幾)
를 살펴야 한다.[54]

스스로 깊이 성찰하여 그 앎을 다하고, 악한 마음과 악한 생각을 말
끔히 없애야 그 의념(意)을 성실하게(誠) 할 수 있다.[55]

---

52) 朱熹, 『大學或問』, 49쪽, "夫不知善之眞可好,則其好善也,雖曰好之,而
未能無不好者以拒之於內.不知惡之眞可惡,則其惡惡也,雖曰惡之,而未
能無不惡者以挽之於中.是以不免於苟焉以自欺,而意之所發,有不誠者.
夫好善而不誠,則非唯不足以爲善,而反有以賊乎其善.惡惡而不誠,則非
唯不足以去惡,而適所以長乎其惡.是則其爲害也,徒有甚焉,而何益之有
哉."

53) 朱熹, 『大學章句』, 7쪽, "獨者,人所不知而己所獨知之地也."

54) 같은 책, 7쪽, "然其實與不實,蓋有他人所不及知,而己獨知之者,故必謹
之於此,以審其幾焉.

이와 같이 우리가 그러한 신독(愼獨)을 통하여 그 '기미'를 잘 살피기만 한다면, 즉 성내야 할 때 성을 내되 성내는 마음을 또 다른 사람에게 옮겨서 화풀이를 하지 않는다면 '마음'이 공평할 것이고, 두려워해야 할 때 두려워하되 두려워하는 '마음'을 가진다고 하더라도 겁을 내는 데에까지 이르지 않는다면 '마음'이 태평스러울 것이고, 갑자기 기쁜 일이 다가와도 '마음'이 한결같이 안정되어 있으며, 어려움이 앞에 닥쳐도 '마음'이 편안히 대처할 수 있을 것이다. 이 이후에야 비로소 '마음'의 정(情)은 광명정대(光明正大)한 본체를 얻어 조금이라도 사사로운 병폐의 찌꺼기가 그 가운데 남아 있지 않게 된다. 따라서 우리는 그러한 '기쁨·노함·슬픔·기쁨(喜怒哀樂)이 아직 발동하지 않는 중'(未發之中)의 '마음'의 본래 면목을 유지하여 '기쁨'·'노함'·'슬픔'·'기쁨'의 정(情)으로 하여금 '마음'이 인욕에 치우치는 일이 없도록 해야 할 것이다. 따라서 '성의'·'신독'의 공부를 진실하게 전개하여 '의념이 성실하게 되었을 때에'(意誠) '마음이 바르게 되고'(心正) '몸이 닦아지게 되는 것이다.'(身修) 즉 "(마음에서) 일어나는 의념(意)을 이와 같이 진실하게 하고, 잠깐 사이라도 그리고 가시 끝처럼 미세한 곳까지도 언제나 이러한 생각들을 가지고서 조금이라도 끊임이 없으면 안팎이 모두 밝고 바깥과 속이 맑아서, 마음이 바르지 않음이 없고 몸이 닦아지지 않음이 없게 된다"56) 가 그것이다. 결국 주희에서 성의(誠意)의 실천은 '마음의 전체'를 보호할 수 있는 최대의 관건이라고 할 수 있다.57)

---

55) 『朱子語類(1)』, 15권, 「大學2」, 經下, 300쪽, "深自省察,以致其知.痛加剪落,以誠其意.

56) 朱熹, 『大學或問』, 50쪽, "所發之實,旣如此矣,而須臾之頃·纖芥之微, 念念相承,又無敢有小間斷焉,則庶乎內外昭融,表裏澄澈,而心無不正,身無不修矣."

57) 『朱子語類(1)』, 15권, 「大學2」, 經下, 304쪽, "誠意,方能保護得那心之全體."

## 2) 왕수인 — 치지(致知)로의 이행

### (1) 마음과 의념(意)

왕수인에서 '마음'과 '의념'의 관계는 그 내용이 주희와 거의 차이가 없는데, 즉 '마음은 몸의 주인으로', '본심', '도심'58), 그리고 "본연의 양지"(本然의 良知)를 가리킨다.

> 마음은 몸의 주인이다. 그래서 마음의 허령명각(虛靈明覺)은 바로 본연의 양지라고 한다.59)

> 마음은 몸의 영명(靈命)과 주재(主宰)를 말한다.60)

> 앎(知)은 이치의 신령한 곳이다. 그 주재하는 곳으로 말하면 이는 마음이라고 한다.61)

> 마음의 본체는 본디 하나의 사물도 없다.62)

> 비록 천리를 따르나 또한 일분의 의념(意)이 있어서도 안 된다. 그러므로 성내고 즐거워하는 바가 있으면 그 바름(正)을 얻을 수 없다. 모름지기 툭 트이고 크게 공정해야만(廓然大公)이 바야흐로 그것이

---

58) 王守仁, 『傳習錄』, 上卷, 「徐曰仁所錄」, 18쪽, "心一也,未雜於人,謂之道心,雜以人僞,謂之人心.人心之得其正者,卽道心.道心之失其正者,卽人心.初非有二心也.程子謂人心卽人欲,道心卽天理.語若分析,而意實得之."

59) 같은 책, 中卷, 「答人倫學書」, 19쪽, "心者,身之主也.而心之虛靈明覺,卽所謂本然之良知也."

60) 같은 책, 上卷, 「徐曰仁所錄」, 15쪽, "身之主宰,便是心." 같은 책, 附錄, 『大學問』, "心,身之靈明主宰之謂."

61) 같은 책, 上卷, 「薛尙謙所錄」, 82쪽, "知,是理之靈處.就其主宰處說,便謂之心."

62) 같은 책, 같은 곳, 83쪽, "心之本體,原無一物."

마음 본체이다.63)

그런데 '마음의 본체'는 '지극히 선한 것으로 본질적으로 바르기' (正) 때문에 이것은 바르게 할(正) 필요가 없다. 그래서 '본심의 양지'의 요구를 따라 활동한다면, 즉 '툭 트이고 크게 공정한' 마음이 일단 바르면 몸은 닦게 된다. 그런데 '마음'은 주희에서처럼 그 스스로 그 모습을 보일 수 없고, 반드시 '의념'을 통해서 드러낸다. 즉 "주재의 발동으로써 말하면 '의념'이라고 한다",64) "마음이 발현하는 것이 바로 의념(意)이다",65) "그 허령명각(虛靈明覺)한 양지가 감응하여 움직인 것은 의념(意)이라고 한다"66)가 그것이다. 여기서 왕수인이 '의념'(意)의 해석에서 주희와 다소 차이를 보이는 것은 그것을 직접적으로 '사물'과 연결하여 말하고 있다는 사실이다. 즉 "의념(意)의 소재는 바로 사물이다"67)가 그것이다.

의념(意)이 이용되는 바에는 반드시 사물이 있고, 이 사물은 즉 일 (事)이다. 만약 의념이 사친(事親)에 사용된다면 곧 사친은 하나의 사물이다. 의념이 친민(親民)에 사용된다면 곧 친민은 하나의 사물이다. 의념이 독서에 이용된다면 곧 독서는 하나의 사물이다. …… 무릇 의념이 이용되는 바에는 사물이 없는 것이 없다. 이 '뜻'이 있으면 곧 이 사물이 있다. 이 '뜻'이 없으면 곧 이 사물이 없다."68)

---

63) 같은 책, 같은 곳, 72쪽, "雖是循天理,亦著不得一分意.故有所忿懥好樂則不得其正,須是廓然大公,方是心之本體."
64) 같은 책, 中卷, 「答羅整菴少宰書」, 96쪽, "以其主宰之發動而言則謂之意."
65) 같은 책, 上卷, 「徐曰仁所錄」, 15쪽, "心之所發便是意."
66) 같은 책, 中卷, 「答人倫學書」, 19쪽, "其虛靈明覺之良知感應而動者謂之意."
67) 같은 책, 上卷, 「徐曰仁所錄」, 15쪽, "意之所在便是物."
68) 같은 책, 中卷, 「答人倫學書」, 19쪽, "意之所用,必有其物,物卽事也.如意用於事親,卽事親爲一物.意用於治民,卽治民爲一物.意用於讀書,卽讀書爲一

이러한 점은 바로 '의념'이 단서상에서 머무를 뿐만 아니라 반드시 행위상에서 실현하기를 요구함을 의미한다. 다시 말해 '의념'은 단독으로 볼 수 없고, 우리가 외부 사물에 이끌리는 반응에 기인하여 어떠한 일종의 행위를 결정한다는 것이다. 즉 "의념은 (부모를) 따뜻하게 하고 시원하게 하고자(溫淸) 한다. 의념은 (부모를) 따뜻하게 하고 시원하게 하고자 하는 것이다. 이른바 의념은 아직 성의(誠意)라고 이르지 않고, 반드시 (부모를) 따뜻하게 하고 시원하게 하며·봉양하는 의념을 실행하고 스스로 만족하여 스스로 속임이 없음을 힘써 구한 이후에 성의라고 한다"69)가 그것이다.

### (2) 정심(正心)과 성의(誠意)

왕수인은 먼저 발동되지 않은 '의념'의 단계에서 '정심'을 논의했다. 즉 마음은 정신의 모든 존재에 대해서 말하는데, 이 정신의 소재는 또한 발현할 수 없고 단지 내재적 상태를 이룰 뿐이다. 즉 우리가 '마음'을 '툭 트이고 크게 공정하게'(廓然大公) 하여, '아직 발동하지 않는 중'(未發之中)의 상태에 머문다면 우리는 바로 '정심'의 상태에 머물 수 있을 것이다. 따라서 '마음이 바르면 몸은 자연히 닦게 되는 것이다.'

> 정심(正心)은 단지 성의(誠意) 공부 속에서 자신의 '마음의 본체'(心體)를 체득하여 언제나 거울삼아 평형을 유지해야 한다. 이것이 바로 아직 발동하지 않는 중(中)이다.70)
> 수양 공부는 단지 성의(誠意)일 뿐이니, 마땅히 자기의 '마음의 본체'

---

物 …… 凡意之所用,無有無物者.有是意,卽有是物.無是意,卽無是物矣."
69) 같은 책, 中卷, 「答人倫學書」, 22쪽, "意欲溫淸.意欲溫淸者.所謂意也,而未可謂之誠意,必實行其溫淸奉養之意 …… 然後謂之誠意."
70) 같은 책, 上卷, 「薛尙謙所錄」, 83쪽, "正心之是誠意工夫裏面體當自家心體,常要鑑空衡平,這便是未發之中."

(心體)를 체득하여 항상 툭 트이어 크게 공정하는 것이 바로 정심(正心)이다. 이것은 『중용』의 "아직 발현하지 않은 중"과 같다. 정심의 공효는 이미 있음(有)에 막힐 수 없고 또한 없음(無)에 떨어질 수 없다.71)

　그런데 문제는 '정심'이 '의념'의 발동 근원과 서로 연결된다는 것이다. 즉 "마음의 본체는 어찌 선하지 않음이 있는가? 만약 지금 마음을 바르게 한다면 본체상 어느 곳에서 공효를 얻을 수 있겠는가? 반드시 마음이 발동하는 곳에 나가야만 비로소 힘쓸 수 있다"72)가 그것이다. 이와 같이 '정심'의 실질적인 공부는 '마음이 발동하는 곳인 '의념'(意)에서 시작된다.73) 왜냐하면 "마음의 본체는 본래 바르지 않음이 없고, 그 의념에서 발동한 이후에 바르지 않음이 있기 때문이다."74) 그래서 왕수인은 '의념'에 선이 있고 악이 있다는 입장에서 '성의'의 논의를 전개한다. 즉 그는 '의념'이 발동한 이후에 바르지 않음이 있기 때문에 선과 악은 마음의 발동에 의해서 일어나는 것이므로, 선하지 않음이 생기는 "의념이 발동하는 곳"을 올바르게

---

71) 王守仁, 『古本大學旁釋』, "修身工夫,只是誠意,就誠意中,體當自己心體, 常令廓然大公,便是正心.(釋:所謂修身在正其心者.)　此猶『中庸』未發之 中.(釋:身有所忿懥,則不得其正.)正心之功,旣不可滯於有,又不可墮於無. (釋:心不在焉,視而不見,聽而不聞,食而不知其味)"

72) 王守仁, 『傳習錄』, 下卷, 「黃以方所錄」, 75쪽, "心之本體,那有不善.如 今要正心,本體上何處用得功.必就心之發動處,纔可著力也."

73) 따라서 王守仁은 '誠意'를 '공부의 요체'이고 '학문의 대두뇌처'이며, 또한 '성인이 가르치는 第一義'(王守仁, 『傳習錄』, 附錄, 「大學古本序」, 1쪽, "大學之要,誠意而已矣.", 같은 책, 上卷, 「薛尙謙所錄」, 94쪽, "所以提 出箇誠意來說,正是學問的大頭腦處.", 같은 책, 中卷, 「答人倫學書」, 3 쪽, "誠意之說,自是聖門教人第一義.")라고 하여, '誠意'를 明明德의 功 으로 삼았던 것이다(王守仁, 『傳習錄』, 上卷, 「徐曰仁所錄」, 15쪽, "…… 大學明明德之功,只是箇誠意.誠意之功,只是個格物.").

74) 王守仁, 『傳習錄』, 附錄, 「大學問」, 10쪽, "蓋心之本體,本無不正,自其 意念發動,而後有不正"

해야 한다고 주장한다. 따라서 '성의'는 바로 '악을 싫어하고 선을 좋아하는 공부'인 것이다.

> 선을 취하고 악을 버리는 것은 착실하게 의념을 씀이니, 이것이 성의(誠意)이다.[75]

> 의념이 어떻게 성실하게 될 수 있겠는가? 이제 선과 악을 아는 바에 따라 진실로 좋아하지 않음이 없고 진실로 싫어하지 않음이 없다면 이것이 바로 양지(良知)를 속이지 않음이며 의념이 성실할 수 있는 것이다.[76]

> 그러므로 그 마음을 바르게 하려는 자는 반드시 그 의념이 발동하는 곳에서 그것을 바르게 해야 한다. 무릇 그것이 한 의념을 발동하여 선하면 그것을 좋아함은 참으로 마치 아름다운 여색을 좋아하듯이 한다. 한 의념을 발동하여 악하면 그것을 미워함은 참으로 악취를 싫어하듯이 한다. 즉 의념은 성실하지 않음이 없으니, 마음은 바를 수 있다.[77]

여기서 보듯이 '선하고 악한 행위'가 발생하는 주요 원인은 결코 외부에 있는 것이 아니라 '마음'이 사물을 받을 때에 나타나는 '의념'에 있다. 여기서 '사물'은 '마음 중의 의념의 내용'이고, '의념'은 '마음이 사물에 감응하여 움직여서 나타난 것'이다. 그런데 의념은 어떤 때에는 감성 조건의 영향을 받고, 또한 발동할 때에는 명각(明覺)하지 않게 된다. 이는 바로 앎(知)에서 일어난 '의념'이 아니다. 그리하

---

75) 같은 책, 上卷, 「薛尙謙所錄」, 83쪽, "爲善去惡,這着實用意,便是誠意."
76) 같은 책, 附錄, 「大學問」, 11~12쪽, "意其可得而誠乎,今於良知所知之善惡者,無不誠好而誠惡之,則不自欺其良知,而意可誠也已."
77) 같은 책, 附錄, 「大學問」, 10쪽, "故欲正其心者,必就其意念之所發而正之.凡其發一念而善也,好之眞如好好色.發一念而發也,惡之眞如惡惡臭,則意無不誠,而心可正矣."

여 왕수인은 다음과 같이 말했다.

> 『대학』의 요체는 성의일 뿐이다. 성의의 공부는 격물일 뿐이다. 성의
> 의 지극함은 지극한 선(至善)에 도달하는 것이다. …… 그러므로 성
> 의에 힘쓰지 않고 한갓 격물한다는 것은 지리하다고 말하는 것이며,
> 격물을 하지 않고 헛되이 성의를 한다는 것은 공허한 것이며, 치지에
> 근본을 두지 않고 격물·성의를 한다는 것은 그릇된 것이다. 지리함
> 과 공허함, 그것은 지극한 선과 거리가 먼 것이다.78)

분명히 '의념의 발현'에는 '선'과 '악'이 있기 때문에 사람들은 쉽게
"욕심에 움직이고, 사사로움에 가리게 된다."79) 그래서 우리는 '인욕
을 제거하고 천리를 보존하기 위해서' '성의' 공부를 전개해야 하는
데,80) 뒤에서 보겠지만 여기에 바로 격물치지(格物致知)의 근본 의
의가 있다. 따라서 우리는 그것을 통하여 그러한 사람의 행위나 '의
념'을 바르게 하고 사욕의 혼미함을 제거하며 이치(理)로 돌아감으로
써,81) 지극한 선에(至善)에 도달할 수 있는 것이다.82)

### (3) 비판적 검토

주희와 왕수인에서 '정심'(正心)의 '마음' 그 자체는 '선하고' '바
를'(正) 뿐이다. 그래서 마음은 그 모습을 보일 수 없고 '의념'을 통
해서 드러날 뿐이다. 때문에 '정심'은 '성의'에 지나지 않으며, '성의'

---

78) 같은 책, 附錄, 「大學古本序」, 1~2쪽, "大學之要誠意而已矣,誠意之功
格物而已矣,誠意之極止至善而已矣. …… 故不務於誠意而徒以格物者
謂之支,不事於格物而徒以誠意者謂之虛,不本於致知而徒以格物誠意者
謂之妄,支與虛與妄其於至善也遠也."
79) 같은 책, 附錄, 「大學問」, 4쪽, "動于欲,蔽于私."
80) 같은 책, 上卷, 「薛尙謙所錄」, 72쪽, "誠意,只是循天理."
81) 같은 책, 上卷, 「徐曰仁所錄」, 16쪽, "勝私復理."
82) 같은 책, 上卷, 「薛尙謙所錄」, 94쪽, "誠意之極,便是至善工夫."

는 '격물'과 '치지'가 가장 성실하게 수행되는 것, 그 이상의 아무 것도 아니다. 따라서 '성의'는 『대학』의 실질적인 실천 공부, 즉 '『대학』 정신의 중심 소재'이자 '정심·수신·제가·치국·평천하의 기초 공부'이다. 때문에 '팔조목'의 정신 중심은 '성의' 한 단계상에서 수립되는데, 즉 '격물치지'는 '성의'의 공부이고, '정심'·'수신'·'제가'·'치국'·'평천하'는 '성의'의 작용이다. 따라서 '팔조목'으로 말하면 '성의'는 '본체'이고 오직 '의념이 성실한'(意誠) 이후에야 '명덕'은 크게 밝을 수 있고, 또한 '의념이 성실한' 이후에 '친민'과 '지어지선'의 공효는 크게 드러나게 된다.[83] 결국 '성의'에 대한 주희와 왕수인의 논의에서 근본적인 차이는 그 '공부의 출발점'을 '격물'로 잡았느냐 아니면 '치지'로 잡았느냐에 달려 있다고 할 수 있다.

그런데 여기서 한 가지 중요한 점은 바로 왕수인이 『대학』의 "나쁜 냄새를 싫어하듯이"(如惡惡臭)와 "좋은 색을 좋아하듯이"(如好好色)를 '의념'의 두 개의 발동으로 보았다는 것이다. 즉 "한 의념을 발동하여 선하면 …… 한 의념을 발동하여 악하면 ……"이 그것이다. 그런데 『대학』의 그 표현은 하나의 비유인데, 즉 자기를 속이지 말고, 즉 그 본래의 마음을 변하게 하지 말고 온전하게 잘 유지해 나가라는 것이지, '의념'의 두 개의 발동을 의미하는 말이 아니다. 만약 '의념'에 선이 있고 악이 있다면 앞에서 말한 '의념'이 '마음'과 마찬가지로 선하고 바르다(正)는 주장은 그 근거를 가질 수 없을 것이다. 왜냐하면 '의념'과 '마음'이 동일한 의미를 가진다면 '의념'에 '선하지 않음이 있다'는 것은 바로 '마음'에도 '선하지 않음이 있음'을 의미하기 때문이다. 다시 말해 만약 '의념'이 발현될 때에 반드시 '바르지 않는 것'이 있게 된다면, 또한 '의념'이 '마음'에 근거를 두지 않게 된다면 이 '의념'은 바로 '마음의 발현'이 아닌 것이 되어 결국에 '의념'은 믿을 수 없게 되고, 또한 더 나아가 성의(誠意)도 믿을 수

83) 柳嶽生, 앞의 책, 74~75쪽 참조.

없게 된다.84) 하지만 앞서 보았듯이 '정심'의 '마음'은 본심(本心)으로서 본래 '바르지 않음이 없기' 때문에 그것에 의해 발현된 '의념'도 자연히 '바르지 않음이 없다.' 그러면 여기서 '의념'이 '바르지 않다'는 말은 구체적으로 무엇을 가리키는가? 그것은 바로 '의념'이 잠시 움직일 때에 함께 따라서 일어나는 '사사로운 욕심'을 가리킨다. 따라서 발현하여 '악'이 되는 것은 '의념'이 아닌 '사사로운 욕심'이라는 점에서 '의념'이 발현되어 '선'이 되고 '악'이 된다는 왕수인의 주장은 많은 문제를 가진다고 할 수 있다.85)

## 3. 격물치지설(格物致知說)86)의 비판적 검토

### 1) 주희 이전

#### (1) 정현(鄭玄)

정현에 의하면 "격(格)은 오는 것이다(來). 사물은 일(事)과 같다. 앎(知)은 선·악·길·흉의 처음과 끝을 아는 것을 말한다. 선에 대

---

84) 이러한 이유로 徐復觀은 "誠意로 正心을 삼는 것은 반드시 孟子의 心善을 전제로 삼아야 한다"라고 주장한다(徐復觀, 『中國人性論史』, 248쪽).

85) 熊十力이 그러한 王守仁의 주장에 대해 '의념'과 '사욕'을 변별할 줄 몰랐기 때문에 오류라고 지적한 근거는 여기에 있다(熊十力, 앞의 책, 90쪽을 참조 바람).

86) '格物致知'는 많은 학자들의 논의로 실로 漢나라 이후의 중국 학술사에서 가장 중요한 문제 중의 하나(熊十力, 앞의 책, 101쪽. 한편 그는, '格物致知'는 오늘날까지 해결하지 못하였다고 토로하면서도 그것을 中國과 西洋의 學術을 융통할 수 있는 아주 중요한 근거로 보기도 한다)였는데, 결국 『大學』의 '格物'·'致知'를 말하는 자가 70여가 이상이나 되어, 그 논의는 일정한 방향을 유지해 나가지 못하였다(唐君毅, 『中國哲學原論(導論篇)』, 301쪽 참조).

해 그 앎이 깊으면 선한 사물을 오게 하고, 악에 대해 그 앎이 깊으면 악한 사물을 오게 한다. 일(事)은 사람들이 좋아하는 바에 기인해서 오는 것을 말한다."[87] 이와 같이 '선한 사물과 악한 사물이 오는 것'이 모두 우리의 '앎'의 깊음에 연결되어 있다면, 즉 만약 어떠한 일(事)이 악함을 안 이후에 비로소 악함을 알게 된다면 우리의 '앎'은 선에 도달될 수 없고, 도리어 악만을 기르게 될 것이다. 즉 '사물'(物)이 우리의 '앎'으로 말미암아 오게 된다면 먼저 우리에게 '앎'이 있은 이후에 '사물'이 있게 되기 때문에 그의 주장은 "사물이 온 이후에 앎이 이른다"(物格以後知至)가 아니라 "앎에 도달한 이후에 사물에 이른다"(致知以後格物)의 의미에 가깝다는 것이다. 따라서 정현의 해석이 '도덕 방면의 의의에 편중되어 도덕과 정치 사상을 주요 내용으로 하는『대학』의 기타 조목과 일치한다는 점에서 송대의 인식론적 관점에 비하여『대학』의 본의에 더욱 접근하였다고 하더라도'[88] 그의 '아직 사물에 이르지 않았는데도 앎이 온다'는 주장은 많은 문제를 가진다고 할 수 있다.

(2) 이고(李翱)

이고는 정현이 격(格)을 '오다'(來)로 해석한 것을 따르면서도 한편으로 그와는 달리 '격'을 '이른다'(至), 사물(物)을 '만물'로 규정하고 있다. 그에 의하면 "사물이라는 것은 만물이며, 격(格)이란 것은 오는 것이고(來), 이르는 것이다(至). 만물이 이를 때, 그 마음이 또렷하게 밝게 판별하지만 그것은 만물에 응하지 않는다. 이것이 치지

87) 楊家駱 主編,『禮記注疏及補正(下)』,「大學篇」, 鄭玄 注, "格,來也.物猶事也.知,謂知善惡吉凶之所終始也.其知於善深,則來善物.其知於惡深,則來惡物.言事緣人所好來也."
88) 鄭艾民,『朱熹王守仁哲學研究』(華東: 華東師範大學出版社, 1989), 3~4쪽.

(致知)이고, 이것이 앎의 지극함이다."[89] 즉 이 말은 비록 '치지'가 사물에 응하지 않는 것이라고 하더라도 '사물이 오면 앎'이고, '사물이 오지 않으면 앎이 아님'을 의미이다. 그럼 '앎'과 '알지 못함'이 만물의 '옴'(來) '오지 않음'(不來)에 달려 있다면 만물의 '옴'(來)과 '오지 않음'(不來)은 만물의 자연스러움을 따르는 것인가, 아니면 사람의 의지에 지배를 받는 것인가? 만약 만물이 사람의 의지에 지배를 받는다면 만물은 아직 오지 않았으나 사람에게는 이미 '앎'이 있기 때문에 이것은 분명히 이고 자신의 주장과 합치하지 않는다. 따라서 문제의 관건은 만물이 왔으나 사람의 의지에 지배를 받지 않는다면 사람들은 완전하게 피동의 상태에 처하게 된다는 것이다. 결국 필요한 '앎'은 만물이 오지 않았기 때문에 알 수 없고, 필요하지 않은 '앎'은 만물이 도리어 왔기 때문에 사람의 마음을 어지럽힐 수 있다는 점에서, 이고가 제출한 '격물치지'의 주장은 『대학』의 '격물치지'와 그 길을 달리한다고 할 수 있다.

이상으로 본다면 이고가 비록 노사광의 주장처럼 "유가 정신의 적극적인 의미를 본래 알 수 없었고, 또한 '격물치지'로부터 '평천하'를 말한 것이 도가의 무위(無爲) 관념에 가깝다고 하더라도"[90] 이러한 평가는 이고의 학문에 대한 전반적인 검토 속에서 보다 새롭게 규명되어야 할 것이다. 왜냐하면 그는 여전히 '수신'·'제가'·'치국'·'평천하'와의 관계에서 '격물치지'를 말하여, 결코 유가의 입장을 벗어나지 않고 있기 때문이다. 아무튼 그가 제출한 '격물치지'의 주장은 후대의 사상에 아주 큰 영향을 미쳤는데, 즉 정이천(程伊川)과 주희(朱熹)는 그의 만물(萬物) 개념을 계승하여 '만물에는 각각 그 이치가 있다'고 생각했고, 육구연(陸九淵)과 왕수인(王守仁)은 그의 "그 마

---

89) 『李文公集』 2권, 『復性書(中)』, "物者萬物也. 格者來也, 至也. 物至之時, 其心昭昭然明辨焉, 而不應於物者, 是致知也, 是知之至也."

90) 勞思光, 『中國哲學史(宋明篇)』, 39쪽.

음이 또렷하게 밝게 판별하지만 그것은 만물에 응하지 않는다"(其心昭昭然明辨)에 주의하여 '이치'를 '마음'에서 구했다. 따라서 그가 이후 송·명에서 "격물치지의 쟁변을 일으킨 발단자"[91]라는 풍우란의 평가는 아주 적절하다고 할 수 있다.

### (3) 사마광(司馬光)

사마광은 "『대학』은 '치지는 격물에 있다'라고 했다. 격(格)은 막는다(扦) 방어한다(禦)와 같다. 외부 사물을 막은 연후에 지극한 도리를 알 수 있다. 정현이 격(格)을 온다(來)라고 한 것은 혹 고인의 뜻을 다하지 못한 것 같다"[92]라고 한다. 여기서 '외부 사물'은 그에 의하면 우리를 외부로 유혹하는, 즉 '지극한 도리에 대한 우리의 인식을 가리는 장애 요소'이다. 때문에 그것은 철저하게 막아서 제거해야지 비로소 "비추지 않는 것이 없고, 통하지 않는 것이 없어서 지극한 도리를 알 수 있게 된다."[93] 이러한 외부 사물과의 절대적 단절 속에서 그 지극한 도리를 구하려는 사마광의 태도[94]는 특히 주

---

91) 馮友蘭, 『中國哲學史』, 811쪽.

92) 『司馬溫公文集』, 7권, 「致知在格物說」, "大學曰,致知在格物,格,猶扦也,禦也.能扦,禦外物,然後能知至道矣,鄭氏以格爲來,或者猶未盡古人之意乎."

93) 같은 책, 같은 곳, "無所不照,無所不通,知至道."

94) 侯外廬는 司馬光의 그러한 주장이 "道學이 禪學의 영향을 받은 예증이다"라고 한다(侯外廬 主編, 『中國思想通史(4)』(北京: 人民出版社, 1992 5 刷本), 上卷, 516쪽). 비록 그렇다고 하더라도 사마광이 일찍이 『대학』과 『중용』의 가치를 파악하여 각각을 하나의 독립적 체계를 가진 것으로 평가했다는 사실은 사상사에서 아주 중요한 의미를 가진다. 왜냐하면 『대학』이 정이천이나 주희에 의해 일찍이 유가 사상의 핵심일 뿐만 아니라 그 자신들의 사상적 근거로써 아주 중요한 저작으로 인식될 수 있었던 것은 결코 우연한 결과가 아니라 그러한 선철들의 학문성과에 힘입을 수 있었기 때문이다.

회에 의해서 비교적 강도 높은 비판을 받았다. 즉 그의 "외부 사물을 막은 이후에 지극한 도리에 도달할 수 있다면 이것은 아버지와 자식의 관계를 끊은 뒤에 효도와 자애로움을 알 수 있고, 임금과 신하의 관계를 떠난 뒤에 어짊과 공경함을 알 수 있다. 이것에 어찌 이치가 있겠는가?"[95]라는 비판은 적절한 평가로 보여진다.

## 2) 주희 ― 격물(格物)을 중시함

주희는 대체로 정이천의 '격물'에 관한 주요 관점을 계승하여 비교적 계통적이고 완전한 '격물궁리'(格物窮理)의 방법론을 건립했다. 이는 바로 정이천의 사상에 대한 계승과 발전뿐만 아니라 더 나아가 주희 자신의 창의적·독창적 학문 세계까지도 반영한다. 따라서 그의 '격물궁리'에 대한 이해야말로 그의 사상적 총체를 알 수 있는 아주 중요한 관건이 아닐 수 없다.

이제 주희에서 '격물'은 구체적으로 무엇인가? 즉 그에게서 '격물'은 객관 사물에 대한 인식을 의미하지 않는데도,[96] 그는 왜 사물에

---

95) 朱熹, 『大學或問』, 42쪽, "今日禦外物而後,可以知至道,則是絕父子而後,可以知孝慈,離君臣而後,可以知仁敬也.是安有此理哉."

96) 즉 주희에서 '사물'(物)은 '사물과 인간, 그리고 사물간의 관계에서 비롯되는 일체의 일로써, 일체의 자연현상과 사회현상'(『朱子語類(1)』, 15권, 「大學 3」, 經下, 295쪽, "蓋天下之事,皆謂之物,而物之所在,莫不有理."), 또는 우리의 '인식 주체'의 '인식 대상'인 '외부의 객관 사물'을 가리키는 것으로 보여진다(같은 책, 같은 곳, 282쪽, "眼前凡所應接底都是物."). 이와 같이 '格物'의 '사물'을 '외부의 객관 사물'이라고 한다면 '격물'은 '외부의 객관 사물에 대한 연구를 통하여 그것의 객관 규율이나 도리를 인식해 나감'을 의미한다. 이것에 근거해서 '格物致知'를 '겉에서부터 안에까지, 조잡한 것에서부터 정밀한 것에까지, 얕은 곳에서부터 깊은 곳까지 들어가는 발전 과정이라고 본다면' 이것은 마치 자연 과학에서 개개의 사실로부터 출발하여 귀납·분석·종합하여 최종에 하나의 원리를 찾아내어 그 귀납한 개개의 사실뿐 아니라 기타 모든 사실까지 그 원리로써 설명하려는 것과 별로 다른

나아가서 '사물의 이치'를 구하려고 했는가?[97] 이 점에 대해 주희는
자신의 입장을 다음과 같이 밝히고 있다.

『대학』에서 '격물'은 말하면서도 '궁리'(窮理)는 말하지 않은 까닭은

것이 없는 것으로 보여진다. 따라서 주희가 말하는 '지식'이란 반드시 '豁然
貫通한 全體大用으로서의 지식'만이 아니라 오늘날 말하는 자연 과학과 사
회 과학의 '지식'까지도 포괄한다고 할 수 있다. 하지만 그의 "꼼짝하지 않고
마음을 한 포기의 풀과 한 그루의 나무, 그리고 그릇 하나에 둔다면 이것을
어찌 학문이라고 하겠는가? 이와 같이 하여 소득을 바란다면 (그것은) 모래
를 삶아 밥을 짓는 것과 같은 것이다"(『朱熹集(4)』(四川: 四川敎育出版
社, 1997 2刷本) 39권, 「答陳齊仲書」, 1792쪽, "且如今爲此學,而不窮天
理,明人倫,講聖言,通世故,乃兀然存心於一草木一器用之間,此是何學問.
如此而望有所得,是炒沙而欲其成飯也.")에서 보듯이, 그의 '격물'은 분명
히 그러한 과학적 방법과 근본적 차이를 가진다. 그리하여 노사광은 "격물은
여전히 경험 지식의 뜻을 취하려고 탐구하는 것이 아니고, 격물의 목적도 경
험 세계에 대한 객관적 이해를 추구하는 것이 아니고, 또한 경험 과학의 앎
을 추구하기 위하여 앎을 추구하는 것과도 사실 같지 않다. 이 때문에 주희
의 학설을 찬성하든 반대하든 간에 무릇 주희의 격물이 과학 연구에 가깝다
고 인정하는 것은 모두 커다란 오류에 속한다"(勞思光 著, 정인재 역, 『中
國哲學史(宋明篇)』, 360~361쪽)라고 주장하고 있다. 결국 우리는 주희에
서 '격물'의 '사물'이 다소 일체의 자연 현상과 사회 현상이나 외부의 객관
사물을 가리킴을 부정할 수 없다고 하더라도 궁극적으로 그것이 일체의 심
리 현상과 도덕 규범까지도 포괄하고 있음을 간과해서는 안 될 것이다(張立
文, 『宋明理學硏究』(北京: 中國人民大學出版社, 1985), 417쪽 참조). 왜
냐하면 그에게서 그것의 궁극 목적은 '윤리적 법칙 혹은 당위의 문제'에 있
기 때문이다(朱熹, 『大學或問』, 13쪽, "至於天下之物,則必各有所以然之
故,與其所當然之則,所謂理也.").

97) 朱熹, 『大學章句』, 4쪽, "格,至也.物猶事也.窮至事物之理,欲其極處無不
到也. …… 物格者,物理之極處,無不到也." 여기서 '至'와 '窮理'의 해석
은 程伊川의 "格,至也.窮理而至於物則物理盡."(『二程全書』, 2권, 上)와
"大學曰物有本末註,"格猶窮也,物猶理也."(『二程全書』, 28권)에 그 근거
를 두고 있다.
『朱子語類』, 卷15, 「大學2」, 經下, 284쪽, "物,謂事物也.須窮極事物之
理到盡處."

대개 '궁리'를 말하면 붙잡을 것이 아무 것도 없는 덩그러한 허공을 움켜쥐는 것과 같기 때문이다. 단지 '격물'만을 말하면 그것은 곧 형이하(形而下)의 구체적 사물(器)에서 형이상(形而上)의 도리를 찾는 것이 된다.[98]

여기서 '이치'(理)를 추상적인 것으로, '사물'을 구체적인 것으로 볼 때, 즉 만약 우리가 구체적인 것을 떠나서 추상적인 것에 집착한다면 그것은 단지 허공에 매달리는 것에 불과하다. 우리가 그 출발점을 '사물'이 아닌 '이치'에 둔다면 그것은 결단코 구체적·현실적 근거를 가질 수 없는, 오직 허공에 맴도는 '허리'(虛理)일 뿐이다. 반면에 공자의 "하학이상달"(下學而上達)처럼, 우리가 현실과의 유기적·역동적 관계를 고려하여 점차 구체적인 것에서 추상적인 것으로 탐구해 나간다면 그것은 구체적·현실적 근거를 갖는 실리(實理)이다. 그리하여 주희는 객관적 근거를 마련하기 위한 목적에서 '격물'의 방법으로, 즉 '독서를 통하여 도의를 강구하여 밝히는 방법', '고금의 인물을 통하여 시비를 분별하는 방법', '사물에 접촉하면서 그 시의 적절함에 대처하는 방법' 등을 제출했다.

치(致)란 다함이며 격(格)은 다다름이다. 한 사물이 있으면 반드시 그

---

98) 『朱子語類(4)』, 62권, 「中庸1」, 1498쪽, "大學所以說格物,却不說窮理.蓋說窮理,則似縣空無捉摸處.只說格物,則只就那形而下之器上,便尋那形而上之道." 여기서 그가 이러한 주장을 전개한 근저에는 자신의 학문 방법을 제시하는 것 이외에 아마도 불교의 객관 사물의 단절 속에서 행해지는 그러한 내면의 수양에 대한 비판적 차원에서 제시된 것으로 보여진다. 앞의 註 53)에서 보듯이, 侯外廬는 司馬光이 禪學의 영향을 받았다고 하였는데, 이것은 주희가 사마광의 주장에 대해 무게를 실어 비판한 이유라고 볼 수 있다. 그렇다면 주희 자신도 불교의 영향을 받긴 하였지만 한편으로 그가 사물 상에서 '격물'을 주장한 것은 바로 불교의 영향권 내에서 벗어나기 위한 하나의 방법적 차원이었다고도 할 수 있다.

곳에는 한 이치가 있다. 이를 궁구하여 그 극처에 다다름이 이른바 격물이다. 그러나 격물의 방법 또한 한 가지만은 아니다. 혹은 독서를 통하여 도의를 강구하거나, 혹은 고금의 인물을 통하여 시비를 분별하거나, 혹은 사물에 접촉하면서 그 시의 적절함에 대처하거나 하는 것이다. 이것은 모두 궁리(窮理)이다.[99]

그런데 '독서'·'고금의 인물'·'사물' 등이 '안의 일'이 아니라 '바깥의 일'이라는 점에서, '격물'은 외부의 객관 사물의 도리나 규율을 탐구하는 것과 직접적 관계를 가지는 것으로 보여진다. 하지만 주희의 "독서를 통하여 도의를 강구하여 밝힌다면 이것은 이치가 글에 있는 것이고, 고금 인물을 통하여 시비를 분별한다면 이것은 이치가 고금 인물에 있는 것이고, 사물에 접촉하면서 그 시의 적절함에 대처한다면 이것은 이치가 사물에 있는 것이다"[100]에서 보듯이, 그것들은 실질적으로 여러 방면에 나타난 천리(天理)에 대한 체험이나 인식을 위한 기본 요건일 뿐이다.[101] 따라서 그의 이러한 관점은 '사물의 이치'에 대한 인식을 통한 개인의 도덕 수양의 덕목인 인의예지(仁義禮智)라는 윤리 본체에 집중된다.

이 마음이 사물을 사랑하는 것은 나의 인(仁)이고, 이 마음이 사물을 사랑할 수 있는 것은 나의 의(義)이고, 이 일의 옳음과 이 일의 그름을 분별할 수 있는 것은 나의 지(智)이고, 존귀 상하의 구분을 나눌

---

99) 朱熹, 『大學或問』, 34쪽, "致,盡也.格,至也.凡有一物,必有一理,窮而至之,所謂格物者也.然而格物亦非一端,如或讀書講明道義,或論古今人物而別其是非,或應接事物而處其當否,皆窮理也."

100) 朱熹, 『近思錄』, 3권, 「格物窮理」, 9條 朱熹 注, "如讀書以講明道義則是理存於書,如論古今人物以別其是非邪正則是理存於古今人物,如應接事物以處其當否則是理存於應接事物."

101) 張立文, 『朱熹思想研究』(北京: 中國社會科學出版社, 1994 2版), 276쪽 참조 바람.

수 있는 것은 나의 예(禮)이다. 이로써 만사 만물에 이르는 모든 것은 이 네 가지 도리를 벗어나지 않는다.102)

그럼 '치지'는 무엇을 의미하는가? 주희에서 '치지'는 나의 지식을 극진히 미루어서 그 아는 바(知)를 극진히 다하는 것이다.103) 이러한 '지식'은 그에게서 크게 두 가지 의미를 가진다. 첫째는 '인식 능력으로 말미암아 얻는 지식'이다. 즉 "먼저 알은 자는 사물로 인하여 알고, 먼저 깨달은 자는 이치(理)로 인하여 깨닫는다. 앎(知)이란 사물로 인하여 모두 알 수 있으며, 깨달음(覺)이란 스스로의 마음에 깨달은 바가 있음이다. …… 앎이란 이 하나의 일을 알고, 깨달음이란 홀연히 스스로 이해하는 것이다"104)가 그것이다. 이러한 '앎'과 '깨달음'은 모두 인식 활동을 의미하지만 분명히 '앎'은 객관 대상에 대한 인식으로 지각(知覺)이고, '깨달음'은 주체 자신의 사유 활동으로 직각(直覺)을 가리킨다. 이러한 점에서 넓은 의미로 시각·청각·사고·추리는 모두 '앎'에 속하는데, 이때의 '지식'은 '인식 이성'의 측면이다. 둘째는 '우리의 선천적으로 고유한 지식이다.' 즉 "치지는 나의 마음에 아는 바 지극하지 않음이 없다",105) "치지는 내 마음이 알지 못하는 곳이 없는 것이다",106) "대개 인심의 신령함에는 앎이 있지 않음이 없고 ……"107)가 그것이다. 따라서 우리의 마음에 본래

---

102) 『朱子語類(1)』, 15권, 「大學2」, 經下, 293~294쪽. "此心愛物,是我之仁.此心要愛物,是我之義.若能分別此事之是,此事之非,是我之智.若能別尊貴上下之分,是我之禮.以至於萬物萬事,皆不出此四箇道理."

103) 朱熹, 『大學章句』, 4쪽, "致,推極也.知,猶識也.推極吾之知識,欲其所知,無不盡也."

104) 『朱子語類(4)』, 58권, 「孟子8」, 萬章上, 1363쪽, "先知者,因事而知,先覺者,因理而覺.知者,因事因物皆可以知.覺,則是自心中有所覺悟 …… 蓋知是知此一事,覺是忽然自理會得."

105) 朱熹, 『大學章句』, 4쪽, "知至者,吾心之所知,無不盡也."

106) 『朱子語類(1)』, 15권, 「大學2」, 經下, 291쪽, "致知,是吾心無所不知."

일체의 지식이 있다고 한다면 이때의 지식은 분명히 '도덕 이성'의 측면이다.

그럼 위의 둘 중에서 주희가 강조한 '지식'은 어느 것인가? 앞의 '격물'에 대한 해석에 비추어 볼 때 그의 '치지'는 결코 객관 지식의 획득에 그 목적을 둔 '인식 이성의 지식'이 아니라 '도덕 이성의 지식'에 집중된다. 그런데 문제는 그러한 일체의 지식이 우리의 마음에 있는지를 알 수 없으며, 또한 만약 그것이 우리에게 있음을 안다면 우리는 어떠한 실천 공부도 할 필요가 없다는 것이다. 여기에 바로 그가 '치지'를 주장한 근거가 있다. 왜냐하면 우리가 태어나면서 그러한 지식을 모두 드러낼 수 없는 것은 바로 주관과 객관의 모순에 의해서 완벽한 자각에 이르지 못했기 때문이다. 그리하여 그러한 지식을 실현하기 위해서는 반드시 외부로 지식을 추구해 나가야 할 것이다. 이렇게 본다면 첫 번째의 지식은 결코 오늘날의 사물에 관한 명료한 의식과 판단(인식)에 의해 얻어져 객관적으로 확증된 성과로서의 지식이 아니라 오직 그러한 '도덕 이성'에 근거한 선천적 지식을 회복하는 것이다. 따라서 그것의 실현을 위해 그가 비록 외부로의 지식 추구를 감행했다고 하더라도 그것의 목적은 결코 그러한 객관 지식의 추구에 있지 않기 때문에 첫 번째와 두 번째의 지식은 서로 떨어질 수 없는 긴밀한 관계를 가진다고 할 수 있다.

이와 같이 주희의 '격물'과 '치지'에 대한 주장을 간략하게 살펴보았는데, 그의 "만약 격물하지 않는다면 무엇에 따라서 지식을 얻겠는가?"[108]와 "격물은 작은 것으로 말하는 것이고 치지는 전체로 말하는 것이다"[109]라는 주장처럼, 그 둘은 결코 상호 독립적이 아닌 상호 보완적이자 통일적 관계에 있다.[110] 따라서 그에게서 '격물치

---

107) 朱熹, 『大學章句』, 7쪽, "蓋人心之靈莫不有知, ……"
108) 『朱子語類(1)』, 15卷, 「大學2」, 經下, 292쪽, "若不格物,何緣得知."
109) 같은 책, 같은 곳, 291쪽, "格物,是零細說.致知,是全體說."

지'란 내가 알은 것을 그 알지 못하는 것으로 미루어 나가는 것, 즉 한 부분의 이치를 캐물어 많이 얻으면 그 만큼 많이 내 마음의 밝음 또는 큰 작용이 확대됨을 의미한다. 결국 그에게서 '격물'은 '치지'에 도달하기 위한 공부이고, '치지'의 완성은 바로 이 '마음의 큰 작용'을 밝히는 것이기 때문에 학문적 측면에서 보면 '격물' 그 자체는 항상 '치지'를 목적으로 삼아야 하는 것이다.

이상으로 보듯이, 주희에서 '격물치지'의 궁극 목적은 외부의 사물에 따라서 그 하나 하나의 이치를 캐는 것이 아니라 '나의 마음의 전체의 큰 작용'(心의 全體大用)을 밝히는 것이다.[111] 즉 그것은 최종적으로 '전체를 파악하는 것', 즉 '천지 만물의 모든 법칙을 지향해 나아가 도덕의 전체 원칙을 깨닫는 것이다.' 따라서 그의 '격물치지'

---

110) 같은 책, 같은 곳, 292쪽, "致知格物,只是一事,非是今日格物,明日又致知.格物,以理言也.致知,以心言也." 그가 '格物'과 '致知'를 '理'와 '心'으로 나누어 본 것은 후대에 많은 비판을 받았지만 그것은 결코 그 둘이 전혀 다르다는 것이 아니라 단지 방법적 차원에서 제기한 것에 불과할 뿐이다.

111) 『朱子語類』, 118권, 「訓門人6」, 2857쪽, "格物所以明此心." 『大學章句』, 6~7쪽, "…… 而一旦廓然貫通焉,則衆物之表裏精粗無不到,而吾心之全體大用無不明矣.此謂物格,此謂知之至也." 여기서 '心의 全體'란 '衆理'를 갖추어 있는 '心'의 허정한 본체를 말하는 것이고, '心의 大用'이란 '만사에 응하는' '心'의 영묘한 작용을 의미한다. 이 '心의 全體大用'은 '類推의 방법'[朱熹, 『大學或問』, 34~35쪽, "惟今日而格一物焉,明日又格一物焉,積習旣多,然後脫然有貫通處耳.(程伊川의 글(『朱子語類』, 18권, 「大學5」, 「或問下」, 「傳五章: 獨其所謂格物致知者一段」, 392쪽)을 인용) …… '窮理者,非謂必盡窮天下之理,又非謂止窮得一理便到.但積累多後,自當脫然有悟處.'(程明道의 글(같은 책, 같은 곳, 395쪽)을 인용) 又曰,格物,非欲盡窮天下之物,但於一事上窮盡,其他,可以類推."]을 통해서 가능하다. 이 방법은 결코 외부로의 끊임없는 지식 추구가 아니라 실지로 '理'의 자아 인식의 여정으로써 외부에서 내부로의 전환에 그 목적을 두고 있다. 이러한 여정을 지나면 우리는 '豁然貫通'하여 '內外가 하나로 합하는 최고의 이상 경계'에 도달할 수 있다. 그것은 바로 '格物'의 결과이자 '致知'의 완성인 '止於至善'의 경지이다.

는 사물의 이치에 대한 인식을 통하여 '마음의 전체의 큰 작용'에 이르는 자아 인식에 그 중심이 있기 때문에 과학적 지식을 획득하기 위한 객관 세계의 인식이 아니라 바로 '명명덕'의 실현, 즉 인간의 자각으로 인간 자아의 가치를 실현하는 데에 그 인식의 최후 목표가 있다고 할 수 있다.[112]

### 3) 왕수인 ― 치지(致知)를 중시함

왕수인은 주희의 사물에 나아가서 이치를 궁구히 하는 것이 이치(理)와 마음(心)으로 나누어 둘로 삼는 것이기 때문에 받아들일 수 없다는 입장을 가지고, '이치'는 바로 마음을 말하는 것으로 끝까지 규명하지 않고도 스스로 체득할 수 있다는 다소 '주관적 인식'의 측면에서 '격물치지'를 설명했다. 그 결과가 바로 자신의 새로운 이론, 즉 '그의 인식 방법에 대한 핵심 사상이자 도덕 수양론'[113]인 '치양지'(致良知)의 주장이었다.[114]

그럼 왕수인은 어떠한 이유에서 주희의 격(格)의 해석을 반대했는가? 즉 주희처럼 '격'을 '지'(至)만으로 해석하여 사물마다에 모두 이치가 있다고 한다면 우리는 평생 동안 사물의 이치만을 탐구하다가 그 모든 시간을 소비하여, 결국 외부로 끊임없이 나가기만 하지 결코 내부로의 전환을 기대할 수 없다는 것이다.[115] 그래서 그는 주희

---

112) 『朱子語類(1)』, 14권, 「大學1」, 經上, 264쪽, "格物・致知・誠意・正心・修身五者,皆明明德事."

113) 侯外盧, 邱漢生, 張豈之 主編, 『宋明理學史: 下冊(1卷)』(北京: 人民出版社, 1987), 220∼223쪽 참조.

114) 馮友蘭은 "八條目은 모두 결국 致良知라는 하나의 條目으로 환원할 수 있다"(馮友蘭 著, 鄭仁在 譯, 『中國哲學史』, 396쪽)고 한다.

115) 梁任公은 "주희의 주장에 근거하면 최소한 두 가지 병을 범하게 된다. 첫째는 너무 넘쳐서 돌아갈 곳이 없고, 둘째는 공허하여 실질적이지 못하다.

의 '격물 치지'가 그 자체 내에 모순을 가지고 있음을 반문의 형식을 빌어 다음과 같이 설명하고 있다.

주희가 격물을 천하의 사물에 이르는 것이라고 해석했는데, 어떻게 천하의 사물에 이를 수 있겠는가? 또 한 포기 풀이나 한 그루 나무에도 모두 이치(理)가 있다고 했는데, 지금 어떻게 그것들 모두에 이르러 가겠다는 것인가? 비록 풀과 나무에 이르게 된다고 하더라도 어떻게 되돌리어 그것으로 자신의 뜻을 정성되게 할 수 있겠는?[116]

이와 같이 왕수인이 주희의 지(至)의 해석에 대해 강도 높은 비판을 전개했지만 그는 전적으로 격(格)에서 지(至)의 의미를 배제하지 않았다.

격(格) 자의 뜻을 지(至) 자로 해석하는 곳도 있다. "격우문조, 유묘래격"(格于文祖,有苗來格)과 같은 것이 그것이다. 그러므로 지(至)라고 해석해야 한다. 그러나 "문조에 이른다"는 것은 반드시 순수한 효심과 정성스런 공경심으로 유명지간(幽明之間)에 그 도리를 하나라도 얻지 못함이 없은 뒤에야 격(格)이라고 말할 수 있다. 묘족(苗族)의 완고함에 있어 실제로 문덕이 널리 퍼진 뒤에 격(格)했다고 하면 거기에는 정(正) 자의 뜻이 겸유되어 있는 것이지 지(至) 자의

---

…… 주희의 窮理는 결코 근대 과학가의 物理가 아니라 추상적으로 아무런 의미가 없다. 왜냐하면 실지로 …… '日日豁然貫通,則表裏精組無不到'의 경계는 순전히 희망할 수 있으나 나아갈 수 없기 때문이다. 만약 진실로 이러한 경계에 있다면 그 豁然貫通한 이후에 학문은 이미 다한 것이니, 오히려 誠意・正心 등의 노력을 할 수 있겠는가? 이른바 학문을 연구하는 순서가 어디에 있겠는가?"라고 한다(梁任公, 『陽明知行合一說』: 趙澤厚, 앞의 책, 221~222쪽에서 재인용).

116) 王守仁, 『傳習錄』, 下卷, 「黃以方所錄」, 74쪽, "先儒解格物爲格天下之物.天下之物如何格得.且謂一草一木亦皆有理.今如何去格.縱格得草木來,如何反來,誠得自家意."

뜻 하나로만은 모두 나타낼 수 없다. "격기비심"(格其非心)이나 "대신격군심지비"(大臣格君心之非)의 유(類)와 같은 것은 하나같이 모두 바르지 못한 것을 바로잡아 바른 데로 돌아가게 한다는 뜻이니, 지(至)로만 해석해서는 안 된다. 그런데 어떻게 하여 『대학』에 나오는 격물의 해석을 정(正) 자로 풀이하지 않고, 반드시 지(至) 자의 뜻으로 해석하는 것으로만 알고 있는가? 지(至) 자의 뜻으로 해석할 것 같으면 반드시 "궁지사물지리"(窮之事物之理)라고 해야만 비로소 그 의미가 통하게 된다. 그렇게 되면 용공(用功)의 요점은 궁(窮) 자 하나에만 있게 되고 역점을 두는 곳은 오로지 리(理) 자 하나에만 있게 된다. 반드시 사물의 이치를 궁구해야만 비로소 그 의미가 통하게 된다. 그렇다면 용공(用功)의 요점은 궁(窮) 자 하나에만 있게 되고 역점을 두는 곳은 오로지 리(理) 자 하나에만 있게 된다. 따라서 진실로 치지가 지물(至物)에 있다는 것이 통할 수 있겠는가?"117)

여기서 그의 기본 관점은 마치 '격물'의 격(格)이 마치 "격우문조, 유묘래격"(格于文祖, 有苗來格)의 격(格)이 지(至)로, '격기비심, 대신격군심지비"(格其非心, 大臣格君心之非)의 격(格)이 정(正)으로 해석되듯이, 그것이 바로 지(至)와 정(正) 두 글자의 의미를 겸하고 있기 때문에 주희처럼 전적으로 지(至)만으로 해석하는 것은 옳지 않고 반드시 지(至)와 정(正)의 두 가지 의미로 해석해야만 그 본래 의미를 올바르게 파악할 수 있다는 것이다.118) 이와 같이 '격물'이 정물

---

117) 같은 책, 中卷, 「答人倫學書」, 20쪽, "格字之義,有以至字訓者,如格于文祖,有苗來格.是以至訓者也,然格于文祖,必純孝誠敬幽明之間,無一不得其理,而後謂之格,有苗之頑,實以文德誕敷而後格,則亦兼有正字之義在其間,未可專以至字盡之也.如格其非心,大臣格君心之非之類,是則一皆正其不正以歸于正之義,而不可以至字爲訓矣.窮至事物之理,而後其說始通,是其用功之要,全在一窮字.用力之地,全在一理字也.若上去一窮者,下去一理字,而眞曰致知在至物,其可通乎."

118) 같은 책, 附錄, 「大學問」, 12쪽, "<書>言格于上下,格于文祖,格其非心,

(正物) 또는 정사(正事), 즉 '바르지 않은 사물이나 일을 바르게 하여 그 바른 데로 돌아가게 한다'는 점에서, 결국 그의 '격물'은 악을 제거하고 선을 행하는 도덕 수양적 측면에 그 초점이 모아진다.

> 사물은 일(事)이다. 의념이 일어나는 곳에는 반드시 그 일이 있다. 의념이 있는 곳의 일은 사물이라고 한다. 격(格)은 바르게 하는 것이다. 즉 그 바르지 않은 것을 바르게 하여 바른 데로 돌아가게 하는 것을 말한다. 그 바르지 않은 것을 바르게 하는 것은 악을 제거하는 것을 말한다. 바른 데에 돌아가는 것은 선을 행하는 것을 말한다. 무릇 이것을 일러 격(格)이라 한다.[119]

앞에서 '격물'을 정물(正物)과 정사(正事), 즉 "바르지 않은 사물이나 일을 바르게 하여 ……"라는 선악 시비의 가치적 측면에서 보았는데, 여기서 '일'이란 분명히 '의념이 있는 곳' 또는 '의념이 가는 곳'이기 때문에 '일을 바르게 함'은 '자기의 의념', 즉 '자기의 마음'을 바르게 해야 함을 의미한다. 즉 "격물은 마음의 사물에 이르고 의념의 사물에 이르고 앎의 사물에 이르러야 한다"[120]와 "정심(正心)이란 그 사물의 마음을 바르게 하는 것이고, 성의(誠意)란 그 사물(物)의 의념을 바르게 하는 것이고, 치지란 그 사물의 앎을 바르게 하는 것이다"[121]가 그것이다.

왕수인에서 '격물'은 분명히 '치지'의 조건이다.[122] 그래서 이 '치

---

格物之格,實兼其義也."

119) 같은 책, 같은 곳, 12쪽, "物者,事也.凡意之所發,必有其事.意所在之事, 謂之物.格者,正也.正其不正以歸于正之謂也.正其不正者,去惡之謂也. 歸于正者,爲善之謂也.夫是之謂格."

120) 같은 책, 中卷, 「答羅整庵少宰書」, 96쪽, "故格物者,格其心之物也,格 其意之物也,格其知之物也."

121) 같은 책, 같은 곳, 96쪽, "正心者,正其物之心也.誠意者,誠其物之意也.致 知者致其物之知也."

지'는 결코 지식의 확대가 아니라 본체의 마음에 대한 인식으로,[123] 내 마음의 양지(良知)에 이르는 것을 벗어나지 않는다. 여기서 '양지'는 본심(本心)이 안치된 것, 즉 도덕의 주체[124]를 의미한다. 왜냐하면 그것은 사람마다 모두 있는 것으로, 즉 생각하지 않고도 알 수 있고 배우지 않고도 능하며, 태어나면서 본래 갖추어진 선천적 본성이고 스스로 인식할 수 있는 완전히 자족(自足)적이기 때문이다. 따라서 '격물치지'는 "욕심에 움직이고, 사사로움에 가린"[125] 의념을 바르게 하는 것, 사욕을 제거하고 이치를 회복하는 것[126]으로, 즉 "내 마음의 양지의 천리가 각각의 사물에 이르면 각각의 사물은 모두 그 이치를 얻는다"는 의미라고 할 수 있다.

> 만약 비루한 사람이 이른바 치지·격물한다면 내 마음의 양지는 각각의 사물에 이른다. 내 마음의 양지는 천리이다. 내 마음의 양지의 천리가 각각의 사물에 이르면 각각의 사물은 모두 그 이치를 얻는다. 내 마음의 양지에 이르는 것은 치지이다. 각각의 사물이 모두 그 이치를 얻는 것은 격물이다. 이는 마음과 이치를 합하여 하나가 된 것이다.[127]

---

122) 같은 책, 中卷, 「答周道通書」, 54쪽, "格物是致知工夫,知得致知,便已知得格物,若是未知格物,則是致知工夫亦未嘗知也."

123) 같은 책, 附錄, 「大學問」, 10쪽, "致者至也.如云喪致乎哀之致,<易>言知至至之.知至者知也.至之者致也.致知云者非若后儒所謂充廣其知謂之謂也,致吾心之良知焉耳."

124) 徐復觀, 『中國人性論史』, 303쪽.

125) 王守仁, 『傳習錄』, 附錄, 「大學問」, 4쪽, "動于欲,蔽于私."

126) 같은 책, 上卷, 「徐曰仁所錄」, 16쪽, "勝私復理."

127) 같은 책, 中卷, 「答人倫學書」, 14쪽, "若鄙人所謂致知格物者,致吾心之良知于事事物物也.吾心之良知,卽所謂天理也.致吾心良知之天理于事事物物,則事事物物皆得其理矣.致吾心之良知者,致知也.事事物物皆得其理者,格物也.是合心與理而爲一者也."

여기서 그가 "각각의 사물이 모두 그 이치를 얻는 것은 격물이다"라고 하여, 비록 인식론 상에서 토론했다고 하더라도 그 '사물'은 '의념'이 이르렀을 때에만 '사물'이기 때문에 단순히 우리의 인식 밖에 존재하는 객관 사물이 아니다. 이 때문에 '양지의 천리'를 사물에 안치하는 것은 외재의 객관 규율을 탐색하는 것이 아니라 오직 '마음'으로부터 사물에 이르는 인식, 즉 자아 의식의 자아 인식을 벗어나지 않는다.

따라서 이러한 자아 인식 과정이야말로 마치 거울을 닦아서 그 본래의 밝음으로 돌아가는 과정과도 같기 때문에 그의 '격물치지'는 자연히 영소명각(靈昭明覺)한 마음을 회복하는 쪽으로 나아갈 수밖에 없었다.[128] 결국 그에게서 '격물치지'는 '성의', 즉 '정심'의 다른 표현에 지나지 않는다고 할 수 있다.[129]

## 4) 비판적 검토

격물(格物)의 사물(物)은 주희처럼 '만물' 또는 '사물의 이치'라는 자연 존재, 또는 현상 일체의 거대한 범주로 볼 수 없고, 또한 '사물에 내재된 이치'라는 보다 더 근원적·우주론적인 '사물'의 개념으로 파악할 수도 없다. 분명히 『대학』은 그 '사물'의 근거를 현실에 두고서 '평천하'의 정치 이상에 도달하려고 하였지, 그 현실을

---

128) 같은 책, 上卷, 「陸原靜所錄」, 50쪽, "心猶鏡也 …… 近世格物之說,如以鏡照物,照上用功,不知鏡尙昏,在何能照.先生之格物,如磨鏡而使之明,磨上用功,明了後亦未嘗廢照." 결국 그는 궁극적으로 格物致知를 도덕 윤리와 긴밀하게 결합하였고, 또한 '事上磨煉과 篤實之功'에 치중하여 도덕 수양과 도덕 윤리의 실천을 강조함으로써, 완전히 인식론과 도덕론을 하나로 융합했다(張立文, 『宋明理學硏究』, 566~571쪽 참조 바람).

129) 『傳習錄』, 上卷, 「陸原靜所錄」, 61쪽, "工夫難處,全在格物致知上.此卽誠意之事."

떠난 모호하고 추상적인 것에 그 의의를 두지 않았다. 앞서 보았듯이 그 '사물'이란 우리의 덕성의 자각처이자 실현처인 이 '몸'이 속해 있는 현실과 유기적·역동적 관계를 가진다. 때문에 '격물'의 '사물'은 "자연계의 구체적인 물리 현상이 아니라 사회 윤리 방면의 행위와 지식"[130] 내지 '윤리 정치의 대상'[131]으로써, 즉 우리와 떨어져서 홀로 존재하는 객관 사물이 아니라 바로 우리가 이 현실에서 행하는 보다 더 구체적인 내용을 가진 우리의 모든 행위를 가리킨다는 것이다.

한편『대학』의 '치지'는 공자에서 보이는 '치지'의 관점에 대한 계승과 확충으로, 견문지(見聞知)와 덕성지(德性知)의 상호 관계 속에서, 우리의 현실적 범위를 벗어나지 않는다. 다시 말해『대학』의 '치지'는 바로 인생 중에 마땅히 점유해야 할 '지식의 지위'를 강조한 것으로, 이때의 '앎'(知)은 유가가 중시한 '윤리 정치의 방면의 지식'을 의미한다.[132] 이런 점에서『대학』의 '치지'는 주희나 왕수인이 제출한 '우주간의 일체 지식'이거나 '양지'(良知) 또는 '허령불매(虛靈不昧)상에서 행하는 명상의 공부'가 아닌 것이다. 따라서『대학』에서 강조한 '앎'(知)이란 내부에서 확립된 '덕성'을 보다 더 확고하게 외부로 전개해 나가는 데 있어서 하나의 객관적 기준을 마련하기 위한 기본 토대로 보여진다. 즉 '양호한 동기가 있으나 정확한 지식이 없다면 그 결과는 항상 주관의 방면에 따라서 발전하여 반드시 치우치는 바가 있고, 반드시 폐하는 바가 있을 수 있기 때문이다. 지식이란 바로 도덕을 위해 대상을 분명하게 하여 그 발현하는 바를 잘못되지

---

130) 任繼愈 主編,『中國哲學史(2)』(北京: 人民大學出版社, 1990 4刷本), 20쪽.

131) 徐復觀,『中國人性論史』, 289쪽.

132)『中庸』, 20장 "子曰,好學,近乎知.力行,近乎仁.知恥,近乎勇.知斯三者,則知所以修身,知所以修身,則知所以治人,知所以治人,則知所以治天下國家矣."

않게 하며, 또한 도덕에 대하여 합리적 수단을 제공하여 나쁜 수단으로 인하여 양호한 동기를 바꾸지 않게 하는 데에 그 역할이 있는 것이다.'[133]

---

133) 徐復觀,『中國人性論史』, 286~287쪽 참조.

# 參考文獻

## 1. 原典 및 註·譯書類

박완식 편저,『大學·大學或問·大學講語』(서울: 이론과 실천, 1993)

成百曉,『四書譯註』(서울: 傳統文化硏究會, 1995 재판)

高 拱,『大學舊本』(『高拱論著四種』, 北京: 中華書局, 1993)

_____,『大學改本』(『高拱論著四種』, 北京: 中華書局, 1993)

_____,『大學直講』(『高拱論著四種』, 北京: 中華書局, 1993)

楊家駱 主編,『禮記注疏及補正(全二冊)』(中國學術名著 第6輯, 十三經 注疏補正本 第8冊, 臺北: 世 界書局, 民國60 再版)

嚴立三,『禮記大學篇通釋』(『梁漱溟全集(4)』, 山東: 山東人民出版社, 1991)

黎立武,『大學發微』(『大學彙函』, 臺北: 中國子學名著集成: 012, 연도 미상)

_____,『大學本旨』(『大學彙函』, 臺北: 中國子學名著集成: 012, 연도

미상)

王夫之, 『大學訓義』(『大學彙函』, 臺北: 中國子學名著集成: 012 연도
미상)

_____, 『讀大學大全說』(『大學彙函』, 臺北: 中國子學名著集成: 012,
연도 미상)

_____, 『禮記章句』(『船山全書(4)』, 湖南省: 嶽麓書社, 1991)

王文綠, 『大學古本問』(『大學彙函』, 臺北: 中國子學名著集成: 012 연
도 미상)

王止峻, 『學庸類釋(臺北: 臺灣商務印書館, 民國60)

李  塨, 『大學辨業』(『顔李遺書』, 출판사 연도 미상)

蔣介石 講述, 丘良任 編, 『大學中庸新義』(臺北: 臺灣中華書局, 民國
50)

鄭曼青, 『學庸新解』(臺北: 臺灣商務印書館, 民國76 2판)

朱  熹, 『朱子語類(全八冊)』(黎靖德 編, 北京: 中華書局, 1994 3刷本)

_____, 『大學或問』(近世漢籍叢刊(5), 中文出版社, 1977)

_____, 『大學章句』(『四書章句集註』, 新編諸子集成: 第一輯, 北京:
中華書局, 1995 4刷本)

陳  確, 『大學辨』(『陳確集(全二冊)』, 北京: 中華書局, 1979)

朴世堂, 『思辨錄』(『西溪全書(全二冊)』, 서울: 太學社, 영인본, 1979)

丁若鏞, 『大學公義』(『與猶堂全書(2)』, 서울: 景仁文化史, 영인본)

赤塚忠, 『大學·中庸』(『新釋漢文大系(2)』, 日本: 明治書院, 昭和50
초판)

James Legge, *The Great Learning*(The Chinese Classics Ⅰ: Hong
Kong: HongKong University Press, 1960)

江  灝, 錢宗武 譯注, 『今古文尙書全釋』(貴州: 貴州人民出版社, 1993
2판 4刷本)

顧炎武, 『日知錄集釋(全三冊)』(上海: 上海古籍出版社, 1985)

郭慶藩, 『莊子集釋(全四冊)』(新編諸子集成本: 第一輯, 北京: 中華書

　　　　　　局, 1961 5刷本)

郭沫若, 『管子集校(5-8)』(『郭沫若全集(全八冊)』: 歷史篇, 北京: 人民
　　　出版社, 1982)

戴 震, 『戴東原先生全集』(臺北: 大化書局, 民國67)

謝冰瑩・劉正浩 等 編譯, 『新譯四書讀本』(臺北: 三民書局, 民國77 修
　　　訂初版)

孫詒讓, 『墨子閒詁(全二冊)』(新編諸子集成本: 第一輯, 北京: 中華書
　　　局, 1986)

楊伯峻, 『論語譯注』(香港: 中華書局, 1993)

＿＿＿, 『孟子譯註(全二冊)』(北京: 中華書局, 1992)

＿＿＿ 編著, 『春秋左傳注(全四冊): 修訂本』(北京: 中華書局, 1993 4
　　　刷本)

王先謙, 『荀子集解(全二冊)』(新編諸子集成本: 第一輯, 北京: 中華書
　　　局, 1988)

王先愼, 『韓非子集解』(新編諸子集成本: 第一輯), 北京: 中華書局,
　　　1988)

王守仁, 『傳習錄』(『漢文大系(16)』, 臺灣: 新文豐出版公司, 民國67)

劉寶楠, 『論語正義(全二冊)』(十三經淸人注疏本, 北京: 中華書局, 1990)

兪正燮, 『癸巳類稿』(上海: 商務印書館, 1957)

陸九淵, 『陸九淵全集』(北京: 中華書店, 1992)

李道平, 『周易集解纂疏』(十三經淸人注疏本, 北京: 中華書局, 1994)

程樹德, 『論語集釋(全四冊)』(新編諸子集成本: 第一輯, 北京: 中華書
　　　局, 1992)

程顥・程頤, 『二程全書』(近世漢籍叢刊, 中文出版社, 1979)

焦 循, 『孟子正義』(十三經淸人注疏本, 北京: 中華書局, 1987)

韓 愈, 『韓昌黎全集』(北京: 中華書局, 1991)

許 愼, 『說文解字』(北京: 中華書局, 1992)

黃宗羲, 『明儒學案(全二冊)』(北京: 中華書局, 1985)

『史記(全十冊)』(北京: 中華書局, 1994 2판 13刷本)

『漢書(全十二冊)』(北京: 中華書局, 1992 7刷本)

『後漢書(全十二冊)』(北京: 中華書局, 1993 6刷本)


## 2. 『大學』 關聯 研究書類

鄧艾民, 『朱熹王守仁哲學研究』(北京: 華東師範大學出版社, 1989)

牟宗三, 『心體與性體(第三冊)』(臺北: 正中書局, 民國70 5판)

徐復觀, 『中國人性論史(先秦篇)』,(臺北: 臺灣學生書局, 民國73 7版)

梁漱溟, 『禮記大學篇伍嚴兩家解說』(『梁漱溟全集(4)』, 山東: 山東人民
　　　　出版社, 1991)

吳康 編著, 『學庸研究論集』(臺北; 黎明文化事業公司, 民國70)

熊十力, 『讀經示要』(臺北: 洪民出版社, 民國72 5판)

柳嶽生, 『大學闡微』(臺北: 臺灣學生書局, 民國68 3판 學再版)

蔣介石, 『科學的學庸』(臺北: 中央文物供應社, 民國63 7판)

張立文, 『宋明理學研究』(北京: 中國人民大學出版社, 1985)

＿＿＿, 『朱熹思想研究』(北京: 中國社會科學出版社, 1994 2版)

＿＿＿, 『走向心學之路』(北京: 中華書局, 1992)

錢　穆, 『朱子新學案(全五冊)』(臺北: 三民書局, 民國60)

趙澤厚, 『大學研究』(臺北: 臺灣中華書局, 民國61)

陳　來, 『朱熹哲學研究』(北京: 中國社會科學出版社, 1993)

陳滿銘, 『學庸廳談』(臺北: 文津·出版社, 民國71)

鄒永賢, 『朱子學研究』(福建: 廈門大學出版社, 1989)

畢　誠, 『儒道的轉折』(北京: 敎育科學出版社, 1992)

胡止奎, 『學庸辨證』(臺北: 聯經出版事業公司, 民國73)

## 3. 一般 研究書類

김충열, 『중국철학산고(全二冊)』(서울: 온누리, 1988)

_____, 『중국철학사(고대편)』(서울: 예문서원, 1994)

_____, 『김충열 교수의 유가윤리강의』(서울: 예문서원, 1994)

유인희, 『주자철학과 중국철학』(서울: 범학도서, 1980)

윤사순, 『한국실학연구』(서울: 현암사, 1985 2쇄본)

윤사순 외, 『孔子思想의 發見』(서울: 민음사, 1992)

이승환, 『유가사상의 사회철학적 재조명』(서울: 고려대출판부, 1998)

勞思光, 『中國哲學史: 고대편, 한당편, 송명편』, 정인재 역(서울: 探求堂, 1987)

牟宗三, 『中國哲學的特質』, 김항배 역(서울: 同和出版社, 1983)

_____, 『중국철학특강』, 정인재 역(서울: 螢雪出版社, 1985)

方東美, 『중국인의 인생철학』, 정인재 역(서울: 탐구당, 1984 재판)

張其昀, 『중국철학의 원류』, 중국문화연구소 역(서울: 文潮社, 1984)

핑가레트(H. Fingarette), 『공자의 철학』, 송영배 역(서울: 서광사, 1993)

葛營晉, 『中國哲學範疇史』(哈爾濱: 黑龍江人民出版社, 1987)

顧 實, 『莊子天下篇講疏』(臺北: 臺灣商務印書館, 民國69)

郭沫若, 『十批判書』(『郭沫若全集(全八冊): 歷史篇(二)』, 北京: 人民出版社, 1982)

羅 光, 『中國哲學思想史(先秦篇)』(臺北: 臺灣學生書局, 民國71 增訂重版)

_____, 『中國哲學大綱(全二冊)』(臺北: 臺灣商務印書館, 民國68 4版)

_____, 『中國哲學認識論』(臺北: 臺灣學生書局, 民國84)

羅祖基 編輯, 『孔子思想研究論集』(山東: 齊魯書社, 1987)

唐君毅, 『中國哲學原論:原道篇(2)』(『唐君毅全集(15)』, 臺北: 臺灣學生書局, 民國75 校訂本)

_____, 『中國哲學原論:導論篇』(『唐君毅全集(12)』, 臺北: 臺灣學生書局, 民國75 校訂本)

_____, 『人文精神之重建』(香港: 新亞研究所出版, 民國44)

唐端正, 『先秦諸子論叢(續編)』(臺北: 東大圖書公司, 民國81 增訂初版)

杜維明, 『儒家傳統的現代轉化』, 岳華 編(北京: 中國廣播電視出版社, 1993)

牟宗三, 『道德理想主義的重建』, 鄭家棟 編(北京: 中國廣播電視出版社, 1993)

蒙培元, 『中國心性論』(臺北: 臺灣學生書局, 民國79)

方克立, 『中國哲學史上的知行觀』(北京: 人民出版社, 1982)

方立天, 『中國古代哲學問題發展史』(北京: 中華書局, 1990)

徐復觀, 『學術與政治之間』(臺北: 臺灣學生書局, 民國74 臺再版)

_____, 『中國思想史論集』(臺北: 臺灣學生書局, 民國72 7版 臺五版)

_____, 『中國思想史論集續篇』(臺北: 時報文化出版事業有限公司, 民國74 2刷本)

徐平章, 『荀子與兩漢儒學』(臺北: 文津出版社, 民國77)

安樂哲(Roger T. Ames), 『主術』, 滕夏 譯(北京: 北京大出版社, 1995)

梁漱溟, 『中國文化要義』(『梁漱溟全集(4)』, 山東: 山東人民出版社, 1991)

楊祖漢, 『儒家的心學傳統』(臺北: 文津出版社, 民國81)

楊慧傑, 『仁的涵義與仁的哲學』(臺北: 牧童出版社, 民國64)

余敦康, 『內聖外王的貫通』(上海: 學林出版社, 1997)

吳 康, 『諸子學概要』(臺北: 正中書局, 民國71 5版)

王邦雄, 『韓非子的哲學』(臺北: 東大圖書公司, 民國72 3판)

王曉波, 『儒法思想論集』(臺北: 時報書系, 民國72)

李澤厚, 『中國古代思想史論』(北京: 漢京文化事有限業公司, 民國76)

任繼愈 主編, 『中國哲學史(全四冊)』(北京: 人民大學出版社, 1990 4刷本))

_____, 『中國哲學發展史: 秦漢篇』(北京: 人民出版社, 1985)

張國華,『中國秦漢思想史』(北京: 人民出版社, 1985)

張岱年 等著,『國學今論』(遼寧: 遼寧教育出版社, 1991 2刷本)

_____,『中國哲學大綱』(北京: 中國社會科學出版社, 1994 3刷本)

錢　遜,『先秦儒學』(遼寧: 遼寧教育出版社, 1992 2刷本)

程發軔,『國學槪論(上冊)』(臺北: 연도 미상)

周群振,『荀子思想硏究』(臺北: 文津出版社, 民國76)

朱義祿,『儒家理想人格與中國文化』(遼寧: 遼寧教育出版社, 1991)

朱貽庭　主編,　『中國傳統倫理思想史』(上海,　華東師範大學出版社,
　　　1989)

陳大齊,『孔子學說』(臺北: 正中書局, 民國76 11刷本)

_____,『荀子學說』(臺北: 中國文化大學出版社, 民國78)

陳飛龍,『孔孟荀禮學之硏究』(臺北: 文史哲出版社, 民國71년)

蔡仁厚,『孔孟荀哲學』(臺北: 臺灣學生書局, 民國79 3刷本)

_____,『儒家心性之學論要』(臺北: 文津出版社, 民國79)

馮友蘭,『中國哲學史』(서울: 民族文化, 영인본)

_____,『新原人』(北京: 商務印書館, 1947)

胡　適,『中國古代哲學史』(臺北: 臺灣商務印書館, 民國71 5판)

侯外廬, 邱漢生, 張豈之 主編,『宋明理學史:下卷(全二冊)』(北京: 人民
　　　出版社, 1987)

_____　主編,『中國思想通史(全六冊)』(北京: 人民出版社, 1992 5刷
　　　本)

波邊卓,『古代中國思想の硏究』(日本: 創文社, 昭和 )

偉政通 編著,『中國哲學辭典』(大林學術叢刊(9), 臺北: 大林出版社, 民
　　　國72)

_____　主編,『中國哲學辭典大全』(臺北: 水牛出版社, 民國72)

## 4. 政治經濟思想 研究書類

宋榮培, 『中國社會思想史』(서울: 한길사, 1988 5판)

梁啓超, 『中國文化思想史』, 李民樹 역(서울: 正音社, 1983 2판)

王處輝 편저, 『中國社會思想史』, 심귀득, 심하령 역(서울: 까치, 1992)

錢 穆, 『中國文化史導論』, 車柱環 역(서울: 乙酉文化社, 1984)

陳正炎, 林其錟, 『중국의 유토피아사상』, 李成珪 역(서울: 지식산업사, 1993)

瞿同祖, 『中國法律與中國社會』(臺北: 里仁書局, 1984)

金耀基, 『從傳統到現代』(臺北: 時報文化出版社, 民國73 再版)

_____, 『中國民本思想史』(臺北: 臺灣商務印書館, 民國82)

陶希聖, 『中國政治思想史(全四冊)』(全民出版社, 民國43)

牟宗三, 『正道與治道』(臺北: 臺灣學生書局, 民國72 再版)

薩孟武, 『中國社會政治史』(臺北: 三民書局, 民國58)

蕭公權, 『中國政治思想史(全二冊)』(臺北: 聯經出版社業公司, 民國71 3刷本)

梁啓超, 『先秦政治思想史』(臺北: 臺灣中華書局, 民國57)

劉澤華, 『中國傳統政治思想反思』(香港: 三聯書店, 1987)

_____, 『先秦政治思想史』(天津: 南開大學出版社, 1992)

趙 靖, 『中國經濟思想通史(1)』(北京: 北京大學出版社, 1991)

陳立夫, 『孟子之政治思想』(臺北: 臺灣中華書局, 民國62)

賀榮一, 『孟子之王道政治』(北京: 北京大學出版社, 1993)

蔡明田, 『老子的政治哲學』(臺北: 臺灣藝文印書館, 民國65)

_____, 『莊子的政治哲學』(臺北: 牧童出版社, 民國65 再版)

胡寄窓, 『中國經濟思想史(上)』(上海: 上海人民出版社, 1962)

侯外廬, 『中國封建社會史論』(臺北: 谷風出版社, 民國77)

## 5. 歷史 硏究書類

金翰奎, 『古代中國的世界秩序硏究』(서울: 一潮閣, 1982)
傅樂成, 『中國通史』, 辛勝夏 역(서울: 宇鍾社, 1981)
姜蘊剛, 『中國古代社會史』(臺北: 華世出版社, 民國68 台一版)
杜正勝 編, 『中國上古史論文選集(下)』(臺北: 華世出版社, 民國68)
楊 寬, 『戰國史』(上海: 上海人民出版社, 1991 2版 8刷本)
呂思勉, 『先進史』(香港, 太平書局, 1980)
林劍鳴, 『秦漢史(全二冊)』(北京: 上海人民出版社, 1993 3版)
錢 穆, 『國史大綱(全二冊)』(臺北: 臺灣商務印書館, 民國81 修訂 18 刷本)


## 6. 論文類

金守中, 「陽明學의 大同社會意識에 관한 연구」(서울대학교 대학원 박사학위논문, 1991)
金忠烈, 「中國 「天下思想」의 哲學的 基調와 歷史傳統의 形成」(全海宗 外, 『中國의 天下思想』, 서울: 民音社, 1988)
安炳周, 「儒敎의 民本思想에 관한 硏究」(성균관대학교 대학원 박사학위논문, 1986)
梁大淵, 「大學體系의 硏究(上)」(성균관대학교, 『성대논문집』 10집, 1965)
_____, 「大學體系의 硏究(下)」(성균관대학교, 『성대논문집』 12집, 1967)
尹乃鉉, 「天下思想의 始原」(全海宗 外, 『中國의 天下思想』, 서울: 民音社, 1988)
李東熙, 「大學章句에 대한 辨證硏究」(『民族文化』 9집, 서울: 民族文

化推進會, 1983)

李相殷, 「『大學』과 『中庸』의 현대적 의의」(新譯四書1, 『大學·中庸』, 서울: 현암사, 1970)

李成九, 「春秋戰國時代의 國家와 社會」(『講座中國史1』, 서울: 지식산업사, 1989)

李曦載. 『朴世堂 思想研究』(원광대학교 대학원 박사학위논문, 1994)

鄭仁在, 「中國思想에 있어서의 社會的 不平等」(한국철학회, 『哲學』 제32집, 1989)

鄭夏賢, 「皇帝支配體制의 成立과 展開」(『講座中國史Ⅰ』, 서울: 지식산업사, 1989)

金景芳, 「論禮治與法治」(『古史論集』, 山東: 齊魯書社, 1982)

譚煊吾, 「孟子的民本思想」(孔孟學報 15期, 民國57, 4)

戴君仁, 「荀子與大學中庸」(孔孟學報, 15期, 民國57, 4)

鄧澂濤, 「格物致知的探討」(吳康 編著, 『學庸研究論集』, 臺北; 黎明文化事業公司, 民國70)

武內義雄, 「大學編成立年代考」, 夏鐵生 譯(『孔孟月刊』 第3卷, 第7期)

孫寶琛, 「孟子的政治思想」(孔孟學報 9期, 民國54, 4)

_____, 「儒家的格物致知說」(孔孟學報 10期, 民國54, 9)

楊一峯, 「大學八條目淺釋」(吳康 編著, 『學庸研究論集』, 臺北; 黎明文化事業公司, 民國70)

嚴靈峯, 「大學與大學之道」(輔仁大學哲學研究所 『哲學論集』 19집, 民國74)

吳 康, 「孔門學說(一) ― 大學」(吳康 編著, 『學庸研究論集』, 臺北; 黎明文化事業公司, 民國70)

于望德, 「科學的學庸之研究」(「中華學術與現代文化」 叢書7, 『政治學論集』, 臺北: 華江出版社, 民國 67)

熊公哲, 「大學要義述疑」(吳康 編著, 『學庸研究論集』, 臺北; 黎明文化事業公司, 民國70)

程元敏, 「大學改本述評」(吳康 編著, 『學庸研究論集』, 臺北; 黎明文化
　　　　事業公司, 民國70)

周道濟, 「我國傳統的平天下思想的研究」(「中華學術與現代文化」 叢書
　　　　7, 『政治學論集』, 臺北: 華江出 版社, 民國67)

周靈根, 「明明德試釋」(『幼獅學誌』, 第6卷 第3期)

周策縱, 『孟子義理之辨別解』(『書目季刊』 第27卷 第4期)

陳恒昇, 「大學之道」(『幼獅學誌』 第6卷, 第3期)

蔡仁厚, 「大學分章之研究」(吳康 編著, 『學庸研究論集』, 臺北; 黎明文
　　　　化事業公司, 民國70)

沈忱農, 「孟子政治思想的研究」(孔孟學報 4期, 民國51, 9)

何兆男, 「孔子的經濟思想」(孔孟學報 14期, 民國56, 9)

金哲運, 「『大學』의 정치사상」(고려대학교 철학연구소, 『철학연구』 제
　　　　20집, 1997)

_____, 「『十翼』'子曰' 문장의 철학적 검토」(중국철학회, 『중국철학』
　　　　제7집, 2000)

_____, 「『中庸』의 道德實踐의 의의」(고려대학교 철학연구소, 『철학
　　　　연구』 제23집, 2000.6)

_____, 「荀子의 富國論」(한국동양철학회, 『동양철학』 제14집, 2001.2)

# 찾아보기

지은이 약력

김철운 (金哲運)

강원대학교 철학과와 동대학원을 졸업하고 고려대학교 대학원 철학과에서 박사학위를 취득하였으며(철학박사), 현재 강원대와 고려대에 출강하고 있다. 주요 논문에는 「『大學』의 平天下思想에 관한 연구」(박사논문), 「『中庸』道德實踐의 의의」, 「『十翼』 '子曰' 문장의 철학적 검토」, 「荀子의 美에 관한 소고」, 「荀子 '禮義之統'의 이론적 근거」, 「荀子의 富國論」 등이 있으며, 역서에는 『일곱 주제로 만나는 동서비교철학』(공역) 등이 있다.

유가가 보는 평천하의 세계

·

2001년 5월 10일 1판 1쇄 인쇄
2001년 5월 15일 1판 1쇄 발행

지은이 / 김 철 운
발행인 / 전 춘 호
발행처 / 철학과 현실사
서울시 서초구 양재동 338-10
TEL 579-5908 · 5909
등록 / 1987.12.15.제1-583호

ISBN 89-7775-335-X  03150

값 12,000원